도가철학과 위진현학

노장총서 12

도가철학과 위진현학
Taoist Philosophy and its History of Understanding

지은이   정세근
펴낸이   오정혜
펴낸곳   예문서원

편집   유미희
인쇄 및 제본   주) 상지사 P&B

초판 1쇄   2018년 8월 1일

출판등록   1993년 1월 7일(제307-2010-51호)
주소   서울시 성북구 안암로 9길 13, 4층
전화   925-5913~4 | 팩스   929-2285
전자우편   yemoonsw@empas.com

 ISBN 978-89-7646-389-0   93150
YEMOONSEOWON 13, Anam-ro 9-gil, Seongbuk-Gu, Seoul, KOREA 02857
 Tel) 02-925-5913~4 | Fax) 02-929-2285

값 43,000원

노장총서 12

도가철학과 위진현학

정세근 지음

예문서원

지은이의 말

　자연을 관찰하는 방법은 세 가지가 있다. '그냥', '크게', '작게'. 아주 크게 보아도 보이는 것이 많고, 아주 작게 보아도 볼 것이 많다. '크게'는 '나무만 보지 말고 숲을 보라'는 좋은 말씀이 있어 덧붙일 것이 없다. 그러나 학문의 세계에서 '작게'는 무척이나 중요하다. 내가 겪은 두 이야기다.

　먼저, 대서양의 따뜻한 바람이 부는 영국의 어느 정원에서 만난 작은 언덕, 지나칠 뻔한 그곳에서 만난 자잘한 생명과 그것들의 자태에 시간의 대부분을 다 보내야 했다. 요즘 말로는 다육多肉이들의 공간이었다.

　다음, 웁살라 대학 강당에 쓰여 있는 글을 읽을 수 없어 학생에게 물었다. 그랬더니 '자유롭게 생각하는 것은 위대하다. 그러나 정확하게 생각하는 것은 더욱 위대하다'란다. 프랑스로부터 스웨덴으로 도망 온 데카르트의 유산으로 들렸다.

　문제는 '하찮은 데'(detail)에 있다고 했던가. 집을 잘 짓고 못 짓는 것은 하찮은 것을 어떻게 다루었는가를 보면 알 수 있다고 하지 않았던가. 우리는 모두 잘 지은 집에서 자잘하게 살고 싶어하지 않는가.

　노장철학은 노장에서 끝나지 않는다. 어쩌면 노자와 장자 이후의 해석사가 노장보다 더 중요할지도 모른다. 노장의 풍경은 볼수록 볼 것이 많다. 그래서 노장에 빠지면 나처럼 세월 가는 줄 모른다. 이것이 노장철학이 풍기는 매력의 점입가경漸入佳境이다.

그런데 안타깝게도 그 과정은 순탄하지만은 않았다. 심화와 더불어 곡해의 역사도 포함된다. 철학의 그릇된 오해는 단순한 관념의 놀이로만 끝나지 않고 현실의 고문기구가 된다. 차꼬와 수갑 그리고 목에 거는 칼이다. 이것이 노장철학을 공부한 학자들이 멋모르고 넘어간 질곡의 설상가상雪上加霜이다.

노장과 그 이후의 비슷한 부류를 모두 일컫는 도가철학에는 양질의 노장 이해와 악질의 노장 이해가 있었음을 주의해야 한다. 내가 몹시 눈여겨보는, 철학이란 이름으로 저지르는 '악의 형이상학'이 노장이라고 예외일 수는 없다.

『노장철학과 현대사상』의 형제판 『도가철학과 위진현학』을 내는 까닭이 여기에 있다. 앞의 책이 노장철학에 대한 온전한 설명과 현대에서의 의미에 집중하고 있다면, 뒤의 책은 노장을 보아 온 여러 눈들을 소개한 다음 그것을 비판적으로 이해하고 있다. 한마디로 앞의 책은 노장과 내가 만나고 있다면, 뒤의 책은 노장을 만나온 사람들과 내가 만나고 있다. 앞의 책이 뼈라면 뒤의 책은 살이다. 게다가 뒤의 책은 그 살에 덧붙인 화장과 성형에 대해서도 말하고 있다.

[제1부 노자와 장자의 해석들]은 노장을 보는 여러 가지 눈을 소개했다.

'노자들'이라는 표현이 가능함에 주목하기 바란다. 여러 노자가 시대와 장소마다 등장했다. [제2부 노장의 주석가들과 현학]은 위진시대 노장 열풍 속에서 이해된 노장이 과연 제대로 이해되었는지 살펴본 글이다. 이른바 현학 또는 죽림칠현이라고 불리는 사조의 정체성에 대해서도 물었다. 도가는 이런 과정을 통해 유가와 만나고 있었다.

제1부가 시간과 공간에 구애받지 않고 노자와 장자의 해석을 모았다면, 제2부는 위진현학에 국한해서 논점을 부각시켰다. 그래서 제1부는 최근의 출토본 문헌과도 비교하고 조선뿐만 아니라 영미권의 접근방법을 보여 주며, 제2부는 노장 해석의 융성기인 현학시대의 다양한 설명방식을 오늘날의 객관적 시각에서 어떻게 바라보아야 할지 드러냈다. 제1부에서는 노자 하상공주와 한비자 그리고 박세당 등을 다루었으며, 제2부에서는 제목에서조차 쟁변爭辯을 도드라지게 해서 위진현학의 기존 서술에 문제가 많음을 보여 주었다.

1993년 여름에 관련 원전을 독파하고 현학에 대한 국내 최초의 저술인 『제도와 본성―현학이란 무엇인가』(철학과현실사, 2001, 학술원우수학술도서, 절판)를 낸 지도 벌써 오래다. 그 책의 거의 모두가 제2부에 실려 있지만, 하안과 죽림칠현에 관한 글을 보충했음을 밝힌다.

세밀하고 정교한 부분은 본문을 통해서 받아들이기로 하고, 짤막하게 요점만 말하면 다음과 같다.

　[제1부 노자와 장자의 해석들] 가운데 「제1장 노자와 노자들」은 노자 판본학의 일종으로 철학으로서의 도가와 종교로서의 도교가 같은 시원일 것이라는 추측이다.

　「제2장 노자와 발굴본」은 출토서적에 대한 일반적인 소개이며 새로운 자료가 나올 때 한국학계의 주체적인 태도가 필요함을 강조했다.

　「제3장 노자와 하상공」에서는 현재 왕필 때문에 버려진 『하상장구주』의 역사와 의미에 대해 살펴보았다.

　「제4장 노자와 한비자」는 노자를 도가로, 한비자를 법가로 보지만 『한비자』 속에 있는 노자 해설 편을 보면 그 둘은 만나고 있었음을 보여 준다.

　「제5장 노자와 박세당」은 조선의 유학적인 분위기에서 공부한 박세당이 노자를 받아들이면서 어떻게 체용론을 적용시키는지 드러냈다.

　「제6장 장자와 곽상」은 곽상의 장자 해석이 문제가 많음을 지적하면서, 승려인 지둔의 경우도 「소요유」 주석에서 곽상과 다를 수밖에 없음을 보여 주었다.

　「제7장 장자와 영미학자」에서는 『장자』 편집에 대해 다른 의견을 지닌 그레이엄과 로스를 대표적으로 대비시켰다.

　[제2부 노장의 주석가들과 현학]은 부제에서 내용이 비교적 명확하게

드러나므로 자세히 요약하지 않겠다. 다만, 현학을 '제도옹호론과 그 반대자'라는 틀에서 새롭게 정의해야 한다는 것, 현학은 불교도 포함하여 적어도 3파로 나뉜다는 것, 그리하여 '제도와 본성'이라는 개념이 대립되면서 '제도도 본성이다'라는 극단적인 주장도 나온다는 것은 말해 둔다.

대표적인 인물인 왕필을 발탁한 사람이 하안이었다는 것, 하안과 왕필 모두 『주역』(때론 『논어』까지도)에 빚지고 있다는 것을 밝혔고, 아울러 죽림칠현은 엄격하게 말하면 5현에 불과하고 아예 모두를 이르려면 8현이 되어야 함을 말했다.

그 밖의 것은 현학의 논쟁(있음과 없음, 말과 뜻)을 나름대로 명확하게 드러낸 것인데, 꼭 읽어야 할 것은 노장과 그 주석가들의 자연 개념이 모두 다르다는 관점을 보인 마지막 글이다. 이 글은 '노자', '장자', 통행본 『노자』를 만든 '왕필', 훔쳤다고는 하나 우리가 보고 있는 『장자』 33편을 엮은 '곽상'의 자연 개념이 어떻게 만들어지고 바뀌는가를 보여 주고 있어, 제2부의 모든 글을 안 읽더라도 이것만 보면 노장해석사의 흐름은 잡을 수 있다.

『동양철학』 창간호를 내면서 원효로의 인쇄소를 들락날락한 것이 기억나는데 함께 다니었던 분은 일찍이 고인이 되었으니, 인생의 황당荒唐(『장자』, 「천하」)함이란.

어른들이 몇십 년 전이라고 늙수그레하게 말하는 것을 들으며 그러지 말아야지 했는데, 내가 그러고 있으니, 세월의 맹랑孟浪(『장자』, 「제물론」)함이란.

철학에 빠져, 관념에 빠져, 평화에 빠져, 통일에 빠져, 그리고 주지육림酒池肉林에 빠져 젊은 날을 보냈다. 황홀惚恍(『노자』, 제14/21장)한 세상이다.

나의 화두는 평등이 아니었나 싶다. 좋은 세상 물려주려고 애는 써 보았는데, 젊은 사람들에게 부끄럽다.

형방刑房 409호를 떠나고자
2018년 미세먼지 속에서
백구白九 삼감

서장 노장철학의 해석사
—악의 형이상학을 넘어서

1.

철학도 중요하지만 철학의 해석사도 그만큼 중요하다. 철학은 그 자체로 일종의 철학사인 까닭이다. 철학자에게는 고유한 '문제현실'이 있고, 그것을 위해 그들은 분투한다. 문제현실은 과거와 미래를 이어 주는 철학자의 현재다.

노장철학이 노자와 장자의 이해에 집중되는 철학적 활동이라면, 도가철학은 노장철학의 발전과정을 모두 포함한다. 따라서 도가철학에는 양주, 열자, 회남자 등도 포함되며 이후 노장 주석가들의 결과물도 다루어진다. 때로 그것은 노장 이후만이 아니라 노장 이전일 수도 있다. 『노자』와 『장자』가 성립되기 전의 상황도 관심거리가 되기 때문이다. 이제 다루는 것은 바로 '노장 전후'의 사상과 역사다.

새롭게 발굴되는 노자도 있다. 역사 속에서 밀려난 노자 주석도 있다. 사마천과 같은 한대漢代의 역사가가 보는 노자도 있으며, 한비자와 같은 법가에 의해 새롭게 받아들여지는 노자도 있다. 하다못해, 주자의 성리학을 세계관으로 배운 조선의 철학자가 바라보는 노자와 장자도 있다. 유학자들이 보는 노장도 있고, 불교 승려가 바라보는 노장도 있다. 게다가 장자를 제멋대로 호도糊塗한 곽상과 같은 편집자도 있다. 우리는 이렇게 그들의 간섭 속에서 노자와 장자를 바라보고 있다.

한마디로 이것은 노장의 해석사다. 그런데 중요한 것은 위진시대에 노장 해석이 집중적으로 벌어진다는 데 있다. 이를 위진현학魏晉玄學이라고 부른다.

2.

우리나라에서 위진현학의 연구는 거의 황무지에 가깝다고 할 수 있다. 다른 철학과 비교해 볼 때, 그만큼 세부적인 연구의 진행은 여러 종류의 어려움 때문에 미진할 수밖에 없었다. 그런데 그 어려움은 우리나라에만 적용되는 것은 아니었다. 일본의 경우, 현학에 대한 연구는 우리와 마찬가지로 매우 미흡하다. 중국의 경우, 북경대학 철학과에서 중국철학 방면의 권위 있는 교수 가운데 몇몇은 바로 현학연구자이며 대만대학에도 현학에 대한 강좌는 매년 개설되기도 하지만, 아직도 다른 연구에 비하면 소수에 속한다. 북경에서는 탕용동湯用彤(字 錫予)과 그의 아들인 탕일개湯一介의 '불교적' 현학연구가 괄목할 만하고, 대북에서는 모종삼牟宗三과 그의 수제자인 채인후蔡仁厚의 '형이상학적' 현학연구를 주목할 만하다. 그러나 더욱 큰 문제는 현학자를 보는 철학적 관점에 있다.

풍우란馮友蘭 이래, 현학자는 그들이 도가의 대표적인 원작인 『노자老子』와 『장자莊子』를 주해하고 편집했다는 이유만으로 '신도가新道家'로 분류되었다. 그러나 그러한 관점은 많은 문제를 야기한다. 왜냐하면 우리가 보고 있는 『노자』와 『장자』는 왕필王弼과 곽상郭象에 의해 이루어졌고 그 둘은 곧 현학자들 사상을 대표한다고 할 수 있지만, 그 둘은 정치권 내에서 정복자인 조조曹操나 그를 이은 사마司馬씨의 무리를 추종하여 학문을 한 사람이며 따라서 내용상으로도 유가의 질서를 옹호하려 했기 때문이다.

유가는 이 사회가 완전하게 되기 위해서는 훌륭한 '제도'가 성립되어야 한다고 생각한다. 그에 반해, 도가는 이 사회를 이루고 있는 제도를 상대적으로 반대한다. 그들에게는 제도보다 '본성'이 더욱 중요하다. 따라서 유가는 제도론자이고 도가는 반제도론자라는 정의는 타당하다.

한대漢代 이후, 『역易』, 『노자』, 『장자』는 '삼현경三玄經'이라는 이름 아래 모든 지식인들의 철학적 지침서가 되었다. 그만큼 노장철학의 영향은 막강했다. 위진에 들어서도 노장의 위세는 불변했다. 그러나 문제는 통치자들을 위해서 본래대로의 노장사상은 부적합했다. 노장이 갖고 있는 체제비판적인 사고는 어떤 관료라도 받아들이기 어려운 것이었다. 그때 새로운 해석이 출현한다. 그 대표적인 사람이 바로 위에서 말한 왕필과 곽상이다. 그들은 노장을 이야기하면서도 치자治者의 권위를 조금도 손상시키지 않으며 피치자被治者의 분수에 맞는 행복을 제공한다. 이는 마치 노장학이 제왕을 위한 황로학黃老學으로 변형되는 것과 같이, 유가의 질서 속에서의 도가의 자유를 꿈꾸게 했다.

이와 같은 이유 때문에 현학자를 신도가로 보는 것은 많은 문제를 야기한다. 우리는 그 점을 지나쳐서는 안 된다. 이를테면 왕필과 곽상의 경우만 보더라도 그들은 실제로도 높은 관직에 올랐다. 사서史書에 따르면, 왕필은 조조의 양아들이자 사위인 하안何晏에 의해서 발탁되었고, 곽상 같은 경우는 조씨를 밀어낸 사마司馬씨 밑에서도 '전권을 횡행했다'(操弄天勤, 刑賞由己)고 적혀 있기도 하다. 그 밖의 많은 현학자들도 제도의 합리성을 위해 부단히 노력했던 사람들이었음을 잊어서는 안 된다. 현학시기에 '능력'(才性)에 관한 논의가 나온 것도 바로 사람을 적재적소에 쓰기 위한 방편이었다.

왕필의 '무無'론은 무의 용用설에 가까운 이론으로 도가의 절대무를 유가의 효용성으로 희석시키는 노력이며, 곽상의 '적성適性'설도 전체 속에서의 개인의 역할을 분명히 하려는 의도였다. 한마디로, 왕필은 치자(上)와 피치자(下)의 관계를 설정했고, 곽상은 신분제도를 운명(命)이라는 설명으로 합리화했다. 심지어, 왕필은 노자의 그 유명한 물(水)에 관한 비유를 '사람은 모두 다스려져야 하는 것'(人皆應於治道)으로 해석하고, 곽상은 장자가 인위(人)라고 본 마소의 굴레조차 자연(天)으로 해석한다.

현학이 노장과는 다르게 구별되어 다루어져야 하는 주된 까닭이 바로 여기에 있다. 현학의 '현玄' 자에 속박되어 그것을 단지 청담淸談이나 일삼는 현풍玄風으로 오해하는 일은 없어야 한다. 현학자들이 주석한 것은 삼현경만이 아니라 유가의 대표적인 경진인 『논어論語』도 있었음을 잊어서는 안 된다.

3.

　이른바 '죽림칠현竹林七賢'에 대한 이해도 마찬가지이다. 죽림칠현 중에 진정으로 끝까지 남아서 인간의 본성을 강조하고 자연과의 합일을 꾀했던 이는 혜강嵇康이나 완적阮籍과 같은 이에 불과하다. 현자들 가운데 몇몇은 변절하고 기회를 좇아가 버린 패류敗類였다. 그러나 혜강은 끝내 자신의 입장을 지키다 죽임을 당한다. 위진시대에 도가 입장의 고수는 그만큼 쉽지 않았던 것이다. 현학시대는 곧 『삼국지三國志』의 시대이다.

　그리고 또 하나의 다른 모습이 바로 불교의 전래이다. 그때 불경의 번역을 위해서 삼현경에서부터 『논어』까지 달통한 산스크리트어 번역가들이 출현한다. 인도에서 온 화상에게 외국어를 배우면서 그들은 번역에 필생의 목적을 둔다. 한 말을 다른 말로 옮기는 데는 다른 말에 무엇인가 있어야 옮길 수 있는 것이다. 바로 그 무엇에 해당되는 것이 그들에게는 노장 및 유가 경전의 언어였다. 그때 번역된 불경은 인도적인 것인가, 아니면 중국적인 것인가? 그리고 중국적이라면 도가적인가, 아니면 유가적인가? 이러한 문제는 지속적으로 토론되어야 한다.

　그 외에도 통치를 위해 유, 도, 법가 등의 제 이론을 넘나드는 통합적 사유형태가 전 시대인 한대와 마찬가지로 철학자들에게 유행하기도 한다. 그들에게 중요한 것은 유, 도, 법가의 구별이 아니라 이상적 제도의 구현에 있었다.

　이와 같이 현학은 단순한 하나의 주장이라기보다는 부단한 토론이며 다른 사상과의 융합이다. 따라서 현학을 일정한 체제로 분류하는 것은 가치 있는 것이다. 적어도 현학이라 하면서 애매모호한 그대로의 내용으로 남겨 두는 것은 지양되어야 한다.

4.

더 나아가, 우리는 그들의 문제를 우리의 상황에 맞추어 볼 필요가 있다. 철학의 주제라는 것이 사람의 이야기이기 때문에, 몇천 년이 지나도 사람의 본질이 바뀌지 않듯이 현학의 문제도 이천 년이 지난 오늘에도 여전히 우리에게 타당하다. 그것이 바로 이를테면 '제도와 본성'에 관한 논의와 같은 것이다. 과연 우리는 본성적으로 제도를 만들 수밖에 없는지, 그리고 본성은 제도 속에서 희생되지는 않는가 하는 것이다. 제도를 완전히 벗어난 순전純全한 인간 본성의 발휘와 합리적인 제도의 수립을 위한 본성의 억제는 모순되지 않는가를 우리는 묻는다. 제도는 철저히 전체를 위한 구상이고 본성은 분명히 개인을 위한 설정이다. 전체와 부분, 집단과 개인 사이의 알맞은 장치의 고안은 이와 같은 철학적 토론을 바탕으로 하지 않으면 안 된다. 그러한 고민은 오늘날에도 유효하다.

현학자들은 그와 같은 문제를 갖고 있었으며 꾸준히 대답을 시도하고 그에 대한 비판을 멈추지 않았다. 그것을 위해 그들은 '유무有無'와 같은 형이상학적인 문제에서부터 '소리'와 '마음'에 관한 제 이론을 제시하기도 한다. 어떤 이는 장자를 최고의 인격으로 삼기도 하고, 어떤 이는 공자의 설을 비난하기고 하며, 어떤 이는 노자를 조목조목 따져 비판하기도 한다. 그러는 과정에서 유도儒道의 구별은 매우 모호해진다. 이를테면 오늘날 윤리와 연결되는 '도덕道德'의 의미가 정립된 것은 위진에 이르러서라고 해도 큰 무리는 없다. '도'와 '덕'은 노자의 용어였지만 '도덕'을 '인의仁義'의 체계 안에서 그것의 배경으로 용해시킨 것은 바로 현학자들이었다. 한대부터 시작되는 인의와 도덕을 결합하려는 노력은 위진에서는 거의 관용慣用적인 형태를 갖추게 된다.

우리는 현학자들의 주장과 논리를 통해 이 시대의 문제를 진단해 본다. 중요한 것은 유가와 도가의 구별도 아니며 반쪽의 진리도 아니다. 폭넓은 사유형태를 통해 우리는 오늘도 반성하는 것이다.

5.

'철학의 해석'은 이래도 되고 저래도 되는가? 크게 잘못되지만 않는다면 자유로운 접근을 막을 까닭은 없다. 그리고 우리의 해석은 우리의 지평에 갇힐 수밖에 없다는 순환론을 제시한 것이 바로 철학의 해석학(hermeneutic)이었다. 그러나 문제는 철학이 삶의 부조리를 양산해서는 안 된다는 데 있다. 폭력, 신분제, 불공정, 비공개, 독재와 같은 모든 이가 싫어하는 것을 쉽사리 긍정하는 것은 철학이 아니다. 아니, 철학일 수는 있어도 무서운 철학이며 그것은 악의 형이상학을 교묘하게 숨겨 놓았을 뿐이다. 지배의 논리, 독점의 논리, 불평등의 논리는 그런 형이상학 뒤에서 똬리를 틀고 있다가 순간 방심할 때 튀어 오른다. 그래서 철학을 배우면서도 철학에 익숙해지지 말고, 철학을 익히면서도 철학을 두려워해야 하는 것이다. 철학은 학습과 동시에 비판이 따라야 한다. 비판 없는 철학은 철학이 아니다. 비판이 불가능한 철학은 신학일지언정 철학은 아니다. 이것이 '해석의 철학'이다. 해석과 동시에 이루어지는 비판만이 철학을 생동하는 세계로 인도한다.

도가철학의 장점은 바로 이러한 비판적 사유를 자기들의 정체성으로 삼는다는 데 있다. 목숨을 내놓고 비판정신을 불살랐던 죽림칠현과 같은 이들로 위진의 시대정신을 삼았던 까닭이 여기에 있다. 그러나 죽림칠현은 현학을 대변하지 못한다. 그들 말고도 너무도 많은 노장 해석가들이 있었다. 오늘 우리가 노장철학의 해석사를 말하는 까닭이 여기에 있다.

오직 철학만이 철학을 부정할 수 있다.

제1부　노자와 장자의 해석들

제1장 노자와 노자들

—곽점초간본 『노자』와 『태일생수』의 철학과 그 분파

1. 발굴본

20세기에 들어서면서 중국철학계는 몇 번의 진동震動을 겪는다. 그 진동은 정치적인 것과 물리적인 것으로 나누어진다.

정치적인 것은 5·4운동과 문화대혁명을 꼽을 수 있는데, 이 모두 전통가치에 대한 회의와 재정립에 초점을 두고 있었다. 5·4운동은 '운동'이라는 말과는 달리 비교적 문화적인 반성 작업이었지만, 문화대혁명은 '문화'라는 말과는 거꾸로 지나치게 계급적인 숙정肅整 작업이었다. 사실상 5·4운동도 문화대혁명처럼 폭력성에서는 완전히 자유로울 수 없는 것이었을지도 모른다. 5·4운동의 독단적인 언어폭력은 문화대혁명의 유배와 감금의 육체폭력으로 이어지기 때문이다.

물리적인 것은 1973년의 '마왕퇴한묘馬王堆漢墓'와 1993년의 '곽점초묘郭店楚墓'의 발굴이었다. 이는 19세기의 마지막 해인 1899년(淸 光緖 25)에 금석학자였던 왕의영王懿榮이 갑골문을 최초로 수집, 판독한 일과 견주어진다. 갑골문의 상재 이후, 당시의 학자군은 이의 해석에 심혈을 기울였다. 이와 마찬가지로 장사長沙의 한나라 무덤에서 나온 비단에 쓰인 글인 백서帛書는 학자들에게 초미의 관심사로 떠올랐다. 그러고는 20년 후 곽점郭店의 초나라 무덤에서 나온 대나무에 쓰인 글인 죽간竹簡에 현재 학자들이 많은 관심을 기울이고 있는 것이다. 다른 점이 있다면, 갑골문은 갑골학으로 독립된 분과로 취급되고 있지만 한묘와 초묘의 그것들은 독자적으로 연구되지 않는다는 것이다. 갑골학은 전혀 새로운 세계의 발견이지만, 장사와 곽점의 그것은 기존 경전의 원시판본으로 볼 수 있기 때문이다.

이러한 철학사의 진동을 겪으면서 중국철학사는 발전해 오고 있다. 그 진동을 얼마나 잘 파악하느냐에 따라 철학사 이해의 폭과 깊이가 달라지기도 한다. 따라서 그러한 진동에 얼마나 적절히 대응하느냐는 것이 철학을 현재화하는 길이기도 하다. 다만, 그러한 진동이 반드시 우리 한국의 철학계와 직접적인 상관관계를 지니는 것이 아님은 직시해야 한다. 문제는 수동적이지 않은 능동적인 태도로 입장표명을 하느냐, 그렇지 못하느냐에 있다. 민감할 필요는 있다. 그러나 우리의 피부는 중국이나 일본과 다름을 잊어서는 안 된다.

이른바 '발굴본發掘本 전적典籍'이라 부를 수 있는 고고학적 성과는 과거에도 있었고, 오늘도 있고, 미래에도 있을 수 있다. 이러한 전적의 발굴은 기본적으로 중국의 몫이다. 우리의 주제인 곽점의 초나라 무덤에서 발견된 죽간 곧 초간楚簡도 1993년에 발굴되었지만 일반에게 정리되어 대중적 연구를 진작한 것은 근래의 일이다. 형문시박물관荊門市博物館에서 『곽점초묘죽간郭店楚墓竹簡』1)이 간행되면서, 이와 동시에 도가 방면의 문헌연구로 미국 다트머스 대학(Dartmouth College)에서 초간본 『노자』

에 관한 국제학술대회(1998.5.)가 열리면서 본격적인 연구가 시작되었다.

이 문헌에 대한 시각은 매우 다양하다. 유가적 전적에 대한 정리도 필수불가결하며, 때로는 일련의 문헌이 종횡가 등의 작품으로 취급되기도 한다. 그런데 우리의 가장 큰 관심사는 초간본이 과연 오늘 우리가 보고 있는 『노자』와 같은 맥락에서 이해되는지, 그렇지 않은지에 있다. 개략적으로 말해, 발굴 초기에는 초간 『노자』가 유가사상을 반대하지 않았다는 입장이 많았으나 점차 초간이나 통행본이 같은 맥락에서 해석될 수 있다는 견해가 더욱 많아지고 있다. 나아가, 초간본이 이후의 역사 속에서 도가철학의 발전에 어떠한 위치를 차지하는지 분파적인 설명을 간략히 시도하고자 한다.

2. 곽점초간

곽점초간이란 호북성湖北省 형문시荊門市 사양구沙洋區 사방현四方縣 곽점촌郭店村에서 발굴된 초나라 무덤에서 발견된 죽간을 가리킨다. 그곳에는 전국시대 초나라의 무덤이 대규모로 산재되어 있었는데, 그 가운데 1호분에서 1993년 10월 18일에서 24일 동안 죽간 804매가 발견된다. 출토 당시 죽간은 모두 뒤섞여 있었지만 약 12,000자의 학술저작을 얻을 수 있었다.[2] 그 후 4년 반이 지난 1998년 5월에 모두 12종 16편으로 정리

---

1) 荊門市博物館, 『郭店楚墓竹簡』(北京: 文物, 1998.5.).
2) 龐朴, 「古墓新知」, 『中國哲學』 20, 7쪽.

되어 『곽점초묘죽간郭店楚墓竹簡』으로 출간되고, 이를 기점으로 전 세계 학자들의 이목이 집중되었다.

무덤의 연대는 학자들마다 견해가 다르지만 대략 기원전 300년 전후로 추정된다.[3] 달리 말해, 기원전 4세기 중반에서 3세기 초반인 전국 중기 후반의 작품으로 현재까지 발굴된 전적 가운데 가장 오래된 것이다. 글자는 초나라 글씨로 현재의 한자와는 다르며, 앞서 1973년 마왕퇴에서 발견된 백서보다 적어도 백년 가량 이르다.

무덤의 주인은 부장품 속에 발견된 옻칠 잔(漆耳杯)의 밑바닥에 쓰여 있는 '市' 자가 스승 사師로 해석된다고 해서 초나라의 태자의 스승이었으리라고 추측된다.[4] 그러나 그 글씨는 오히려 소박하게 그릇 배(杯·'不)로도 해석될 수 있기 때문에 그 주장이 절대적인 것은 아니다. '누구누구의 도장'(~之印)처럼 용도를 적어 놓는 것도 일반적이기에 '누구누구의 그릇'이라는 명문銘文일 가능성도 있다. 부장품에서 '거문고'(琴) 등이 나온 것으로 태자의 스승이라고 주장되기도 하지만, 그런 지위라면 대부大

---

3) 사실상 곽점초간에 대한 연구는 매우 한정되어 있다. 많은 논문이 있지만 대부분 3종의 책에 편집, 수록되어 있다. 대표적인 것이 『郭店楚簡硏究』라는 제목을 단 『中國哲學』 제20집(沈陽: 遼寧教育, 1999.1.)이며, 도가 방면의 연구로는 『道家文化硏究』 제17·18집(北京: 三聯, 1999.8. ·2000.8.)이다. 이하 『中國哲學』 20, 『道家文化硏究』 17·18로 약칭한다. 연대에 관한 고고학적 연구는 王葆玹, 「試論郭店楚墓各篇的操作時代及其背景」(『中國哲學』 20)을, 특히 『노자』에 관해서는 彭浩, 「郭店一號墓的年代與簡本『老子』的結構」(『道家文化硏究』 17)를 보라. 王은 楚가 秦에 함락된 278년 이전, 그러나 彭은 문화는 남아 있을 수 있으므로 그 이후로 추정한다.

4) 劉宗漢, 「有關荊門郭店一号楚墓的兩個問題-墓主人的身分與儒道關係」, 『中國哲學』 20, 391쪽. 나중에 頃襄王이 된 태자 横이라는 주장은, 李學勤, 「先秦儒家著作的重大發現」(『中國哲學』 20), 14쪽. 한 걸음 더 나아가 태자의 스승은 초의 사상가인 陳良(『孟子』, 「滕文公上」)으로 추정되기도 한다. 姜廣輝, 「郭店一号墓墓主是誰?」, 『中國哲學』 20, 396~398쪽 및 李存山, 「從郭店楚墓看早期道儒關係」, 『中國哲學』 20, 202쪽. 그러나 그가 태자의 스승 노릇을 했다는 증거는 없다.

夫 또는 상경上卿이기 때문에 '1곽1관一槨一棺(土 신분)을 쓰지 않았을 것이라는 반론 때문에 설득력을 잃기도 한다. 게다가 그 그릇이 선물로 받은 것이라면 이때 '스승 사' 자는 장인匠人으로 해석될 수도 있는 것이다.

그 가운데 세인의 관심을 집중시킨 것은 『노자』 1종 3편과 『태일생수太一生水』 1편 등 도가자료였다. 무엇보다도 초간본 『노자』는 통행본과는 다르게 '인의仁義'를 부정하는 대목이 나오지 않는다는 사실이 크게 부각되었다. 또한 『태일생수』는 한대에 등장하는 우주생성론의 원초적인 형태가 담겨져 있어, 전국시대까지 우주생성론이 도가사유에서 드러나지 않는다는 통설을 재고할 필요가 있어졌다.

아울러 유가 방면으로도 그에 못지않게 중요한 전적이 발견되었다. 왜냐하면 토론의 여지는 많지만 발굴된 자료로부터 『대학』과 『중용』의 작자 및 해석사 등에 결정적인 증거가 드러나기 때문이다. 이를테면 『성자명출性自命出』 등의 발굴된 문헌을 근거로 『중용』은 자사子思로부터 나왔으며, 『대학』도 증자曾子와 관련된 것으로 추론되기도 하며,5) 정주程朱학파에서처럼 『대학』의 '친민親民'이 '신민新民'으로 해석되기도 한다.6)

구체적인 예로 『노자』에 대해 말해 보자. 초간본 『노자』 죽간은 모두 71매이며, 정리 과정에서 죽간의 형태에 따라 갑, 을, 병조로 나누어졌다. 갑조와 병조의 중복글자 및 『태일생수』를 제외하면 통행본의 3분의 1 정도에 해당된다.7) 통행본과 비교하면 갑, 을, 병조를 막론하고,

---

5) 李學勤, 「先秦儒家著作的重大發現」, 『中國哲學』 20, 16쪽.
6) 李學勤, 「郭店楚簡與先秦儒家經籍」, 『中國哲學』 20, 21쪽.
7) 『郭店楚墓竹簡』(前言)에서는 2,046자로 통행본의 5분의 2라고 하나, 『太一生水』 305자와 갑, 병조에서 공통 출현하는 제64장 이후의 75자를 빼면 모두 1,666자로 통행본의 3분의 1로 꽤나 많은 분량이다. 裴錫圭, 「郭店『老子』簡初探」, 『道家文化硏究』 17,

편장의 순서가 일치되는 곳은 거의 없다. 갑조의 제56장과 제57장 그리고 병조의 제17장과 제18장에 불과하다. 게다가 통행본의 한 장의 부분만 존재하는 경우도 많다. 이는 현재 정리된 판본이 절대적이 아님을 뜻한다. 다르게 편집될 가능성도 매우 많으며 실제로 학자에 따라 그런 견해를 보여 주기도 한다.

또한 초간본『노자』가 원본이고 이후의『노자』는 그에 덧붙여 쓰인 것[8])이라는 보장도 없다. 오히려 당시에도『노자』와 비슷한 정본定本이 있었고 초간본은 그것을 교육용 또는 다른 이유로 발췌한 것이라는 추측도 가능하다.[9]) 물론, 그 정본이 곧 오늘날의『노자』를 반드시 의미하는 것은 아니다.

3. 『노자』들

과연 어떤 것이『노자』책 가운데 가장 오래된 것일까? 금세기의 발굴성과가 있기 전까지는 부혁본傅奕本을 이른바 '고본古本'이라 불러 왔다. 북제北齊 무평武平 5년(574)에 항우項羽의 첩의 무덤에서『노자』가 발굴되는데, 이를 저본으로 삼아 당唐의 부혁이 교정한 것이 바로『고古노자』

주1), 26쪽. 위의 자료를 포함하여 죽간본『노자』의 유형과 체제상의 특징 등 형식적 소개에 대해서는 박원재, 「곽점죽간본『노자』에 대한 몇 가지 검토」, 『동양철학』 13(서울: 동양철학회, 2000)을 보라.

8) 중국학계의 경우, 崔仁義가 선봉에 서며, 郭沂는 王博을 반대하는 입장에서 이 설을 지지하였다. 그리고 許抗生은 나중에 곽기의 손을 들어준다. 일본의 池田知久도 이러한 입장이다.

9) 중국학계의 경우, 젊은 王博을 필두로 裵錫圭, 陳鼓應, 그리고 李學勤 등이 동의한다.

였다. 이것이 사실이라면 부혁본은 기원전 3세기 말의『노자』를 우리에게 보여 주는 것이다.

이 부혁본은 하상공본河上公本, 왕필본王弼本과 더불어 노자 3대 판본으로 자리 잡는다. 하상공은 한漢 문제文帝 때의 사람으로 전해지나「예문지藝文志」에 서목이 전해지지 않는 등 여러 문제가 많아 판본의 성립은 대체로 동한東漢 이후로 추정되기도 한다.[10] 왕필은 위魏나라 사람으로 진晉의 성립과 더불어 죽지만, 그의 새로운 해석방식은 후대에 많은 영향을 끼친다. 여기에 서한西漢 말로 추정되는 엄준嚴遵의『노자지귀老子指歸』[11]와 동한 말 오두미교五斗米敎의 유행과 더불어 성립되었을 가능성이 있는『노자상이주老子想爾注』를 덧붙이면『노자』의 판본은 대략적으로 개괄된다.

1973년 마왕퇴한묘 3호분에서『노자』백서 갑, 을본이 출토되면서 부혁의 고본은 고본으로서의 지위를 잃고 만다. 묘의 주인은 대후리창軑侯利蒼의 아들이며, 사망연대는 정확히 기원전 168년이었다. 갑본은 소전체小篆體였고 을본은 전서篆書였으며, 을본은 갑본과는 달리 한고조 유방劉邦의 이름을 휘諱하였다. 이에 따라 갑본은 기원전 206~195년, 을본은 기원전179~168년으로 대략적으로 추정된다. 이로부터 많은 주석본도 백서본과의 관련 아래 이해되기 시작한다. 백서본은 통행본과는 달

---

10) 특히 일본학자들의 출입이 크다. 거칠게 말해, 東漢에서 六朝 사이로 추정된다. 河本의 연대 문제에 대해서는 王淸祥,『'老子河上公注'之硏究』(臺北: 新文豊, 1994), 11~14쪽 참조.

11)『老子指歸』도『漢書』「藝文志」에 실리지는 않았으나,『漢書』「王貢兩龔鮑傳」에 明帝 劉莊의 諱를 피하여 嚴君平으로 적혀 있다. 이를 보아 班固는 그를 당대의 점쟁이(卜筮者)라고 나름대로 평가한 것이다.

리, 「도경」과 「덕경」이 바뀌어 『덕도경』(정확히는 「덕편」과 「도편」)의 형태를 띠고 있었다. 이러한 사실은 노자해석에서 '덕'의 중요성을 증대시키는 것이었다.12) 이를테면 『노자지귀』도 덕에 대한 논의로 시작하고 있는 것으로 보아 한대 도가들이 덕을 얼마나 중시했는가를 다시금 생각하게 했다.13) 그러나 『덕도경』이 『노자』의 원래 모습이라는 주장에 대해서, 당시에 벌써 『도덕경』과 『덕도경』의 두 종류 판본이 있을 수 있다는 주장이 나오기도 했다. 사실상 『덕도경』이 아닌 『도덕경』은 서한 중후기에 이미 출현한 것으로 볼 수도 있기 때문이다.14)

그런데 백서본 『노자』가 그 신선도를 채 잃기도 전에 죽간본 『노자』가 발굴되면서, 백서본이 잠시 누렸던 최고본最古本의 자리는 20년 만에 빼앗기고 만다. 통행본을 기준으로 보았을 때, 초간은 백서본처럼 완전하지는 않은 대신, 통행본과는 자못 다른 모습을 보여 주고 있었기 때문에 놀랍게 받아들여졌다. 더욱이 초간은 백서처럼 「덕경」과 「도경」이 분명한 형식으로 나누어져 있지 않고 뒤섞여 있었다.

정리하면 다음과 같다. 노자 『하상공주』와 『상이주』가 신선술과 관련된 도교적인 색채가 농후하다면, 『왕필주』는 한대의 상수象數역학에 반대한 의리義理역학의 관점에서 『노자』를 해석하려 하고 있다.15) 『노

---

12) 정세근, 『노장철학과 현대사상』(서울: 예문서원, 2018), 제1부, 「제4장 노자와 정치—노자의 덕과 그 정치철학적 의의」 참조.

13) 「德經」 40장, 「道經」 32장, 모두 72장이다.

14) 高亨 등이 이런 주장을 내세웠고, 宋代 董思靖이 『道德眞經集解序』에서 劉欽의 『七略』을 인용하면서, "유향이 2편 81장을 저술했는데, 상경이 34장이고 하경이 47장이다"(劉向定著兩篇八十一章, 上經三十四章, 下經四十七章)라고 한 것을 증거로 삼는다. 弘文館 편집부, 『馬王堆漢墓』(臺北: 弘文館, 1985), 86~87쪽. 그러나 상하경의 편수가 현재의 37장과 44장에 정확히 맞아떨어지지 않아 그것도 분명하지 않다.

15) 나의 관점에서 볼 때, 王弼은 '以老解易'한 것이 아니라 '以易解老'했다. 그러한 관점은

자지귀』는 한대의 우주발생론의 영향을 흡수하여 당대의 세계관을 표현하고 있다. 여기에 20세기로 들어서면서 백서본과 죽간본이 등장하여 기존의 사변적인 논의가 아닌, 문자와 문장의 해석이라는 구체적인 문제들이 노자의 이해에 대두하게 된다.

4. 노자의 인의관

우리는 죽간본과 백서본 그리고 왕필본을 비교하여 논의해 볼 수 있겠다. 죽간본은 최고본이라는 까닭에서, 백서본은 통행본과 가장 가까운 문장을 지녔다는 점에서, 왕필본은 노자 해석에서 가장 많은 영향을 미치고 있다는 사실에서 비교의 자격을 얻는다.

무엇보다도 세인의 관심을 모았던 구절은 왕필본 제19장이다. 통행본에서 부정되고 있는 '인의仁義'가 다른 글자로 적혀 있던 것이다.

죽간갑조: *絶知棄辯*, 民利百倍. 絶巧棄利, 盜賊亡有. <u>絶僞棄詐</u>, 民復孝慈.
三者以爲辨不足, 或令之或乎屬. 視素保樸, 少私寡欲.

백서을본: *絶聖棄智而民利百倍*. <u>絶仁棄義而民復孝慈</u>. 絶巧棄利, 盜賊無有.
此三言也, 以爲文未足, 故令之有所屬, 見素抱樸, 少(私)而寡欲.

통행왕본: *絶聖棄智*, 民利百倍. <u>絶仁棄義</u>, 民復孝慈. 絶巧棄利, 盜賊無有.

하안으로 거슬러 올라간다. 정세근, 「현학의 시대와 오늘의 철학」, 정세근 엮음, 『위진현학』(서울: 예문서원, 2001), 32쪽 참조.

此三者, 以爲文不足, 故令有所屬, 見素抱樸, 少私寡欲.

여기서 우리가 주목하는 것은 통행본의 "絶聖棄智, 民利百倍. 絶仁棄義, 民復孝慈. 絶巧棄利, 盜賊無有"의 구절로, 백서을본은 허사를 개입시켰을 뿐(게다가 백서갑본은 통행본과 거의 동일하다) 별반 다르지 않으나, 죽간본은 "絶知棄辯, 民利百倍. 絶巧棄利, 盜賊亡有. 絶僞棄詐, 民復孝慈"으로 되어 있어 내용이 매우 다르다. 통행본은 "성스러움을 끊고 지식을 버리면, 백성의 이익이 백배가 된다. 인을 끊고 의를 버리면, 백성은 부모에 효도하고 자식을 사랑한다. 기교를 끊고 이익을 버리면 도적이 없다"라고 해석되지만, 죽간본은 "지식을 끊고 논변을 버리면, 백성의 이익이 백배가 된다. 기교를 끊고 이익을 버리면 도적이 없다. 위선을 끊고 사기를 버리면 백성은 부모에 효도하고 자식을 사랑한다"로 이해되기 때문이다. 다시 말해, 통행본에서 매우 부정적으로 묘사되던 '성지聖智'와 '인의仁義'가 죽간본에서는 '지변智辯'과 '위사僞詐'로 바뀜으로 해서, 노자가 유가적 인의를 부정하지 않았으며 아울러 성이라는 표준도 포용하고 있다고 주장되는 것이다. 지식과 변론을 제일의로 삼지 않으며 위선과 사기를 반대하는 것은 유가도 마찬가지이기 때문이다.

여기서 우리는 매우 사려 깊은 판단을 유도하지 않으면 안 된다. 왜냐하면 결론의 저변에 이미 그들이 얻고자 하는 대답을 마련하고 있기 때문이다.

무엇보다도 먼저, 중국학계의 상투적인 경향이다. 이런 경향은 한국에도 없는 것은 아니지만, 일단 유가가 주류라는 입장에서 철학사를 기술하기 위해서 도가가 인의를 부정하지 않았기를 내심 학수고대하는 것이다. 노자조차 인의를 부정하지 않았다면 유가의 인의론은 더욱 그 위상을 확고히 할 수 있기 때문이다. 따라서 성급한 결론이 논리에 앞서는 경우가 많다. 이런 주장에 따르면 '인을 끊고 의를 버린다'는 구절은 후학들에 의해 집어넣어지거나 바뀐 것으로 판단된다.[16]

다음은, 오히려 도가가 주류라는 입장을 고수하기 위해서 도가도 유가와 마찬가지로 인의에 적대적인 입장을 지니지 않았음을 주장하는 것이다. 노자 시기만 하더라도 공자와 상통될 부분이 많았지만, 후대에 이르러 도가는 유가와 강력히 대립되었다고 설명한다. 따라서 인의에 대한 부정은 학파 간의 대립이 심화된 전국 중후기의 일이지, 춘추 초기에서 전국 중기에 살았던 노자와 공자 시대는 그렇지 않았다는 것이다. 결국 그것은 장자 후학의 영향으로 간주된다.[17]

이러한 두 입장에 따라 '노자가 인의를 반대하지 않았다'는 주장이 제기된다. 그러나 우리는 이를 신중하게 받아들이지 않을 수 없다. 통행본의 경우, "천지와 성인은 어질지 않다"(天地不仁/聖人不仁)[18]라는 구절이 명백히 존재하며, "도를 잃은 다음 덕이 있고, 덕을 잃은 다음 인이 있고, 인을 잃은 다음 의가 있으며, 의를 잃은 다음 예가 있다"[19]라고

---

16) 王博, 「張岱年先生談荊門郭店竹簡『老子』」, 『道家文化硏究』 17, 23쪽. 장대년은 공자 당시에는 인의가 連用되지 않다가 맹자 때 와서 연용되었다는 주장(梁啓超)이 옳지 않고, 『墨子』에서 이미 연용되었다고 하면서도, 『老子』는 老聃의 작품이므로 그때부터 연용되었을 것이라는 시각을 회의하였다. 그런데 張은 대담 가운데 바로 이어 죽간에도 "大道廢, 有仁義"라는 구절이 있다면서 노자도 인의를 반대했다고 말한다. 같은 쪽.
17) 陳鼓應, 「從郭店簡本看『老子』尙仁及守中思想」, 『道家文化硏究』 17, 69~70쪽. 그는 기본적으로 도가가 중국철학사의 주류라는 道家主幹說의 제창자이다. 따라서 도가가 유가를 반대하면서 생성된 학파라는 것을 받아들이기 힘든 것이다.
18) 王弼本 『老子』, 제5장.
19) 王弼本 『老子』, 제38장, "故失道而後德, 失德而後仁, 失仁而後義, 失義而後禮."

말하고 있기 때문이다. 만일 곽점본이 발췌본이라면 현재 정리, 공개된 죽간은 단지 부분일 수 있기 때문에 노자가 인의를 반대하지 않았다는 주장은 조심스럽지 않을 수 없는 것이다. 게다가 초간에도 분명 인의에 부정적인 시각이 나온다. 아래는 왕필본으로는 제18장에 해당한다.

죽간병조: 故大道廢, 安有仁義. 六親不和, 安有孝慈. 邦家昏□, (安)有忠臣.

백서갑본: 故大道廢, 案有仁義. 慧智出, 案有(大)僞. 六親不和, 案孝□畜 玆, 邦家昏亂, 案有貞臣.[20]

통행왕본: 大道廢, 有仁義. 慧智出, 有大僞. 六親不和, 有孝慈. 國家昏亂, 有忠臣.

여기서 문제가 되는 것은 '안安' 자의 해석인데, 그 글자를 '어찌'와 같이 의문사처럼 해석하는 경우와 '곧'이라는 접속사로 해석하는 경우에 의미가 완전히 달라지고 만다. 의문사일 경우 그것은 '언焉'과 같은 뜻이며, 접속사인 경우 그것은 '내乃'와 같은 뜻이 된다.

첫 번째의 경우는 "대도가 없어지니 어찌 인의가 있겠는가. 육친이 불화하니 어찌 효자가 있겠는가. 국가가 혼란스러우니 어찌 충신이 있 겠는가"로 해석된다. 그렇다면 이 구절은 인의와 효자孝慈(孝道와 慈愛 곧 치사랑과 내리사랑으로 '孝子'가 아니다)와 충신은 있어야 하는데 난세라서 없다

---

20) 백서을본은 통행왕본과 비슷하기에 갑본을 선택했다. 문맥상 큰 오독이 없는 자형 (예: 昏亂)은 통행본과 동일하게 적는다. 劉邦을 諱하기 위해, 백서을본은 '邦'家가 '國'家로 되어 있다.

는 이야기로, 그것들이 있었으면 좋겠다는 뜻으로 새겨진다. 그렇다면 인의, 효자, 충신 또한 궁극적으로는 긍정되어야 하는 것이다.

두 번째의 경우는 "대도가 없어지니 인의가 있고, 육친이 불화하니 효자가 있고, 국가가 혼란스러우니 충신이 있다"고 해석된다. 그렇다면 이 구절은 위와는 정반대의 뜻을 지닌다. 인의와 효자와 충신은 없을수록 좋은 것인데 난세라서 자꾸만 생겨난다는 것이다. 그렇다면 인의, 효자, 충신은 강력히 부정된다.

과연 어느 것이 옳을까? 우리는 함부로 단언할 수 없다. 그러나 우리의 논의의 중심에 있는 '안' 자의 해석이 명백한 것이 『노자』에 등장한다. 죽간본, 백서갑을본, 왕필본 모두 위의 인용구 바로 위에 나온다. 통행본으로는 제17장이다.

죽간병조: 信不足, 安[21]有不信.

백서갑본: 信不足, 案有不信.

백서을본: 信不足, 安有不信.

통행왕본: 信不足焉, 有不信焉.

이때 '안' 자의 의미는 너무도 분명해진다. "믿음이 부족하니 불신이 있다"라는 해석 이외에는 다른 방도를 찾기 어렵기 때문이다. "믿음이

---

21) 때로 焉으로도 읽는다.

부족한데, 어찌 불신이 있겠는가"라는 해석은 어색하기 짝이 없다. 쉽게 말해 '내가 신용을 지키지 않으니, 곧 남도 그러하다'는 뜻으로, 좀 더 원문에 충실하자면, '윗사람이 아랫사람을 믿음으로 대하지 않아 아랫사람도 윗사람을 믿지 못하게 되었다'는 의미로 어렵지 않게 이해되는 구절인 것이다. 오늘날의 표현으로는 '정치가들이 거짓말을 하니 국민들 사이에서도 불신풍조가 만연하게 되었다'는 말일 것이다.

이렇듯 고전에서 '안安' 또는 '안案' 그리고 '언焉'은 우리말의 '이에'(乃) 또는 '곧'(則)으로 새겨진다. 또 다른 예도 있다.

죽간병조: 執大象, 天下往. 往而不害, 安平太.

백서갑본: 執大象, □□往. =而不害, 安平太.

백서을본: 執大象, 天下往. =而不害, 安平太.

통행왕본: 執大象, 天下往. 往而不害, 安平太.

여기서도 '안' 자를 접속사로 볼 것인지, 아니면 아예 본문의 명사로 볼 것인지의 문제가 따른다. 앞의 경우는 '곧 태평하다'라고 해석하면 되고, 뒤의 경우는 3자를 병렬시켜 '안정되고, 평화롭고, 태평하다'라고 해석하면 된다. 나는 앞의 해석이 훨씬 간단명료하고 원문의 취지에 맞는다고 생각하기 때문에 '안' 자를 접속사로 보는 것이 옳다고 생각한다. 어찌됐던, 여기서도 '안' 자는 결코 의문사가 아니다. 『노자』로 『노자』를 보는 것이 옳다면 이렇듯 '안' 자는 접속사, 좀 더 정확히는 계사

繁辭(copula)로 보는 것이 옳은 것이다.

이쯤해서 우리는 노자의 인의관에 대한 결론을 얻는다. 노자가 기본적으로 인의에 반대한 것은 사실인 듯싶다. 노자는 여러 곳에서 인의에 대한 강한 회의를 보여 주고 있기 때문이다. 적어도 '인의'라는 도덕적 표준은 진정한 '인의'라는 자연적 성향이 사라지고 난 다음 출현한 것으로 노자는 보고 있는 것이다. 이는 마치 '참'이란 홀로 존재하지 않고, '거짓'과 더불어 대두된다는 논법과 같다.

나아가, 우리는 이와 더불어 중대한 발굴본에 대한 태도를 얻는다. 한마디로, 곽점의 출현으로 말미암아 현재의 『노자』에 대한 전통적 해석이 크게 뒤바뀔 것은 없다는 것이다. 우리에게 더욱 철학적으로 의미 있는 것은 '물질의 발굴'이라기보다는 '정신의 발견'이기 때문이다.

5. 『태일생수』와 도교

『태일생수太一生水』는 『노자』와 더불어 발견되는 바람에 『노자』의 일부분으로 취급되기도 했다. 그러나 그것은 성급한 판단이었다. 만일 『태일생수』를 『노자』의 일실佚失로 본다면, 적어도 고대문헌의 한 부분에 "노자가 이렇게 말했다"(老子曰)라고 하면서 『태일생수』를 인용한 근거가 있어야 하기 때문이다. 따라서 『태일생수』를 도가 계열의 독립된 저작으로 보는 것은 별 무리가 없을 것이다.

『태일생수』의 '태太' 자는 원래 '대大' 자로 쓰여 있다. 이는 고대 한

어에서 '태'와 '대'가 모두 '대' 자로 쓰였기 때문이다. 위에서 인용한 바 있는 '태평'(平太)도 죽간이나 백서를 막론하고 원래는 '대평'(平大)으로 적혀 있던 것이다. 이러한 인식은 『노자』가 비록 '태일'을 말하고 있지는 않지만, '일—'은 물론이거니와 '대大'를 강조한 것과 통한다. 『노자』에서 대는 도道의 다른 이름이었다.[22] 일의 강조는 "하나를 껴안는다"(抱一)[23] 는 포일사상을 비롯하여 "도는 하나를 낳고, 하나는 둘을 낳고, 둘은 셋을 낳는다"[24]라는 도의 창생설創生說에 이르기까지 명확히 드러나고 있다. 가장 특징적인 것은 '일'을 통해 천지와 신령 그리고 왕후까지 제자리를 잡는다는 『노자』의 구절일 것이다.[25] 이때 일은 최상의 범주로 등장한다. 이와 같은 정황으로 미루어 볼 때 '태일'사상이 도가류에 속함은 의심할 여지가 없다. 그러나 그렇다고 해서 『태일생수』가 『노자』 와 같은 종류의 사상을 지녔다는 것은 아니다. 그 둘은 서술 내용은 물론, 지향점조차 다르다.

　『태일생수』는 총 14개의 죽간으로 이루어져 있으며, 그 서체와 형태가 『노자』 병조와 같아 위에서 말했듯이 『노자』의 일부분으로 오해되기도 했다. 그 가운데 제9간은 외톨이여서 문맥도 잘 맞지 않는 것으로 보아 많은 부분이 없어진 듯하다. 때로 제9간을 아예 맨 뒤로 놓기도 한다.

　『태일생수』의 논리적 구조를 보자. 간략히 도식화하면 아래와 같다.

---

22) 『老子』, 제25장, "强爲之名曰大."
23) 『老子』, 제22장.
24) 『老子』, 제42장, "道生一, 一生二, 二生三, 三生萬物."
25) 『老子』, 제39장, "昔之得一者; 天得一以淸; 地得一以寧; 神得一以靈; 谷得一以盈; 萬物得一 以生; 侯王得一以爲天下貞; 其致之."

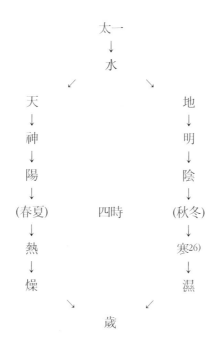

화살표는 곧 생성의 관계를 나타내며, 이러한 구조는 다시 거슬러 올라간다. 도표에서 드러나지 않는 것이라면, 태일과 물 그리고 하늘과 땅의 관계이다.

태일이 물을 낳지만 물은 다시 태일로 돌아가는데, 바로 이 '낳음'(生)과 '돌아감'(反輔)의 관계가 물 그리고 하늘과 땅에서는 성립되는 것이다. 다시 말해, 태일은 물을 낳지만 물은 태일로 되돌아가 도와줌으로써 다시 하늘을 낳고, 그렇게 나온 하늘도 태일로 되돌아가 도와줌으로써 다시 땅을 낳는다.

---

26) 박물관 정리자들은 '滄'으로 썼으나, 초나라 글자에서 '滄'과 '寒'은 자형이 유사하다. 물론 둘 다 뜻은 같다. 李零, 「讀郭店楚簡『太一生水』」, 『道家文化研究』 17, 317쪽.

$$\langle\ 太\qquad 一\ \rangle$$

$$\downarrow\nearrow\qquad\downarrow\nearrow\qquad\downarrow$$

$$水\qquad 天\qquad 地$$

$$(\downarrow)$$

그런데 이때부터는 되돌아가지 않는다. 다만 서로의 상호작용으로 다음의 '신명', '음양', '사시', '한열', '습조' 및 '세'를 이루어 낼 뿐이다. 정확히는 '되돌아가서 도와주는 것'(反輔: ↓)과 '서로 도와주는 것'(相補: ↓)의 차이가 그 속에 존재한다. 그런 점에서 태일과 물 그리고 하늘과 땅의 관계는 상당히 평등하며 호혜互惠적이다. 그러나 이후의 관계는 일방一方적으로 오히려 시혜施惠적이다.

이러한 생성이 끝에 이르면, 다시 처음으로 순환된다. 막바지에 이르러 태일은 물과 함께 어우러짐으로써 모든 존재의 우두머리가 된다. "이리하여 태일은 물속에서 잠기고 때 속에서 움직인다. 두루 비롯되니 만물의 어머니가 되고, 빠졌다 차기를 거듭하니 만물의 벼리가 된다."[27]

$$太一 \infty 水$$

우리는 이러한 설명을 순환론적 사고라 부를 수 있으며, 아예 『태일생수』의 용어를 빌려 '반보'의 논리라고 일컬을 수 있겠다. 어떤 것이 모든 것을 낳고, 다시금 모든 것은 어떤 것으로 돌아간다는 것이다. 그런데 이런 논리가 유가들에게도 일반적인 것은 아니다. 『주역』에도 "태

---

27) 是故太一藏於水, 行於時, 周而又(始, 以己爲)萬物母; 一缺一盈, 以己爲萬物經.

극이 양의를 낳고, 양의가 사상을 낳고, 사상이 팔괘를 낳는다"[28]는 생성론이 있지만 다시금 돌아간다는 논리에는 인색하기 때문이다. 때로 『노자』도 『주역』처럼 일방적인 것으로 비추어지기도 한다.[29] 그러나 『노자』는 도가답게 '되돌아감'(反; 復歸)의 논리에 충실함이 곳곳에서 드러나기 때문에 『태일생수』만이 '반보'의 사유를 담고 있다고 보기는 어렵다.

이러한 우주생성론의 모습은 『열자列子』에서 활발하게 전개되었다. "꼴이 있는 것은 꼴이 없는 것으로부터 나오니 하늘과 땅은 어디에서 나왔는가? 그러므로 태역, 태초, 태시, 태소가 있다고 하는 것이다. 태역은 기가 보이지 않을 때이고, 태초는 기가 비롯될 때이고, 태시는 꼴이 비롯될 때이고, 태소는 바탕이 비롯될 때이다."[30] 이러한 기론 또는 정기론精氣論적 우주관은 『회남자淮南子』(天地之襲精爲陰陽)[31] 등 한대 사유 곳곳에서 보인다. 그러나 『태일생수』처럼 물이 중심이 된 세계는 독특하지 않을 수 없다. 물론 『노자』에도 물은 도에 가까운 것으로 가장 이상적인 상징이다.[32] 그러나 『노자』에는 '태일'이 나오지 않을 뿐만 아니라, 특히 초간에서는 왕에 관한 이야기가 갑조에 등장하는 것[33] 이외에는 '일'과 관련된 구절도 나오지 않는다. 따라서 우리는 『노자』와 『태일생수』가 도가라는 큰 범주 속에 속함을 인정하면서도 그 둘은 다른 계열임을 추측할 수 있는 것이다.[34]

---

28) 『周易』, 「繫辭傳」, "太極生兩儀, 兩儀生四象, 四象生八卦."
29) 龐樸, 「一種有機的宇宙生成圖式」, 『道家文化研究』 17, 303쪽.
30) 『列子』, 「天瑞」, "夫有形者生於無形, 則天地安從生? 故曰: 有太易, 有太初, 有太始, 有太素. 太易者, 未見氣也. 太初者, 氣之始也. 太始者, 形之始也. 太素者, 質之始也."
31) 『淮南子』, 「天文訓」.
32) 『老子』, 제8장, "上善若水."; 제78장, "天下莫柔弱於水."
33) 죽간 갑조, "國中有四大焉, 王居一焉."

우리는 위의 도식을 통해 『태일생수』가 음양대대陰陽待對의 구조를 보여 주고 있음을 쉽게 알아차릴 수 있다. 그런데 원문이 '천지', '신명', '음양', '사시', '한열', '습조'라고 말했기 때문에, '천지'를 기준으로 '양음 陽陰'으로 이해하는 것은 곤란하다. 그 입장에서는 '차가움과 더움', '젖음과 마름'이 모두 '어두움과 밝음'의 구조에서 이해되기 때문에 '하늘'이 음이 되고, '땅'이 양이 되는 구조를 갖게 된다.[35] 이렇다면 '물'과 '하늘'과 '땅'으로 내려오는 자연스러운 전개방식과 충돌될 뿐만 아니라 '하늘은 양이고, 땅은 음이다'라는 전통적인 우주론에 비추어 볼 때 어색하기 짝이 없기 때문이다. 비록 『장자』에서도 음을 하늘로, 양을 땅으로 설명하는 구절이 나오기는 하지만[36] 그것뿐으로, 그것을 지지할 만한 방증을 찾기 어렵다.

음양으로 이해할 수 있는 것은 '신명'도 마찬가지이다. 먼저 신명은 우주의 작용을 영도하는 정신적인 것으로 이해된다. 신명은 유도가를 막론하고 적지 않게 출현한다. 『주역』에서도 신명은 팔괘의 탄생과 더불어 천지와 만물을 움직이는 기능으로 이해되기도 한다.[37] 이때 신명

---

34) 邢文, 「論郭店『老子』與今本『老子』不屬 一系-楚簡『太一生水』及其意義」, 『中國哲學』 20. 동시에 그는 곽점 『노자』와 『태일생수』가 내용이 연관된 한 편의 문헌이라고 주장하지만, 나는 그 점까지 동의하는 것은 아니다. 杜維明은 한 걸음 더 나아가 『태일생수』는 雙軌的이고, 『노자』는 單線的 우주발전모형을 지니고 있다고 구별한다. 같은 책, 183쪽 재인용. 그러나 앞서 말했듯이 『노자』도 일방적이지는 않다.

35) 이와 같은 논지로는 김백현, 「곽점초간의 『태일생수』 연구」, 『도가철학』 3(한국도가철학회, 2001), 145~146쪽 참조.

36) 『莊子』, 「田子方」, "至陰肅肅, 至陽赫赫, 肅肅出於天, 赫赫發於地'. 兩者交通成和而物生焉." 많은 경우, 주석가들은 이 '천지'의 문제를 피해 가거나 아예 '천'과 '지'가 뒤바뀌었다(高亨)고 주장하기도 한다.

37) 『周易』, 「說卦」, "昔者聖人之作易也, 幽贊於神明而生蓍, 參天兩地而倚數, 觀變於陰陽而立卦, 發揮於剛柔而生爻, 和順於道德而理於義, 窮理盡性至於命."; 「繫辭下」, "以通神明之德, 以類萬物之情."

은 '신기神祇'이며 각기 하늘과 땅의 정령이다. 현재 우리의 일상적 용어로 바꾸면 '귀신鬼神'으로, 하늘과 관계되는 것이 '신'이고 땅과 관계되는 것이 '귀' 또는 '명'이다. 신을 하늘로 날아간다(神, 伸也)로 풀고, 귀를 땅으로 돌아간다(鬼, 歸也)로 푸는 것이다. 『장자』에서도 "신은 어디서 내려오고, 명은 어디서 나오는가"[38]라는 말이 나오는 것으로 보아, 신명을 천지에 해당시키는 것은 유가와 도가를 뛰어넘는 보편적 사유였음을 엿볼 수 있다. 오늘날 우리의 용법과도 상당 부분 맞아떨어진다. 우리가 이른바 '비나이다, 비나이다, 천지신명께 비나이다'고 할 때의 신명이 바로 그것이다. 신명은 천지에 가득 찬 영혼을 가리키면서도 나누어 말하면 하늘과 땅에 각기 속하는 것이다. 또, 풍수지리에 맞추어 주거공간이 아닌 묘지를 선택하면서도, 다시 말해, 양택陽宅이 아닌 음택陰宅을 하면서도 '명당明堂'이라는 용어를 쓰는 것은 바로 토지의 신성과 관련되기 때문일 것이다. 명당이란 용어는 한대에 출현하며, 본디 '태묘太廟'와 같은 뜻이었다.[39] 신명을 본체와 작용의 관계로 보는 경우도 있지만,[40] 그것은 땅과 관련된 명의 성질을 너무 무시한 결과로 보인다.

그렇다면 '천지'와 '신명' 다음에 '양음'이 놓이고 이어 '사시', '열한', '조습'이 펼쳐짐으로써 한 시한(歲: a term)이 마무리된다. 그 시간은 아주

---

38) 『莊子』,「天下」, "神何有降, 明何由出."
39) 徐復觀, 『兩漢思想史』(臺北: 學生, 1976·1985), 25쪽.
40) 林雲銘은 "神者, 明之藏. 明者, 神之發"이라 하여, 神明을 本과 用의 관계에서 파악한다.(『莊子因』) 許抗生은 이 견해를 받아들이면서, 『管子』「內業」의 "精은 神이고 精氣는 神氣"라는 관점을 참조하여 "神은 無形莫測의 精氣이고, 明은 精氣가 顯現된 作用과 現象"이라고 주장한다. 許抗生,「初讀『太一生水』」, 『道家文化研究』17, 311~322쪽. 그러나 神明을 待對의 관계로 보지 않고 本用의 관계로 보는 것은 神을 우선적으로 고려하고 明의 독자적인 지위를 지나치게 격하시키고 있어, 여기서는 받아들이지 않는다.

간단히는 '한 해'일수도 있지만, 크게 보아 창조와 종말의 순환기간인 것이다. 그 시작의 주체는 태일로서 물을 생성하지만, 종료될 때 태일은 물과 동화된다.

과연 태일이란 무엇인가? 한마디로, 태일은 별의 신이다. 그것이 북극성인지 아니면 그 주위의 다른 별인지에 대해서는 이견이 많지만, 태일이 첨성瞻星신앙의 대상이었음은 분명하다. 특히 태일은 초나라의 최상위의 신령이었다.[41] 이러한 태일론은 비슷한 시기로 추정되는『할관자鶡冠子』에서도 나타난다.[42] 다른 점이 있다면『태일생수』는 물을 낳지만『할관자』는 원기元氣를 낳는다. 알다시피 원기론은 한대 우주생성론의 전형적 이론이다. 이후 『회남자』에서도 태일사상은 자주 등장한다.[43] 이처럼 태일 숭배는 한나라 때에도 유행했으며, 그 전조를『할관자』와『태일생수』와 같은 전적에서 찾아볼 수 있는 것이다.

그런데 하필 왜 물인가? 그것은 손쉽게 말해, 초나라라는 남방지역의 물 신앙과 깊은 관련을 맺는다. 초가 위치한 지역은 양자강 유역이었으며, 따라서 물을 신격화한다.[44] 별과 물의 만남이 초 문화에서 벌어

---

41) 屈原 「九歌」의 첫 번째 노래가 바로 '東皇太一'로 東楚의 神이다.

42) 泰一. 『鶡冠子』, 「泰鴻」. 할관자는 기원전 약 300년 이후에 활동한 사람으로 추정된다.

43) 『淮南子』, 「天文訓」, "紫宮者, 太一之居也. / 淮南王元年, 太一在丙子.";「精神訓」, "處大廓之宇, 游無極之也, 瞪太皇, 憑太一, 玩天地於掌握之中.";「本經訓」, "帝者體太一, 王者法陰陽……秉太一者, 牢籠天地, 彈壓山川, 含吐陰陽, 伸曳四時…….";「主術訓」, "守而勿失, 上通太一, 太一之精, 通於天道.";「詮言訓」, "洞同天地, 渾沌爲樸, 未造而成物, 謂之太一. / 眞人者, 未始分於太一者也.";「要略」, "太一之容(道)." 시대와 내용상의 문제는 있지만, 음악과 관련되어 설명하는 구절도 참고된다. 『禮記』, 「禮運」, "夫禮必本於太一, 分而爲天地, 轉而爲陰陽, 變而爲四時, 列而爲鬼神.";『呂氏春秋』, 「大樂」, "音樂之所有來者遠矣, 生於度量, 本於太一, 太一出兩儀, 兩儀出陰陽, 陰陽變化, 一上一下, 合而成章." 그 밖에도 이른바『黃帝四經』의 道(一)론과도 비교할 만하다.

44) 인도문화에서 강가(Ganga: Ganges)를 신성화하는 것과 같다.

지고 있는 것이다. 별과 물은 "하늘도 죽일 수 없고, 땅도 묻을 수 없고, 음양도 만들 수 없다."[45]

물을 강조한 전적은 없을까? 『관자管子』 「수지水地」편에서 '물'은 '땅'과의 관련 아래 그 중요성이 부각된다. 물은 땅의 피이며, 사람도 물이다. 땅에서의 물은 몸에 피가 흐르는 것과 같고, 사람은 남녀의 정기精氣가 합하여 물이 생겨나 형태가 이루어진 것이다.[46] 다만, 우리가 놓치지 않아야 할 것은 『관자』의 물은 별과 같이 놓지 못하며, 하늘과도 만나지 못한다는 점이다. 이처럼 물을 신성시하고 최고의 지위에 존치하는 사고는 『태일생수』에서 독특하게 드러나고 있는 것이다. 그런 점에서 『태일생수』는 물을 기준으로 하늘과 땅 곧 공기와 흙의 관계를 분명히 한다. "아래는 흙이라서 땅이라 하고, 위는 공기라서 하늘이라 한다."[47]

우리는 여기에서 태일 종교를 만난다. 이른바 초나라의 태일교이자 물의 숭배사상이 바로 『태일생수』에 들어 있는 것이다. 태일은 많은 고대 전적에서 강조되었지만, 물을 신앙의 대상으로 삼고 하늘과 땅의 윗자리에다 놓는 것은 보기 힘든 일이었다. 태일은 추상적인 개념이지만 물은 구체적인 물질로, 각기 형이상形而上과 형이하形而下의 신앙체계를 이루고 있다. 태일을 우리말과 우리 문화로 바꾸어 보면 매우 쉽게 받아들일 수 있을지도 모른다. 태일은 '큰 하나(님)'인 셈이고, 이른바 '태을太乙'[48]과도 통하는 것이다. 한마디로 좁혀 말한다면, 『태일생수』는

---

45) 此天之所不能殺, 地之所不能埋, 陰陽之所不能成. 埋는 원래 里로 되어 있었으며, '釐'로 보기도 하나(죽간 정리자), 『荀子』 「儒效」에 "天不能死, 地不能埋"라는 구절에 따라 '埋'로 보았다.

46) 『管子』, 「水地」, "水者, 地之血氣, 如筋脈之通流者也. / 人, 水也, 男女精氣合而水流形."

47) 下, 土也, 而謂之地. 上, 氣也, 而謂之天.

북극성과 북두칠성을 대상으로 하는 첨성신앙의 성경으로 볼 수 있는 것이다.[49] 그런 점에서 『태일생수』는 가장 오래된 도교경전이다.

6. 분파의 문제

초간본 『노자』가 통행본과 어떤 관련을 맺고 있는지에 대해서는 좀 더 많은 연구가 필요하다. 그러나 우리는 초간본이 통행본과는 다른 것이라고 추정해 볼 수 있겠다. 특히 도굴되었다는 정리자의 주장이 근거 없는 낭설이라면, 초간은 완전한 판본으로 떠오르기도 한다.[50] 이는 초간본과 통행본 사이에 많은 거리가 있음을 나타낸다. 중요한 것은 바로 이 '다름'이다. 흡수발전설이나 발췌설과는 상관없이 이러한 차이는 승인되는데, 왜냐하면 발전설은 후대의 첨삭과정을 중시하는 것이고 발췌설은 당시에 정본이 있었음(그것이 곧 오늘날의 통행본을 뜻하는 것은 아니다)을

---

48) 韓末의 東學 등 민족종교의 「太乙呪」를 생각할 것.
49) 太一이 어느 별을 가리키는지는 의견이 분분하지만, 북극성과 밀접하게 연관된다. 태일은 북쪽 별들의 신으로 '北極은 天一이며 太一'(『樂緯協圖徵』)로 이해되기도 하며 (李學勤,「太一生水的數術解釋」,『道家文化研究』17, 298~299쪽), 古書에서 말하는 太一 鋒의 앞 한 별과 뒤 세 별 가운데 앞 한 별(작은곰자리 β성: βUMi)이 2000년 전에 는 북극성과 매우 가까웠다고도 하며(李零,「讀郭店楚簡『太一生水』」,『道家文化研究』 17, 322쪽), 태일은 북극성의 別名으로『道藏』에서 北斗와 北極을 제목으로 삼은 것이 18부, 太一 또는 太乙로 삼은 것이 14부나 된다고도 한다(强昱,「『太一生水』與古代的太 一觀」,『道家文化研究』17, 379쪽). 알다시피 북극성은 움직이지 않는다. 이런 문화는 우리의 (北斗) 七星신앙과도 관련이 깊다.
50) 郭沂,「楚簡『老子』與老子公案」,『中國哲學』20, 129쪽. 이런 주장에 따르면 초간본『노 자』는 발췌된 것이 아니게 된다. 그러나 도굴 여부에 상관없이 발췌한 『노자』일 수 있는 가능성은 여전히 있다.

전제하는 것이기 때문이다. 바로 이를 어떻게 이해하느냐에 따라 우리가 이해할 고대사상사의 지형도가 달라지게 된다.

『태일생수』와 초간본『노자』의 관련성 문제에서, 그것이 초간본『노자』의 일부분으로 이해되기도 하지만, 내가 보기에는, 사상적 내용이 자못 다르기 때문에 별개로 취급되는 것이 나을 것 같다. 초간본『노자』가 강조하는 교화적인 내용과『태일생수』의 교의教義적 체계는 잘 어울리지 않기 때문이다. 나는 오히려『태일생수』가 보여 준 시원도교적인 성격에 더욱 주목할 필요가 있다고 생각한다. 흔히 말하는 '도교'는 '도가'의 발전된 형태라는 통념이 깨지고, 그 둘이 나란히 같은 궤적을 걸어오기 때문이다. 이렇듯 동시다발적으로 진행되는 도가철학사는 훨씬 더 역동적인 것이다. 이를테면, 그 과정에서 500년 후의 왕필은『노자』가 말하는 그 '하나'(一; 大; 太一)의 종교적 성격을 의리화한다면서 도교적 노자 이해를 버리고 오히려 절대권력을 옹호한 것이 아닌가.[51]

'태일'은『장자』에서도 중요한 역할을 하는데,[52]「천하」편에서는 직접적으로 노자의 사상을 "유무의 문제로 이론을 세우고, 태일을 신앙의 대상으로 삼았다"[53]고 함으로써 노자와 태일의 관계를 천명하고 있다. 이때「천하」편의 작자는 노자만이 아니라 관윤關尹을 함께 일컫고 있는데, 이러한 까닭 때문에『태일생수』는 관윤학파의 저작으로 취급되는 것이다.[54] 나아가, 초간『노자』갑, 을, 병조에 각기 해당되는『노자』가 내려오고 있었다는 주장이나,[55] 노자의 제자인 문자文子, 환연環淵 그리

---

51) 이 책 제2부 참조.
52) 『莊子』,「徐無鬼」, "(知大一……)大一通之.";「列禦寇」, "太一形虛."
53) 『莊子』,「天下」, "建之以常無有, 主之以太一."
54) 李學勤이 대표적이다. 李學勤,「太一生水的數術解釋」,『道家文化研究』17, 297쪽.

고 경상초庚桑楚 등도 각자의 판본을 하나씩 지니고 있었다는 주장도 제기되고 있다.56) 로스(Harold D. Roth)는 아래와 같이 그림을 그리고 있다.57)

〈제1모형〉

81장 노자 기원본

곽점노자　　마왕퇴본　　하상공본　　부혁본　　하/왕합본

〈제2모형〉

추측적 갑본　　　　곽점노자　　　　추측적 을본

81장 노자 기원본

마왕퇴본　　하상공본　　부혁본　　하/왕합본

〈제3모형〉

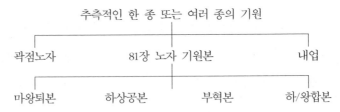

추측적인 한 종 또는 여러 종의 기원

곽점노자　　81장 노자 기원본　　내업

마왕퇴본　　하상공본　　부혁본　　하/왕합본

55) 王博, 「關於郭店楚簡竹簡『老子』的結構與性質」, 『道家文化硏究』 17, 154~155쪽. Havold D. Roth(羅浩)도 비슷한 관점을 지닌다.

56) 王中江, 「郭店竹簡『老子』略說」, 『中國哲學』 20, 107쪽.

57) 羅浩, 「郭店『老子』對文中一些方法論問題」, 『道家文化硏究』 17, 200쪽. 그는 『淮南子』 역대 판본 연구가이다. Harold David Roth, *The Textual History of the Huai-nan Tzu*(Michigan: AAS, 1992).

아울러, 곽점의 유가전적에까지 이르면 학자들마다의 출입이 더욱 많아진다. 맹자와 순자는 물론, 자유子遊와 공손니자公孫尼子 그리고 자사子思와의 관계까지도 추정된다.[58] 현재까지 그 학맥의 분류에 대해서는 의견이 분분하지만, 전체적으로 말해, 도가 저작으로는 『노자』 3종과 『태일생수』를 꼽는 것이고, 유가 저작으로는 『치의緇衣』, 『오행五行』, 『노목공문자사魯穆公問子思』, 『궁달이시窮達以時』〈이상 제3조 간문〉, 『당우지도唐虞之道』, 『충신지도忠信之道』〈이상 제3조 간문〉, 『성자명출性自命出』(上, 下), 『성지문지成之聞之』, 『육덕六德』, 『존덕의尊德義』〈이상 제4조 간문〉, 『어총語叢』(三, 一, 二)〈이상 제5조 간문〉을 꼽는다. 그러나 이론의 여지는 많아서 『당우지도』와 『충신지도』가 종횡가縱橫家의 것으로, 『오행』과 일부분의 『어총』(四 또는 殘片)은 잡가류의 것으로 보기도 한다. 이러한 분파의 문제에 대한 연구는 앞으로 지속되어야 할 부분이다.

초간본 『노자』가 학계에 끼치는 영향은 몹시 크다. 그러나 그 의미가 발견에 있다기보다는 검증에 있음을 잊어서는 안 될 것이다. 죽간의 등장으로 『노자』에 대한 완전히 새로운 해석이 가능해졌음이 중요한 것이 아니라, 그것을 통해 고대사상에 대한 폭넓은 논의와 철저한 반성이 진행되고 있음이 더욱 가치 있는 것이다. 다시 말해, 철학과 철학사에 대한 우리의 자유로우며 다양한 시각이 어느 때보다 요청되고 있는 것이다.

---

58) 李學勤, 龐樸은 子思 계열로, 李澤厚는 荀子 계열로 추정한다. 李存山은, 竹簡은 초나라에서 활약하던 儒家流派의 저작과 그들이 抄錄한 別派(道家學派)의 저작이라고 한다. 李存山, 「從郭店楚簡看早期道儒關係」, 『中國哲學』 20, 202쪽.

제2장 노자와 발굴본*
―출토문헌과 철학사의 철학

1. 출토문헌들

20세기 후반 중국에서는 사상사를 진동시킬 만한 커다란 발굴이 두 차례나 있었다. 첫 번째는 1973년의 '마왕퇴한묘馬王堆漢墓'이었고, 두 번째는 1993년의 '곽점초묘郭店楚墓'이었다. 마왕퇴에서는 비단에 쓰인 '백서帛書'와 대나무에 쓰인 '죽간竹簡'이 나왔고, 곽점에서는 초나라 문자로 쓰인 죽간이 나왔다. 이른바 고대 서적을 가리키는 '권卷'과 '책冊'이 무덤 속에서 문자와 함께 세상에 모습을 드러낸 것이다. 20년의 차이를 두고 일어난 이 두 차례의 발견은 중국사상사를 다시 쓸 수도 있다는 기대감을 많은 학자들에게 가져다주었다. 이 글의 주제는 주로 두 번째 발굴과 관련된다.

우리는 1973년 마왕퇴 발굴 때 많은 학자들이 관심을 기울였던 것을 기억한다. 이와 같은 현상이 1993년에 또다시 벌어졌던 것이다. 아직도

---

* 이 글은 두 편의 논평문(「노자와 곽점, 그리고 철학사」, 도가철학회 2000년도 추계발표회, 동국대, 2000.12.9.; 「곽점과 다시 쓰는 사상사」, '동아시아의 언어와 문화' 국제학술회의, 충북대, 2003.11.20.)을 확대 발전시킨 것이다.

기억이 생생한 것은, 1996년 8월 북경대학이 주최한 제1차 〈도가문화국제학술토론회〉에서 그런 발굴사실을 소개하면서 아직 정리되지는 않았지만 사상사적으로 큰 사건이 될 것임을 예측하던 일이었다. 느낌은 매우 흥분되고, 말은 매우 선언적이었다. 그러한 일이 있다는 사실은 이후 한국중국학회에서 구두로 소개되기도 했다.

1998년 5월 형문시박물관에서 크고 두꺼운 책으로 『곽점초묘죽간』[1] 이 나오자, 소수의 학인들에게 점유되었던 자료들이 공개되었다. 그 후, 많은 학자들이 앞을 다투어 연구하기 시작했고, 학술회의에서도 소개되었다.[2] 1998년 12월 홍콩중문대학에서 〈중국문화와 21세기〉라는 제목으로 새천년맞이를 할 때에도, 북경대학의 진래陳來는 「곽점초간유서郭店楚簡儒書와 선진유학」이라는 제목으로 인기를 끌었다. 나는 그때 중국문화대학 주최로 국가도서관에서 열리는 〈위진남북조학술토론회〉[3] 때문에 타이베이로 곧바로 건너갔는데, 대만에서도 〈20세기에 출토된 사상문헌과 중국고전철학〉[4]에 대한 학술회의가 열리고 있는 것을 볼 수 있었다. 한편, 중국 나부산羅浮山의 황룡관黃龍觀에서 있었던 제2차 〈도가문화국제학술토론회〉[5]에서도 적지 않은 소개가 있었다.

곽점에서 발굴된 죽간은 한자가 진시황에 의해서 일률적으로 통일되기 전의 초나라 문자로 쓰였다. 따라서 문자는 통행한자와는 몹시 다

---

1) 형문시박물관, 『곽점초묘죽간』(文物出版社, 1998.5.).
2) 중국사회과학원 역사연구소와 국제유학연합회 주최, 〈곽점초묘죽간학술토론회〉 (1998.6.) 등.
3) 위진남북조학술토론회(1998.12.).
4) 20세기에 출토된 사상문헌과 중국고전철학(輔仁大, 1999.1.).
5) 제2차 도가문화국제학술토론회(1998.12.).

르나 거의 오늘의 문자로 변환된다. 발굴된 것은 현행본 『노자』와 밀접한 관계를 갖고 있는 곽점본 노자를 비롯하여, 도가 또는 도교 계열로 일반적으로 여겨지는 『태일생수太一生水』와 다량의 유가 및 잡가 계열의 전적이다. 이후 우리는 노자를 말할 때, '곽점 『노자』', '백서 『노자』', '통행(본) 『노자』'(王弼本) 등으로 구별해 부르게 되었다.

여기서 인용되는 책 이름처럼 보이는 죽간의 명칭은 사실상 『노자』를 제외하고는 첫 구절을 따서 그렇게 부르는 것에 불과하다. 마치 김영랑의 시제詩題가 「모란이 피기까지는」인 것처럼 모두 시의 첫 구절이다. 따라서 제목 자체에 특별한 의미를 부여할 필요는 없다.

곽점죽간의 이해에는 매우 넓고 깊은 사상사적 편렵이 요청된다. 당시 사상사들의 계통에 따른 정리도 필요하다. 이를테면 맹자孟子 계열, 순자荀子 계열, 자유子遊 계열, 공손니자公孫尼子 계열, 자사子思 계열 등으로 구별될 수 있다. 때로는 『당우지도唐虞之道』와 『충신지도忠信之道』와 같은 것을 유가 계열이 아닌 종횡가의 것으로 보기도 한다. 『어총語叢』이나 『오행五行』에 이르러서는 더욱 많은 관점이 제기된다.

아래에서 상술하겠지만, 처음 곽점죽간이 발견되었을 때 사람들의 이목을 집중시킨 것은 통행본 『노자』에서 유가의 '인의仁義'를 반대한 구절이 곽점 『노자』에는 다른 문구로 되어 있다는 점이었다. 따라서 학자들은 곽점 『노자』는 인의를 반대하지 않았다는 식의 주장을 내놓기도 했다.

2. 발굴본과 우리의 자세

이렇게 중국인들은 새천년맞이를 초나라 무덤 속에서 하고 있었던 것이다. 두 천년 전의 역사인 전국시대를 통해 21세기를 맞이하고 있었다.

그러나 나는 야릇한 마음을 참을 수 없었다. 철학자의 국적을 따지는 일이 우습긴 하지만, 공자가 엄연히 중국인으로 인정받고 있는 것은 사실이며 그건 노자도 마찬가지일 수밖에 없다. 공자와 노자가 우리에게 의미 있는 것은 우리 사유에 영향을 줄 때이며, 더 나아가, 그것을 바탕으로 우리의 문제를 이끌어 낼 때이다. 그러나 중국인들에게 공자와 노자는 우리와는 다른 의미로 다가온다. 그것이 바로 민족주의적 색채이다. 나는 늘 중국인들에게 '민족보다는 민주를' 생각할 것을 요청하고, 그것이야말로 21세기 아시아의 강대국으로서의 자격을 갖는 일임을 내세우고 있다.[6] 종족 중심의 역사관으로는 절대적인 한계를 갖는다는 말이며, 따라서 중국이라는 국가에 대한 정의조차 새롭게 하지 않으면 안 된다는 주장이다. 그런데 발굴본 전적이 출토될 때마다 느끼지 않을 수 없는 것은, 매우 거칠게 말해, '뭐 하나 나왔다고 주름잡는 꼴'처럼 보일 수 있다는 점이다.

이런 평가는 근본적으로 잘못됐을 수도 있다. 두 가지 이유에서이다. 첫째는, 일본인 학자는 마왕퇴 때도 그러했고 곽점 때도 마찬가지로 자료정리부터 참여하는 등[7] 적극적이지 않느냐는 물음이다. 그렇다면

---

6) 鄭世根, 「中國觀商榷: 多民族時代的文化觀」, 10th International Symposium, The Association of Chinese Scholars in Europe, Wien, Austria, 2000,7.

7) 池田知久의 예.

내가 반문하고 싶은 것은 왜 우리는 그리 못하느냐는 것이다. 경제적인 이유 때문에, 아니면 학문의 기초가 모자라서 그런가? 둘째는, 마왕퇴의 경우와 달리 이번부터는 구미학자들의 참여가 매우 적극적이었다. 1998년 5월 미국 다트머스 대학(Dartmouth College)에서는 아예 곽점본 『노자』와 『태일생수』를 놓고 집중적으로 토론을 벌였는데, 이는 단연코 그 대학의 로버트 헨릭스(Robert H. Henricks)의 주도하에서였다.[8] 왜 우리는 이런 일을 못해내는가? 사람이 없어서, 아니면 자료로부터 소외되어 그런가?

나는 우리의 학문구조가 이렇게 박약한 까닭을 다시 묻고 싶다. 주름잡으려는 꼴이라면 우리는 무엇을 어떻게 해야 하는가를 묻지 않을 수 없고, 주름잡으려는 꼴이 아니었다면 왜 우리는 주름잡지 못하느냐에 대꾸하지 않을 수 없다는 것이다.

우리의 중국철학계는 아직도 중국에서 이런 자료가 나오면 그것에 쏠리고, 그것에 맹종하는 형태에서 크게 벗어나지 못하고 있다. 『장자』「추수」편에 나오듯, 마치 수릉의 젊은이가 한단의 걸음걸이를 흉내 내다 기어 오는(匍匐) 꼴이 돼 버리기 쉽다. 나는 2000년 곽점 『노자』에 대한 발표회에서 아래와 같이 제안한 바 있다.

첫째, 곽점 연구는 이제 시작이다. 곽점 연구만큼은 우리 학계의 업적을 착실히 정리하고 인용하자. 계속된 수입에 철학의 자생력은 없다. 이미 박원재는 「곽점죽간본 『노자』에 대한 몇 가지 검토」[9]라는 제목으로 자료를 상세히 정리했다. 그럼에도 불구하고, 그의 견해에 대한 인용

---

8) 이후 그는 『곽점본 노자 도덕경』을 번역하고 자료를 요목조목 정리했다. *Lao Tzu's Tao Te Ching: A Translation of the Startling New Documents Found at Guodian*(New York: Columbia Univ., 2000).

9) 박원재, 「곽점죽간본 『노자』에 대한 몇 가지 검토」, 『동양철학』 13(2000).

이나 비판은 이후의 논문에서 찾아보기 힘들다. 그는 말한다. "『노자』의 무위적 정치이상이 담겨 있는 통행본의 32장이나 37장, 또 같은 맥락에서 '허虛'를 언급하고 있는 5장이나 16장 같은 장들이 죽간본에도 그 기본적인 내용은 고스란히 들어 있다는 점도 역시 주목할 필요가 있을 것이다. 이런 부분들에 대한 충분한 숙고가 이루어진다면 죽간본 내용이 『노자』를 반유학적 성향의 사유로 읽는 시각을 재검토하게 만든다는 식의 주장이 그리 쉽게 개진될 수는 없으리라고 본다."10) 적어도 곽점 연구부터는 우리끼리 먼저 토의하자. 2002년에 나도 이미 곽점 『노자』와 『태일생수』에 대한 전반적이고 상세한 글을 쓴 적이 있기 때문에,11) 이 글에서 다시금 '여러 노자들의 형성과 전개'에 대해 중언부언하지 않는 것이다.

둘째, 철학사 기술이 절실하다. 박원재는 철학사에 대한 인식 문제를 절실히 자각한다. 요약하면, '서주西周의 인문주의가 차지하는 위치 및 유학과 그것의 관계 그리고 그에 대한 노자의 시각 등이 종합적으로 고려되어야 한다'는 것인데, 이는 바로 그 시대의 지형도와 관련된다. 어떻게 보면, 곽점으로 호들갑을 떨 이유는 없는 것이다. 마치 마왕퇴의 발견으로 철학사의 지진이 나지 않은 것과 같다. 곽점 연구는 아직 모두 추측과 짐작이 주종을 이루고 있다. 그렇다면, 무엇보다도 필요한 것은 오히려 김갑수가 하는 것처럼 「황로학 제자리 찾기」(1·2)와 같은 작업일지도 모른다.12) 그의 글을 옮긴다. "『노자을본』 앞부분에 수록된

---

10) 박원재, 「곽점죽간본 『노자』에 대한 몇 가지 검토」, 『동양철학』 13(2000) 중 3. 죽간 『노자』와 통행본 『노자』 참조.

11) 정세근, 「곽점초간본 『老子』와 『太一生水』의 철학과 그 분파」, 『철학연구』 58(철학연구회, 2002) 또는 이 책 제1부 제2장.

4편의 고일서古佚書가 『황제사경』이라는 주장이 당란唐蘭에 의해 제기된 후 황로학의 성격이 운명처럼 결정되어 버렸다. 즉 황로학은 이 말의 최초 사용자인 사마천의 의도와는 상관없이 법가적·잡가적 성향을 띤 학술 조류로 정의되었다.…… (즉 사마천의 용어는) 노장 등 초기 도가를 중심으로 신선술의 일정 부분을 받아들인 양생론 위주의 사상과 실천적 지침을 가리키는 말이었다. 그리고 한 초의 황로학에서 중시한 청정과 무위는 군주의 신하에 대한 통제술이 아니라 피치자인 민民에 대한 불간섭주의를 이르는 말이었다."(요약문)

셋째, 자료를 공유하자. 사실 여러 사람이 건드려서 그렇지 기초 자료집은 단순하다. 형문시박물관의 1차 자료, 그리고 중국의 『도가문화연구道家文化研究』(第17輯)와 『중국철학中國哲學』(제20·21집)이 기반이 되고 있다. 여러 학술대회 발표 논문도 그곳에 많이 실려 있다. 특히 노자 연구로는 위에서 말한 헨릭스의 책 말고도, 팽호彭浩의 『곽점초간〈노자〉교독郭店楚簡〈老子〉交讀』[13]과 최인의崔仁義의 『형문곽점초간〈노자〉연구荊門郭店楚簡〈老子〉研究』[14] 등이 있으나 기초적인 자료 정리이며, 내가 보기에 무엇보다도 추천할 만한 책은, 때로 김용옥의 『노자와 21세기』[15]와 비교하여 읽어 보아야 하는, 정원식丁原植의 『곽점죽간노자석석여연구郭店竹簡老子釋析與研究』[16]이다. 그리고 동양사학회에서는 이성규 교수가 「곽점초간

12) 김갑수, 「황로학에 대한 오해와 진실」, 『시대와 철학』 18(1999, 봄) 및 「학파명으로서의 '도가'의 기원과 의미에 관하여」, 『도가철학』 1(1999).
13) 彭浩, 『郭店楚簡〈老子〉交讀』(武漢: 湖北人民, 2000.1.).
14) 崔仁義, 『荊門郭店楚簡〈老子〉研究』(北京: 科學, 1998.10.).
15) 김용옥, 『노자와 21세기』(서울: 통나무, 2000).
16) 丁原植, 『郭店竹簡老子釋析與研究』(臺北: 萬卷樓, 1998.9.).

과 태자교육」이란 제목으로 개요발표회를 가진 적이 있다.

나는 상술한 자료뿐만 아니라 우리의 논문을 바탕으로, 곽점 노자 연구의 자료사적 성과와 원전을 담은 책을 정리하고자 한다. 헨릭스가 말하듯 이미 '놀라운'(startling) 새 문헌은 아니더라도, 내 생각으로 '공들일 만한'(worthwhile) 일을 하고 싶기 때문이다.

이러한 작업을 앞두고 두 권의 한국과 중국의 저작을 통해 학술경향과 나의 시각을 드러내 보고자 한다. 두 권 모두 중국과 한국에서 나온 최초의 개인저술이다.

3. 곽기의 『곽점죽간과 진 이전의 학술사상』[17]

곽기郭沂의 위의 책은 곽점죽간과 관련된 가장 방대한 최초의 개인 논문집이라 할 수 있다. 많은 학자들에 의해 논문은 많이 발표되었고 특히 곽점 『노자』와 관련되어서는 해설서와 논문집도 나왔지만, 전체적으로 이렇게 다루고 있는 저작은 이전에 없었다. 그런 점에서 곽기는 현재 곽점에 대해서는 최고의 권위자이다.

그의 책은 먼저 『노자』, 『태일생수』, 『오행』, 『성지문지成之聞之』(작자는 고쳐 『大常』으로), 『성자명출性自命出』(「上」, 「下」를 각각 『有性』과 『求心』으로 設題)

---

17) 郭沂, 『郭店竹簡與先秦學術思想』(上海教育, 2001). 2001년 국제중국철학회에서 곽기 교수를 만났을 때 나는 바로 출간된 책을 얻어 볼 수 있었다. 당시 나는 다른 섹션에서 발표가 있어서 그에 대한 청중의 반응을 들을 수 없었다. 당시의 평가를 소개할 수 없어 아쉽다.

6종을 설명하고 있고, 다음으로 곽점죽간과 『주역』, 『논어』 그리고 '자사子思학파' 및 '도가'의 관계를 다루고 있다.[18]

곽기는 먼저 중국고대사학은 여러 원인에서 치명적인 파괴를 당했다고 말한다. 이후 학자들은 이를 중건하고자 했고 역사상 3차례의 중요한 노력이 있었다는 것이다.

첫째는 공자로, 그는 육경六經을 정리함으로써 하상(은)주 삼대의 역사를 중건하고자 했다.

둘째는 진시황의 분서갱유 이후 서한에서 벌어진 선진역사의 중건이다. 한 초에 진나라의 협서율이 폐지되면서 민간에서, 학자의 구전으로, 진나라의 국가도서관에서 대량의 전적들이 모아졌다. 이는 한, 위, 수, 당 시대까지 이어졌으나, 북송 중엽부터 한당의 전통이 회의되기 시작하면서, 장구주소章句注疏의 학을 버리고 의리義理의 학을 세우고자 했다.

셋째는 바로 금세기의 사건으로, 70년대에 한나라의 죽간(漢簡)과 백서가 나온 이래, 90년대에 전국시대 초나라의 죽간(楚簡)이 나오면서 또 다른 중건이 시작되고 있다.

이러한 관점을 바탕으로 곽기는 곽점의 의의를 밝히고 있다. 곽점 분묘는 대략 기원전 350년에서 300년 사이의 것으로 전국 중기 후반부의 것으로 추정되며, 12종 16편(『어총』이 4편임)으로 정리된다. 그 가운데 중국사상사를 다시 써야 할 것은 아래와 같다.

첫째, 곽점(죽간) 『노자』는 춘추 말기 공자와 같은 시대의 노담에 의

18) 「緖論」 등.

해서 쓰였고, 금본(백서본도 포함하여) 『노자』는 전국 중기 진秦 헌공獻公과 같은 시기의 태사담太史儋에 의해서 쓰였다.

둘째, 『문자文子』가 위서가 아니라는 것은 당란唐蘭에 의해서 밝혀졌는데, 몇몇 학자들은 죽간 『문자』와 금본今本 『문자』를 구별해서 취급하기도 한다. '죽간 『문자』는 춘추 말년 문자에 의해 쓰였고 그는 확실히 노담의 제자이다. 이는 『한서』 「예문지」의 '노자의 제자이고 공자와 동시대'라는 기록과 일치하는 것이다. 그런데 '금본' 『문자』가 인용하는 노자의 말은 죽간본에는 보이지 않지만 금본 『노자』에는 보이므로 태사담보다 늦다.

셋째, 함곡관을 지날 때 관윤자關尹子에게 글을 상하편 써 주었다는 노자를 바로 노담으로 생각해 관윤자는 춘추 말년의 사람으로 여겼으나, 그 노자는 실제로는 전국 중기의 태사담이므로 관윤자 또한 전국 중기의 인물이다.

넷째, 『장자』 「달생達生」과 『여씨춘추呂氏春秋』 「심기審己」에 열자列子가 관윤자에게 물었다는 기록이 있으므로, 열자는 관윤자(전국 중기)보다 나이가 어리다. 과거에는 관윤자를 춘추 말년의 사람으로 여겼기 때문에 모순이 되었다. 『장자』 「양왕讓王」에서는 열자가 전국 중기의 정자양鄭子陽과 동시대의 인물로 적혀 있다.

다섯째, 송대 의고풍疑古風의 영향으로 공자의 저작에 대한 연구는 많았지만 모두 『논어』에서 벗어나지 못했다. 심한 경우는 『논어』를 한대에서야 비로소 결집된 것으로 보기도 했다. 그러나 곽점죽간이 발견됨으로써 이런 의심이 해소되었다. 『수서隋書』 「음악지音樂志」에서는 심약沈約(梁)의 말을 인용하면서 "『중용』, 『표기表記』, 『방기坊記』, 『치의緇衣』

는 모두『자사자』를 취했다"라고 했는데,[19] 이를 많은 사람들이 의심했고 후인의 가탁으로 여겼다. 그러나 곽점죽간이 출토되어 상술된 기록이 완전히 믿을 만한 것으로 증명되었다.『치의』는 죽간의 한 편으로 진 이전의 구물인 것이다. 또한 초간의『성지문지』의 한 단락이『방기』에서 보이며, 행문行文상『방기』의 문의가 비교적 완전하여『성지문지』는『방기』를 인용했음을 알 수 있다. 이는『방기』가『성지문지』보다 빠름을 설명하고 있다.

사실상, 공자의 제자는 3,000명으로 등당입실登堂入室한 자가 72명이었다면, 공자의 말은 대량으로 기록되었을 것으로 보인다. 공자가 죽은 뒤 후학들이 나누어졌고(儒分爲八) 따라서 많은『논어』'류'의 문헌이 있었을 것이다. 공자는 예학禮學에서 인학仁學으로, 그러고는 역학易學으로, 아래에서 위로 배워 나갔다(下學而上達). 특히 역학을 점술의 학에서 철학으로, 건곤의 이원론을 역의 일원론으로 발전시켰다. 논어류의 문헌으로 볼 때, 공자사상에는 형이상학이나 철학이 없다는 관점은 틀린 것이다.

여섯째,『노자』,『태일생수』와『어총』4편을 제외하면, 나머지는 자사와 그의 문인의 손에서 나온 것이므로, 자사학파의 진면목을 드러낼 수 있다. 이런 종류의 문헌을 고적에서『자사』라고 불렀다. 이를테면『설원說苑』「건본建本」의 "자사 가로되"(子思曰)라는 표현은『자사』라는 책을 가리키는 것이며, 인용된 말은 자신의 말이 아니라(『大戴禮記』에는 '공자 왈로 되어 있다')『자사』라는 '책'이 기재하고 있는 공자의 말인 것이다.('子思曰'은 사실은 '『子思』曰'이었다는 것)

---

19)『史記』,「孔子世家」, "자사가『중용』을 지었다."

일곱째, 자사는 92살에 죽었으며 기원전 504~403년 사이에 살았던 것으로 고증된다. 그런데 문제는 많은 전적에서 나오는 것처럼 맹자가 자사에게 배웠다거나 자사와 맹가孟軻와 만났다는 말을 증명할 수 없다는 데 있다. 실제 상황은, 맹자가 자사와 그 문인의 영향을 많이 받았지만, 자사나 그 문인에게 배운 바 없다. 『자사자』와 『공총자孔叢子』 등에 실려 있는 맹가는 자字가 자거子車인 자사의 제자로, 맹자가 아니다. 초간 가운데 『성지문지』, 『성자명출』, 『존덕의尊德義』, 『육덕六德』은 한 사람의 저작으로 보이는데, 아마도 이는 맹자거의 작품일 것이다. 『당우지도』와 『충신지도』도 위의 네 편과 밀접한 관계를 보이므로 맹자거의 작품일 수 있다. 『순자荀子』 「비십이자非十二子」에서 말하는 "자사가 선창하면, 맹가가 화답한다"는 그 '맹가'가 맹자거이다. 『한서』 「예문지」에 실려 있는 '『맹자』 11편'은 맹자와 맹자거의 저작을 한꺼번에 합해 놓은 것으로 보인다. 현재의 『맹자』 7편 이외의 4편은 초간의 『성자명출』 등 4편일 것이다. 후대에 그것과 『맹자』가 맞지 않자 빼 버린 것이다.

곽기는 이와 같이 주장하면서 공자의 제자를 3대로 구별한다. 제1대는 3,000 제자 가운데 총명한 72인(『史記』, 「孔子世家」) 또는 77인(『史記』, 「仲尼弟子列傳」)으로, 그중 가장 뛰어난 사람이 증자曾子이고, 제2대는 70인으로부터 배운 제자로 특출한 사람이 자사인데 자사는 증자의 제자이기도 하며 공자의 제자이기도 하고, 제3대는 70인으로부터 배운 제자의 제자(공자로 치면, 3대 제자)로 자사의 제자인 맹자거가 가장 주목된다는 것이다. 따라서 공맹 사이에서 벌어진 유학의 발전사는 다시 쓰여야 한다고 곽교수는 말한다. 자사와 맹자거의 문헌으로 볼 때 자사학파는 비록 의리의 성(義理之性: 善)이나 기질의 성(氣質之性: 有善, 有不善)의 구별을 하지는 못했지만 '인성人性'에 대해 탁월한 견해를 제시했으며, '성은 선도 없고 불선도 없다'는 주장을 내놓은 고자告子도 자사의 후학으로 사맹학파에 속했다고 설명한다. 고자는 맹자와 다른 견해를 가졌을 뿐이라는 것으로, 그의 '인은 안이고 의는 밖이다'(仁內義外)라는 관점은 자사로부터 맹자거에 이르는 전통적인 관점이었고, 맹자는 의리의 성만을 보아 성선을 주장했고, 순자는 이를 교정하고 생리적인 본능을 다시 세우기 위해 성악설을 내세웠다는 것이다.

곽기는 이러한 주장을 매우 상세한 증거를 대면서 논증하고 있지만, 문제는 여전히 남는다.

첫째, 공맹 사이의 철학사를 보충할 수 있다고 해서, 과연 공맹을 다시 보게 할 수 있을 것인가? 곽점『노자』의 발굴 이후에도 통행본『노자』는 여전히 동일한 의미를 지니듯이, 맹자거가 공맹 사이를 메웠다고 해서 공자와 맹자에 대한 해석이 크게 바뀌지는 않는다. 과연 맹자거는 누구이며, 그로 말미암아 공맹을 달리 해석할 수 있을 만큼 영향력을 갖는가?

둘째, 사실상 공자에서 맹자로 정통이 이어진 것은 한유 등의 노력으로 이루어진 일로, 직하학파의 좨주祭酒였던 순자가 당시에는 오히려 권위가 있었다. 비록 죽간의 내용이 자사학파와 밀접한 것으로 보이지만, 그렇다고 해서 순자에 가까운 전적이 완전히 없는가? 만일 고자가 자사학파의 전통을 잇고 있다면, 순자도 그럴 수 있는 가능성은 없는가?

셋째, 송명리학에 대한 호감이 보이는데(有破有立) 그것은 성리性理의 전통에 대한 복원을 기대하는 것과 일맥상통한다. 이를테면『성자명출』이 보여 주는 성명의리학이나 심성학의 원형 같은 것 말이다. 이렇게 자사와 결부된, 『중용』 중심적인 사고는 혹시 결론부터 내리고 추론하는 것은 아닌가?

넷째, 고대사상사의 인식에서 인물중심적 사고는 그다지 바람직하지 않을 수 있다. 왜냐하면 고대의 전적은 거개가 '집체창작'이므로 '유일한 작자'라는 판단은 위험하기 때문이다. 집체창작도 기술의 한 방법이고 전통이다. 그런데 저작과 작자를 지나치게 동일화(identification: 兩者認同)하는 것은 문제가 있다. 여기서 말하는 노자, 문자, 열자도 반드시 인물일 필요는 없다. 만일 여기서 말하지 않은 장자를 논한다면 더욱 그러하다.

다섯째, 나는 늘 공자의 제자를 복원하고 싶은 생각이 있는데, 그의 책이 보여 주는 많은 학파의 가능성은 시사하는 바가 크다. 현재까지 우리가 알고 있는 공자의 제자들은 '심약心弱'하게 보인다. 자사학파도 심성론이 앞서기 때문에 그럴 수 있다. 논어'류'의 문헌으로 중건되는 것이 실천론이 아닌 형이상학뿐이라면 너무 아쉽다.

이와 같이 곽점죽간으로부터 새로운 사상사가 나오기는 쉽지 않다. 특히 『노자』가 새롭게 해석됨으로써 중국철학사가 다시 쓰여야 할 것 같은 기대는 하지 않는 것이 좋으리라고 생각된다. 오히려 나는 철학과 철학사에 대한 시각이 이제는 더 이상 고정적이지 않고 다양할 수 있다는 점에 주목한다. 초간은 우리가 지니고 있던 사상의 역사에 대한 일률적이고 도식적인 판단이 '하나의 철학사'에 불과했음을 인지시켜 주고 있다.

4. 김경수, 『출토문헌을 통해서 본 중국고대사상』

우리나라에서 발굴본을 이야기한 책은 적지 않지만 본격적인 학술연구서로서는 위의 책이 독보적이다. 김경수의 관심은 마왕퇴와 황로학의 문제에서 곽점과 유도교섭의 문제로 확대된 것이다.

김경수의 황로학에 대한 관점을 요약하면 다음과 같다. "중국 학계에서 말하는 황로학은 사실상 유법투쟁사에서 나온 것이다.…… 기존의 유법투쟁사가 말 그대로 유가와 법가 노선의 투쟁사였던 반면에, 지금의 유법투쟁사는 유가에 대하여 도가와 법가가 결탁하여 대립하였다는 것이다." 그에 따르면, 한대의 정치는 유가와 도법가가 대립하지 않았으며, 한대 초기의 청정무위는 왕권 강화를 위한 수단으로 제시된 것도 아니며, 진제국의 가혹한 통치에서 벗어나 관대함과 자율을 주기 위한 것이다. 따라서 "이것은 곧 황로학 연구자들의 주장과는 다르게 황로학과 법가가 오히려 대립적인 측면을 가지고 있음을 의미한다."[20] 그에게 '도법가道法家'란 근거 없는 현대의 창작물일 뿐이다.

곽점 『노자』와 『태일생수』는 어떠한가? 문물출판사의 정리본은 「서언」에서 그 둘을 도가 계열의 작품으로 분류하고 있다. 그러나 김경수는 『태일생수』를 도가 계열보다는 유가 계열로 보아야 한다고 주장한다.[21] 그 이유는 아래와 같다.

---

20) 김경수, 『출토문헌을 통해서 본 중국고대사상』(서울: 심산, 2008), 제1부, 제3장 「황로학에 관한 기존 연구의 비판」, 125쪽.
21) 김경수, 『출토문헌을 통해서 본 중국고대사상』, 제2부, 제3장 「『노자』와 『태일생수』」, 449·475·478·480쪽 등.

첫째, 『태일생수』의 '태일太一'과 『노자』의 '도道'는 의미가 전혀 다르다. 『노자』는 도를 '일一' 또는 '대大'로 보지만, 『태일생수』는 '태일'과 '도'를 동일시하지 않고 '도'를 '천지天地'와 동일시한다. 천지는 태일에서 나온 것이므로 태일의 하위 개념이 되고, 천지와 동일시되는 도도 태일의 하위 개념일 뿐이다. 그러나 『노자』는 도와 천지를 구별할 뿐만 아니라, 도는 천지보다 상위 개념이다. "『노자』에서의 도는 천지의 상위 개념으로 천지의 근원이지만 『태일생수』에서의 도는 천지의 이칭異稱으로서 '태일'의 하위 개념이라는 점에서 양자 사이에는 분명한 차이점이 있다."[22]

둘째, 『노자』는 '이름'(名)을 부정하였지만 『태일생수』는 긍정한다. 『태일생수』는 이름에 기댄다는 것이다. 『태일생수』는 말한다. "도로 일하는 사람은 반드시 이름에 기대니 따라서 일도 되고 몸도 큰다. 성인이 일할 때도 이름에 기대니, 공이 이루어지면서도 몸이 다치지 않는다."[23] 이 점이 이름을 부정하는 도가와는 명백하게 반대되는 점이다. 이름은 무엇인가 규정짓기 위한 것인데, 노자는 도라는 이름조차도 뜻 없는 거짓 이름이라고 말하고 있다. "이처럼 노자는 명名을 비판하였던 반면, 『태일생수』는 명을 중시하고 있다."[24]

셋째, 『노자』는 엄격한 분分을 비판하지만 『태일생수』는 분을 중시

---

22) 김경수, 『출토문헌을 통해서 본 중국고대사상』, 제2부, 제3장 「『노자』와 『태일생수』」, 477쪽.
23) 『太一生水』(정세근 옮김), "以道從事者, 必託其名, 故事成身長. 聖人之從事也, 亦託其名, 故攻成而身不傷."
24) 김경수, 『출토문헌을 통해서 본 중국고대사상』, 제2부, 제3장 「『노자』와 『태일생수』」, 477쪽.

한다. 『태일생수』는 천지가 상반된 것이라서 위가 모자라면 아래가 높아지고 아래가 모자라면 위가 높아진다고 말하고 있다. "위에서 모자란 것은 아래에서 남음이 있으며, 아래에서 모자란 것은 위에서 남음이 있다."[25] 이런 구절은 『노자』의 "하늘의 길은 마치 활을 당기는 것과 같도다. 높은 데는 누르고 아래는 올린다. 남은 것은 덜어 주고, 모자란 것은 보태 준다"[26]와도 오히려 정반대이다. "왜냐하면 『노자』에서의 의미는 '위가 높으면 위를 낮추고 아래가 낮으면 아래를 높이어서 전체를 평등하게 한다'의 뜻이지만, 『태일생수』에서의 의미는 이와 반대로 '위가 높으면 아래가 낮아지고 위가 낮으면 아래가 높아진다'의 뜻이기 때문이다."[27]

김경수는 이처럼 명과 분을 강조하는 『태일생수』는 오히려 유가 계열의 작품으로 분류되어야 한다고 주장한다. 오히려 일반적으로 유가 계열로 보는 『존덕의』가 도가 계열에 가까워지고 있다고 설명한다. "『존덕의』에서는 도를 보편으로 보지 않고 개별적 성질로 보았다. 이것은 도를 보편으로 보았던 유가의 사유와 전혀 이질적인 것임에 두말할 나위가 없다. 도를 개별적 성질로 보았다면, 이것은 이미 유가가 아닌 도가의 논리가 된다. 따라서 『존덕의』는 비록 유가적 외피를 입고 있지만 이미 도가의 논리에 의해서 유가의 경계선이 허물어진 사상을 담고 있다. 반면에 『태일생수』는 외면상 도가의 외피를 입고 있는 듯하지만,

---

25) 『太一生水』(정세근 옮김), "不足於上者, 有餘於下, 不足於下者, 有餘於上."
26) 『老子』(정세근 옮김), 제77장, "天之道, 其猶張弓乎. 高者抑之, 下者擧之. 有餘者損之, 不足者補之."
27) 김경수, 『출토문헌을 통해서 본 중국고대사상』, 제2부, 제3장 「『노자』와 『태일생수』」, 478쪽.

궁극적으로 보편의 질서와 상하의 분을 지향한다는 점에서 유가의 본지를 잃지 않았다."[28]

『존덕의』에 대한 판단은 유보하고 있지만 『태일생수』에 관해서는 그것이 유가 계열이라고 단언하는 이상의 주장에 대해서 우리는 어찌 되었든 반응해야 한다. 이런 것들을 통해 우리의 발굴본 연구가 제 모습을 갖추어야 하는 것이다.

5. 『노자』와 『태일생수』

곽점초간 발굴 이후, 『노자』'들'에 대해서는 많은 견해가 나오고 있다.[29] 초간 갑, 을, 병조의 『노자』가 각기 내려오고 있었다는 주장도 있고,[30] 노자의 제자인 문자文子, 환연環淵 그리고 경상초庚桑楚가 나름의 판본을 하나씩 지니고 있었다는 주장도 있다.[31] 그런데 문제는 『태일생수』와 연결되는 부분에서 발생한다.

나는 『노자』와 『태일생수』의 원류와 분파에 대해 관심을 기울인 적이 있다. 주된 내용은, 먼저 『노자』의 판본과 연구자료의 정리 이후

---

28) 김경수, 『출토문헌을 통해서 본 중국고대사상』, 제2부, 제3장 「『노자』와 『태일생수』」, 482~483쪽.
29) 정세근, 「곽점초간본 『老子』와 『太一生水』의 철학과 그 분파」, 『철학연구』 58(철학연구회, 2002)에서 이미 Harold D. Roth의 세 가지 계통도를 포함하여 정리한 바 있다. 이 책 제1부 제2장 참조.
30) 王博, 「關於郭店楚簡竹簡『老子』的結構與性質」, 『道家文化硏究』 17, 154~155쪽. Roth(羅浩)도 이에 근접한다. 羅浩, 「郭店『老子』對文中一些方法論問題」, 『道家文化硏究』 17, 200쪽.
31) 王中江, 「郭店竹簡『老子』略說」, 『中國哲學』 20, 107쪽.

에,32) 첫째, 곽점본이 '인의仁義'를 부정하지 않았다는 주장은 성급하고 근거가 없다는 것, 둘째, 『노자』와 『태일생수』는 다르다는 것, 셋째, 『태일생수』가 보여 주는 도교적인 형태는 도가에서 도교로 발전했다는 기존의 철학사를 다시 생각하게끔 한다는 것이었다.33)

첫째, 왜 『노자』가 인의를 부정하지 않았다는 것이 받아들여지지 않는가? 아래는 3종 판본의 비교이다.

죽간갑조: *絶知棄辯, 民利百倍. 絶巧棄利, 盜賊亡有. 絶僞棄詐, 民復孝慈.*
三者以爲辨不足, 或令之或乎屬. 視素保樸, 少私寡欲.

백서을본: *絶聖棄智而民利百倍. 絶仁棄義而民復孝慈. 絶巧棄利, 盜賊無有.*
此三言也, 以爲文未足, 故令之有所屬, 見素抱樸, 少(私)而寡欲.

통행왕본: *絶聖棄智, 民利百倍. 絶仁棄義, 民復孝慈. 絶巧棄利, 盜賊無有.*
此三者, 以爲文不足, 故令有所屬, 見素抱樸, 少私寡欲.

통행본의 '성지聖智'와 '인의仁義'가 곽점본에서는 '지변智辯'과 '위사僞詐'로 온건하게 바뀐 것에 주목하는 것으로, 이런 입장에서는 통행본의 '인의'에 대한 부정적 구절이 오히려 위조된 것으로 본다.34) 아니면, 도

---

32) 위에서 소개한 바와 같이, 일반적인 연구로는 『郭店楚簡研究』라는 제목의 『中國哲學』 제20집(沈陽: 遼寧敎育, 1999.1.)이고, 도가 방면의 연구로는 『道家文化硏究』 제17 · 18 집(北京: 三聯, 1999.8. · 2000.8.)이다.

33) 정세근, 「곽점초간본 『老子』와 『太一生水』의 철학과 그 분파」, 『철학연구』 58(철학연구회, 2002) 또는 이 책 제1부 제2장.

34) 王博, 「張岱年先生談荊門郭店竹簡『老子』」, 『道家文化硏究』 17. 그러나 張岱年의 입장은, 노자는 인의를 반대했다는 것이다.

가가 주류였다는 주장을 견지하려고 노자 당시에는 유가와 상보적이었지만 전국 중후기로 갈수록 유도 간이 대립되었으며, 그것은 장자 후학의 영향이라는 주장이다.[35] 그러나 나의 견해는, 비록 자구해석의 문제('安'을 접속사로 볼 것인지, 의문사로 볼 것인지)가 있지만, 다른 구절에 견주어 볼 때 여전히 인의를 반대하는 것으로 보아야 한다는 것이다.

둘째, 『태일생수』를 『노자』의 한 부분 곧 일실逸失로 보는 것은 문제가 있다. 이후의 전적에서 '노자는 이렇게 말했다'(老子曰)라면서, 『태일생수』의 어느 한 부분을 인용한 곳이 전혀 발견되지 않기 때문이다. 그런 점에서 아무리 함께 발굴이 되었다 하더라도 『태일생수』와 『노자』를 한 뭉치로 엮으려는 것은 무리이다. 비록 나는 찬성하지 않지만, 위에서 말한 김경수가 『태일생수』를 도가 계열로 보지 않는 것도 그것의 이러한 독자성에서 기반하는 사고일 것이다.

셋째, 『태일생수』는 시원도교의 형태를 보여 주고 있다. 나는 이 점이 가장 중요하다고 생각하는데, 왜냐하면 『노자』와 함께 『태일생수』가 발견되었기 때문이다. 나는 태일을 별의 신 곧 북극성으로 보고(다른 견해도 있지만) 이것이 곧 첨성瞻星신앙임을 주장했다. 초나라의 최고 신성은 '동황태일東皇太一'이었던 것이다.[36] 이 점은 도가가 도교로 발전하였다는 단순한 통념을 깨뜨리는 것이었다. 다시 말해, 『노자』에도 이미 도교

35) 陳鼓應, 「從郭店簡本看『老子』尙仁及守中思想」, 『道家文化硏究』 17.
36) 屈原, 「九歌」의 첫 번째 노래. 그러나 『초사』 속에는 '태일'이라는 말이 나오지 않고 「구가」에 上皇이라는 말이 나올 뿐이며, 「동황태일」은 후한의 王逸이 『楚辭章句』를 지으면서 붙인 제목이기 때문에, 태일신은 한대에서야 유행한 것으로 보는 견해도 있다. 김경수, 『출토문헌을 통해서 본 중국고대사상』, 제2부, 제3장 「『노자』와 『태일생수』」, 460쪽.

적인 경향이 담길 수 있으며, 그것을 개인화한 것이 하상공이라면 사회화한 것이 왕필이라는 것이다.[37]

게다가 이러한 첨성신앙은 한국에서 너무도 잘 자리 잡고 있다. 신라의 첨성대가 그러하며, 강화도 마니산의 첨성단이 그러하며, '큰 하나(님)'인 '태을太乙'이 그러하기 때문이다. 하늘은 물이고 땅은 그 물을 받아들여 살아가고 있었다.

아울러 『태일생수』가 보여 주는 '명明'도 오늘날의 인식처럼 양陽의 범주가 아니라 오히려 음의 범주로 해석됨도 주의해야 한다.[38] 밝음이 음의 영역에 자리 잡을 수 있는 이유는 의외로 간단하다. 별은 어둠에서야 드러날 뿐만 아니라, 어둠 속에서 빛나는 별이야말로 우리를 이끌어 주기 때문이다. 그런 점에서 물은 우주이고, 태일은 별인 것이다. 권위체계로 본다면, 물이 별을 낳는 것이 아니라(水生太一) 별이 물을 낳는데(太一生水), 그것은 북극성이 우주의 중심이기 때문이다.

6. 다른 연구경향

이상과 같은 견해를 통해 우리는 몇 가지 방향을 얻어 낼 수 있다. 중국학계와 한국학계의 다른 점에 주목해 보자. 마르크스 대신에 공자

---

37) 하상공의 개인화(도교화)와 이에 맞서는 왕필의 사회화(유교화)에 대해서는 정세근, 「노자 하상장구주에서의 국가와 신체」, 『동서철학연구』 30(한국동서철학회, 2003) 또는 이 책 제1부 제3장 및 이 책 제2부 참조.

38) 정세근, 「明論—『태일생수』, 『역전』, 『장자』의 神明을 중심으로」(선도문화학회 국제 학술회의, 고려대, 2009.10.24.).

를 이데올로기화하고 있는 분위기 속에서 유학정종儒學正宗의 국가관에 주의해 보자.

중국학계는 대체로 사상사적 지형도가 크게 변할 것처럼 말하고 있다. 특히 도가가 유가를 반대하지 않았다는 주장에 무게를 싣고 있다. 발굴본의 문자는 현행본과 다르기 때문이다. 그러나 한국학계는, 비록 도가전공자들이기는 하지만, 그 가능성을 낮게 보고 있다. 글자 몇 개의 차이로 고대사상사를 뒤집기는 역부족인 것이다.

둘째, 태일신앙에 대한 연구 강도가 중국은 낮은 반면에 한국은 높은 편이다. 태일은 동아시아의 일신론이라고 불릴 만한 고대사유의 한 전형을 보여 준다. 이것이 서구의 유일신론을 곧바로 뜻하는 것은 아니지만, 다신적 전통이 일반적일 것이라고 여기는 기존의 연구관행에 색다른 방향을 제시할 수 있는 것이다. 이런 점은 『태일생수』만이 아니라, '상박초간上博楚簡'으로 약칭되는 『상해박물관장전국초죽서上海博物館藏戰國楚竹書』39) 『범물류형凡物流形』에서도 유일자인 '일'에 대한 논의전개로 발견된다.40) 중국학계가 견지할 수밖에 없는 유물론적인 경향이 고대 사유를 정확히 이해하는 데 방해가 될 수 있다는 점을 기억하자. 『장자』 자신도 그렇지만,41) 천하편의 작자가 바라보기에도 『노자』는 관윤關尹과 함께 태일신앙의 중심으로 파악되는데,42) 중국학계는 그것을 고의적

---

39) 『上海博物館藏戰國楚竹書』(上海古籍, 2008.12.).
40) 이승률, 「유일자를 향한 중국 고대 지식인의 물음과 해답—上博楚簡 『凡物流形』과 '一'」(서울대학교 철학사상연구소 콜로키움, 2011.1.26. · 한국동양철학회 제145차 정례발표회, 2011.2.17.). 초기에는 '황노학'으로 썼지만 이제는 '황로학'으로 일반화되었듯이, 『범물유형』도 『범물류형』으로 쓰는 것이 좋겠다.
41) 『莊子』, 「徐無鬼」, "(知大一……)大一通之."; 「列禦寇」, "太一形虛."
42) 『莊子』, 「天下」, "建之以常無有, 主之以太一." 이 때문에 『태일생수』가 관윤학파의 저

으로 잊어버리는 것은 아닌지 물어보자.

셋째, 특히 태일신앙이 한국에는 면면히 이어 내려오고 있다는 점에 주의하자. 나는 『태일생수』를 보자마자, 우리의 정화수井華水신앙과 칠성七星신앙을 떠올리지 않을 수 없었다. 살아서도 '칠성아'라고 불리며, 죽어서도 '칠성판'에 눕히는 우리의 생사관을 상기하자. 결혼도 초례醮禮라고 불리지 않는가? 나아가 신라에서 조선으로 연결되는 첨성신앙과 초제醮祭, 나아가 아직도 남아 있는 화순 운주사의 칠성석과 그것이 바라보고 있는 하늘을 생각해 보자.

그 가운데에서도 황로학에 대한 정의 문제는 한국학계의 의견이 남다르다. 당란唐蘭의 주장을 비판한 김갑수, 이에 동조하면서도 사마천에서 문제의 핵심을 찾아낸 김경수 등이 중국학계와는 다른 입장을 지니고 있기 때문이다. 왕중강王中江의 견해에 따르면, 도가 계통에 가까운 『범물류형凡物流形』조차 황로학과 연결되는데,[43] 그렇다면 또다시 '황로학이란 무엇인가'를 물어야 한다. 이승률의 말을 옮겨 보자.

"그럼 『범물류형』을 황로학의 작품으로 보는 왕중지앙(王中江)의 설은 어떠한가? 확실히 『범물류형』은 우주 생성이나 자연의 기원에 관심을 가지고 있고, 또 '일'을 핵심 범주로 삼고 있다. 그런 의미에서 나 또한 황로학과 일정 정도 연관이 있다고 생각한다. 그러나 『범물류형』을 황로학의 작품이라고 하기 위해서는 먼저 선진시대에 황로학이란 과연 무엇인가 라는 문제를 검토해야 한다. 왜냐하면 자료적 한계로 인

작으로 취급되기도 한다. 李學勤, 「太一生水的數術解釋」, 『道家文化研究』 17, 297쪽.
43) 王中江, 「『凡物流形』的宇宙觀, 自然觀和政治哲學─圍繞"一"而展開的探究幷兼及學派歸屬」, 『中國哲學』(2009.6.), 51~58쪽. 바로 '一'이 황로학과 관련된다고 주장하면서 그 근거로 '執一'·'守一'·'執道'로 聖人의 표준(유가의 德, 법가의 法과는 달리)을 제시한다.

하여 사실 무엇이 황로학 계통의 문헌이고, 무엇이 황로학의 사상적 특징인지 학자마다 견해가 다르기 때문이다. 또 한 가지 검토해야 할 문제는 궁극적 근원적 실재에 대한 인식론적 문제이다. 『범물류형』에서는 궁극적 근원적 실재를 감관에 의하여 파악할 수 있다고 하는데, 이것은 종래의 도가 계통의 문헌과는 정반대의 입장이다. 이상에 의하면 『범물류형』은 황로학의 작품이라고 속단할 수 없게 된다."[44]

결국 우리의 문제는 또다시 한국의 황로학에로 귀결된다. 마왕퇴 백서, 곽점초간, 상박초간을 통해서 우리가 정리해야 할 것은 여전히 우리의 문제인 것이다. 이것은 우리의 철학이 '하나의 철학사'를 넘어 '철학사의 철학'으로 넘어가는 중요한 단계가 아닐 수 없다.

---

44) 이승률, 「유일자를 향한 중국 고대 지식인의 물음과 해답─上博楚簡 『凡物流形』과 '─'」(2011).

제3장 노자와 하상공
—노자『하상장구주』에서의 국가와 신체

1. 폄하와 오해

『노자』의 해석사에서『하상장구주河上章句注』(河上公注)는 통행본인『왕필주王弼注』보다 더 오래되었고, 학술사상 가장 먼저 그것을 그려 내고 있다.『하상공주』는 한대漢代의 노자학을 보여 주고 있으며,『왕필주』는 위진魏晉시대의 그것을 드러내고 있다. 그런 점에서『하상공주』가 훨씬 더 초기 노자 이해의 원형原型(prototype)을 보여 주고 있다.

그런데 얄궂게도 역사는『하상공주』가 아닌『왕필주』를 선택했다. 이때 우리가 말하는 '역사'라는 것도 오늘을 기준으로 보는 역사라는 점에서 하나의 시점에 불구하기 때문에, 그 역사조차 결정되어 있는 것은 아니다. 그러나 왕필 이래로 노자학은 이른바 '의리학義理學'의 계보를 좇았고, 그 영향 아래 철학사는 쓰였다. 노자는 더 이상 하상공의 원리처럼 '양생술養生術'로 이해되어서는 안 되는 것으로 보였다.

우리의 문제는 여기에서 출발한다. 만일『하상공주』가『왕필주』보다 좀 더 원형에 가깝다면, 우리는『하상공주』읽기도 게을리할 수 없다는 것이다. 한나라라는 통일제국은 유학을 중심으로 한 경전해석학인 '경학經學'을 굳건하게 세웠고 그 시대의 노자학도 그런 학술의 영향과 동떨어질 수는 없는 일이다. 『하상공주』는 당시의 세계관을 일정 부분 투영하고 있다.

오히려 왕필이야말로 그런 세계 이해를 거부한 인물이다. 한대의 역학易學을 '상수학象數學'이라 힐난하면서 숫자놀음이나 도형변환이 아닌, 그 속에 담긴 철학적 의미를 찾고자 했던 사람이 바로 왕필이다. 그런 점에서 왕필이 갖고 있는 철학사적 의미는 두말할 나위조차 없다. 그럼에도 우리가 잊고 있는 것은, 왕필의 해석이 비록 철학적일 수는 있어도, 다시 말해, 『주역』을 의리론적으로 해석한 공로가 전적으로 인정된다고 할지라도, 이런 태도는 『노자』를 이해하는 데 오히려 일방적일 수있다는 점이다.

『노자』의 체계에서 존재론이나 우주론은 그것의 전부가 아니다. 이를테면 '수양修養'과 연관된 수많은 언설들이 오히려 더욱 의미를 지니기도 한다. 그런데 『하상공주』는 인간세人間世와 관련된 수양의 문제, 곧 '인간과 국가의 생명과 그 보존'에 대해 통일된 체계 속에서 정리하고 있는 것이다.

『하상공주』에 대한 폄하는 한마디로 『왕필주』를 기준으로 벌어지는 일이다. 『왕필주』는 『하상공주』의 반명제反命題라고 거칠게 보아도 된다. 그러나 분명한 것은 왕필이 잃어버린 노자의 세계를 하상공은 잘 간직하고 있다는 점이다. 그런 관점에서 볼 때, 『하상공주』의 연구는 『왕필주』가 지배해 온 철학사의 보완이자 교정이라는 의미를 갖는다. 『하상공주』가 지나치게 종교적이라서 철학적으로 취급될 수 없다는 판

단조차 왕필의 영향으로부터 비롯된다는 점에서 분명 오해의 성격을
지닌다. 우리가 보고 싶은 것은 시대의 변화에 따른 '노학사老學史'일 뿐,
누구에 의해 선택되어 강요되는 철학사가 아니다.

2. 왕필의 영향력

   과거 『노자』 판본은 3종류를 일컬었다. 『하상공주』와 『왕필주』 그
리고 '고본古本'이라고도 불리는 부혁본傅奕本이다. 이른바 『고古노자』는
북제北齊의 무평武平 5년(574)에 항우의 첩의 무덤에서 발굴된 『노자』를
당唐의 부혁이 교감한 것이다. 그런데 현재 상황에서는 1973년에 이미
중국 장사長沙 마왕퇴馬王堆의 한漢나라 무덤에서 두 종의 백서帛書『노자』
가 발견되면서 상황이 바뀌게 된다. 마왕퇴 3호분의 주인은 대후리창軑
侯利蒼의 아들로 정확히 기원전 168년에 사망하였다. 발견된 『노자』 갑본
은 소전小篆으로 쓰였고, 을본은 전서篆書로 쓰였으나 갑본과는 달리 한
고조 유방劉邦의 이름인 '방'을 '국國'으로 휘諱하였다. 이에 따라 갑본은
기원전 206~195년, 을본은 기원전 179~168년 사이로 추정된다. 비록 부
혁본은 기원전 3세기 말의 『노자』를 보여 줄 수 있지만, 시대가 한참
지나 부혁이 교정한 것이고 주석서가 아니라 단순한 판본의 정리이기
때문에 백서 『노자』에 고본으로서의 권위를 내주게 된다.
   그렇다면 한위漢魏시대의 주석서로의 『노자』 판본은 결국 2종밖에
남지 않는다. 노자의 해석가가 3천 인에 달한다 할지라도, 기원전 5세기

이전의 노자학은 '하상공'과 '왕필'에 집약되어 있었던 것이다. 비록 서한西漢 말의 엄준嚴遵의 『노자지귀老子指歸』나 동한 말의 『노자상이주老子想爾注』가 있지만, 엄준은 '점장이'(卜筮者)로 평가되고1) 『상이주』는 오두미교五斗米敎의 '교설敎說'로 이해되어 중시되지 않았다.

왜 그렇게 왕필의 노자학이 주류가 되었을까? 이에 대한 답은 복잡하지만 왕필의 철학적 근원과 원리를 따져 보면 두 가지로 요약될 수 있다.

첫째, 왕필(226~249)의 가학家學으로서 '역학'의 전통이다. 왕필의 역저는 바로 『주역주』와 『노자주』라는 쌍두마차였지만, 그의 집안은 유학의 전통을 잇고 있었다. 그의 조부, 즉 그의 아버지 업業의 양아버지인 찬粲(177~217)은 당시의 뛰어난 인재였다. 한 말의 대문호인 채옹蔡邕이 죽으면서 그의 만 권 가까운 책을 그에게 물려주었을 정도이다. 이 책은 곧 업에게로, 그 후에는 필의 형인 굉宏에게로 물려졌다.2) 찬은 당시 제갈량諸葛亮도 머물렀던 형주학파荊州學派를 이끌었는데, 송충宋衷도 중요 인물 가운데 하나였다. 바로 그 송충이 위진현학에 가장 큰 영향을 주는 『주역주周易注』의 저자이다.3) 이런 과정 속에서 필이 훈습 받았을 유학, 특히 역학의 영향을 어렵지 않게 추정해 볼 수 있다. 필의 주해 곳곳에서 이런 영향은 드러난다. 흔히 왕필이 『노자』로 『주역』을 해석했다고는 하지만, 그 근거는 박약하다. 철학적으로도 도가보다는 유가에 접근하는 내용이 많으며, 『주역』으로 『노자』를 해석(以易解老)한 대목이 오

---

1) 『漢書』, 「王貢兩龔鮑傳」. 嚴遵이 明帝 劉莊의 諱를 피하여 嚴君平으로 적혀 있다.
2) 『三國志』, 「魏書」, 권28, 「鍾會傳」注의 「博物記」.
3) 荊州學派와 인물 및 저작에 관해서는 王曉毅, 『王弼評傳』(南京: 南京大學, 1996), 171~178쪽.

히려 훨씬 자주 등장한다.[4]

둘째, 왕필의 리학理學이다. 재미있게도 왕필은 자신의 본말本末론적인 체계 속에서 리의 중요성을 드러낸다. 많은 것이 있으면 적은 것이 있어 그것을 제어해야 한다.[5] 아울러 위에서 말한 역학적 사고의 연속선상에서 왕필은 원리나 본질을 강조한다. 이때 중요한 것이 '하나'(一)의 정신으로 그것이 '많음'(多)을 통제한다는 본말론으로 안착된다. 이때 일은 '리'와 만나면서 세계의 형이상학은 '하나의 진리'로 성립된다고 믿어지는 것이다. 이와 같은 태도는 송명리학의 '이치는 하나이다'(理一)라는 관념과도 상당 부분 통하는 것으로, 왕필의 리학으로 부를 수 있는 것이다.[6]

왕필의 이러한 기반은 이후 송명리학의 전성시기에 이르러 많은 호응을 받는다. 이른바 '숭본식말崇本息末'의 원리중심적 사유는 외래 종교에 위기감을 느낀 중국인들에게는 매우 쓸모가 있었다. 비록 왕필이 도가에도 의미를 부여했지만, 그의 이론은 너무도 매혹적이었다. 특히, 불교의 '체용體用'이 들어오면서 그것은 왕필의 본말론과 유비되었다. 그 결과 매우 동정적으로 왕필을 이해하기 시작한 것이다. 비록 왕필에게서는 '용用'의 관념이 '본本'과 결부됨에도 불구하고, 철학자들은 본체를 갈구했다.[7] 왕필의 '의리의 학'(義理之學)이 각광을 받게 되는 순간이었다.

왕필의 권위는 이러한 과정을 거치면서 형성된다. 본래 철학사에서

---

4) 정세근 엮음, 『위진현학』(서울: 예문서원, 2001), 32 · 34쪽.

5) 『周易略例』, 「明象」, "夫衆不能治衆, 治衆者至寡者也."

6) 鄭世根, 「王弼論'理'與'心'」, 『道家文化硏究』 第19輯(北京: 三聯, 2002), 44~47쪽.

7) 鄭世根, 「王弼用體論: 崇本息體」, 『道教文化硏究』 제18집(서울: 한국도교문화학회, 2003) 참조.

결정되어 있던 것은 사실상 아무것도 없었지만, 철학사의 특정한 방향 설정과 철학자들의 관심에 의해 주제와 내용이 선별되고 말았다.

따라서 왕필의 대척점에 있었던 하상공은 극히 상대적으로 폄하된다. 당, 송, 청을 거치면서 『하상공주』는 기공氣功으로 도배된 신선술로서 격하되어 혹세무민하는 서책으로 단정되고, 현대에 이르러서는 종교적인 신비주의로 가득 찬 저술로 평가되었다. 이 같은 경향은 오늘날에까지도 이어져, 『하상공주』의 연구는 마치 종교적 접근만이 가능한 것처럼 비추어지기도 한다. 그래서 하상공과 깊은 관련을 맺고 있을 것으로 추정되는 '황로학黃老學'조차, 이런 태도에서는 정치적이지 않고 도교적으로 이해된다.

3. 곽점 『노자』와 『태일생수』

마왕퇴의 발견 이후 20년 만인 1993년 새로운 『노자』 관련 문헌이 호북성湖北省 형문시荊門市 곽점촌郭店村의 초楚나라 무덤에서 발굴된다. 초나라 문자로 쓰인 죽간에서는 유가류나 잡가류의 문헌도 많이 나왔지만, 주로 현행본 『노자』와 관련을 맺고 있는 문헌들이 나왔다. 그것이 『노자』 1종 3편이고, 『태일생수太一生水』 1편이다. 곽점 『노자』에는 현재의 『노자』와는 다르게 "인을 끊고 의를 버려라"(絶仁棄義)라는 구절이 "거짓을 끊고 속임을 버려라"(絶僞棄詐)로 되어 있어, 『노자』가 원래는 인의를 반대하지 않았다는 주장이 일기도 했다. 그러나 그런 주장이 쉽게

동의를 얻지는 못했다.[8]

그런데 중요한 것은 『태일생수』라는 문헌이었다. 처음에는 그것이 『노자』의 일부분이 아닐까 하는 추측도 해 보았다. 『노자』의 일문佚文일 가능성이 있다는 것이었다. 그러나 이후 어떤 문헌에서도 『태일생수』와 관련된 문장이 노자의 말로 인용된 것이 보이지 않기 때문에, 이제는 독립된 문헌으로 취급된다. 게다가 내용도 『노자』와는 상당히 달라, 『태일생수』는 일정한 우주발생론적 내용을 '물'을 중심으로 서술하고 있다. '태일'은 한마디로 북극성 또는 북두칠성과 관련된 것으로 종교적 숭배 대상이다.

여기서 우리가 주목할 부분이 있다. 그것은 『노자』와 『태일생수』가 동시에 한곳에서 발견되었다는 사실이다. 곽점 『노자』의 내용은 현행본 『노자』와 닮았고, '태일신앙'을 내용으로 하고 있는 『태일생수』도 그

---

8) 중국학자로는 龐樸이 그러하나, 한국의 일반적 도가학자들도 그러하다. 박원재, 최진석, 그리고 나도 그렇다. 박원재 박사는 「곽점죽간본 『노자』에 대한 몇 가지 검토」(『동양철학』, 13, 2000)라는 글에서 "『노자』의 무위적 정치이상이 담겨 있는 통행본의 32장이나 37장, 또 같은 맥락에서 '虛'를 언급하고 있는 5장이나 16장 같은 장들이 죽간본에도 그 기본적인 내용은 고스란히 들어 있다는 점도 역시 주목할 필요가 있을 것이다. 이런 부분들에 대한 충분한 숙고가 이루어진다면 죽간본 내용이 『노자』를 반유학적 성향의 사유로 읽는 시각을 재검토하게 만든다는 식의 주장이 그리 쉽게 개진될 수는 없으리라고 본다"(3. 새로운 인식에 대한 비판)라고 말하고, 최진석 교수는 「노자와 유가 사이」(한국도가철학회, 2000년도 추계발표문)에서 "왕필본과 죽간본 상이에 철학적 의미를 그렇게 달리할 수도 있을 정도의 차이는 없는 것 같다. 왜냐하면 '聖智, 仁義, 巧利'나 '智辯, 巧利, 僞詐'가 내용상으로 크게 다르지 않기 때문이다. …… 노자는 인의를 여전히 반대하였다."(5. 결론, 마지막)라고 말하고 있다. 이 글에 대한 논평문인 「노자와 곽점, 그리고 철학사」라는 글에서 나는 둘의 이야기를 모두 소개하면서 곽점의 발견이 중국인들이 좋아하는 유도통합과 같은 새로운 철학사를 쓰게 하지는 않을 것이라고 밝혔다. 그리고 곽점 연구로 세계적 각광을 받고 있는 郭沂에 대한 논평문인 「곽점과 다시 쓰는 사상사」('동아시아의 언어와 문화' 국제학술회의, 충북대학교 인문학연구소, 2003.11.20.)에서도 지적한 바 있다. 나는 이런 기류가 사실상 중국학계의 민족주의와 상당 부분 결부되어 있다고 생각한다.

것과 더불어 나왔다면, 그 둘의 관계는 선후가 아니라 병렬이라는 결론을 쉽게 내릴 수 있는 것이다. 다시 말해, 흔히들 철학사에서 상식적으로 말하는 '도교는 도가의 종교적 발전'이라는 모식이 깨지게 되는 것이다.9)

나는 그런 점에서 곽점의 발견은 '도가가 유가를 반대하지 않았다'던가, 그래서 '중국의 시원문화는 하나'이며 '함부로 고대사를 의심하는 것은 문제'라는 결론을 내리는 것이 중요한 것이 아니라, 오히려 도가와 도교를 단정적으로 구획하는 태도를 강력히 의심하게 되었다는 데에 너욱 의미를 두어야 한다고 생각한다. 『장자』「천하天下」편의 작자도 말하고 있듯이, 노자는 태일을 신앙으로 삼았던 인물 아닌가.10)

이렇듯 도가와 도교는 함께 손을 잡고 걸어 내려오고 있었던 것이다. 태일은 별을 우러러보는 이른바 '첨성瞻星'신앙과 깊은 관계를 갖는다. 태일은 굴원의 『초사楚辭』에서 보이듯 동초東楚의 최고 신성이었다.11) 태일이 '원기元氣'를 낳는다는 『할관자鶡冠子』를 비롯해서, 『회남자淮南子』에서도 태일은 여러 번 언급된다.12)

이런 형태는 굳이 방계자료를 논하지 않더라도, 『노자』에서도 비슷한 장면을 엿볼 수 있다. 비록 '태일'이라는 표현이 직접 나오지는 않지

---

9) 정세근, 「곽점초간본 『노자』와 『태일생수』의 철학과 그 분파」, 『철학연구』 58(서울: 철학연구회, 2002.8.) 또는 이 책 제1부 제1장 참조.

10) 『莊子』, 「天下」, "建之以常無有, 主之以太一."

11) 屈原, 「九歌」의 第一首가 '東皇太一'을 노래한다.

12) 『淮南子』, 「天文訓」, "紫宮者, 太一之居也. / 淮南王元年, 太一在丙子."; 「精神訓」, "處大廓之宇, 游無極之也, 瞪太皇, 憑太一, 玩天地於掌握之中."; 「本經訓」, "帝者體太一, 王者法陰陽……秉太一者, 牢籠天地, 彈壓山川, 含吐陰陽, 伸曳四時……."; 「主術訓」, "守而勿失, 上通太一, 太一之精, 通於天道."; 「詮言訓」, "洞同天地, 渾沌爲樸, 未造而成物, 謂之太一. / 眞人者, 未始分於太一者也."; 「要略」, "太一之容(道)."

만, 『노자』에서 '하나'(一)는 신령스러운 것으로 하늘과 땅 그리고 귀신과 제후조차 이것만 얻으면 제자리를 얻을 수 있는 것으로 묘사된다.[13] 게다가 철학사에서 『노자』의 직계로 취급되는 『장자』에서조차 몇 차례 나올 정도로 당시 문헌에서는 상식적이었다.[14]

결국 태일신앙은 노자와 장자의 시대를 막론하고 보편적으로 퍼져 있었던 것이다. 그리고 태일신앙이 도교신앙의 핵심이었음을 환기한다면, 노자와 장자조차 도교로부터 자유로울 수는 없다는 판단이 나온다. 그럼에도 불구하고 『노자』와 『장자』라는 문헌을 도교와 완전히 분리해서 이야기하는 것은 오히려 많은 문제를 내포한다.

우리에게도 유적으로 남아 있는 '첨성대瞻星臺'라든가 불교와는 이질적인 '칠성각七星閣', 그리고 민간에서 유행하던 '칠성七星님'과 관련된 '정화수井華水'신앙 및 시신 매장을 위한 목판을 '칠성판七星板'이라고 부른 예, 또 근대 민족종교에서의 용어인 '태을주太乙呪'(이때 '乙'은 '一'이다) 등이 모두 이러한 도교전통을 반영하고 있는 것이다.

이런 총체적인 관점에서 볼 때, 『하상공주』의 철학사적 의미는 달라진다. 도교에 의한 『노자』의 왜곡이 아니라 당시 『노자』에 대한 일반적 이해가 되는 것이다. 달리 말하면, 『왕필주』에 의해 탈색되기 전 『노자』의 모습이 고스란히 『하상공주』에 남아 있다는 추정도 가능해지게 되는 것이다.

---

13) 『老子』, 제39장, "昔之得一者; 天得一以淸; 地得一以寧; 神得一以靈; 谷得一以盈; 萬物得一以生; 侯王得一以爲天下貞; 其致之."
14) 『莊子』, 「徐無鬼」, "(知大一……)大一通之.";「列禦寇」, "太一形虛."

4. 하상장구의 시대

하상공이라는 인물은 서한의 효문제孝文帝(r. BC 179~157) 시기에 살았던 것으로 전한다. 갈현葛玄(ca. 164~244)에 따르면 그는 『노자』를 늘 읽으며 지냈는데 문제가 청하자 『노자도덕경장구』 2권을 주었다는 것이다.15) 그러나 이러한 이야기는 권위를 위한 가탁假託의 설화에 가깝다.

학자들이 생각하는 『하상공주』의 성립시기에는 출입이 매우 크다. 일본학계는 비교적 늦게 보아 당대까지 내려오기도 하고(島邦男의 경우), 중국학계는 좀 더 잎당겨 서한西漢시기까지 올라가기도 한다(金春峰의 경우). 그러나 『한서漢書』 「예문지藝文志」에 그 책 이름이 실려 있지 않아 동한東漢 이후로 추정되기도 한다.16)

그런데 역사적으로는 문제의 아들인 경제景帝(r. BC 156~144) 때 『노자』는 '경經'으로 격상되어 『도덕경道德經』으로 성립되는 사실이 더욱 의미가 있다. 왜냐하면 이는 『하상공주』의 해석이 국가에 의해서 인정받았음을 보여 주기 때문이다. 심지어 경제의 어머니인 두태후竇太后는 황가에 『도덕경』을 읽도록 했다고 『사기』는 전한다.

이는 당나라 때도 마찬가지였다. 이씨李氏였던 당의 황족들은 『노자』의 작자로 알려진 이담李聃을 정권 옹립의 차원에서 시조로 추존하기 시작했고, 당시 『도덕경』은 국자감國子監에서도 가르쳤으며, 하다못해 가가호호 소장해야 했던 것으로 알려진다. 이때 선택되는 교재가 바로

---

15) 葛玄, 「老子道德經序訣」, 王卡 點校, 『老子道德經河上公章句』(北京: 中華, 1993), 314쪽.
16) 河本의 연대 문제는 王清祥, 『'老子河上公注'之研究』(臺北: 新文豊, 1994), 11~14쪽.

『하상공주』였던 것이다.

이런 영향은 왕필이 권위를 갖기 시작하는 송대宋代에도 예외는 아니어서, 노자는 당시 '태상혼원황제太上混元皇帝'라는 존칭을 받게 된다. 마침내 노자가 '태상노군太上老君'에서 절대 권좌에까지 오르게 되는 것이다.

여기서 우리는 『하상공주』의 지위가 매우 높았다는 것을 알 수 있으며, 이로부터 분명한 두 가지 역사적 사실을 판단할 수 있다.

첫째, 『하상공주』는 『왕필주』의 저본이다. 왕필이 보았던 당시의 '통행본'은 『하상공주』였을 것이다. 왕필의 시대에 다른 판본이 있다는 기록은 찾을 수 없다. 따라서 왕필은 하상공을 반면교사로 삼았을 수 있다. 현재의 통행본인 『왕필본』은 당시의 통행본인 『하상장구주』의 형식에 맞추어 이루어졌다. 심지어 『하상공주』는 『노자상이주老子想爾注』의 저본일 수도 있지만(饒宗頤의 경우), 편제가 달라 논의하기 어렵다.

둘째, 『하상공주』는 국가적으로 존숭되었다. 황가에서의 필독서, 국가교육기관에서의 교과서, 황제어주의 저본으로 『하상공장구』는 채택되었다. 『노자』에 주를 달은 임금으로는 당 현종玄宗, 송 휘종徽宗, 명 태조太祖, 청 세조世祖 등을 꼽을 수 있는데, 현종의 주를 비롯하여 많은 경우 『하상공주』를 저본으로 삼거나 중시했다. 『하상공주』는 그 내용상 양생술의 체계 속에서 국가의 통치를 설명하고 있기 때문에, 황제의 절대적인 호감을 샀을 것으로 보인다.

그런데 전환은 사상사가였던 유지기劉知幾(661~721)와 같은 인물에 의해서 벌어진다. 당 현종은 719년(開元 7)에 자신이 지은 『어주도덕경御注道德經』으로 『하상공주』를 대신하게끔 하는데, 이런 분위기 속에서 유지기가 '하상을 폐廢하고 왕필을 존存할 것'을 청하기 때문이다. 그러나 당시의 재상 송경宋璟과 박사 사마정司馬貞 등이 반대하여 두 종류의 주해를 같이 쓰자고 건의하자, 현종이 이를 받아들인다. 당 현종 이후에서야 『하상공주』와 『왕필주』가 함께 널리 쓰이게 되는 것이다.17)

결과적으로 수당까지만 하더라도 승려와 유가들조차 『하상공주』를 받아들였음을 알 수 있다. 그 예로, 수隋 숙길蕭吉의 『오행대의五行大義』나 당唐 육원랑陸元朗(字: 德明)의 『경전석문經典釋門』, 법림法林의 『변정론辨正論』, 이선李善의 『문선주文選注』, 마총馬總의 『의림意林』 그리고 위징魏徵의 『군서치요群書治要』 등이 모두 『하상공주』를 인용하고 있다.18) 돈황석굴에서 발굴된 『노자』가 『하상공주』였다는 사실은 이렇듯 특별한 일이 아니다.

『하상공주』는 자신의 시대가 있었다. 비록 송대에 들어 『왕필주』에게 자리를 내주지만, 『노자』의 해석사를 오히려 선점하고 있었던 것이다. 『하상공주』가 격하된 것은 도교의 유행과 결부되어 유가들의 반발을 산 것과 연관을 맺을 것으로 보인다. 당대만 하더라도 황실에서 '하상공'과 그의 글이 지니고 있는 신격이 옹호될 수 있었지만, 송대에 와서는 성리학적인 국가이념 덕분에 점차 그러한 신성이 빛을 잃게 되는 것이다. 이런 과정을 통해, 『하상공주』는 도교이고 『왕필주』는 도가라는 현대적 구획처럼, 종교적인 『하상공주』와 철학적인 『왕필주』로 나뉘어 발전하는 형태를 지닌다.

---

17) 王卡, 『老子道德經河上公章句』, 「前言」, 7~8쪽.
18) 『老子道德經河上公章句』, 7쪽.

5. 황로학의 양생

황로학黃老學에 대한 정의는 한마디로 '황제黃帝와 노자老子의 학'이다. 전통적으로 중국학계는 황제라는 인물을 통해 노자를 정치철학화한 것으로 이해했다. 그 중심에는 당란唐蘭이라는 문헌학자가 있다. 마왕퇴한묘에서 백서가 발견되면서 그 고일서古佚書(옛날에 사라진 책)가 바로 『한서』「예문지」에 수록된 『황제사경黃帝四經』이라고 그가 단언을 내렸기 때문이다. 당란의 영향력은 매우 컸다. 까닭에, 황로학으로 『황제사경』을 보는 것이 아니라, 『황제사경』으로 황로학을 보는 경향까지 생겼다. 결국, 황로학은 노자철학의 정치화로 단정지어졌다. 이런 판단은 서구에까지 미쳐, 슈워츠의 경우, 황로학파를 법가화된 도가라는 기준 아래 '현대적 사회과학자와 동일한 존재'[19]로 간주하기도 했다.

그런데 이에 대한 전반적인 반성은 김갑수에 의해서 제기되었다. 그는 황로학을 군주의 신하에 대한 통제술로서 '형명법술의 학'(刑名法術之學)으로만 이해하는 것의 문제점을 드러냈다. 김갑수는 황로학에 대한 정의를 다시 해야 할 필요를 느낀다면서, "『노자을본』 앞부분에 수록된 4편의 고일서古佚書가 『황제사경』이라는 주장이 당란唐蘭에 의해 제기된 후 황로학의 성격이 운명처럼 결정되어 버렸다. 즉 황로학은 이 말의 최초 사용자인 사마천의 의도와는 상관없이 법가적 잡가적 성향을 띤 학술 조류로 정의되었다.…… (즉 사마천의 용어는) 노장 등 초기 도가를 중심으로 신선술의 일정 부분을 받아들인 양생론 위주의 사상과 실

---

19) 벤자민 슈워츠 지음, 나성 옮김, 『중국고대사상의 세계』(서울: 살림, 1996), 345쪽.

천적 지침을 가리키는 말이었다. 그리고 한 초의 황로학에서 중시한 청정과 무위는 군주의 신하에 대한 통제술이 아니라 피치자인 민民에 대한 불간섭주의를 이르는 말이었다"(요약문)라고 주장한다.[20]

김갑수에 따르면, 황로학은 상당히 폭넓은 개념으로 양생론이 포함되어 있는 것인데, 『황제사경』으로 추정되는 문헌으로 말미암아, 그 폭이 상당히 줄어들어 정치적 술수로만 인식되고 있다는 것이다. 특히, 황로라는 말이 처음 나오는 사마천의 『사기』에서조차 황로학은 양생론과 가깝게 그려지고 있다는 것이다.

도가와 도교의 전문가인 왕명王明은 다음과 같이 시대적 구분을 하고 있다. 한 초의 황로학은 치국경세治國經世를 중심으로 했고, 동한 중엽부터 동한 말까지의 황로는 장생의 도술로 여겨져 치신양생治身養生을 중심으로 했고, 삼국시대에는 『노자』를 배우는 사람들이 그 둘 모두에 관심이 없어 오직 허무자연虛無自然의 현담玄談만을 일삼았다는 것이다.[21] 이렇듯 그가 보고 있는 황로학도 치국과 양생을 모두 아우르고 있다는 점에서 황로학의 범위는 넓다.

그런데 문제는 이렇게 사상사가 도식적이지 않다는 데 있다. 이런 구획 때문에, 한 서책의 내용이 '치국' 쪽으로 쏠려 있다고 보면 서한의 문헌으로 판정하고, 이와 달리 '치신' 쪽이 많이 이야기되고 있다고 보면 동한의 문헌으로 판정하는 우를 범하게 되는 것이다. 『하상장구주』

---

20) 김갑수는 '황로학 제자리 찾기'라는 부제의 논문 2편을 발표했다. 「황로학에 대한 오해와 진실」(『시대와 철학』 18, 1999 봄) 및 「학파명으로서의 '도가'의 기원과 의미에 관하여」(『도가철학』 1, 1999).
21) 王明, 『道家與道教思想研究』(重慶: 中國社會科學, 1984), 293~294쪽.

에 대한 시대판단도 그러하다. 만일 내용상 치국을 반대한 것은 유가의 '경술정교經術政敎'의 것이었지 도가의 '자연무위自然無爲'의 것은 아니었다고 판단한다면, 그것은 동한의 것이 되고 만다. 한대사상사를 전공한 김춘봉金春峰이 곧 그러한 논지로 왕명을 비판하고 있다.[22]

이와 같이 황로학의 범위는 상당히 넓은 것이다. 이른바 '황로 도가', '도법가道法家', '직하稷下 황로' 등의 다양한 요즈음의 표현이 보여 주는 것과 같이 황로학은 당시의 학술적 분위기를 통칭하고 있다. 다시 말해, 황로학이란 오늘날의 의미로 하나의 고정적인 형태를 지닌 학파라기보다는 전반적인 사상적 경향이나 관련 논의들을 가리키고 있다. 따라서 이를 마치 직하학파처럼 조직적인 단체로서 물리적인 증거를 가지고 있다고 생각하면 안 되는 것이다. 그것은 어떤 유파에 속한 '학學'이라기보다는 일종의 방법론으로서의 '술術'이었다.

아울러, 흔히 규정된 것처럼 황로학은 정치술만이 아니다. 이른바 그 고일서는 『황제사경』이 아닐 수도 있으며, 게다가 많은 황로술 가운데 정치적으로 적용된 하나의 예에 불과할 수도 있다. 그렇다면 사마천이 보여 주고 있는 넓은 의미의 황로술이 제대로 드러난 것은 무엇일까?

나는 그것이 『하상장구주』라고 생각한다. 그 속에서 말하고 있는 양생술이 황로술의 본면목인 것이다. 게다가 그 양생술은 단순히 개인에게만 머물지 않고 국가차원으로 나아가는 대규모의 양생책략을 보여 주고 있다. 양생의 대상은 단순한 개체가 아니라 그 개체들의 집합체인

---

22) 金春峰, 『漢代思想史』(2版, 北京: 中國社會科學, 1997), 408쪽. 그는 '一'을 '도의 아들'(道之者)로 본 것은 관념의 명확화이므로, 河注가 『道德指歸』보다도 이르다고 주장한다. 같은 책, 411쪽.

전체에게도 적용되는 것이다. 그런 점에서 『하상공주』는 한대 황로술의 전형적인 모습을 보여 주고 있다. 개인에게만 머물러 있을 때 그것은 양주楊朱류의 이기적 양생술에 그치고 말지만, 그것이 국가에로 확산될 때 그것은 하나의 정치적 이념으로 확립되기 때문이다. 나라도 사람처럼 그것의 삶을 잘 보살펴 주어야 하는 것이다. 특히, 임금이 곧 나라인 시대에서는, 영토는 임금의 신체(形)이고, 권력은 임금의 정신(神)으로 규정될 수 있는 것이다.

6. 몸과 나라는 하나

『하상공주』에서는 '인군人君'이라는 표현이 자주 나오는데, 우리는 이 점에 주목할 필요가 있다. 『노자』 또는 다른 노자 주석과는 달리, 『하상공주』는 그 설법의 대상이자 행위의 주체로 다름 아닌 군주를 설정하고 있는 것이다.

『노자』, 제15장: "옛날 훌륭한 선비는."(古之善爲士者)

『상이주』: "선비는 신선이다."(士, 古之仙士)

『하상공주』: "도를 얻은 임금이다."(士, 得道之君也)

이렇듯 『하상공주』는 『노자』 제17장의 '태상太上'을 '옛날 이름 없던 임금'(太古無名之君也, 제38장도 그렇다)으로, 제18장의 '지혜가 나온다'(智慧出)를 '지혜로운 임금'(智慧之君)으로, 제23장의 '믿음이 부족하면'(信不足焉)을 '임금이 아랫사람을 못 믿으면'(君信不足於下)으로, 제26장의 '무거움은 가벼움의 뿌리이다'(重爲輕根)를 '임금이 무겁지 않으면 존대 받지 못한다'(人君不重則不尊)로 해석하고 있다. 또 제57장의 '사람이 기교가 많아지면'(人多奇巧)을 '임금과 백리의 제후'(人君百理諸侯也)로, 제58장의 '그것은 바름이 없다'(其無正)를 '임금이 그 몸을 바르게 하지 않으면 나라가 없어짐을 말한다'(謂人君不正其身, 其無國也)로, 제59장의 '사람을 다스린다'(治人)를 '임금이 사람들을 다스리고자 함을 말한다'(謂人君欲治理人民)로 설명하고 있다. 『노자』의 말이 곧 임금을 위한 말이 되는 것이다.

그 밖에도 '천하에 도가 있다'(天下有道)는 표현도 '사람의 주인이 도가 있다'(제46장주: 人主有道也)로 구체화시키고, '덕의 있고 없음'도 '덕 있는 임금'(제79장주: 有德之君)이나 '덕 없는 임금'(無德之君)으로 바꾸어 정확히 말하고 있다. 또한 '자리'(제24장: 此人在‘位’)를 강조함으로써 위정자의 역할이 중요함을 간접적으로 드러내기도 한다. 한 걸음 더 나아가, '노자가 당시의 임금이 대도를 행하지 않음을 걱정하여 이 말을 하였다'(제53장주: 老子疾時王不行大道, 故設此言)라고 『노자』의 집필의도조차 나름대로 못 박고 있다. 한마디로 말해, 임금을 위한 수양론이나 통치론으로서의 『노자』 읽기가 바로 『하상공주』였던 것이다.

이렇게 볼 때, 『하상공주』를 단순한 개인의 양생술로 보는 것은 오류라는 것이 쉽게 드러난다. 그것은 오히려 군주를 위한 교범, 좀 더 정확히 말해, 군주가 인민을 제어하기 위한 통치술이었던 것이다.

『하상공주』는 '성인이 나라를 다스리는 것과 몸을 다스리는 것은 같다'(제3장주: 聖人治國與治身同也)고 전제하고, 치국와 치신의 동일성을 부각시킨다. 특히 제10장주에서 이런 사고가 선명하게 드러나고 있다.

> 몸을 다스리는 사람은 기를 아껴 몸을 온전케 하고, 나라를 다스리는 사람은 백성을 사랑하여 나라를 안정시킨다.[23]

> 몸을 다스리는 사람은 정기를 호흡할 때 귀가 듣지 못하게 하고, 나라를 다스리는 사람은 은덕을 베풀 때 아랫사람이 모르게 한다.[24]

> 몸을 다스리는 사람은 암컷처럼 안정되고 유약해야 하고, 나라를 다스리는 사람은 변화에 맞추어 조화롭되 앞서 떠들지 말아야 한다.[25]

> 몸을 다스리는 사람은 정욕을 제거하고 오장五藏을 비워야 정신이 제자리로 돌아간다. 나라를 다스리는 사람은 할 수 있는 것이 적어야 많은 사람들의 약함이 모여 강함을 떠받친다.[26]

『하상공주』는 제1장의 주석에서 "경술정교의 도는 자연장생의 도가 아니다"[27]라고 하기 때문에 경술정교의 도를 반대한 것처럼 이해될 소지를 갖고 있었고, 그 때문에 많은 이해가 치신에만 집중되었다. 그러나 위의 제10장의 주해에서 볼 수 있는 것처럼, 치신과 치국을 동일한 양생

---

23) 治身者愛氣則身全, 治國者愛民則國安.
24) 治身者呼吸精氣, 无令耳聞; 治國者布施惠德, 无令下知也.
25) 治身當如雌牝, 安靜柔弱; 治國應變, 和而不唱也.
26) 治身者當除情去欲, 使五藏空虛, 神乃歸之. 治國者寡能, 惚象弱共扶强也.
27) '道可道'注: "謂經術政敎之道也."
　　'非常道'注: "非自然長生之道也. 常道當以無爲養神, 无事安民, 含光藏暉, 滅迹匿端, 不可稱道."

론상에서 파악하고 있기 때문에 그가 국가의 통치를 부정하고 있지 않음은 분명하다. 『하상공주』에서 몸의 정기精氣를 아끼는 것은 나라에서 백성을 아끼는 것과 같고, 몸의 호흡술은 나라에서의 포덕布德과 같고, 몸을 부드럽게 만드는 것은 나라의 온갖 변화에 응하는 것과 같다. 그리하여 내 몸의 정욕을 없애듯 임금이 다 하려고 하지 말고 모든 사람이 조금씩 힘을 모아 하도록 해야 나라도 좋아진다는 것이다. 이른바 '양신養神'의 길은 내 몸만이 아니라 국가의 안위와 직결된다.

『하상공주』는 많은 문헌과 교섭을 갖고 있다. 정기설이나 양신설은 『황제내경소문경黃帝內經素問經』이나 『영추경靈樞經』 그리고 『태평경太平經』 등과 통한다. 그런 서책은 신체에 관한 주요 이해를 담고 있는데, 따라서 『하상공주』가 그런 저술들과 동류의 것으로 이해되기도 한다. 그러나 이것들 또한 후대의 『하상공주』의 해석일 따름이다. 특히 '오장신五臟神'의 개념으로 '오장을 맑게 하면 신명이 머문다'(제5장주: 淸五臟淸, 則神明居之也)거나 '오장의 내부가 청정하면 빔의 극치에 이른다'(제16장: 五內淸淨, 至於虛極) 등의 구절로 정신의 허정함만을 추구한 것처럼 판단하기도 하는데, 그것은 『하상공주』가 누구를 위해서 말하고 있는지를 소홀히 했기 때문에 얻어진 결론으로 보인다. 허정함은 나를 위한 것이긴 하지만, 그 '나'는 '인군人君'이고 '인주人主'인 것이다. 게다가 '태상太上'조차 '옛날 이름 없던 군주'(太古無名之君)가 아니었던가.

이렇게 『하상공주』가 양생술과 더불어 통치술을 말하게 된 것은 『노자』 자체가 가지고 있는 정치철학적 의미 때문이라고 생각된다.[28] 『노

---

28) 정세근, 『노장철학과 현대사상』(서울: 예문서원, 2018), 제1부, 「제4장 노자와 정치―노자의 덕과 그 정치철학적 의의」를 참조할 것.

자』가 정치를 말하고 있는데, 그 주석서가 그것을 도외시할 수는 없는 것이기 때문이다. 『노자』의 '무위無爲'로 '다스려지지 않음이 없는 것'(無不治)이 『하상공주』에서는 '덕화가 잘 이루어지니 백성이 편안해짐'(제15장: 德化厚, 百姓安)이라는 교화의 세계로 점차 안착되고 있는 것이다.

이러한 세계관은 '국신동일론國身同一論'29)으로 불릴 수 있는 것으로, 황로학 전반에 걸쳐 나타나는 '우주·인간동형동성설'(cosmomorphism)30)의 한 유형으로 볼 수 있다. 마치 우주는 '큰 우주'(macrocosmos)이고 인간은 '작은 우주'(microcosmos)라는 중국철학의 일반적인 인식체계처럼, 국가를 신체와 동일하게 보고 있는 것이다.

그런데 여기서 관점을 명확히 할 필요는 있다. 우리가 말하는 국신의 동일이 '그 둘의 내재적 원리가 같다'는 것인지, 아니면 '제왕 신체의 보존이 곧 국가의 생명력'이라는 것인지는 구별되기 때문이다. 첫째의 경우는 '내 몸을 다스리듯, 나라를 다스리라'는 것이 되고, 둘째의 경우는 '내 몸이 곧 나라이기 때문에, 나를 다스리면 나라는 절로 다스려진다'는 것이 된다. 앞의 것은 양자 간의 유비이지만, 뒤의 것은 둘이 아닌 하나로서 내재적 필연성이 개입되는 것이다. 만일 뒤의 것이 성립되기 위해서는 '황제의 양생이 국운을 결정한다'는 이념적 합의, 다시 말해, 서구적 의미에서의 절대군주와 같은 존재에 대한 승인이 필요했을 것이다. 아쉽게도 『하상공주』는 그 둘의 구별이 분명하지 않다. 오히려 『하상공주』는 일견 유비 차원에 머물렀던 것으로 보이기도 한다. 바로

---

29) 王淸祥, 『老子河上公注之硏究』(臺北: 新文豊, 1994), 86쪽. 그러나 그는 여전히 河注를 도교 계열로 파악하고 있다. 같은 책, 19~21쪽.
30) 벤자민 슈워츠, 『중국고대사상의 세계』, 351쪽.

이러한 면이 결과적으로는 『하상공주』의 정치철학적 통치론을 점차 탈색시켜 개인의 신비주의적 양생술만을 강조하는 철학사를 낳게 하지 않았을까 추측되는 것이다.

7. 노학사의 이해

한마디로 말해, 『노자』는 그 자체가 하나의 철학사이다. 5천 자라는 작은 형식에 비해 크디큰 내용을 담고 있다는 그 사실 자체가 많은 주석가들로 하여금 『노자』에 매달리게 했다. 각종의 유파들이 시대를 뛰어넘어 『노자』를 해석하면서, 유파 고유의 사상이 침윤되고 시대의 분위기가 주입되어 새로운 『노자』들이 태어났다. 『노자』는 거듭 변형되거나 창조되었고, 따라서 노학사老學史는 그 자체로 작은 철학사가 된다.

현존하는 주석서가 350여 종으로 추정되고, 서목만으로는 700종이 넘는다. 7세기경에는 산스크리트어로 번역되었고, 18세기에는 라틴어로 번역되어 19세기에 영국으로 전해지면서 1990년까지 서양어로 번역된 『노자』는 250종을 넘는다. 번역된 숫자로만 볼 때 『노자』는 『성경』 다음으로 많이 번역된 고전이다.[31]

그럼에도 불구하고 철학사를 통해 우리는 일방의 선택을 강요받아

---

31) Wing-tsit Chan, *The Way of Lao Tzu(Tao-te ching)*(New York: Macmillan, 1963), p.77; 김시천, 「'거울'과 '프리즘'—서양인의 『노자』 읽기」, 『시대와 철학』 제12권 제2호(2001 가을); Victor H. Mair, *Tao Te Ching-The Classic Book of Integrity and the Way*(New York: Bantam Books, 1990), xi. 김시천, 「『노자』의 양생론적 해석과 의리론적 해석」(서울: 숭실대학교 박사논문, 2003), 2쪽에서 재인용.

왔다. 당송시대 유학의 정립과 더불어 왕필본이 하상공본을 밀어내면서 우리는 왕필만이 『노자』의 해석에서 주류라고 생각해야 했다. 『왕필주』가 곧 『노자』의 기준이 된 것이다.

그러나 그 이전에는 분명히 『하상공주』의 시대가 있었다. 『하상공주』는 『왕필주』보다 역사적으로 더 이르고, 양생술에서 더 체계적이고, 당시 사회에 더 영향력 있게 존재해 왔다. 『노자』사상의 문화적 수용의 역사에서, 적어도 앞의 천 년은 『하상공주』가 주도하고 있었던 것이다. 결국 『하상공주』를 보지 않는다는 것은 노학사의 반을 잃어버리는 꼴이 되고 만다.

현대에 이르러서도 이런 구분은 이어져, 『왕필주』는 철학적이고 『하상공주』는 종교적이라는 이분법이 성행했다. 한마디로 『왕필주』는 도가를 대표하고, 『하상공주』는 도교를 대표한다는 것이다. 그러나 곽점 『노자』나 『태일생수』 같은 새로운 문헌의 발견과 더불어 『노자』 해석의 역사에서 철학과 종교가 앞뒤의 역사를 지닌 것이 아니라 함께 걸어왔음을 알게 되었다. 이런 선후先後 관점에서 동보同步 관점으로의 변화는 더 이상 도가와 도교가 일도양단될 수 있는 개념이 아님을 보여 주었고 그것이 바로 사마천이 보았던 '도가道家'와 '황로黃老'의 의미임을 알게 해 주었다. 나아가, 도가와 도교의 분별도 더 이상 고정적이지 않다.[32] 이런 태도는 앞으로 『노자』 연구의 대전제가 되어야 할 것이다.

『하상공주』는 황로학적 노자 이해를 대표한다. 이때의 황로는 통치술만이 아닌 양생술도 포함한다. 이런 황로술은 한대 전반에 걸쳐 유행

---

32) 윤찬원, 「도가─도교의 의미에 대한 철학적 고찰」, 『도교문화연구』 16(한국도교문화학회, 2002.4.) 참조.

했었고『하상공주』는 그 시대적 위상을 고스란히 담고 있다.『왕필주』
에 의해서 파묻혀지고 잊힌 노학사의 일부분은 되찾아져야 하는 것이
다. 그런 점에서『노자』의 해석사, 그 가운데에서도, 양생론과 의리론을
대변하는 하상공과 왕필에 대한 이해는 필수적이라 할 수 있다.[33] 끝으
로 '삶을 기른다'는『하상공주』에 비해, 지나치게 논리화되고 추상화된
왕필의『노자』이해는 젊은이로서는 이해하지 못할 탄생과 사망 그리
고 병환이라는 '삶의 길이'에 대한 생각이 부족했기 때문이라는 막연한
추측도 덧붙여 본다.

---

33) 김시천,「『노자』의 양생론적 해석과 의리론적 해석」(서울: 숭실대학교 박사논문,
   2003)의 예.

제4장 노자와 한비자
—한비자의 노자 이해

1. 분류법

'노자老子는 도가道家이고, 한비자韓非子는 법가法家이다.' 이 말은 노자와 한비자를 학파별로 분류한 것이다. 그러나 알다시피 분류分流라는 것은 비슷한 것을 나누는 것일 뿐, 반드시 사실을 담는 것은 아니다. 서양어에서의 '분류법'(classification)도 마찬가지여서 따로 따로 있는 것을 하나의 부류(class)로 나누기 위해 이때도 어쩔 수 없이 이질적인 것을 동류화하는 작업이 들어가기 마련이다. 이는 분류법 자체가 인식이나 이해의 편의를 위해 인위 또는 작위적으로 작동하는 '틀'이지 자연이나 사실과는 거리를 두고 있음을 보여 준다.

분류법에는 여러 정황이 포착된다. 먼저, 분류하는 사람의 의견이다. 분류화를 통해 후대 사람은 쉽고도 간명하게 역사나 역사 속의 인물 그리고 그의 사상을 받아들이지만, 그것에는 그렇게 본 사람의 주관적인 견해가 개입된다. 그런 점에서 우리는 최초의 분류와 그 작자에 대해 심각하게 되새겨 볼 필요가 있다. 분류하는 사람이 지나친 편견으로 주의나 주장을 왜곡하고 있다면 우리는 그것을 바로잡아야 하기 때문이다. 설령 그것이 궁극적으로는 불가능하다고 해도 이러한 점을 인지하고 지적하는 것은 사유의 개방성을 위해서 절실하게 필요한 작업이다.

다음, 분류의 고착화이다. 분류화가 일단 진행되면 그것은 자생적 능력을 지닌 생물처럼 영역을 확산하고 구조를 견고히 한다. 분류된 내용이 중요한 것이 아니라 분류법 그 자체가 더 의미를 지니게 된다. 마치 사지선택형 답안처럼 분류화에도 정답과 오답이 나뉘는 과정을 거치면서, 정답은 확대재생산되고 오답은 다시는 진리의 영역에 들어오지 못할 정도로 배격된다. 눈덩이처럼 불어나는 정답의 폭력은 다시금 오답을 용납하지 않을 기세를 띤다. 분류의 고착화는 한마디로 진리의 정오표正誤表와 같아 사고나 반성을 멀리하고 옳음의 영역에서 자신을 극대화한다. 분류가 고착화되면 그것을 만든 사람조차 그 속에서 녹아 없어진다. 분류법이 옳기 위해서는 그 주인의 지위조차 부정되는 것이다. 그것은 그의 뜻이 아니고, 아닐 것이며, 아니어야 한다는 까닭에서이다.

그런 점에서 사실 분류법은 철학을 공부하는 데 크게 도움 되지 않는다. 도움이 되지 않을 뿐만 아니라 어쩌면 철학을 곡해하는 장애요소가 된다. 철학의 입문자들에게 가장 먼저 필요한 것이 분류지만 이어 빨리 벗어야 할 옷도 그것이다. 분류법은 우리의 공부를 편하게 해 주고 있지만, 그것 자체가 역사 속의 철학 한 톨 한 톨을 보여 주진 못한다. 분류 자체가 하나의 가치판단이기도 하지만, 기본적으로 분류법이 목적으로 삼는 것은 형식이지 내용이 아니기 때문이다.

동양에서 분류와 범주의 차이는 그다지 명확하지 않다. 엄격하게 말한다면, 분류는 시대구분이나 학파구분을 뜻하고, 범주는 시대와 학파를 뛰어넘어 보편적으로 통용되는 개념 또는 관념을 뜻한다. '고대'나 '중세'라는 말은 분류이고, '도', '기', '리', '성' 등은 범주에 속한다. 그런 점에서 역사는 시대로 구분되고, 관념은 범주로 나뉜다. 그러나 학파는 역사와 관념을 교집합으로 갖고 있기 때문에, 그 모호성이 배가된다. 특히 중국의 경우처럼 범주를 학파의 이름으로 삼는 경우, 더욱 조심스럽다. 그런 점에서 우리는 범주라는 말을 학파에 적용시켜도 무방할 듯하다. 이를테면 '음양가陰陽家'가 아니더라도 어느 학파든지 '음양'을 자신들의 중요 범주로 삼을 수 있는 것과 마찬가지이다.

분류라는 것 그 자체가 형식이라서 특별한 의미를 지니지 못하는 것임에도 우리는 분류법의 마력에서 쉽게 빠져나오지 못한다. '도가道家'와 '법가法家'를 말하면서 그 둘의 포용에서 우리가 일도양단一刀兩斷의 유혹을 느끼는 것은 철학사가로서의 권한일지는 몰라도, 많은 철학사가 그렇듯이 그러한 칼질은 결국 자신에게 독이 되어 돌아올 수밖에 없다. 많은 선진시대 학파 가운데 그 접점을 잘 보여 주는 것이 『한비자』의 노자에 관한 두 편이다. 이 글은 두 편이 보여 주는 한비자와 노자의 친밀도를 드러내는 데 초점을 맞춘다.

2. 노자와 정치

학계에서 '노자의 정치철학[1]'이라는 표현은 황로학黃老學이 요즘처럼 상식적으로 통하기 전까지만 하더라도 상당히 불안하거나 불온했다. 황로학의 단편이 크릴(Creel)과 같은 서양학자들의 서적을 통해서도 많은 학자들에게 읽혔는데도,[2] 우리에게는 매우 생소하게 여겨졌던 것 같다. 크릴은 관조적인 사상이 목적적인 사상에 이어 나온다는 가설 아래, 목적적인 장자가 관조적인 노자보다 시간적으로 앞선다고 주장했던 대표적인 학자이다.

특히 노자를 정치와 연결시키는 것은 오독誤讀에 가깝게 여겨졌다. 심지어 『노자』의 「도경」이 아니라 「덕경」만을 이야기할지라도 정치와는 거리를 두어야 했다. 한漢나라의 무덤에서 시대상을 반영하듯 『도덕경』이 아니라 『덕도경』의 형태로 발견되었음에도 덕의 효용성은 도의 위상을 앞지르지 못했다. 그 이유는 몇 가지로 정리된다.

첫째, 노자는 무위無爲를 말하기 때문에 실천과는 거리가 멀 것이라는 판단에서 노자와 정치적 행위와의 무관함을 강조한다. 노자가 무위를 말하는 것은 사실이다. 그렇다고 노자가 실천을 멀리할 것이라는 추론은 합당하지 않다. 그는 '하지 않으나 하지 않음이 없음'(無爲而無不爲)[3]을 강조하여, 행위의 완성 즉 수행遂行(performance)이라는 목표달성을 상정하기 때문이다. 무행위는 곧 목표달성에 가까워지는 행위라는 것이다. 이렇듯 노자는 성과를 말한다. 공연한 행위보다는 가만히 있음으로써 오히려 성취가 이루어진다는 것이다. 알다시피 정치는 성과중심적인 행위이며, 공적이 중요하다.

---

1) 정세근, 「노자의 덕과 그 정치철학적 의의」, 『중국의 사회사상』(서울: 형설출판사, 1992) 또는 『노장철학과 현대사상』(서울: 예문서원, 2018), 제1부, 제4장.

2) H. G. Creel, *What is Taoism?*(Chicago: Univ. of Chicago, 1970).

3) 『老子』, 제37·48장.

둘째, 덕은 도덕적이기에 도와 덕을 강조하는 노자는 비도덕적인 정치와는 거리가 멀다고 판단한다. 그렇다면 노자의 도와 덕은 오늘날 말하는 '도덕'인가? 결코 아니다. 물론 철학사적으로 보았을 때, 노자의 도와 덕이 오늘날의 '도덕'으로 자리매김하는 데는 위진의 현학자들의 공이 컸다. 도가의 진리와 그 실천이라는 의미의 도와 덕의 구체적인 내용이 유가의 인仁과 의義로 정리되면서, 도덕은 윤리라는 뜻을 갖게 된다. 무엇이 진리이고 실천이냐는 형식적인 도가의 질문이 사랑이라는 인간의 본성과 그것의 실현이라는 유가의 해답으로 현학자들에 의해 그려지는 것이다. 그렇기 때문에 이때부터 '인의도덕'이라는 용법이 등장하기 시작한다. 순서에서 나타나듯이 '인의'가 앞서고 '도덕'이 뒤따른다는 것은 그만큼 유가의 현실 우선의 윤리가 도가의 이론적인 구조에 우선적으로 선택되고 있음을 보여 준다.4) 여기에서 덕의 의미가 본디 '덕목'을 가리키는 것이 아니라 '실천'이나 '완수'를 뜻함을 알 수 있다. 노자의 덕은 물론이고 맹자의 의義조차 당위와 상관되는 것임을 생각한다면 덕과 정치적 행위는 밀접할 수밖에 없다. '사랑이 있으면 무엇 하는가. 그것을 몸으로 옮겨야 하지 않겠는가.' 이것이 맹자가 주장하는 '호연지기浩然之氣'와 같은 용기를 바탕으로 한 집의론集義論이다.5) 이상적인 정치는 당위의 실천이다.

셋째, 황로학에 대한 단편적인 이해가 황로학은 노자의 왜곡이라는 판단을 가져다준다. 황제黃帝는 이상적인 군주이다. 그런데 그의 행위지침이 무엇인지 모른다. 그때 떠오른 것이 노자이다. 노자처럼 임금노릇

---

4) 이 책 제2부 제3장, 265~266쪽.
5) 『孟子』, 「公孫丑上」.

을 하면 이상적인 통치자가 될 수 있다는 것이다. 여기에 두 방향의 접근태도가 있다. 하나는 정치를 위해 노자를 이용하는 것이고, 다른 하나는 노자처럼 하면 정치가 잘된다는 것이다. 전대의 황로 이해는 대체로 앞의 것에 해당되어, 노자는 순수하지만 뒷사람들이 그를 갖고 놀았다는 해석을 취했다. 그러나 최근의 많은 연구성과는 좋은 정치를 위해 노자를 배우지 않을 수 없다는 황로학의 입장을 드러내는 데 치중하고 있다. 어떤 방향이냐에 따라 황로학에 대한 포폄이 달라지는 것이다. 정치처럼 술術이 중요한 데도 없을 것이다. 그러나 술이 성립되기 위해서는 정치가의 도道가 우선적으로 강조되지 않을 수 없는 것이다. 황로학이 '황로도'와 '황로술'이라는 호칭 사이에서 왔다 갔다 하는 까닭이 여기에 있다. 정치도 정도正道와 사술邪術 사이를 오고 간다.

하나를 더 덧붙이자면 유학자들의 노자 이해도 한몫을 했다. 특히 주자학 이후 현실적인 업적을 강조하는 사공事功에 반대하는 의리義理론자들은 노자의 사상이 술에 불과하다고 비난하기 시작했다. 노자에 대항하는 자신들의 이론이 바로 현실의 역사가 아닌 이념의 역사에 근거했기 때문이다. 그러면서 노자를 정도를 가기보다는 사술에 치중하는 사상가로 취급했다. 부처를 허무주의자로 판정하면서, 노자를 아예 정치꾼으로 단정해 버린 것이다. 두 극단의 가운데에 자신들의 유가가 있다고 그들은 믿었다. 그렇기 때문에 유가의 견해에 반대하는 입장에서조차 노자와 정치를 연결시키는 것은 곧 노자를 폄하하는 꼴이 되었고, 그 때문에 노자와 정치는 멀어져야 했다.

오늘날 '실천'은 좋은 뜻으로 쓰인다. 그러나 '참여'라고 하면 무엇인가 가치판단이 개입되는 것처럼 느껴진다. 나아가 '정치'라고 하면 여전히 부정적인 의미를 지울 수 없다. 실천-참여-정치는 한 무리의 행동으로 서로 분리될 수 없음에도 단어 속의 '숨어 있는 경험' 때문에 각기 다른 내포를 지니게 된 것이다. 그러나 오늘날 정치는 곧 광장을 뜻한다. 공론公論이 곧 정치의 다른 얼굴이 된 것이다.

노자를 현대사회에서 바라보면서 이제는 과거의 경험이나 이념의 속박에서 자유로워질 필요가 있다. 노자를 실천만이 아니라, 참여나 정치에도 같이 연결시킬 수 있는 것이다. 애초 덕의 뜻은 실천을 통한 이론의 완성을 가리킨다. 한비자가 노자 해석의 첫 구절을 '덕'으로 시작하는 까닭이 여기에 있다.[6]

3. 사마천의 분법

철학사에서 한비자를 노자의 학파로 본 것은 이택후李澤厚로 알려지기도 한다.[7] 현대인이 쓴 철학사에서 파격적으로 한비자를 노자의 계승으로 보았으니 매우 신선한 독법이었다. 그러나 그 이전, 그것도 아주 오래전 이미 사마천이 노자와 한비자를 한데 묶었다는 점에 주목할 필요가 있다. 아마도 요즘처럼 황로학에 대한 넓은 이해가 없었을 때는 사마천의 관점이 매우 특이하게 보일 수밖에 없었을 것이다. 그는 인물에 대한 열전을 엮으면서 대담하게도 노자와 한비자를 한꺼번에 자리

---

6) 『韓非子』, 「解老」, "德, 內也; 得, 外也."
7) 李澤厚, 『中國古代史思想史論』(北京: 人民, 1986).

매김한다.[8] 그 둘만이 아니다. 제목은 그렇지만 장자, 신불해도 끼워넣어 실제적으로 '노장신한열전老莊申韓列傳'이 되고 있다. 이러한 그의 시점은 당시의 관점을 대변한다. 한마디로 사마천은 노자를 황로학으로부터 바라보았던 것이다. 그리고 그 시원처로 노자를 삼은 것이다.

그들 모두 도와 덕의 사상에 바탕을 두고 있지만 노자가 가장 깊고 오래되었다.[9]

사마천은 이론과 그 실천으로서 도와 덕을 바라보았고, 그런 점에서 노자가 가장 심원深遠한 원조가 된다고 생각했다. 황로학은 한 초의 사상적 분위기였다. 진秦의 폭정에 염증이 난 백성들에게 농민 출신 유방劉邦은 매력적이었다. 위계적이지 않고 소박하고 겸손한 모습은 그의 큰 장점이었다. 진의 법률을 어겨 도망 다니던 유방은 마침내 정권을 잡고 자신의 정치를 펼친다. 그러나 그는 유가와는 거리가 멀고 오히려 법가와 가까웠다. 크릴은 그 상황을 아래와 같이 묘사한다.

고조는 결코 유가의 일원이 아니었다. 그는 유가를 점잔 피우는 책벌레 정도로 인식했고, 그들을 아주 야비한 장난으로 모욕하기를 매우 좋아했다.…… 이 교활한 정객이 유교 쪽으로 이끌렸다면 이는 무엇보다도 민중들 사이에 유교의 인기(대중성)가 높았기 때문이다.[10]

---

8) 司馬遷, 『史記』, 「老子韓非列傳」.
9) 司馬遷, 『史記』, 「老子韓非列傳」, (태사공의 마지막 말), "皆原於道德之義, 而老子深遠矣."
10) H. G. 크릴 지음, 이동준 옮김, 『중국사상의 이해』(서울: 경문사, 1981), 174쪽.

크릴이 보기에 한고조 유방은 유가가 아니라 법가에 가까웠다. 고조만이 아니라 네 번째 임금인 문제도 그런 경향이 짙었다.[11] 그런데 여섯 번째 임금인 무제는 더욱 그러했다.[12]

첫째, 무제는 처음 보위에 올랐을 때에 유가였을지 몰라도, 성년기 동안에는 실질적으로 법가였다. 정책적 배려에서 유가로 행세했을 뿐이다.

둘째, 그의 실질적인 조언자는 공공연하게 법가적이었고, 반유가적이었다. 명목상의 유신들은 명목상의 지위에만 올랐을 뿐이고, 무제는 그들의 조언을 따르지 않았다.

셋째, 유교가 '승리'했다는 데 동의하더라도 사실 유교는 심히 변질되고 왜곡되어 공자와 맹자, 순자도 아연케 할 지경이었다. 이렇듯 무제는 한비자의 사상과 같이 행동했으며 명령했다.

> 무제는 법가처럼 행동하고, 법가를 그의 가장 영향력 있는 조언자로서 채택하는 데 그치지 않았다. 몇 명의 학자가 지적한 대로, 그는 의식적으로 진시황을 본떴다. 그의 칙어 가운데에서 그는 때로 『한비자』를 포함하는 법가서를 인용함으로써 자신이 이에 친숙해 있음을 나타내 보이고 있는데, 다만 그는 사려 깊게도 그 출전은 밝히지 않았다.[13]

크릴에 따르면, 15세에 즉위한 무제는 관학의 학생들에게 상앙, 한

---

11) 문제는 태자의 師傅로 법가를 선택했다고 한다. John K. Shryock, *The Origin and Development of the State Cult of Confucius*(New York and London, 1932), Creel의 같은 책(1981)에서 재인용, 176쪽.
12) H. G. 크릴 지음, 이동준 옮김, 『중국사상의 이해』, 176~177쪽.
13) H. G. 크릴 지음, 이동준 옮김, 『중국사상의 이해』, 179쪽.

비자 등의 법가서를 금지시키는 법령에 서명했지만, 막강한 권력을 지닌 그의 조모 황태후는 열렬한 도교신봉자였고 그 또한 유가가 그의 구미에 맞지 않음을 깨닫게 되었다는 것이다.[14]

일반적으로 알려진 것처럼 무제가 동중서를 중용하고 유가의 이념을 실행했다는 것은 유가의 역사 해석에 불과할 수도 있다. 동중서가 궁중의 시험에서 무제를 진나라의 법가의 방책을 쓰고 관리들이 백성의 고혈을 빼앗고 있다고 비난했을 때, 무제는 그를 죽이기는커녕 매우 현명하게도 오히려 고관으로 임명했다. 또한 동중서의 일이 얼마 지나지 않아서, 술을 주장하는 형리였던 공손홍의 답안을 무제는 꼴찌에서 백 개 가운데 첫째로 뒤바꾸어 놓기도 한다.[15] 그는 유가의 탈을 쓰고 법가의 마음을 숨기고 있었던 것이다. 무제 이후 도가도 유가만큼이나 국가통치에 적합한 이론으로 변해야 했다.[16]

여러 정치적 입장이 난무했던 상황 속에서 무제의 노자와 한비자에 대한 정확한 입장을 밝히는 것은 불가능할 것이다. 그러나 당시 집권층의 분위기가 노자와 한비자에게 일정한 호감을 지니고 있었다는 것은 분명해 보인다.[17] 임금에 막강한 영향력을 행사하고 있는 황태후는 도

---

14) H. G. 크릴 지음, 이동준 옮김, 『중국사상의 이해』, 179~180쪽. 이런 상황은 조선에서도 벌어졌다. 신하는 유가지만 임금은 불교인 상황이다. 왕은 『月印釋譜』를 번역하여 출간하고 있지만, 관료가 되기 위해서는 주자의 『四書集注』로 시험답안을 써야 했다.

15) H. G. 크릴 지음, 이동준 옮김, 『중국사상의 이해』, 180~181쪽.

16) 金晟煥, 『黃老道探源』(北京: 中國社會科學出版社, 2008). 그는 그런 사상조류를 '黃老道'로 정의한다.

17) 한문제는 태자의 師傅로 법가를 선택했다고 한다. John K. Shryock, *The Origin and Development of the State Cult of Confucius*(New York and London, 1932). Creel의 『중국사상의 이해』에서 재인용, 176쪽.

교였고 자신은 법가였다면, 그 둘이 만날 구석은 많아질 수밖에 없었을 것이다. 사마천의 '노자와 한비자 잇기' 작업은 이와 같은 맥락에서 유효했던 것 아닐까? 사마천(BC 145~86)과 무제 유철劉徹(BC 156~87)은 비슷한 시기를 살았고, 바로 무제가 사마천에게 아버지 사마담과 같은 태사령太史令의 직위를 주고 『사기』를 짓게 한 일을 잊지 말자.

공자가 노자에게 예禮를 물었다는 그 유명한 이야기가 바로 「노자한비열전」의 노자 부분에 나온다. 장자 부분에는 초楚나라 위왕威王이 그를 재상으로 삼으려 실패한 이야기가 실려 있다. 그런데 사마천은 신불해를 설명하면서는 그의 학문이 황제와 노자에 근본을 둔 형명刑名에 있다고 설명한다. 한비자보다도 먼저 신불해와 그가 지은 『신자申子』조차 노자에 근원을 두고 있다는 입장이다. 한비자에 대해서도 형명과 법술의 학을 좋아했으며 황로를 바탕으로 하고 있다고 서술하는 것과 같은 맥락이다.

사마천이 인용한 한비자의 구절은 「세난說難」편이다. 요지는 군주의 마음을 잘 살피지 않으면 똑같은 말이라도 사랑받거나 미움받을 수 있기 때문에 안다는 것이 어려운 일이 아니라 아는 것을 어떻게 쓰느냐가 어렵다는 것이다. 아는 대로 말하다가는 의심받을 수도, 목숨을 잃을 수도 있다. 따라서 군주에게 간언하거나 유세하는 사람은 그가 자신을 사랑하는지 미워하는지를 살펴야 한다고 한다. 용을 길들이면 그 등에도 탈 수 있지만 그 목덜미의 거꾸로 난 한 자 길이의 비늘을 건드리면 죽는다는 것이다.

임금의 마음에 따라 평가가 달라짐, 상황에 따라 같은 행동도 좋게도 나쁘게도 보임, 알기보다는 아는 것을 어떻게 쓰느냐의 어려움, 용처

럼 거꾸로 난 비늘을 지닌 임금을 건들지 않기 등은 분명 術술에 해당한
다. 법과 술을 내세우는 한비자의 주장을 사마천은 주로 술 측면에서
부각한다. 이 점은 태사공(사마담)이 지적했듯이, 한비자는 실천가로 평
가됨을 증명하고 있는 것이다. 노자의 도와 덕이라는 이론과 실천의 문
제에서, 한비자는 덕의 영역을 술로 보여 주고 있음을 나타낸다. 사마천
의 관점으로부터 우리는 '도는 법, 덕은 술'이라는 정식을 얻어 낼 수
있다.

　이러한 세난을 알면서도 동문수학한 이사李斯로부터 사약을 받는 한
비자의 현실에 대해 사마천은 무척 슬퍼하고 있다. 무제에게 노여움을
사 치욕적인 궁형宮刑을 받은 자신의 처지도 그랬지만, 술이 그만큼 어
려움을 한비자의 경우를 통해 고백하고 있다. 사마천 자신이 한비자의
말처럼 '용의 비늘을 건들이다'(逆鱗)의 고난을 겪은 것이다. 사마천에게
한비자는 노자의 도와 덕을 법과 술로 실천한 사람이었다.

　사마천의 한비자 이해는 다음과 같이 정리될 수 있다. 먼저, 노자를
근원부터 실천사상가로 여겼으며, 따라서 한비자의 법술의 근원이 노자
로 소급된다고 보았다. 다음, 당시의 분위기 속에서 노자만이 아니라
장자조차 황로학으로 이해하는 데 주저하지 않으며, 한비자는 노자를
바탕으로 삼는 신불해의 법술을 원용함으로써 더욱 큰 실천의 학문을
이루었다고 평가한다.

　당대신유학의 원조격인 웅십력熊十力은 한비자가 순자로부터 나왔다
는 사마천의 말을 전제하면서도 또 다른 계보를 제시한다.

　순자의 학문은 도가로부터 유가로 돌아갔다. 한비는 순경으로부터 손

을 떼니 원본 도가인데, 신불해와 상앙의 법술에 참여하여 따로 패술霸術의 종주가 되었다.[18]

그에 따르면 순자는 처음에는 도가를 공부했지만 마침내는 유가로 귀결되었다는 것이며, 순자의 학생인 한비자는 순자로부터 벗어나면서 원본 도가가 되었지만 신불해와 상앙을 응용하여 패술의 창시자가 되었다는 것이다. 여기서 우리는 웅십력이 말하는 도가도 정치술과 관련된 황로학에 가깝다는 것을 알 수 있다.

일반적으로 「해로」, 「유로」편은 한비자의 저작이 아니고 찬입竄入된 것으로 보았으나, 웅십력은 이를 반대한다. 일찍이 그도 『십력어요十力語要』에서는 두 편이 도가를 끄집어 당겨 법가로 들어가는 것이며 한비자 후학의 저작으로 보았지만, 도가의 뜻을 말한 부분이 매우 정치精緻하고 근거가 있어 한비자의 것으로 단정한다.[19]

참고로 호적胡適과 용조조容肇祖는 두 편이 한비자의 글이 아닌 것으로, 장태염章太炎은 그의 글로 보았다.[20] 알다시피, 장태염은 맹자를 비판하고 순자를 숭상한 대표적인 혁명론자이다.

---

18) 熊十力, 『韓非子評論』(臺北: 學生, 1974), 2쪽.

19) 熊十力, 『韓非子評論』, 2쪽.

20) 章太炎, 『國故論衡』; 胡適, 『中國古代哲學史』; 容肇祖, 『韓非子考證』. 邵增樺, 『韓非子今註今譯』(臺北: 商務, 1982), 887쪽 참조.

4. 해로

「해로解老」는 노자를 풀이한다는 뜻이다. 사실상『노자』해석본으로 치자면 가장 오래된 것이다. 그런 점에서 그 의미가 다시금 강조될 필요가 있다. 법가 한비자답게 도와 덕의 문제에서 실천의 영역에 속하는 덕의 이야기부터 시작한다. 이는 당시의『노자』가『덕도경』의 형태였음을 간접적으로 증명해 주는 것이기도 하다.

덕은 안이요, 득은 밖이다.[21]

전통적으로 '덕德'은 '득得'으로 푼다. 중국어에서 음가가 같은 것도 있지만, 한비자의 해석처럼 내외의 문제가 따른다. 덕은 사람이 스스로 간직하고 있는 것이지만, 그것이 현실에서 드러나면서 효용성을 지닌다. 그래서 얻음이 있고 얻은 바가 있기 때문에 밖이라고 하는 것이다.

노자의「덕경」처음 문구가 "높은 덕은 덕스럽지 않다. 그러므로 덕이 있다"[22]는 것인데, 이를 아래와 같이 해석하고 있다.

노자의 "높은 덕은 덕스럽지 않다"는 것은 그 정신이 밖으로 탐내지 않음을 말한다. 정신(神)이 밖으로 탐내지 않으니 몸(身)이 온전하며, 몸이 온전한 것을 덕이라고 한다. 덕이란 몸을 얻음이다.(德者, 得身也)[23]

---

21)『韓非子』,「解老」, "德, 內也; 得, 外也."
22)『老子』, 제38장, "上德不德, 是以有德."
23)『韓非子』,「解老」.

한비자에 따르면, 덕은 무위無爲, 무욕無欲, 생각하지 않음(不思), 쓰지 않음(不用)으로 이루어진다. 그런데 무엇인가 하고자 하면 덕은 어디엔가 머물지 못하게 되고, 따라서 온전치 못하게 된다. 쓰거나 생각하면 한결같지 못하게 되어 무엇인가 밖에서 얻어야 할 것이 생기고 만다. 외부로부터 얻을 것이 있으면 덕스럽지 못하다. 그렇지 않아야 덕답다. 따라서 노자는 그렇게 말했다는 것이다.

노자는 높은 덕의 낮음을 강조하면서 그 낮음이 덕을 만듦을 강조했는데, 한비자는 덕을 득이라는 안과 밖으로 나누어 안에서 충족해야 덕이 됨을 주장한다. 정신이 밖에서 어지럽혀지지 않아야(不淫於外) 신체가 온전할 수 있고 따라서 덕을 갖추게 됨을 말한다.

한비자가 여기에서 제시하는 것은 '정신'(神)과 '신체'(身)를 통한 내덕內德의 완성이다. 높은 덕은 밖에서 얻음이 없으니 온전한 덕을 지니게 된다는 것이다. 여기서 몸은 인격체로서의 개인이다.

이를 위해서 한비자는 무위와 무사無思를 통해 '빔'(虛)에 이를 것을 권유한다. 그러나 그렇다고 해서 무위와 무사를 고의적으로 빔에 이르는 수단으로 쓰면 안 된다고 말한다. 그저 무위무사하면 사람의 뜻이 눌려지는 것이 없지만, 고의적이면 빔에 의해 사람의 뜻이 휘둘리게 된다는 것이다. 빔은 뜻이 억눌리는 것이 없는 것인데 빔에 의해 뜻이 억눌리면 정말 빔이 아니라는 말이다.

빔은 그 뜻이 억눌리는 것이 없음을 말한다. 빔을 하려고 억누르면 빔이 아니다. 빔의 무위는 무위로 일정함을 삼지 않는다. 무위로 일정함을 삼지 않으니 비고, 비게 되니 덕이 차고, 덕이 찬 것을 상덕上德이라

고 한다.[24)]

마치 불교의 '빔도 잊으라'(空空)는 것과 매우 닮은 이 말은 「덕경」의 두 번째 구절인 "높은 덕은 하지 않아 함이 없다"[25)]를 해석하는 것이다. 무위를 하려 하다가는 무위가 되지 않으니, 무위는 무위조차 비워야 한다. 그 무위를 한비자는 '빔의 함 없음'(虛者之無爲)이라고 정의한다.

그러고는 노자의 인의예仁義禮관을 다음과 같이 정리한다.[26)]

■ 인: 마음속에서 기꺼이 사람을 사랑하는 것. 사람을 좋아하면 복을 받고, 사람을 미워하면 화를 입는다. 마음속에서 멈추지 못하는 것이지 보답을 바라는 것이 아니다.

■ 의: 군신상하의 일, 부자귀천의 차이, 사교나 우정 따위의 사귐, 가깝고 멀거나 안과 밖의 구별에 따르는 '마땅함'(宜). 임금과 신하, 아버지와 아들, 아랫사람과 윗사람은 섬김이 있어야 하고, 벗끼리는 서로 도와야 한다.

■ 예: 감정의 겉모습, 옳은 것을 표현하는 언어형식(文章), 서로 어울리기(文) 또는 나뉘는 까닭(所以別). 예는 겉을 꾸며 속을 밝히는 것이기 때문에 예로써 감정을 드러낸다고 하는 것이다. 뭇사람들은 남을 위해

---

24) 『韓非子』, 「解老」.
25) 『老子』, 제38장, "上德無爲, 而無以爲."
26) 『韓非子』, 「解老」.

예를 하기에 들쭉날쭉하지만 군자는 자신을 위해 예를 하기에 진실하다. 따라서 성인은 일반인을 위해 힘써 예로 인도한다.

인에 대한 구절은 노자의 전체 사상과 별다름이 없다. 그런데 문제가 되는 것은 의와 예에 대한 구절이었다. "높은 인은 하려 들어도 함이 없다. 높은 의는 하려 들어 함이 있다. 높은 예는 하려 들어 응하지 않으면, 소매를 걷어 올리고 끌어당긴다."[27] 노자의 원문이 의와 예에 나가서는 매우 인위적으로 보이기 때문이다.

노자의 이 구절에 한비자는 적극적으로 인의예의 정의를 내린다. 사람에게 인을 베푸는 것은 보답을 바라서가 아니지만 베풀지 않으면 화를 입으리라는 것, 의는 상하나 귀천의 마땅함이라는 것, 예는 분식粉飾으로 문장제도文章制度[28]이므로 진심으로 따르도록 인도해야 한다는 것을 내세운다.

순자의 제자답게 한비자는, 인의예는 순차적으로 중요한 것이며 사회를 위해 필요한 것으로 판단한다. 그러나 한비자는 노자의 핵심사상도 버리지 않는다.

예가 번잡해지니 참된 마음이 쇠락해진다. 그러니 예를 하는 사람은 사람들이 소박한 마음(樸心)을 갖도록 해야 한다.[29]

---

27) 『老子』, 제38장.
28) 이때 文章은 법률이나 공문과 같이 말로 되어 있는 질서체계를 가리킨다. 영어에서도 'sentence'는 문장만이 아니라 판결(n.&vt.)을 뜻한다.
29) 『韓非子』, 「解老」.

노자가 "무릇 예란 충성과 신뢰의 얇아짐이며 어지러움의 처음이다"[30]라고 말한 것에 대한 해석이다. 예가 그런 것은 받아들이지만 완전히 부정하는 것이 아니라, 오히려 노자가 말하는 질박한 마음을 지닐 때에서야 예가 잘 드러날 수 있다는 것이다. 예는 노자의 결론처럼 '저것을 버리고 이것을 얻어야 하는 것'(去彼取此)[31]이지만, 순자는 그 방법으로 지나친 꾸밈을 없애 '이치에 의거하고 감정에 충실할 것'(緣理情實)을 내세우지 결코 예 그 자체를 버릴 것을 말하지는 않는다. 이 점이 노자와 한비자가 갈라지는 지점인 것이다.

「덕경」 첫 장의 소상한 해석 이후에는 제58장으로 뛰어넘어가 화복禍福의 상대성과 그것에 빠지는 인간의 어리석음을 꾸짖으면서 몸을 온전히 하고 오래 사는 길(全身長生之道)을 보이고,[32] 다음으로는 제59장과 제60장으로 차례대로 넘어갔다가, 다시 제46장으로 되돌아온다. 요약하면 아래와 같다.

38-'58-59-60'-46-일문佚文-14-1-50-67-'53-54'

특히 제14장과 제1장은 매우 단순하게 '꼴 없는 꼴, 아무것도 없는 것'(無狀之狀, 無物之象)과 '도를 말할 수 있으면 늘 그러한 도가 아니다'(道可道, 非常道也')라는 관념과 단문에 대한 단상이지 다른 것과 같이 장 전체에 대해 설명하고 있지 않다. 나머지 부분은 모두 「덕경」의 구절로 주

---

30) 『老子』, 제38장.
31) 『老子』, 제38장.
32) 『老子』, 제58장, "禍兮福之所倚; 福兮禍之所伏. 孰知其極? 其無正! 正復爲奇, 善復爲妖. 人之迷, 其日固久. 是以聖人方而不割, 廉而不劌, 直而不肆, 光而不耀."

로 '사람 다스리기'(治人)33), '큰 나라 다스리기'(治大國)34), 천하의 도가 있고 없음과 관련된 '지족(知足)35), '섭생 잘하기'(善攝生)36), '세 보물: 모성애, 검약, 남보다 앞서지 않기'(三寶)37), '큰 도'(大道)38), '나라로 나라를 보기'(以天下觀天下)39) 등 자기 가다듬기와 나라 다스리기에 집중되어 있다. 대체로 명확한 윤리적 덕목이 강조되고 있는데, 특히 제67장에 나오는 세 가지 보물 가운데 하나인 검약을 말할 때는 주공의 말을 인용하고 있어 한비자가 어디에 구속되지 않음을 보여 준다.

주공은 "겨울이 추워 얼지 않으면 봄여름에 초목이 잘 자라지 않는다"라고 말했다. 천지는 늘 사치와 낭비를 받아들이지 않으니 하물며 사람이랴. 반드시 만물에는 성쇠가 있고 만사에는 당김과 늘어짐이 있고, 국가에는 문무가 있고, 행정에는 상벌이 있다. 따라서 지혜로운 사람은 재물을 검용하니 집이 부유해지고, 성인은 그 정신을 아끼니 정력이 왕성해지고, 임금은 전쟁을 함부로 벌이지 않으니 사람들이 모인다. 사람이 모이니 나라가 넓어진다. 따라서 이를 들어 (노자가) "검약하니 넓어진다"라고 했다.40)

한비자는 노자의 인의예에 관한 해석을 국가제도와 인륜도덕의 영역으로 끌어오고 있다. 그러나 무엇보다도 그가 잊지 않고 있는 것은

---

33) 『老子』, 제59장.
34) 『老子』, 제60장.
35) 『老子』, 제46장.
36) 『老子』, 제50장.
37) 『老子』, 제67장, "一曰慈, 二曰儉, 三曰不敢爲天下先."
38) 『老子』, 제53장.
39) 『老子』, 제54장.
40) 『韓非子』, 「解老」.

노자가 말하는 기본적인 인간에 대한 이해이다. 빔, 사랑, 꾸밈없음에 바탕을 두어야 참다운 예가 이루어진다는 것, 만족을 알고 섭생을 잘해야 몸을 온전히 하고 오래 살 수 있다는 것, 자기수양이 바탕이 되어 나라를 다스려야 한다는 것, 나아가 큰 나라는 생선을 뒤집듯이 살살해야 하고 왕이 도로써 천하를 다스리면 모든 덕이 서로 잘 돌아간다는 것을 한비자는 잊지 않고 말하고 있다.

사마천은 공자가 노자에게 예를 물었다고 전하고 있다. 그때 노자는 성인의 말만 남아 있을 뿐이라고 실질 없음을 개탄한다. 노자의 표현대로라면, '겉꾸밈'(華)만 남아 있지 '알맹이'(實)가 사라졌다는 것인데,[41] 이것을 한비자는 예의 실질의 부활을 위해 '꾸미지 않은 마음'(樸心)을 내세운다. '소素'와 '박樸'은 알다시피 노자의 핵심어이다. 그런 점에서 노자학자라도 크게 거부감이 없는 연결고리를 한비자는 제공해 주고 있는 것이다. 아울러, 법가에 반대하는 유가라서 한비자를 원천적으로 거부하기로 작정을 하지 않았다면, 한비자의 노자에 대한 해석은, 특히 인의예에 관한 주장은 그들에게도 유용했을 것이다.

5. 유로

「유로喩老」는 노자를 빗대어 말한다는 뜻이다. 그런데 실상 「유로」의 내용은 인물과 역사의 사실로 노자의 말을 증험하는 것이다. 이러저

---

41) 『老子』, 제54장.

러한 역사가 있었는데, 그것이 노자의 이 말과 들어맞음을 보여 준다. 그런 점에서 「유로」는 노자를 통해 인물과 역사를 빗댄다기보다는 노자의 말로 후세 사람들을 깨우친다는 의미가 강하다. 노자의 말을 역사 속에서 증험하면서도, 노자의 말이 현실 속에서 현현됨을 보여 주는 것이다.

이러한 서술 방식은 역사서에서도 종종 보이는 것이다. 특히 우리와 관련되어서는 『한서』의 반고班固가 고조선의 8조목을 기술하면서, 바로 이것이 노자가 말하는 "법령이 더욱 번지르르할수록, 도적이 많다"42)는 것을 보여 준다고 적고 있다.43) 「유로」는 이를 전문적으로 노자에 국한시켜 역사 속에서 노자의 사상이 옳음을 검증하고 있다. 그런 점에서 「유로」는 무엇을 주장하는 이론이 아니라 일종의 예증이다.

서양식으로 보자면 「유로」는 '우언寓言'(allegory, fable)과 '삽화揷話'(episode)와도 다른 독자적인 형식이며, 오히려 금언金言(aphorism)에 가깝다. 이솝 우화처럼 동물이 나오지 않으니 우언이 아니고, 이야기가 중간에 끼어드는 것이 아니라 작정을 하고 연속적으로 말하고 있으니 삽화도 아니다. 역사적 사실을 말하면서 구절마다 줄기차게 한마디씩 금언을 덧붙이는 형식을 취하고 있다.

당연히 그 금언은 모두 노자의 말이다. 가장 일반적인 형식은 "따라서 노자는 이렇게 말했다"(故曰)라고 하면서 이야기의 분위기를 돋우고 있다. 이런 형식을 「유로」의 '유' 자를 따서 '유언喩言'(또는 諭言)이나 '유화喩話'체라고 불러도 좋겠다. 고전에서 좋은 구절을 찾아 중간 중간에 결

---

42) 『老子』, 제57장, "法令滋彰, 盜賊多有."
43) 『漢書』, 「藝文志」.

론을 내는 전통적인 기술법이다.

　스물가량의 이야기 가운데에서 우리들에게 친숙한 세 가지만을 뽑아 보자. 손숙오孫叔敖, 편작扁鵲의 경우와 순망치한脣亡齒寒의 유명한 고사이다.

　초장왕이 하옹에서 진에 이기고 돌아오다 손숙오에게 상을 주었다. 손숙오는 한간의 모래자갈 땅을 바랐다. 초나라의 법은 2대 후에는 녹신의 땅을 회수하게 되어 있었으나, 손숙오만이 남아 있었다. 회수하지 않은 까닭은 그 땅이 척박했기 때문이다. 따라서 9대가 되어서도 제사가 끊이지 않았다. 따라서 말한다. "잘 세우는 사람은 뽑지 않는다. 잘 품는 사람은 빠뜨리지 않는다. 자손이 제사로써 그치지 않는다."[44]

　꼴이 있는 것들은 반드시 작은 데서부터 큰 것이 일어나게 되어 있으며, 오래가는 것들은 반드시 적은 것에서 많은 것이 일어나게 되어 있다. 따라서 말한다. "천하의 어려운 일은 반드시 쉬운 데에서 일어난다. 천하의 큰일은 반드시 작은 데에서 일어난다."[45] 이러하니 만물을 제어하고 싶은 사람은 그 세세함에 머물라. 따라서 말한다. "쉬운 데에서 어려움을 풀고, 작은 것부터 크게 여겨라."[46] 천 길의 뚝도 개미구멍부터 뚫리고, 백 척 높은 건물도 작은 불씨에 타버린다. …… (편작이 땀구멍[腠理]에 병이 있다고 해도 임금은 병이 없다 하고, 열흘 지나 피부에 병이 있다 해도 아니라 하고, 다시 열흘 지나 장과 위에 병이 있다 해도 그렇지 않다 했다. 편작은 다시 열흘이 지나서 임금을 보자마

---

44) 『老子』, 제58장, "善建者不拔, 善抱者不脫, 子孫以祭祀不輟." 통행본 노자의 원문은 이렇지만 한비자의 인용은 조금씩 다르다. 『韓非子』, 「喩老」, "善建不拔, 善抱不脫, 子孫以其祭祀, 世世不輟." 한비자의 것이 자세하다.
45) 『老子』, 제63장, "天下難事, 必作於易. 天下大事, 必作於細."
46) 『老子』, 제63장, "圖難於其易, 爲大於其細."

자 돌아가 버렸다. 임금이 쫓아가 물어보라 하니 병이 깊어지고 있다는 것이었다. 닷새 후 임금이 몸이 아파 편작을 찾았으나 그는 이미 도망을 가 버렸고, 마침내 임금은 죽었다.)…… 따라서 좋은 의사가 병을 고칠 때는 땀구멍부터 공략하니 이는 모두 작은 것에서 싸우려는 것이다. 무릇 일의 화복에도 땀구멍 같은 곳이 있다. 따라서 성인은 일찍부터 일을 한다.

예전에 진나라의 공자公子 중이가 정나라로 망명을 했다. 숙첨이 간했다. "이 어진 공자를 임금께서는 도탑게 대우하셔서 덕을 쌓으소서." 임금은 듣지 않았다. 숙첨이 다시 간했다. "잘 대접하지 않으시려면 죽이니만 못합니다. 후환이 있습니다." 임금은 또 듣지 않았다. 공자가 진나라에 돌아간 뒤 군사를 일으켜 정을 정벌하였고, 크게 이겨 여덟 성을 얻었다.
진나라 헌공이 대추나무를 드리운 쟁반 옥(垂棘之璧)을 오나라에 바치면서 괵虢나라를 치러 가게 길을 빌리고자 했다. 대부 궁지기는 간했다. "안 됩니다. 입술이 없으면 이가 시립니다. 오와 괵은 서로 돕고 있는 것이지 한쪽이 은덕을 베푸는 것이 아닙니다. 오늘 진이 괵을 멸하면 내일 오가 반드시 괵에 이어 망할 것입니다." 오나라 임금은 듣지 않았고, 쟁반 옥을 받고 길을 빌려주었다. 진나라는 괵나라를 취한 후 돌아오면서 오나라를 멸했다.
이 두 신하는 모두 땀구멍과 싸우고자 했으나 두 임금이 쓰지 않았다. 그러니 숙첨과 궁지기는 오나라와 정나라의 편작이다. 두 임금이 듣지 않아, 정나라는 부서지고 오나라는 무너졌다. 따라서 말한다. "가만히 있는 것은 잡기 쉽고, 드러날 듯 말 듯 한 것은 꾀하기 쉽다."[47]

---

47) 『老子』, 제64장, "其安易持, 其未兆易謨."

「유로」는 월왕 구천과 오왕 부차의 이야기에서부터 자하와 증자, 그리고 장자에 이르기까지 여러 예를 들고 있다. 『노자』의 대기만성大器晚成[48]도 인용된다.

「유로」는 『노자』가 얼마나 역사적으로도 타당한 진리를 보여 주고 있지 않느냐고 주장한다. 인간사의 많은 일은 『노자』로부터 그 지혜를 얻을 수 있으니 그를 본받으라고 말한다. 오늘날의 표현으로 말하자면, 「유로」는 한비자 당시에 일구어 낸 '노자의 현대화'였다. 우리더러 「유로」를 하자고 하면, 세계대전, 아편전쟁, 한국동란은 물론, 한미관계, 대통령과 정보부장의 알력, 김영삼의 삼당합당, 김대중의 햇볕정책, 노무현의 자살 등으로 노자의 구절을 방증傍證하는 것과 같다. 미국에게는 "큰 나라가 아래로 흐르면 천하가 모여든다"[49]는 구절로, 햇볕정책은 "얻으려고 하면 반드시 주어야 한다"[50]는 구절로, 전 대통령의 자살은 "그 자리를 잃지 않으면 오래가고, 죽어도 잊히지 않으면 오래 산다"[51]로 제안하고, 옹호하고, 이해하는 것과 같다.

6. 황로학의 두 얼굴

'모든 중국철학은 정치철학'[52]이라는 에티엔 벌라주의 철학을 말할

---

48) 『老子』, 제44장.
49) 『老子』, 제61장, "大國者下流, 天下之交."
50) 『老子』, 제36장, "將欲取之, 必固與之."
51) 『老子』, 제33장, "不失其所者久, 死而不亡者壽."
52) Etienne Balázs, "La Crise Sociale et la philosophie politique a la fin des Han",

필요도 없다. 서구의 경우처럼 철학과 정치가 분류된 상황과 동아시아의 전통은 다르다. 서구의 경우도 그리스 시절에는 철학이 곧 정치인 경우가 적지 않았지만, 철학은 점차 純철학의 길을 가게 된다. 동아시아가 논리학이나 형이상학과 같은 순철학을 현실과 유리된 것으로 취급한 것과는 반대된다.

그런 점에서 노자를 '제국의 형이상학[53]으로 보는 관점은 유효하다. 사실과 무관하게 그것이 그렇게 적용될 수 있다는 점에서 더욱 그러하다. 노자는 이렇듯 열려 있다.

그런데 황로학도 두 얼굴을 갖고 있음을 명심해야 한다. 중국의 당란唐蘭 이후 황로학은 형명법술의 도법가道法家로 정의되었고 많은 학자들은 그의 견해에 따르고 있다. 그에 따라 황로학 자체가 지니고 있는 양생술은 쉽게 지나쳐 버리고 말았다. 김갑수는 이를 총체적으로 비판하면서 황로학의 '신선양생술神仙養生術'을 강조한다.[54] 김성환도 전국 중기에 출현한 치국경세治國經世의 남면술南面術(임금의 통치술)이었던 황로학이 한무제의 독존유술獨尊儒術 정책 이후에 '수신양생修身養生'의 황로도로 바뀜을 지적한다.[55]

나는 한비자에게서도 이러한 면모를 발견한다. 한비자를 사마천처럼 도법가로 보더라도 그의 노자 해석에서 드러나는 '밤', '꾸밈없음', 나아가 '몸을 온전히 하고 오래 사는 길'(全身長生之道)에 대한 강조는 그의

T'oung Pao(Leiden, 1950), 83~131쪽. Creel의 같은 책에서 재인용. 빌라주의 이러한 견해는 곳곳에서 보인다.

53) 강신주, 『노자: 국가의 발견과 제국의 형이상학』(서울: 태학사, 2004).

54) 김갑수, 「황로학에 대한 오해와 진실」, 『시대와 철학』 18(1999).

55) 金晟煥, 『黃老道探源』, 4쪽.

'몸'(身)에 대한 사랑을 엿볼 수 있기 때문이다. 한비자는 오로지 '치안'과 '치국'만을 말하지 않고, '지족'과 '섭생'도 말한다. 나아가 치인치국의 중심이 되는 사람에 대해 심각하게 고민한다.

황로학에 대한 역사서를 중심으로 한 제도사적인 접근도 중요하고,56) 여러 황로의 전적이 보여 주는 몸, 국가, 우주가 하나 되는 천인상 응관에 대한 파악도 의미가 깊다.57) 그런데 초기 전적인 『한비자』에서 보여 주는 노자의 이해는, 그것이 노자의 본의였든 아니든 간에, 황로학과의 연결 과정을 보여 주고 있기 때문에 심각하게 재평가되어야 한다.

우리는 도가와 도교의 구별이 곽점의 『태일생수太一生水』의 발견 이후 모호해졌음을 알 수 있었다.58) 도가와 도교는 그야말로 후대학자들의 범주적 구별에 불과한 것이다. 도가와 유가, 특히 순자의 유가도 마찬가지이다. 법가는 그 연원을 도가로 보아야 하는지, 유가로 보아야 하는지도 절대적이지 않다. 이른바 '도법가'가 가능하다면 '유법가'도 가능하다. 이때서야 사마천의 속내도 드러날 수 있을 것이다.

이렇듯 앞으로도 노자연구사에서 제외되었던 『한비자』의 '양로兩老' 편에 대한 활발한 토론이 필요하다. 한 걸음 더 나아가자면, 『장자』에서 종종 산출刪出되었던 「천지」, 「천도」, 「천운」 및 「천지」에 대한 정치철학적 연구가 절실하다. 이후 나는 이들 3~4편을 장자의 '천편天篇'으로 부르고, 특히 앞의 '삼천三天'편 속의 일관된 사상을 좇고자 한다. 「천지」편

---

56) 정일동, 『한초의 정치와 황로사상』(백산자료원, 1997).
57) 김희정, 『몸, 국가, 우주 하나를 꿈꾸다』(서울: 궁리, 2008). 또는 김희정, 「황로사상의 천인상응관 연구」(서강대 박사논문, 2003).
58) 정세근, 「곽점초간본 『老子』와 『太一生水』의 철학과 그 분파」, 『철학연구』 58(철학연구회, 2002.8.) 또는 이 책 제1부 제1장.

에서부터 황제黃帝가 등장하며 주인공들이 시시때때로 바뀌면서『장자』의 제왕학帝王學을 잘 보여 주고 있기 때문이다. 내편의「응제왕應帝王」이 내성內聖의 강조를 하고 있는데 반해, 삼천 편은 외왕外王의 중요성을 드러내면서『장자』의 '내성외왕'59) 사상을 잘 보여 주고 있다.

---

59) 흔히 오해되기 쉬운데 내성외왕은 유가의 전적에서 나오는 문구가 아니다. 그 어원은 장자에 있다.『莊子』,「天下」.

제5장 노자와 박세당*

—박세당의 『도덕경』과 체용론

1. 조선의 여러 모습

조선의 모습은 어떠했을까? 우리가 알고 있는 조선이란 과연 맞는 것일까? 중국의 조대朝代가 200년을 넘기 힘들었던 것과는 대조적으로 조선은 500여 년 동안 장기적으로 정권을 유지했다. 그런 조선은 500여 년 동안 하나의 모습이었을까?

나는 아니라고 생각한다. 이를테면 우리가 굳건히 믿고 있는 '장자상속'의 경우도 그렇다. 종법제 국가인 유교 조선에서 부자상속은 무엇보다도 중요했다. 이른바 '종宗'이란 한마디로 '부자계승 종'자로 보아도 좋다. 부자가 상속되지 않은 경우, 『주례周禮』는 그것을 '조祖'라고 불러야 한다고 정의했다. '아들이 아니면 조가 된다.'(別子爲祖) 그런데 종법제에 반드시 큰아들에게 주어야 한다는 법도는 없다. 아들이면 되는 것이다.

---

* 이 글은 조민환, 『조선조 『노자』 주석서에 나타난 유도 이동관』(실제로는 '『訂老』와 『道德指歸』')에 대한 나의 논평문 「조선의 노자」(한국철학사상연구회, 숭실대, 2005.6.4.)를 논의의 시발로 삼았다. 그리고 박세당에 관한 초기적인 이해로는 다음의 글이 있다. 정세근, 「조민환의 '박세당'의 노정」, 『동양철학』 제7집(1996.12.).

조선의 역사를 통틀어 왕권이 큰아들에게 반드시 계승이 되어야 한다는 규칙은 없었다. 세종도 셋째가 아니던가? 그러나 아들이 아니면 아니 된다. 그것은 주례의 실천자인 주공周公이 보여 준 '섭정攝政하되 왕위를 찬탈해서는 안 된다'는 종법제에 대한 충실한 이행에서 그 전범을 찾아볼 수 있는 것이었다.

과연 언제부터 장자상속의 원칙이 자리 잡게 되는가? 확실하지는 않지만, 아무리 멀리 보아도 300년을 넘지 않는 것으로 보인다. 알다시피 조선 초중기까지만 하더라도 '장가갔다'. 처가에서 오랫동안 데릴사위 노릇을 해야 했고 아이가 웬만큼 커서야 돌아오곤 했다. 조선의 대유라는 율곡 이이도 강릉 심씨네 외갓집에서 살았고, 우암 송시열도 옥천 외갓집에서 곽씨들에게 홀대를 받아야 했다. 이를 증명하는 것이 바로 건축학적 변화이다.

임란(1592~1598) 이후 왕권이 약화되면서 사림士林이 등장하고 그에 따라 그들의 행위양식이 『주자가례朱子家禮』에 의해 규정되면서 동족부락이 등장하고, 이에 따라 가옥과 재산의 일률적인 승계가 이루어지게 되는데, 이때 부각되는 것이 장자상속제도이다. 다시 말해 18세기 이후에야 양반가옥이 봉제사奉祭祀의 체제에 맞게 구조가 개선되고, 오늘날 우리가 볼 수 있는 전통건축물은 바로 이때 상당 부분 수정이 가해진다는 것이다. 따라서 그 전까지만 하더라도 장자만 제사지내는 것이 아니라, 아들과 딸이 모두 돌아가면서 제사를 모시는 '윤회봉사輪廻奉祀'였다.[1]

---

1) 김기주, 「조선시대 양반주택과 생활공간의 이해」(충북대 강연원고, 2004.11.11.). 이에 대한 자세한 논의는 정세근, 「국가와 무정부」(인문학협의회 발표문, 2004.11.27.,

달리 말해, 민족이라는 것도 본디 있었던 것이 아니라 만들어졌다는 역사가의 논의처럼 우리의 전통이라는 것도 상당 부분 만들어졌고, 만들어지고 있음을 깨닫지 않으면 안 된다. 이처럼 조선도 만들어지고 있다. 우리가 알고 있는 조선은 단적으로 후기 조선이지 전기 조선이 아니며, 이른바 조선의 전통이라는 것도 대체로 우리와 가까운 시절의 조선인 것이다. 특히 객관적 대상으로서 다만 바라볼 수 있지만은 않은, 생활의 연속선상에서의 문화와 사상에 대한 이해는 더욱 신중해야 한다.

조선이 정도전에 의해 유가이념에 의거하여 수립되었다 할지라도, 당시 대부분의 인물은 불교도가 아닐 수 없음을 기억하자. 태조 이성계가 가장 의지하는 인물도 스님이고, 이후 왕족들도 모두 왕궁에 절을 짓는 등, 불교도로서의 의식을 잘 드러내고 있다. 게다가 조선 중기까지만 하더라도 궁내에 도교사원인 '소격전昭格殿'이 있었고, 점차 소격서昭格署로 강등되긴 했지만 중후기까지 명맥을 이어 오고 있었다.

조선조란 그만큼 다양한 판본이 있는 것이다. 오늘날 전통학자들의 사고 속에 담겨 있는 조선은 너무도 좁다. 기껏해야 우리보다 일이백년 밖에 앞서지 않는 조선인 듯하다. 우리가 보고 싶은 것은 세계 역사 속에서 유래를 찾아보기 힘든 유구한 역사 속의 조선이 아닐 수 없다. 조선은 그 자체로 하나의 학문, 조선학朝鮮學으로 성립한다. 서계西溪 박세당朴世堂(1629~1703)은 그런 조선학을 대표하는 하나의 판본이다.

이화여대)를 참조할 것.

2. 『정로』와 『도덕지귀』의 예

조선조에 있었던 『노자』 주석이 학계에 등장하게 된 것은 우리의 학문적 능력이 그만큼 성숙되었음을 증명한다. 율곡 이이의 『순언醇言』 조차 쉬쉬하던 때와는 정말 달라진 분위기이다. 이이가 주석을 통해 '노자라는 책은 오직 나와 남을 다스리는 것(治己治人)'이라고 정의했음에도 불구하고 『순언』은 그의 문집에서 제외된다. 이이가 노자를 한마디로 '아낌(嗇)의 철학2)이라고 상찬한 것이 문제가 되었는지, 그와 노자는 철저히 분리된다. 그러나 이제는 적지 않은 유자들이 노자와 장자를 공부하는 것은 공공연한 일이 되었다. 이를 통해 우리는 조선조 유학자들의 노자 이해에 대한 사유의 실마리를 아래와 같이 얻을 수 있다.

첫째, 조선조 초기의 경우 리기론의 사유를 통해 노자를 비판했다고 한다. 그런데 노자는 기로써 진리를 삼고, 불가는 심으로 종지를 삼았다는 정도전의 주장은 한마디로 '노불은 리를 몰랐다'는 것으로 리 우선적 사고를 드러낸다. 단순한 리기론이 아니라, '리가 기에 앞서고, 심에 앞선다'(理論心氣)는 주장인 것이다.3) 오히려 그 점을 명확히 하여 서술할 필요가 있다. 왜냐하면 단순히 리기론이 문제가 아니라, 리 우선 또는 기 우선적 사고의 철학사적 의미가 드러나야 하기 때문이다. 권근도 주석을 통해 긍정하고, 이황도 주자학적 입장에서 리학의 전통을 따르는데, 과연 그 둘 사이에는 어떤 차별도 없는 것인가? 하다못해, 한원진은

---

2) 李珥, 『醇言』, 제59장, "治人事天, 莫若嗇."
3) 鄭道傳, 『三峯集』, 권10, 「心氣理篇」 중 '理論心氣', "聖遠千載, 學誣言厖, 氣以爲道, 心以爲宗."

『장자』의 「내편」을 주석한 사람으로 상당히 기론에 친숙하다. 나아가 '나누어짐의 나누어짐'(分殊之分殊)이라는 스승 권상하의 주장을 받아들여 나누어짐의 철학을 자기주장의 근거로 삼았다. 이때 나누어짐은 조선과 청의 불평등지위를 긍정하는 것이기도 했는데, 이런 상세한 기론에 충실했던 그가 위의 이황의 입장과 같은 리기론일 수 있을까? 그는 이른바 율곡학파에 속하며 이황과는 입장이 달랐다.

둘째, 한원진은 장자를 '음만 알았지 양을 몰랐다'(一陰之靜)는 관점에서 비판하면서 이단의 학으로 규정하고 있으며, '기를 리로 여긴다'(認氣爲理)[4]는 것이 문제라고 지적하고 있지만, 만일 이러한 관점에 충실하다면 그들의 기론적 지위도 더불어 붕괴되는 것이 아닐까? 아무리 '기론자'라는 정의가 한국철학사에서 애매하다고는 하지만, 중국철학사에서는 장자를 주해한 사람은 모두 기론자라고 보아도 좋을 듯하다.[5] 오징吳澄, 방이지方以智, 왕부지王夫之가 좋은 예인데, 그렇다면 조선의 경우도 결국 기호학파를 위시한 기론자들이 대체로 노장에 주석을 달고 있다고 보아도 되지 않을까? 그들은 제물齊物을 비판한다기보다는 그 세계에도 보편의 원리가 필요함을 강조하는 것 아닌가?[6]

셋째, 리가 기를 제어하지 않으면 정말 미치광이가 제멋대로 하는 것이 된다.[7] 내가 기론을 말하면서 늘 조심스러운 부분이 바로 이 점이

---

4) 韓元震, 『南塘集』, 권6, 「箚說」, '經筵說下', "老莊以虛靜爲道. 此蓋有見於氣之太初虛靜者也. 故以天地未關萬物未生之前, 混沌虛靜者爲道, 而世間萬事, 是非善惡, 本皆自混沌虛靜中出來. 故又以是非善惡爲道之全體, 而謂不可偏廢. 遂欲並存而齊物, 實不知混沌虛靜者, 乃前天地旣滅之餘一陰之靜, 而非眞所謂道也."
5) 정세근, 『노장철학과 현대사상』(서울: 예문서원, 2018), 제2부, 제2장, 246~247쪽.
6) 박세당의 경우가 특히 그러하다. 그는 제물을 '公'의 영역으로 본다.
7) 韓元辰, 『南塘集』, 권6, 「箚說」, '經筵說下', "異端之學, 以氣役理, 而理反聽命於氣. 故所行

다. 리가 없는 기론자는 쉽사리 개망나니가 되고 만다. 그래서 리가 필요한 것이다. 조선철학자들은 기호학파와 영남학파를 막론하고 이 점을 너무 잘 알고 있었기 때문에, 영남학파는 물론이고 기호학파조차 '기론자' 내지 '주기론자'라는 호칭은 쉽사리 성립하지 않는다.[8] 다만 분명한 것은, 리는 이상이어서 규범적 사고를, 기는 현실이어서 실천적 사고를 동반한다는 점이다. 리 없는 기를 지나치게 걱정하다가는 현실의 인간은 어떤 실천도 할 수 없다. 그렇기 때문에 우리는 리학과 기학의 접점에서 삶을 영위할 수밖에 없다. 조선조의 학자라 할지라도 그 점을 결코 모르지는 않았을 것이다. 그래서 그들은 『노자』와 『장자』를 보고 주석까지 한 것이리라. 외피로서의 언어와 그들의 실질적인 의도는 달랐을 수도 있다. 바로 그런 점이 드러나야 한다.

넷째, 천인합일天人合一이란 자연계와 인간계의 조화를 일컫는 말이다. 그런데 순자가 말했듯이, 도가는 자연에 인간이 가리는 경우가 있지만, 반대로 유가는 인간을 말하다 자연을 놓치는 경우가 종종 있다. 서명응이 "하늘은 내 스승이다"[9]라고 선언하는 대목에서 그런 고민을 읽을 수 있고, 홍석주가 천지의 도와 인륜의 도를 '자연'[10]이란 개념 아래 합치고자 하는 노력에서 동일한 상황을 발견한다. 나는 바로 그 점을 조선조 노자 주석가들에게서 찾아내야 한다고 생각한다. 그들의 이른

必至於猖狂自恣矣."

8) 주기, 주리론의 애매함을 떠올리자. 정세근, 「조선유학사와 식민주의」, 『대동철학』 55(대동철학회, 2011.6.).

9) 徐命膺, 『道德指歸』, 第65章 注, "周子以希天爲學之準的, 苟其言合天, 豈可以非吾師而舍之乎. 天吾師也."

10) 洪奭周, 『訂老』, 第1章, "在人則父子君臣夫婦之倫, 亘萬古而不可易, 皆惟自然而已."

바 '문제현실'[11]은 그곳에 있었을 것이다. 게다가 우리 유학은 노자를 주석한 원나라의 오징吳澄에 의해 고려 말부터 전래되지 않았는가? 노자의 '그 위와 그 아래'(其上其下)를 『주역』의 '형이상形而上'과 '형이하形而下'로 푸는 오징에 홍석주가 동의를 함은, '아래로부터 배워 높이 올라가자'(下學而上達)는 유학의 이념을 노자로 보충하고 싶은 것은 아니었을까? 그래서 홍석주는 '실사實事'[12]를 강조하고 있는 것이다.

『노자』를 보면서, 홍석주에게는 '자연自然'이, 서명응에게는 그것의 '조화造化'가 중요했다. 그리고 그에 대한 보완으로 주역적 사고가 필요했다. 이른바 '역으로 노자를 푼다'(以易釋老)는 전통이 조선의 철학자들에 의해 세워지는 것이다. '노자가 대역大易의 요지를 얻었다'는 서명응의 주장은 그것을 대표한다. 나는 그런 해석학적 전통이 현대의 노자연구자들에게 오히려 중요하다고 생각한다. 그리고 그 점이 나열식이 아닌, 차별식으로 드러나야 한다.

나는 조선 초기의 학자들이 훨씬 더 도가와 불가에 대해 많이 알고 있었다고 생각한다. 그것이 그들이 더욱 관용적이었음을 반드시 뜻하는 것은 아니지만, 정도전과 권근의 노불에 대한 이해는 조선 후기의 학자들이 따라갈 바가 아니었다. 그런 점에서 개방성의 문제는 조심스럽게 판단되어야 한다.

그리고 유가들이 생각한 체용體用의 사고도 분명히 할 필요가 있다. 체용론적 구조에서는 당연하게 느낄 수밖에 없겠지만, 내가 보기에, 노

---

11) 정세근, 「문제현실론」 참조, 박완규 엮음, 『이 땅의 철학자 무엇을 생각하는가』(서울: 철학과현실사, 2005).

12) 洪奭周, 『鶴岡散筆』, 권3, "古人之教, 必主乎實事, 其爲事也, 又必先乎人倫日用之近, 大婦父子之間. 後世之說敎者, 曰心曰性曰理曰氣曰道曰德, 是其說非不洋乎美也, 又非不卓然高也."

자의 '무용'은 '쓰임이 없음'(無所用)이 아니라 '없음이 쓰는 것'(無之用)이기 때문이다. 이런 사고는 왕필이 더욱 적극적이었는데, 주자는 그런 사고를 엿보지 못했다. 따라서 조선유학자들은 과연 어느 쪽이었는지 판단되어야 한다. 왕필은 체용론이 아니라 용체론임과 더불어 생각되어야 할 부분이다.[13]

우리의 상황은 조선조와 크게 다르지 않은 부분이 있다. 그들도 모두가 유가였다면, 현재의 우리도 그렇기 때문이다. 그런 점에서 우리가 조선의 유가를 '유학으로 노자를 해석한다'(以儒釋老)고 말하면서도, 한편 우리조차 유가의 입장에서 조선조 유가의 노자해석을 다시금 해석하고 있지는 않을까 반성해 볼 필요가 있다. 이러한 분열도형적인(프랙탈) 구조야말로 우리의 의식수준을 드러내고 있는 듯하다.

3. 서계 박세당과의 만남

내가 박세당을 만난 것은 80년대 중반 갓 대학원을 다닐 때다. 한국인의 고전주석을 찾아 헤맬 때인데, 『남화진경주해산보南華眞經註解刪補』를 얻어 보게 되었다. 짧은 식견을 지닌 그때 나는 지나치게 송나라 임희일林希逸의 주석이 반복되는 것 같아 속상했었다. 우리 나름대로의 독특한 점을 찾고 싶었는데, 안목이 부족한 나로서는 임희일의 인용이 많

---

13) 정세근, 「王弼用體論」, 『道敎文化硏究』 18(2003). 또는 이 책 제2부 제6장, 395~402쪽 또는 제8장, 441~442쪽 참조.

은 그의 주해에 만족하지 못했던 것 같다.

원문이 아닌 논문으로 박세당을 만난 것은 조민환의 「박세당의 『노자』 이해 1」[14]에서였다. 이 글에서 조민환은 '왕필의 체용론'에 관한 것은 나의 질의에 답한 것이라고 했는데, 당시 내가 제기한 문제를 오늘의 관점에서 전체적인 시각으로 요약하면 이렇게 정리된다.

가) 왕필에 체용론은 없다.

나) 왕필에 체용론은 없지만 본말론은 있다.

다) 왕필에 나오는 '체'와 '용'은 의미상 성리학자들의 것과는 다르다.

라) 왕필에게 중요한 것은 '용'이지 '체'가 아니다.

마) 왕필에게 '체'는 단순한 신체, 육체, 체격, 체형의 뜻이다.

바) ('체'가 실체의 의미를 갖는 것은 불교 유입 이후다.)

사) 왕필이 '용'을 중요시한 것은 『주역』 때문이다.

아) (『주역』에 체용론을 대입하는 것도 왕필에 대한 오해와 같다.)

자) 『주역』에서도 '용'은 중요하지만 '체'는 단순한 형체일 뿐이다.

차) 『주역』의 '용구用九'와 같은 관념은, 그것이 '체'가 아닌 '용'의 세계를 지향함을 보여 준다.

카) 『주역』이 '체'보다 '용'을 강조하는 것은 '천지天地'는 아무런 의미도 없지만, 비 내리고 싹 틔우는 '건곤乾坤'은 의미가 있기 때문이다.

타) 왕필의 가학家學은 『주역』이었다.

파) 후대의 철학자들도 이 점을 발견하여 『주역』의 체를 '체용'으로

---

14) 조민환, 「박세당의 『노자』 이해 1」(한국도교문화학회 추계 발표회, 1996.11.).

해석하는 것을 반대했다.

하) 위의 후대의 철학자란 청나라의 이옹李顒을 말하고, 그의 대척점
　　에는 고염무顧炎武가 있다.

　따라서 나의 평가는 박세당의 체용론조차 이러한 구조에서 이해되
어야 한다는 것이었다. 그렇지 않으면 위에서 말한 것처럼, 우리조차
조선조 유학자들의 태도와 별반 달라지지 못한다. 크게 유학으로 도가
를 보든, 아니면 작게 체용으로 『도덕경』을 보든, 우리는 우리의 시각으
로 과거를 바로 보고 있는 것이다. 자신의 자리에서 남을 바라보는 것
을 탓하는 것이 아니다. 어차피 나의 눈으로 남을 볼 수밖에 없음을 받
아들이고, 그 변화의 과정에 주의 기울이라는 것이다. 그 변화의 과정이
곧 철학사에서의 놀라운 의미창출이다.

　과연 박세당은 어떻게 의미를 창출하고 있는가? 그를 바라보는 과
거와 현재의 시각부터 살펴보자.

　과거 박세당은 이단의 철학자로, 사문난적斯文亂賊으로 몰렸다. 왜?
자신은 나름 유학적 세계의 질서에 대해 충실하다고 생각하고 있는데
도, 왜 사람들은 그를 그렇게 몰고 가야 했을까? 단적으로 그는 현재까
지 알려진 바로는 조선조에서 유일하게 『노자』와 『장자』에 대한 가장
완전한 주석을 달았기 때문이다. 이이의 『순언』도 주관적인 편집과정
을 거쳤고, 한원진의 『장자변해莊子辨解』도 내편만을 말하고 있다. 그러
나 박세당은 노장에 대해 본격적인 주석본을 내놓았다. 형식이 내용을
규정하듯 작품이 그의 사상을 규정했다는 것이 비판자들의 시각이었다.

　현대에도 박세당은 '반주자학자'로 규정되었다. 이병도가 최초로 본

격적인 논문을 쓰면서 그렇게 정의한 것이다.[15] 그에 따르면, '윤휴는 남인학파의 이채자異彩者이고 박세당은 서인학파의 이채자'로, 박세당은 유형원보다도 앞선 실학자이자 정제두보다 앞선 반주자학자였다. 이후 윤사순, 금장태도 비슷한 관점을 지니며, 이런 관점은 김만규에게까지 이른다.[16] 그러나 근자의 학자들은 그것이 지나치다고 보아, 말을 바꾸어 '탈주자학자'로 자리매김한다. 대표적으로 이종성을 꼽을 수 있는데,[17] 이러한 관점은 주영아[18]에게로 연결되고 있다. 그것은 박세당을 반주자주의자로 몰아가는 17세기 조선의 분위기와 그러한 시각을 따르는 연구에서 탈피하여 오늘의 관점으로 그를 보자는 것으로 상당한 설득력을 얻는다.

그러나 중요한 것은 '반反'이나 '탈脫'의 문제에 있지 않다. 평가는 평가일 뿐, 그 정도의 어휘 차이로 사상적 틀이 크게 달라지지 않는다. 사실 우리나라에서 실학자를 포함하여 반주자학의 길을 걷는 철학자는 감히 없었다. 중국의 박학자樸學者들과 비교할 때, 주자학에 대한 비난의 강도는 현저하게 낮으며, 따라서 상대적으로 '탈'이나 '후기'에 머무른다. 그런 점에서 나는 오히려 그를 반주자학으로 보는 것이 그의 학문적 성격을 더욱 명료하게 만들지 않을까 묻게 된다. 이래야 서계학이

---

15) 이병도, 「박서계와 반주자학적 사상」, 『대동문화연구』 3(서울: 성균관대학교 대동문화연구원, 1966.12.).

16) 김만규, 「서계 박세당의 정치사상」, 『동방학지』 19(서울: 연세대학교 국학연구원, 1978.6.).

17) 이종성, 「서계 박세당의 『신주도덕경』에 있어서의 노자관」, 『동양철학연구』 16(동양철학연구회, 1996.12.) 및 「박세당 노자해석의 체용론적 기초」, 『유학연구』 8(충남대학교 유학연구소, 2000.8.).

18) 주영아, 「박세당의 개방적 학문관 연구」, 『동방학』 20(한서대 동양고전연구소, 2011.4.).

실학과도 구별될 수 있다는 현실적인 효용 때문이다. 만일 그저 탈주자학이라고 한다면, 서계학은 적지 않은 학자들이 제시하듯이 실학의 한 원형이나 범주에 머물러야 할지도 모른다. 그것은 서계에게는 공평하지 못한 처사다. 현실을 버리고 학문의 길로 들어서면서 그가 꿈꾸어 왔던 세계가 단지 탈주자학이라면, 그리고 실학이라면 그에게는 너무 허망한 평가가 아닐까?

여기서 제안할 수 있는 관점이 바로 원시유학에로의 복귀다. 박세당도 시대적 한계에서 벗어날 수는 없었지만 줄곧 유학의 원형을 좇는 태도를 발견할 수 있다. 그가 자구해석에서조차 주희를 따르고 있지 않은 것은 좋은 증거다. 이를테면, 『논어』의 '우물에 어짊이 있다'(井有仁)[19]를 '우물에 사람이 빠졌다'(有井人)로 해석하는 유빙군劉聘君의 설을 받아들인 주희의 해석[20]을 박세당은 반대한다. 우물에 빠진 사람을 구하는 것은 논의거리가 되지 않기 때문이다.

이런 태도는 노자를 보는 관점에서도 나타난다. 특히 한대漢代의 관점으로 노자를 보아야 한다는 것이다.

> 한대 이전에 그 술을 존귀하게 여겼다. 위로는 임금이 삼가 말 없는 교화를 할 수 있었고, 아래로는 신하가 맑고 고요한 정치를 할 수 있었다. 진秦나라에 이르러 선비들이 미쳐 지껄여, 검고 비어 알맹이 없는 말을 하게 되었다. 아득하고 끝없는 말로 거짓을 꾸며 한 시대를 속였다.[21]

---

19) 『論語』, 「雍也」.
20) 朱熹, 『四書集注』, "劉聘君曰: 有仁之仁當作人, 今從之."
21) 『新註道德經』, 「序」, "自漢以前, 尊用其術. 上而爲君能行恭默之化, 下而爲臣能爲淸淨之治.

박세당은 이렇게 『노자』도 원시도가와 위진魏晉의 현풍玄風을 구별하고 있다. 그가 과연 현학을 제대로 알았느냐는 문제를 차치하더라도 우리는 여기서 분명한 하나의 관점을 엿볼 수 있다. 그것은 바로 '노자는 옳다'는 것이다. 게다가 '한대까지 노자는 옳게 해석되었다'는 것이다. 그러나 '진대에 이르러 현리공담玄理空談의 유행으로 잘못 이해되기 시작했다'는 것이다.

그렇다면 박세당의 노자 이해를 알기 위해서는, 무엇보다도 먼저 그의 관점과 왕필의 차이, 다음으로는 주자와의 차이, 마지막으로는 그의 노자와 장자를 보는 시각차 등이 개략적으로라도 파악되어야 하는 것이다. 이런 방대한 연구가 진행되기 이전에 필요한 사소한 논점들이라도 명확하게 드러내 보자.

첫째, 박세당은 원시불교로 가고자 했는가?[22] 사실 아직까지는 분명한 근거가 없다. 그에게 친불교적인 색채는 있어도 불교적 논의를 많이 남겨 놓지는 않았다.[23]

둘째, 그는 이단이었는가? 이단으로 취급하는 학자들은 많았지만, 정사인 『조선왕조실록』조차 그렇게 기록하지 않는다.[24] 그것은 반대파들의 이야기일 뿐이다.

及晉之世, 士之狂歎者, 託爲玄虛無實之談, 眇茫不可涯之說, 以飾其僞以欺一世." 또는 『西溪集』, 권22, 「年譜」, 〈辛酉 今上七年 先生五十三歲〉條.

22) 주영아, 「박세당의 개방적 학문관 연구」, 『동방학』 20(한서대 동양고전연구소, 2011.4.), 40쪽.

23) 다만, 당 중후기 陸希聲의 『道德眞經傳』이 선종의 영향을 많이 받았다는 견해를 받아들이고, 동시에 박세당이 육희성의 노자주를 또한 가장 많이 따랐다고 여긴다면, 박세당의 노자주가 불교와 관련을 맺음을 알 수 있다.

24) 『肅宗實錄』(肅補 34卷), 26년(1700) 8월 27일 첫 번째 기사, "(사변록에 대하여) 其所立言, 率多同異於朱子訓詁. 深斥者, 目之以異端云. 然世堂徒深於文辭, 不足爲異端也."

셋째, 그는 문우이자 동갑인 윤증尹拯과 비슷한 사고를 지녔는가? 박세당은 주희의 해석을 따르는 윤증과 곳곳에서 다른 의견을 보인다.[25] 박세당을 서인, 나아가, 소론의 학자로만 단정 짓는 것은 신중해야 한다.

넷째, 그가 가장 많이 참고한 중국의 주석서는 누구의 것인가? 위에서 말했듯이 임희일의 것이 표면적으로는 많을지라도, 박세당은 그의 주석을 '열에 하나도 얻기 어렵다'[26]며 극도로 폄하한다. 그러면서도 임희일을 12번이나 인용한 것은 무슨 목적이었는가?

다섯째, 그가 임희일을 받아들이지 않았다는 것은 곧 성리학적 체계로부터의 탈피를 말하지 않는가? 박세당은 공리공담의 현리玄理를 싫어했다. 그것이 유학이든 노장학이든 상관없이 실재의 세계로 나가고자 했다.[27]

여섯째, 그는 율곡 이이의 『순언』을 보았을까? 시대별로 보았을 때 볼 수도 있고 의미상의 유사성도 찾아낼 수 있지만,[28] 『순언』을 볼 리 없으며 오히려 육희성陸希聲의 『도덕진경전道德眞經傳』을 위주로 했다는 논증도 유효하다.[29] 그러나 박세당 본인의 말도 그렇고[30] 문헌상으로

---

25) 주영아, 「박세당의 개방적 학문관 연구」, 16~19쪽.

26) 『新註道德經』, 「序」, "及林希逸所註, 皆舛不足以得其十一." 따라서 김학목은 임희일이 아니라 서문에 나오는 陳深의 『老子(諸子)品節』을 가장 많이 받아들였다고 파악한다. 『박세당의 노자』(서울: 예문서원, 1999), 73쪽.

27) 『新註道德經』, 「序」, "是以後之說老子者, 多宗晉人以爲微言妙義, 訛而又訛, 益可悲也."

28) 김학목, 「서계 박세당의 노자관」, 『도교문화연구』 14(한국도교문화연구회, 2000.12.), 121쪽. 특히 48장주가 그렇다고 한다. 여기서 박세당은 '爲學日益'을 '有爲之學'이 아닌 '無爲之學' 곧 제64장의 '學不學'으로 설명한다. 그리고 이종성의 「박세당 노자해석의 체용론적 기조」(188쪽)에 따르면, 박세당은 修身에서 修天下까지의 논리를 설명하고 있는 '이 장(제54장)이 가장 순정(醇)하다'(cf. 『醇言』)라고 말했다고 한다.

29) 신진식, 「박세당 노장학의 특징」, 『도교문화연구』 31(한국도교문화연구회, 2009.11.), 94쪽 및 주5).

30) 『新註道德經』, 「序」, "余觀明陳深所爲諸子品節, 載道德經八十一章, 其箋解不著姓氏, 疑亦是

보아도, 진심陳深의 『노자품절老子品節』의 차용이 적지 않다.[31]

여기서 체용론의 중요성이 다시 한 번 드러난다. 박세당의 형이상학적 구조가 무엇보다도 문제가 되는 것이다. 그에게 체는 형이상자形而上者인가, 아니면 형이하자인가?

4. 체용

때는 예학禮學의 시대였다. 게다가 조선 후기의 예송禮訟과 같은 정쟁은 리기론과 성정론을 바탕으로 하는 철학적 신념과 직결되어 있었다. 예학이 곧 리기론은 아니지만, 리기론의 입장 차이가 곧 예송에까지 이어지고 있었다. 그러나 박세당에게 그것은 번잡한 것에 불과했다. 그것은 삶이 아니라 말이고 생각일 뿐이었다.

임진왜란이 끝나고 40년이 안 되어 벌어진 병자호란(1636.12~1637.1). 그 속에서 백성들의 삶은 피폐했다. 전쟁은 어쨌든 막고 볼 일이었다. 그런데도 조정은 실질보다는 명분을 놓고 다투기 일쑤였다. 그것도 주자학적인 리기론에 깊게 빠져 있었다. 박세당은 이런 현실을 직시했다. 그래서 지은 책이 이른바 『통설通說』로 불리는 『사변록思辨錄』이다. '사변'이라는 말은 『중용』에 나오는 '널리 배우고, 살펴 묻고, 삼가 생각하고, 밝게 나누고, 도탑게 움직인다'[32]는 구절에서 따온 말로, 오늘날 쓰

深所自爲者."
31) 김학목, 「서계 박세당의 노자관」, 102쪽 및 『박세당의 노자』, 67쪽.
32) 『中庸』, "博學之, 審問之, 愼思之, 明辨之, 篤行之."

는 '사변'(speculative)이라는 말과는 전혀 다르다. 주위의 것을 잘 살펴서 분별하는 것이지, 독일의 관념론자처럼 사변철학을 하자는 말이 아니기 때문이다. 사변론은 사서삼경을 공맹유학의 소박한 관점에서 풀이한 것으로, 여기서 『주역』은 자연스럽게 제외된다. 알다시피 『주역』이야말로 형이상학적 작품이기에 빠지게 되는 것이다. 『통설』이란 이름은 '상식적인 해석'을 목표로 경학을 설명하고 있음을 강조하는 것으로, 성리학의 리기론이나 체용론이 투영된 관념적인 해석이 아니라 누구라도 이해할 수 있는 소박하고 실제적인 해석을 지향한다는 뜻이었다.

박세당은 체용론의 완성자라고 할 수 있는 주희를 반대했다. 체용론은 리기설의 구조 아래 '리는 체이고 기는 용'(理體氣用)이라고 이해되는데, 이것이 지나치게 관념적이고 형이상학적이라서 물리치고 싶었던 것이다. 더욱이 주희에게 리기론과 체용론은 엄격히 구별되지 않았다.

그렇다면 여기서 박세당의 체용론에 대한 접근방법에 대해 난감한 문제가 발생한다. 박세당이 주희식의 리기론이나 체용론을 원론적으로 거부하면서도 노자 해석에는 체용론적인 구조를 원용했다면 논리적으로 모순이 되기 때문이다.

현실적으로 박세당의 이러한 사유체계에 대해 제시될 수 있는 대안은 셋으로 정리될 수 있다. 먼저, 박세당에게 체용론은 중요하지 않다고 보는 것이다. 비록 그가 체용을 언급할지라도 전체적인 사유구조에서 뒷전으로 밀어놓아도 된다고 이해하는 것이다. 다음, 박세당은 체용론과 리기론을 구별한다고 보는 것이다. 리기론과는 달리 체용론은 우주론이 아니라 개체의 잠재성과 현실성을 말하는 것이기 때문이다. 마지막으로, 박세당의 체용론은 주희의 체용론과는 다르다고 보는 것이다.

리기론적인 관념적 체용론이 아니라 이용후생利用厚生의 모종의 체용론으로 해석할 수 있다는 것이다. 이러한 가능성을 염두에 두고 박세당 노자주의 체용론을 바라보자.

> 도는 체고, 이름은 용이다. 도는 이름을 용으로 삼고, 이름은 도를 체로 삼는다. 체용 이 둘은 하나라도 없애면 안 된다. 그러므로 도만으로 도가 될 수 있으면 용이 없어 체가 스스로 설 수 없으니 '늘 그러한 도'라고 할 수 없다. 이름으로만 이름이 될 수 있으면 체가 없어 용이 스스로 나갈 수 없으니 '늘 그러한 이름'이라고 할 수 없다.[33]

박세당은 도덕경의 첫머리를 이렇게 풀이한다. 노자가 제1장에서 제시한 '도'와 '이름'(名)의 관계를 체용으로 설명하고, 그 둘의 떨어질 수 없는 구조를 강조한다. 도가 체고 이름이 용이라는 것인데, 이것은 분명 송명리학의 체용론을 원용하고 있는 것이다.

체용으로 도와 이름(名)의 관계를 설정하는 것은 어렵지 않게 이해할 수 있다. 도라는 것은 자연의 본모습이다. 거기에 사람들이 이름을 붙인다. 돌과 '돌'이라는 이름은 분명 다르다. 돌은 돌일 뿐인데, '돌'이라고 부르고 그것도 모자라서 '짱돌', '곱돌', '조약돌'이라는 이름을 붙일 뿐만 아니라 '화강암', '석회암', '변성암', '퇴적암'이라고 성분과 형성원인을 분류까지 한다. 많은 경우 이러한 이름 붙임은 사람의 쓸모에 따라 정해진다. 화강암은 조각 재료로, 석회암은 시멘트 원료로 적합하다

---

33) 『新註道德經』, 제1장, "道者體, 名者用. 道以名爲用, 名以道爲體, 廢一不可. 故道而但可爲道, 則無其用而體不能自立, 非所謂常道矣. 名而但可爲名, 則無其體而用不能自行, 非所謂常名矣."

고 하는 것이다. 그런 점에서 사물 자체는 체이고, 그것의 명칭은 용이
다. 단적인 예로, 모기는 모기일 뿐인데, 그것을 '해충害蟲'과 '익충益蟲'으
로 구별하는 것과 같다.

따라서 이름 없는 단계에서는 체가 되고, 이름이 붙여지면 용이 된
다. 그러나 박세당은 그 체용의 관계가 떨어져서는 안 된다고 분명히
선언한다. 체가 용이 없으면 존재의 가치가 없어지며, 용이 체가 없으면
효용의 사실이 사라진다는 것이다. 존재와 효용, 가치와 사실의 이중
구조야말로 세계의 모습이라고 한다. 존재만 있으면 그것은 존재할 뿐
아무런 의미와 가치를 갖지 못하고, 효용만 있으면 그것의 근거와 사실
이 없어진다. 나아가 효용이 존재 없이 독립한다면, 그것은 사물과 떨어
져 있기 때문에 오직 하나의 효용일 뿐 다양한 효용의 가능성이 막혀
버려 달리 나아갈 데가 없다.

여기에서 박세당은 이름 없는 체를 '리理'로, 이름 있는 쓰임을 '상象'
으로 구별한다. 이름 없는 자연의 원초적 상태를 리로 보고, 이름이 붙
여져 사람에게 쓰이는 물건을 상으로 보는 것이다.

이름 없는 체는 리理가 천지에 앞서 갖추어지고, 이름 있는 용은 상象
이 만물의 처음에 생겨난다.34)

하늘과 땅은 자연 그 자체로 이름 없이 형체를 이루며 그것의 원리
를 내재하고 있다. 세계는 그 자체로 하나의 '이치'(理)인 것이다. 그런데
사람이 하늘과 땅 사이의 존재물들에게 이름을 붙이면서 세상은 이름

---

34) 『新註道德經』, 제1장, "無名之體, 理具於天地之先, 有名之用, 象生於萬物之初."

있는 세계가 되었으며, 사물은 단순한 사물이 아니라 의미를 지닌 '대상'(象)이 된다.

자연의 원리는 천지 이전에 있다는 것이며, 그것은 이름 없는 세계였다. 그러나 만물이 이름을 갖기 시작하면서 세상은 쓰임의 세계로 옮겨간다. 박세당이 여기에서 상象을 말함으로써 물物과 사事 또는 천지天地와 만물萬物을 구별하는 것에 주목할 필요가 있다. '상'은 물건으로서의 '물'이나 물건끼리의 관계로서의 '사'와는 달리, 인간의 의식이 투과된 존재물을 가리킨다. 마치 주역에서 '상'은 자연이 아닌 자연의 부호나 상징인 괘卦나 효爻를 말하는 것과 같다. 이른바 상수역象數易에서 말하는 '상'이다.

여기서 중요한 것은 리가 자연의 이치라는 점이다. 인간의 원리가 아니라 자연의 원리다. 이름 없는 세계의 이치지, 이름 있는 세계의 이치가 아닌 것이다. 그런 점에서 '이름 없는 체'는 달리 말해 '이름 없는 리'이다. 박세당에게는 리조차 이름 없는 세계로 귀착되는 것이다. 따라서 리는 무의 세계로 환원된다. 그에게서 왕필과는 다르게 '늘 없음'(常無)과 '늘 있음'(常有)이라는 개념이 중시되는 까닭이 여기에 있다.

'늘 그러한 없음'을 말하는 것은 위의 '늘 그러한 도'와 '이름 없음'으로 그것의 체를 말하는데, 여기에서 지극히 오묘한 원리가 온갖 현상을 포함하는 것을 보고자 한다. '늘 그러한 있음'을 말하는 것은 위의 '늘 그러한 이름'과 '이름 있음'으로 그것의 용을 말하는데, 여기에서 지극히 드러난 현상이 하나의 원리에 근원하는 것을 보고자 한다.[35]

---

35) 『新註道德經』, 제1장, "常無云者, 該上常道無名, 以言其體, 於此欲以觀至妙之理, 包含萬象.

왕필이 '무욕'과 '유욕'을 개념화시키는 데 반해, 이렇듯 박세당은 '상무'와 '상유'를 개념화시키고 있는데, 이것은 욕심이라는 인간의 세계 속에서 무와 유를 해석하는 왕필의 태도와는 달리, 그는 무와 유에 독자적인 영역을 확보해 주려는 의도를 담고 있다는 것이다. 박세당의 체용론은 이렇듯 체의 세계인 '이름 없음'과 '늘 없음'의 존재론적 지위를 확보하기 위해서 동원되고 있다.

그러나 그렇다고 해서 박세당이 무를 유로부터 독립시키고자 하는 것은 아니다. 무가 유와 더불어 독자적인 지위가 있음을 강조하는 것이 곧 무가 유로부터 독립하거나 무가 유에 앞섬을 말하지 않는다. 체용은 하나이기 때문이다.

체는 용을 떠나지 않고, 용은 체를 떠나지 않는다. 유와 무 이 둘은 뿌리는 하나인데 이름이 다르니, 함께 현玄이라고 부른다.[36]

체가 용을, 용이 체를 떠날 수 없다는 것은 체용론의 기본 구조다. 그런데 여기에서 박세당은 신유학, 정확히는 정이程頤의 '체용일원體用一源'[37)의 이론이 노자에게서는 '현玄'의 이론으로 드러나고 있음을 밝힌다. 체용론에서 체용이 한 근원에서 나왔다고 말하는 것처럼, 현의 이론은 유무가 '같은 곳에서 나왔지만 이름은 다른'(同出而異名) 것이라고 정의한다. 박세당의 언어로 말하면, 도와 이름도 그렇고, 리와 상도 그렇다.

常有云者, 該上常名有名, 以言其用, 於此欲以觀至著之象, 根源一理."
36) 『新註道德經』, 제1장, "體不離用, 用不離體. 有無兩者, 其本一, 而異其名, 同謂之玄."
37) 程頤, 『易傳』, 「序」, "至微者理也, 至著者象也, 體用一源, 顯微无間." 박세당이 有名을 설명하면서 제기한 '象'이 『주역』을 설명하는 주요 개념임을 여기에서도 알 수 있다.

나아가 '늘 없음'과 '늘 있음'도 그러하다. 유무는 같은 것이나 이름만 다르다. 그러한 이중성이나 중복성을 표현하는 개념이 곧 현인 것이다.

이중성과 중복성을 표현하는 대표적인 관념은 '태극太極'이다. '태극'이라는 말 자체가 '가장 끝'인 데다가, '가장 끝'이 끝인지 처음인지, 달리 말해, '끝의 끝'은 있는 것인지 없는 것인지 말할 수 없기 때문이다. 『노자』에도 나오는 '무극無極'38)은 '끝없음'인데, 끝없는 것(無極)이 무한이라면, 가장 먼 끝(太極)은 유한에 불과한지, 아니면 그것도 가장 먼 끝까지 아직도 가고 있기 때문에 무한한지를 물을 수 있기 때문이다. 우선 박세당의 입장을 보자.

> '하나'는 태극이다. 노자의 도는 무를 마루로 삼는다. 따라서 '도가 하나를 낳는다'고 한다. '둘'은 음양이다. '셋'은 삼재三才다. '셋'이 만물을 낳으니 삼태극(三極)이 서면서 만물이 태어난다.39)

이 구조에 따르면, 먼저 도가 태극을 낳는다. 도가 태극을 낳으면, 음양이 천지인天地人 삼재를 낳고, 삼태극은 만물을 낳는다. 삼태극에 익숙하지 않은 중국인들과는 다른 박세당의 독특한 해석이다. 하늘과 땅으로 끝나는 것이 아니라 그 가운데에 있는 사람의 길을 그는 그려내고 있다.

박세당은 노자가 무를 말하고 있음을 부정하지 않는다. 그러나 무無를 종지로 삼는 노자의 도는 그것에서 머무는 것이 아니라, 유有의 태극

---

38) 『老子』, 제28장, "復歸於無極."
39) 『新註道德經』, 제42장, "一, 太極. 老子之道, 以無爲宗, 故曰道生一, 二, 兩儀, 三, 三才. 三生萬物, 三極立, 而萬物生也."

을 낳고, 음양의 조화는 하늘과 땅 사이의 사람을 낳아, 마침내 '삼극三極'이 자리 잡으면서 만물이 성장화육하게 된다고 한다. 노자가 결코 말하지 않는 삼재와 삼태극을 들어서까지, 박세당은 사람의 자리를 마련하고 있는 것이다. 그 사람의 역할과 공효가 바로 무를 유로, 체를 용으로 드러나게 하는 것이며, 이름 없음에서 이름 있음에로 나아가게 하는 것이다. 태극이 이렇다면, 무극은 어떻게 말해지고 있는가?

'무극'은 그 큼을 말한다. '박樸'은 그 질박함을 말한다. 질박은 도의 체이다. '박이 흩어져 기물이 된다'는 도가 천지만물을 낳음을 말한다.

이 구절은 '무극으로 복귀한다'(復歸於無極)와 '박으로 복귀한다'(復歸於樸)[40]는 노자의 원문에 대한 주석으로, 무극의 큼과 박의 바탕됨을 말하고 있다. 다시 말해, 세상에는 정말 큰 것이 있는데, 그것은 관념이 아닌 실재로서의 바탕이라는 것이다. 실재는 가장 소박한 것이지만 가장 큰 것이다. 그것이 바로 도의 체라는 것이다. 그것이 흩어지면서 온갖 사물이 이루어지게 된다. 이를테면 끝이 없는 매우 질박한 하나의 덩어리가 있었는데 그것이 쪼개지면서 천지만물이 탄생하게 되었다는 것으로, 만물의 시원은 인간적인 무늬가 가미되지 않은 본래의 바탕에 있음을 말한다.

이처럼 박세당에게서 무극은 본래의 자연 상태로서의 질박함을 가리키며, 이후 태극은 삼극이 되어 순차적으로 사람의 자리를 마련해 주고 있다. 무극에서 태극에로의 길은(박세당의 정확한 표현으로는 '무극에서 삼극

---

40) 『老子』, 제28장.

에로의 같은) 곧 자연에서 인간에게로 이르는 길인 것이다. 그리하여 무극을 체로 보고, 태극을 용으로 보았을 때, 무극과 태극은 체용관계에서 마침내 둘이 아닌 하나가 된다.

그런데 박세당의 노자 해석에서 가장 중심적인 역할을 하는 개념은 다름 아닌 '박'이다. 왜냐하면 박이 형이상의 것과 형이하의 것 사이에서 매개역할을 하기 때문이다. 크게 보아, 체의 관념성을 용의 실재성으로 변환시켜 주는 것이 바로 박이다. 위의 구절에서 박은 질박함으로 체에 해당된다. 박은 반죽덩어리로서 아직 국수가 될지 수제비가 될지 모르는 원재료이다. 그러나 아래의 구절은 체가 용이 되는 것이 아니라, 거꾸로 용을 체로 되돌리라고 말한다. 국수와 수제비를 반죽으로 돌리라는 것이다.

> 이제 생각하니, '쓴다'는 것은 박을 씀이다. 이른바 '박으로 복귀한다'는 것이 이것이다.[41]

체의 영역에 있는 '박을 쓴다'로 풀이하는 것이 의아하겠는데, 사실이 구절은 임희일이 『역전易傳』[42]을 인용하여 형이상자와 형이하자라는 관점에서 "성인은 형이상의 것으로 형이하의 것을 쓴다"(聖人以形而上者, '用'形而下者)라고 주해한 것에 대한 또 다른 주석이다. 여기서 박세당은 '쓴다'는 것은 '박으로 복귀하라'는 뜻이라면서, 사실상 임희일의 주해에 상당 부분 반대하고 있다. 형이상의 것으로 형이하의 것을 쓰라니, 박세

---

41) 『新註道德經』, 제28장, "用, 樸也. 所謂復歸於樸, 是也."
42) 『周易』, 「繫辭上」, "形而上者謂之道, 形而下者謂之器."

당의 입장에서는 받아들이기 어려웠을 것이다. 노자의 입장에서도 형이상의 것을 형이하의 것으로 끌어내려야 마땅한데, 임희일은 형이상의 것을 형이하의 것에 적용시킨다고 하니, 거꾸로 된 느낌이 강했을 것이다. 그래서 '쓴다'라는 것은 다름 아닌 박을 쓰는 것이라고 설명한다. 우리말로 바꾸면, '형이상의 것으로 형이하의 것을 쓴다'라는 관념적인 뜻은 '나뉘고 찢겨진 문장제도文章制度는 원초적인 질박함에로 되돌아가야 한다'는 실제적인 뜻으로 바뀐다.

그리하여 드디어 박세당은 박이 다름 아닌 무라고 해석함으로써 무의 지위를 실재의 세계에까지 근접시킨다. 박은 무이자 체이자 도인 것이다.

'박'은 무로서, 돈독하고 질박한 체이며 도의 뿌리가 된다. 그러므로 '이름이 없다'고 한다.

결국 노자의 무는 박으로 해석된다. 무는 그 존재가 없는 것이 아니라 작위가 없는 것이며, 꾸며지지 않은 본디 꼴을 가리킨다. 이름이 없음도 박을 일컫기 위한 것으로, 이름이 없는 것이 박이요, 이름이 있는 것은 인간계의 지위와 사물이다. 박은 이름이 아니라 이름 붙이기 전의 '그것'일 뿐이다. 박은 그래서 듬직하고 도타운 바탕이 된다.

이상의 내용을 박세당의 주요 개념과 연결시켜 표시하면 아래와 같다.(숫자는 장을 가리키며, 편의상 원어를 그대로 옮긴다.)

體	用
道(1)	名(1)
無名之體: 理(1)	有名之用: 象(1)
常無(1)	常有(1)
道體本虛(4)	
虛(6)	妙(6)
常久之理(16)	
天地之始: 道之本體(52)	萬物之母: 道之妙用(52)

體 ——————— [樸] ——————— 用		
無極/大(28) ———— (理[一]陰陽) ———— 一/太極(42)		
A. 樸卽無, 爲敎質 之體, 而爲道之本, 故曰: 無名.(37)		B. 用, 用樸也.(28)

박세당의 체용론은 여느 송명리학자의 체용과는 사뭇 다르다. 그의 체는 '도'이기는 하지만, '유'가 아닌 '무'이며, 나아가 비어 있다. 때로 '리'로 표현되기도 하지만 그에 짝하는 '기氣'가 없어 리기론도 아니다. 존재론적 구조에서도 무극과 태극을 함께 아우르면서 무극이나 태극 한쪽으로 기울어지지 않는 형평성을 지닌다. 주돈이가 송 초의 도교의 영향으로 무극 쪽으로 기울어졌다면, 주희는 무극의 독자적인 지위를 부정하기 위해서 태극 쪽으로 기울어졌다고 할 수 있는데, 박세당은 끈 질기게 체용불이의 관점에서 균형을 잡고 있다. 더욱이 박이라는 관념 을 무와 체에다 강하게 심어 놓음으로써 그것이 절대무나 허무가 아닌, 시원의, 본래의, 자연의, 영원의, 일정한 세계임을 보여 주고 있다.

위에서 말한 것처럼 비록 B가 형이상자와 형이상자의 문제에서 제 기된 것(以形而上者, 用形而下者)이기는 하지만 그 양자 간의 문제가 박의 문제로 대체되는 과정을 보여 준다. 박세당의 구조에서 형이상과 형이하는 쉽게 받아들일 수 있는 것이 아니다. 체의 영역, 다시 말해, 무, 무극, 리는 궁극적으로 박으로 상징되는데, 여기서 박을 형이상의 것으로 볼 수는 없기 때문이다. 그런 점에서 박세당은 형이상과 형이하로 설명하는 체용론을 거부하고 있는 것이다.

A에서처럼 박이 무로서 돈후하고 박실한 원형이라면 그것이 곧 도의 근본이 되기 때문에 문제가 없다. 그것은 국수와 수제비로 나누어지기 전의 이름 없는 반죽덩어리일 뿐이다. 따라서 박은 도탑고 바탕이 되는 이른바 원질 내지 시원이다. 여기서 박을 무로 본 것은 무형無形의, 무한정無限定의 원형이라는 뜻에서인 것이다. 이렇게 박은 B의 용에서 A의 체로 전환되면서 체용을 연결하고 있다.

전체적으로 보아 박세당에게 체와 용의 연결고리는 무엇보다도 '일一'이다. 그것은 '일리一理'라는 영역에서 체가 될 수도 있지만, '태극'이자 '음양을 낳는다'는 점에서 용이 될 수도 있기 때문이다. 발생론적으로 그려 보면 아래와 같다.

무 ─ 일 ─ 태극 ─ 음양 ─ 삼재 ─ 만물
     ↓
체 ────── 용
리

그런데 체와 용을 맺어 주는 일의 역할에 가장 적합한 것이 바로 박인 것이다. 체와 용 가운데 박이 어디에 속하냐고 묻는다면 그것은 당연히 체 쪽이다. 그러나 박은 지금껏 말한 무, 이름 없음, '빔'(虛), 나아가 '늘 없음'(常無)을 설명할 수 있는 것으로 형이상자와는 거리가 멀다. 그렇기 때문에 체와 용을 오가는 일의 작용을 대신할 수 있는 것이 곧 박이다. 일은 형이상의 것으로 취급될 수 있지만, 박은 결코 그럴 수 없기 때문이다. 따라서 여기에서 박을 부각시켜 볼 수 있는 것이다.

나아가, 박세당은 인간의 지위에 지대한 관심을 보여 준다. 노자에도 없는 이른바 삼재론이 바로 그것이다. 그는 체용불이의 관점에서, 또한 형이상자의 역할이 지나치게 강조된 현실에서, 인간이 만물의 화육생장에 어떤 역할을 해야 하는지 고민하고 있었다.

5. 17세기 조선학

위에서 거론된 '박세당과 왕필'이라는 주제는 따로 자세히 분석되어야 한다. 그러나 초보적으로 왕필과 박세당이 비슷한지 다른지 물어볼 수 있겠다. 많은 연구는 왕필과 박세당이 다르다는 것이다. 그러나 나의 관점에서 볼 때 그 둘은 비슷하다. 결론적으로 말해, 왕필은 무의 용을 강조함으로써, 박세당은 체의 박을 강조함으로써, 목적지는 같으나 다른 길을 가게 된다. 왕필은 무를 잡아 용을 말함으로써 현실세계를 그리고, 박세당은 박을 잡아 그 체의 탈형이상학을 꿈꾼다.

박세당은 무의 절대성을 쉽사리 인정하려 들지 않는다. 무는 있지만 유와 함께 있는 것이며, 허무虛無해도 묘용妙用이 반드시 따라 붙는다.

비었기 때문에 쓸모가 있다는 것이다. 바로 이 점이 왕필과 박세당을 잇고 있다. 왕필도 무를 말하지만, 무보다는 용에 더욱 관심이 많다. 박세당도 허를 말하지만, 허는 박과 같이 꾸며지지 않은 상태를 가리킨다. 노자의 절대무에 대한 박세당의 해석을 보자.

> '유가 무에서 나왔다'는 것은 무릇 만물이 무로부터 태어났음을 말하는데, 고요함에서 움직임이 태어나고 강함이 약함에서 나왔음을 밝히고 있다.[43]

노자는 무가 유에 앞섬을 말하고 있는데, 박세당은 유를 만물로 대체하여 만물이 없었지만 생겨난 것임을 강조한다. 그렇게 되면 무의 독립적인 지위는 사라지고 만물과의 관계에서만 의의를 갖게 된다. 더욱이 유무를 동정動靜과 강약強弱이라는 상대적 관계로 해석하는 것은 체용불이의 관점을 통해 무와 유를 떨어뜨려놓지 않겠다는 신념을 보여준다. 무는 유의 뿌리이지만,[44] 또한 유가 제대로 되려면 무로 돌아가야 하지만,[45] 유가 없이는 무도 의미가 없어짐을 박세당은 분명히 하는 것이다.

박세당은 체용론은 받아들이면서도 리기론을 받아들이지 않는다. 왜 그럴까? 그것은 형이상학에서 벗어나오려 하는 의도 때문으로 보인다. 이 점이 바로 박세당 체용론의 독특함이며, 위에 말한 대로, 이용후생의 체용론으로 성립되는 근거이다. 그가 형이상학적인 해석을 일삼

---

43) 『新註道德經』, 제28장, "有生於無, 言凡物自無而生, 以明動生於靜, 強生於弱也."
44) 『新註道德經』, 제28장, "有之所始, 以無爲本."
45) 『新註道德經』, 제28장, "將欲全有, 必反於無也."

은 임희일을 적나라하게 반대했고, 후대에 정약용과 같은 실학적 사유와 맥을 같이할 수 있는 까닭이 여기에 있다.

앞머리에 말했듯이, 박세당을 보기 위해 성리학의 구도를 다시금 덧씌우는 일은 없어야 한다. 주자학을 벗어나고자 했던 그에게 또다시 리기론의 그물을 얹는다면 사문난적의 이단으로 모는 것과 마찬가지로 잔혹한 일을 거듭하는 것이다.

박세당의 노자는 소박한 정치론에 가깝다. 통치자가 취해야 할 태도이며 자세이다. 임금은 공손하고 겸허해야 하며, 신하는 맑고 고요한 정치를 해야 한다. 그 이상의 공리공담은 불필요하다. 송명리학의 리기론도 마찬가지다. 그래서 한대의 노자 이해로 돌아가야 한다. 그가 황로학을 알았든 몰랐든 간에, 사마천의 노자 이해에 어느 정도 동의하고 있었던 것이다.

정리하자면, 정도전은 노자를 리를 모르는 기의 철학자로 보았고, 한원진은 장자를 양을 모르는 음의 철학자로 보았는데, 박세당은 오히려 노자를 체용이 균형 잡힌 철학자로 보고 있다. 또 홍석주는 오징을 따라 형이상과 형이하라는 구도를 받아들이지만 여전히 실사實事의 철학자로 보려하는데, 박세당은 그런 리기론의 구조는 받아들이지 않으면서도 노자를 무실務實의 철학자로 보려 한다. 자연과 인위의 문제에서는, 홍석주는 '자연'이라는 개념을 들어, 서명응은 '조화造化'를 언급함으로써, 그리고 박세당은 '이름 없는 박'(無名之樸)46)을 강조하여 그 세계의 하나됨을 말하고 있는 것이다.

---

46) 『老子』, 제32장, "道常無名, 樸." 그리고 제37장, "化而欲作, 吾將鎭之以無名之樸. 無名之樸, 夫亦將無欲."

그런데 박세당이 노자와 장자를 '공사公私'로 구별했다는 점은, 그의 철학이 노자보다는 장자에 기울어짐을 보여 준다.[47] 사적인 노자와 공적인 장자의 차이는 무엇이었을까? 그때 등장하는 「제물론」은 다른 조선조의 주석가와는 달리 어떠한 보편의 논리를 보여 주고 있는가?[48] 결국 박세당은 장자를 맹자와 같은 선상에서 이해하려고 한 것은 아닌가? 왜 그랬을까? 어떠한 공공성이 그 둘을 관통하고 있는가? 이렇듯 박세당은 조선의 노장학만이 아닌, 예학을 뛰어넘는 17세기 조선학의 또 다른 전형을 보여 주고 있다.

---

47) 『西溪集』, 권22, 「年譜」, 〈辛酉 今上七年 先生 五十四歲〉條, "先生嘗曰: 老子百術之雄, 莊子王道之餘. 又曰: 老子私莊子公."
48) 『南華眞經註解刪補』, 「齊物論」, "天理之公." 그리고 조한석, 「朴世堂의 『莊子』 「齊物論」 思想 硏究」(성균관대학교 박사학위논문, 2004) 참조.

제6장 장자와 곽상
─장자 소요유에 대한 곽상과 지둔의 논변

1. 곽상의 오해

곽상郭象에 대한 평가는 논란의 여지가 많다.[1] 가장 중요한 초점은 '곽상이 장자를 제대로 이해했느냐' 하는 데 모아진다. 물론 이런 논의 에는 해석학적 문제가 동반되지 않을 수 없는데, 이를테면 아래와 같은 것이다.

첫째, 철학자 (ㄱ)의 뜻은 있는가?

둘째, 철학자 (ㄱ)의 뜻을 알았다는 철학자 (ㄴ)의 생각은 옳은가?

셋째, 철학자 (ㄱ)의 뜻을 알았다는 철학자 (ㄴ)의 생각이 철학자 (ㄱ)의 생각과 맞아떨어지는가?

넷째, 철학자 (ㄱ)의 뜻을 알았다는 철학자 (ㄴ)의 생각을 옳다, 그르 다 하는 철학자(ㄷ)의 생각은 옳은가?

---

1) 우리가 보는 『장자』가 곧 곽상이 편집한 것이라서 '장자=곽상'이라는 도식으로 이 해하는 경우, 곽상 해석의 문제점을 지나쳐 버리기 쉽다.

다섯째, 철학자 (ㄱ)의 뜻을 알았다는 철학자 (ㄴ)의 생각을 옳다, 그르다 하는 철학자(ㄷ)의 생각을 옳다, 그르다 하는 철학자 (ㄹ)은 옳은가?

여섯째, 철학자 (ㄴ)의 생각이 반드시 철학자 (ㄱ)과 맞아떨어져야 하는가?

일곱째, 철학자 (ㄷ)의 생각은 철학자 (ㄱ)과 얼마나 맞아떨어지는가?

여덟째, 철학자 (ㄱ), (ㄴ), (ㄷ), (ㄹ)의 뜻은 무엇인가?

자칫 잘못하면 단순한 말장난처럼 보일 이러한 분류는 철학과 철학사에서 상당한 비중을 갖고 있는 난제이다. 특히 고전에 대한 해석의 문제가 등장할 때마다 사람들은 이런 문제들 가운데 하나 또는 여럿을 제시하면서 자기의 주장을 편다. 게다가 많은 경우 사람들은 '철학자 (ㄱ)의 뜻은 이것이다'라고 주장하기 일쑤이다. (ㄱ)이 상당한 고전적 가치를 지닌 경우에는 더욱더 이러한 현상이 벌어진다. 이때 문제는 (ㄱ)보다는 (ㄴ)에게로 초점이 옮겨 가기도 한다. (ㄱ)의 권위는 너무도 강렬하기에 (ㄴ)을 빌려 (ㄱ)의 해석 문제에 대한 주장을 펴는 것이다.

이 글에는 철학자 (ㄱ), (ㄴ), (ㄷ), (ㄹ)이 모두 나온다. (ㄱ)은 장자이고, (ㄴ)은 곽상이고, (ㄷ)은 지둔支遁이며, (ㄹ)은 (ㄱ), (ㄴ), (ㄷ)을 제외한 많은 철학자나 철학사가를 가리킨다. 거기에는 과거의 장자주석가, 현대의 중국철학사가 그리고 나를 비롯한 한국의 학자들이 포함된다. 따라서 (ㄹ)은 그것의 층차가 매우 많을 수밖에 없고, 원론적으로는 (ㄴ), (ㄷ)도 (ㄹ)의 지위에서 크게 벗어나 있는 것은 아니다. 그러나 논의의 간략화를 위해 (ㄱ), (ㄴ), (ㄷ)과 과거와 현대의 철학사가인 우리 전체로서의 (ㄹ)로 논의를 축소한다.

(ㄴ)인 곽상에 대해 처음으로 이견을 제시한 (ㄹ)은 아무래도 당唐의 서화법사西華法師 성현영成玄英으로 보아야 할 것 같다. 왜냐하면 그는 곽상의 주해에 대해 매우 심각하게, 그리고 적지 않게 '틀렸다'(郭注, 誤)고 말하기 때문이다.[2] 이런 식의 해석방식은 참으로 드문 일이다. 단순히 자신의 의견을 말하는 것이 아니라 분명히 시비를 나누기 때문이다. 그 것도 『장자』를 편집한 곽상이 '틀렸다'니 일반적으로 벌어질 만한 일은 아닌 것이다.

전통철학 속에서 주석이란 일반인들이 생각하는 것처럼 설명 위주 는 아니다. 뭔가 할 말이 있기 때문에 그들은 주해를 달은 것이지, 그저 '좋다, 좋지' 정도에 머무르는 자가 자기의 말을 덧붙일 리 없는 것이기 때문이다. 죽음의 문턱에 이르기까지 애지중지하였던 주자朱子의 『사서집주四書集註』는 단순한 『논어』, 『맹자』, 『대학』, 『중용』에 대한 설명서가 아니라 리기론理氣論과 심성론心性論의 체계 속에서 재해석된 사서이기 때문에 유학사에서 막중한 지위를 차지한다. 마찬가지로 곽상과 성현영의 설명에는 나름대로의 줄거리와 이야기가 숨어 있을 수밖에 없는 것이다.

성현영이 생각한 곽상의 장자에 대한 오해, 그것은 무엇이었을까? 그 것은 『장자』의 독자라면 쉽게 알아차릴 수 있는 장자와 곽상의 차이에서 비롯한다. 이 글에서는 그 차이를 지문을 중심으로 알아보기로 한다.

---

2) 成玄英, 『莊子疏』, 「齊物論」 等.

2. 곽상에 대한 평가

철학사적으로 곽상처럼 여러 평가가 존재하는 인물도 드물다. 그러나 크게 보아, 과거에는 별로 좋지 않게, 현대에는 좋게 평가하고 있다고 거칠게 말해도 좋을 듯하다. 장자를 알기 위해서는 어쩔 수 없이 곽상에 의해 편집된 33편짜리 『장자』를 보아야 하고, 따라서 알게 모르게 우리는 곽상에 의해 해석된 장자를 보게 된다. 그럼에도 과거의 문헌학자들은, 특히 도교와 불교에 심취했던 학자들은, 곽상 해석의 기이함을 찾아낼 수 있었다. 그러나 현대에 들어오면서 『장자』와 『장자주』의 차이에 민감하지 못했던 철학사가들은, 그것도 유학적 세례를 많이 받은 학자들은, 곽상의 주석에 기대어 『장자』를 이해하는 데 익숙해지고 말았다. 과연 곽상의 이해는 어떤 것이었을까?

먼저 곽상주와 향수向秀주가 다름을 알아야 한다. 향수주와 곽상주를 같이 보자는 데는 『세설신어世說新語』에 근거하지만 사가가 판단한 두 판본의 내용 일치 여부는 어디에서도 보장되고 있지 않다. 게다가 당의 육원랑은 『장자석문莊子釋文』 서문에 향수의 주는 '20권 26편인데 때로는 27, 28편이라고도 하며 잡편이 없음'을 밝히면서, 자신은 서막徐邈(徐仙民)과 이홍범李弘範처럼 곽상의 주를 따르겠다고 말하고 있다.[3] 이 같은 내용에서 당대에 이미 향수주가 사라졌음을 알 수 있고, 당시의 학계도 향수와 곽상의 주가 다르게 인식되고 있음이 드러난다. 죽림칠현竹林七賢 가운데 한 사람이었던 향수를 정권 내부에 깊숙하게 관여하

---

3) 陸德明, 「經典釋文序錄」.

였던 곽상과 같이 보는 것은 문제가 아닐 수 없다.[4]

역사서 속의 곽상은 거의 좋은 평가를 받지 못하고 있다. 『세설신어』
도 곽상을 "사람은 천박하지만 뛰어난 재주가 있었다"라고 평가하고,[5]
정통 역사서인 『진서晉書』도 "권위를 조롱하여 상벌을 자기 멋대로 했
다"[6]라고 기록하고 있다. 나아가, 『세설신어』는 곽상이 향수의 주를 표
절했다고 단언하니 학자로서는 치욕적인 폄하를 하고 있는 셈이다. 이
러한 곽상을 현재의 학계에서는 훌륭한 인물로 취급한다면 무엇인가
맞지 않는 부분이 있을 수밖에 없다. 사실상 『세설신어』도 향수의 아들
소장의 판본이 있었다고 함으로써 곽상의 것과 다름을 드러내 보이고
있기도 하다.

무엇보다도 죽림의 본방인 향수의 사상과 정권의 언저리에서 머물
던 곽상의 사고가 같을 수는 없음을 인지해야 한다. 비록 혜강嵇康은 향
수가 『장자』에 주해를 달고자 하는 모습을 매우 냉소적으로 평가하고
있지만, 이런 사실은 향수의 『장자』에 대한 관심이 지극했음을 보여 준
다. 그런 점에서 곽상은 향수, 나아가 장자와도 다를 수 있음을 반드시
주의해야 한다.

곽상이 좋게 평가된 것은 아무래도 풍우란馮友蘭 이후로 보아야 할
것이다. 그에 의해 곽상을 포함한 위진魏晉시대의 현학玄學자들은 '추상
과 초월의 세계를 오가는'(經虛涉曠) 형이상학자로 평가되었기 때문이다.

---

4) 자세한 내용(向郭注異同)은 정세근, 「죽림칠현의 정체와 그 비판」, 『동서철학연구』
   21(한국동서철학회, 2001.6.), '7. 향수와 곽상', 79~81쪽 또는 이 책 제2부 제5장,
   372~374쪽을 볼 것.
5) 『世說新語』, 「文學」.
6) 『晉書』, 「荀勗傳」, "操弄天權, 刑賞由己."

풍우란은 많은 철학사 속에서 왕필王弼, 향수, 심지어는 승조僧肇와 함께 곽상을 논리 분석에 뛰어난 학자로 기록하고 있다. 풍우란에게도 현학은 향수와 곽상과 같은 '합리주의자'(Rationalist)와 혜강과 완적阮籍과 같은 '감각주의자'(Sentimentalist)로 구별되고 있지만, 그것은 정말로 대강의 분류법일 뿐이었다. 그는 현학자들 모두를 '말 잘하고 잘 따지는'(辨明析理) 일군의 학자군으로 취급할 뿐, 그들 사이의 엄청난 간극을 엿보지 못했던 것이다. 물론, 풍우란도 많은 시간이 흘러서는 이런 점에 주목하여 자신의 관점을 스스로 수정, 보완하기도 한다.[7] 그런 점에서 그의 곽상에 대한 초창기 해석에는 세심한 주의가 필요하다.

근자의 이런 경향은 곽상의 전문가라 할 수 있는 탕일개湯一介에 의해 큰 변화가 일어난다. 그에 의해 장자와 장자주의 차이가 드러나게 되기 때문이다.[8] 그럼에도 그의 관점은 불교를 전공한 그의 아버지인 탕용동湯用彤에게 크게 빚지고 있어 곽상은 여전히 심오한 형이상학자로 취급되고 있다.[9] 이렇듯 곽상에 대한 비판적 이해는 그다지 철저하지 못한 편이었고, 탕일개의 영향을 받은 서양학자도 여기에서 크게 벗어나고 있지 못하다.[10]

---

7) 馮友蘭, 「郭象『莊子注』的哲學體系」, 『中華學術論文集』(北京: 中華, 1982), 525~595쪽. 그는 이 글에서 곽상의 제도옹호론적인 측면을 강조한다.(郭象關於'名敎'與'自然'的辯論)
8) 湯一介, 『郭象與魏晉玄學』(湖北: 人民, 1983).
9) 곽상의 평가 문제에 대한 연구 요략은 정세근 엮음, 『위진현학』(서울: 예문서원, 2001), 「이끄는 말」, 25~27쪽 참조. 이 글에서 나는 국내외 위진현학의 연구성과를 총정리했다. 또한 탕용동이나 牟宗三은 지둔과 곽상 사이에 많은 차이가 없는 것으로 보고 있다.
10) Brook Zipporyn, *The Penumbra unbound: The Neo-Taoist Philosophy of Guo Xiang*(New York, Albany: State University of New York Press, 2003). 이 글도 湯一介의 글에 크게 빚지고 있다.

최근 들어서야 곽상이라는 인물에 대해 비판적인 관점이 대두되기 시작했다. 나는 「곽상과 전체주의」라는 글을 통해서 '곽상 철학이 전체주의적인 것이며 위험스럽기 짝이 없다'는 요지의 발표를 통해 주의를 환기한 바 있는데, 이는 아마도 곽상을 '나쁘게' 평가하는 최초의 시도였을 것이다.[11] 철학자를 '좋다, 나쁘다'는 잣대로 이원론적으로 나누는 것이야말로 비철학적인 작업일지도 모른다. 그러나 곽상의 사상 속에 들어 있는 비장자적인 요소들을 찾아내고, 그것이 왜 충돌되는지, 충돌될 때 발생하는 문제가 무엇인지는 반드시 철저하게 드러나야 한다. 그래야만 장자와 곽상의 사상이 명확하게 구별될 수 있고, 나아가 독자들은 장자와 곽상 중에서 선택할 수 있기 때문이다.

3. 곽상과 장자

사실상 곽상의 장자에 대한 해석에는 그의 의도가 매우 강하게 드러나 보인다. 해석학적인 정당성 문제를 고려하지 않는다면, 곽상의 장자 이해는 고의적으로 왜곡歪曲까지 불사하고 있는 것으로 보인다. 만일 장자와 곽상의 차이가 그다지 심하지 않다면 이 같은 간극을 어쩔 수 없는 시대의 차이, 인물의 차이, 계급의 차이 등으로 옹호할 수 있을지도 모

---

11) 鄭世根, 「郭象與全體主義」(臺北, 國際中國哲學會 國立政治大學, 1999.7.26.~30). 우리나라에서 장자와 곽상의 차이를 강조한 글로는 이종성의 「장자의 독화론―그 장자 철학의 변주에 관하여」(정세근 엮음, 『위진현학』)가 있다. 나는 곽상에 대한 평가가 점차 부정적으로 기울어지고 있음을 확인한 바 있다. 儒道國際學術硏討會(一)先秦(臺北, 國立師範大學, 2002.5.25.~26).

른다. 이른바 '해석학적 지평'이 다를 수밖에 없지 않느냐는 변호이다. 그러나 곽상은 심하다. 두 가지 예만 들어 보아도 간단하게 드러난다.

먼저 '우물 안 개구리'(坎井之蠅)[12]의 예를 들어 보자. 이 유명한 이야기는 우리가 일반적으로 아는 바와 같이 '식견이 좁은 것'을 가리킨다. 그런데 곽상은 전혀 다른 방향으로 나가고 있다. 이야기 속에 동해의 자라가 우물 안으로 들어가려다가 왼발이 들어가기도 전에 나머지 한 발이 걸리는 상황이 나오는데, 바로 이 장면을 놓고 곽상은 "거봐라, 큰놈이 작은 데 들어가려니 그게 되냐"라고 풀고 있기 때문이다. 곽상은 이 문장에 "큰놈은 작은 데에서 놀지 못해 즐겁지 않은 것을 밝혔다"(明大之不遊於小, 非樂然)라고 주를 달고 있다. 이 말은 큰놈은 작은 데서 놀아서는 안 된다는 뜻이다. 다시 말해, 큰놈이 우물 안에 들어와 놀려고 하니 안 되는 것 아니냐는 것으로 자라의 분수없음을 탓하는 것이다. 이야기의 처음은 개구리가 자기 우물의 즐거움을 자랑하다가 벌어진 일로 이때 자라가 바다의 즐거움을 말함으로써 반전을 꾀한다. 그러자 개구리는 그만 망연자실茫然自失(規規茫自失)하고 만다. 그런데 이 모습을 곽상은 "작은놈이 큰 것을 바라니 자기를 잃는다"(以小羨大, 故自失)라고 풀이함으로써 '큰놈은 큰 데서, 작은놈은 작은 데서 살아야 함'을 강조한다. 분명 장자의 뜻은 우물보다 큰 바다에 있을 것이다. 그런데 곽상은 '우물 속에서 뛰노는 즐거움'(跨跱坎井之樂)과 '바다의 큰 즐거움'(東海之大樂)을 같이 보고 있는 것이다. 이런 투라면 우물 안 개구리의 뜻은 '좁은 소견을 지닌 자'가 아니라 '분수에 만족하고 행복해하는 자'가 되고 만

---

12) 『莊子』, 「秋水」.

다. 이른바 '송충이는 솔잎을 먹고 살아야 한다'는 뜻으로 해석되고 마는 것이다.

다음은 '마소 길들이기'와 관련된 것이다. 강의 신이 북해의 신에게 "무엇이 자연이고 무엇이 인위인가"[13]라고 묻는다. 당연히 마소가 네 발이 달린 것이 자연(天)이고, 마소에 고삐 꿰는 것은 인위(人)이라고 명쾌하게 답한다. 그런데 이 문장에 곽상은 어처구니없게도 "사람이 우마를 길들이지 않을 수 있겠는가? 마소를 길들여 타는 데 고삐 꿰지 않을 수 있겠는가? 마소가 고삐를 싫어하지 않는 것은 천명의 한결같은 당연함이다"[14]라고 주해를 달고 있다. 엄청난 다르게 읽기가 아닐 수 없다. 마소가 사람에게 부림을 받는 것이 인위가 아니라 운명이라는 것이다. 만일 이러한 달리 읽기에도 불구하고 여기서 멈추었다면 내가 말하는 곽상의 오독이 분명하게 드러나지 않았을 수도 있다. 그러나 이런 마소의 논의가 사람에게까지도 적용되면서 문제가 심각해진다. 곽상은 '남자와 여자 노비'[15]조차도 각자의 몫(分)에 맞게 자신의 일(任)을 하고 있을 뿐이라고 말하고 있다.[16] 아무리 노예제사회라고 하더라도, 장자가 원하던 세계는 자연이라는 큰 원칙에 맞추어 본 인간세人間世였지, 세상의 신분질서조차 양육강식의 논리로 정당화되는 자연계自然界가 아니었다.

이런 논의를 위해 곽상이 즐겨 쓰는 용어는 다름 아닌 '남음 없음'(無餘)과 '꽉 참'(至足)이었다. 축자적으로만 보면 거꾸로 이해될 수 있는 이 용어의 뜻은 '작다고 남는다고 하지 마라, 작아도 남지 않는다'(小者無餘),

---

13) 『莊子』, 「秋水」.

14) 人之生也, 可不服牛乘馬乎? 服牛乘馬, 可不穿落之乎? 牛馬不辭穿落者, 天命之固當也.

15) 臣妾: 신첩은 한대까지만 해도 남성과 여성 노비를 일컫는 말이었다.

16) 『莊子』, 「齊物論」.

그리고 '크다고 모자란다고 하지 마라, 커도 모자라지 않는다'(大者至足)는 것이다. 작은 것이라도 남지 않고 큰 것이라도 꽉 차 있다는 이러한 논의는 일정한 공간을 상정하고 그 안에 들어 있는 쥐와 코끼리의 예를 생각하면 된다. 교실에 쥐가 들어 있다고 넓은 것이 아니고, 코끼리가 들어 있다고 해서 좁은 것이 아니라는 것이다. 각자 딱 알맞을 뿐이다. 곽상은 말한다. "가을 터럭이라도 하늘과 땅에 누가 되는 바가 없고, 하늘과 땅이라 해서 가을 터럭보다 과할 것이 없다."17)

이러한 시각으로 보았을 때, 곽상의 제1명제로 취급되는 '그윽한 곳에서 홀로 되어 간다'(獨化於玄冥之境)는 주장의 진의는 상당히 의심스러운 데가 있는 것이다. 전체 속의 개인이라는 점에서 조화와 협조를 내세우고 있는 것 같아도, 실제로는 전체 속에 녹아나는 개인일 수밖에 없기 때문이다. 전체주의의 구호인 '모두는 하나를 위하여, 하나는 모두를 위하여'(All for one; One for all)라는 말은 결과적으로 전체를 위한 개인의 희생을 강요하는 것에 불과한 것처럼, 곽상은 '현명玄冥'이라는 전체의 구조 속에 '독화獨化'라는 개별자의 역할을 설정하고 있는 것이다.

바로 이 점이 장자와 곽상의 차이이다. 장자가 추구하는 개성의 함양과 곽상이 추구하는 전체 속의 조화가 이곳에서 달라진다. 장자는 개체가 자신의 본성을 이상적으로 실현하길 희망하고 있지만, 곽상은 개체가 자신의 본성보다는 사회의 질서 속에서 현실적으로 적용되길 바란다. 장자의 명제는 능동태이지만, 곽상의 명제는 수동태이다. 장자에

---

17) 『莊子注』, 「秋水」, "所謂大者至足也, 故秋毫無以累乎天地矣; 所謂小者無餘也, 故天地無以過乎秋毫矣." 이하 각주에서의 『莊子注』는 모두 곽상주를 가리킨다. 지둔의 주는 「소요유」만 남아 있다.

서는 '내'가 있지만, 곽상에게는 '나'란 없다. 장자의 '나'는 독립적이지만, 곽상의 '나'는 의존적이다. 곽상에게 주체적인 '나'란 제도 속의 나일 뿐이다.

4. 곽상의 「소요유」

곽상은 『장자』의 제1편인 「소요유逍遙遊」에 들어가기에 앞서 자신의 입장을 명확히 하고 있다. "작고 큼이 비록 다르나 스스로 얻은 마당에 풀어놓으면 사물은 그것의 성에 맡겨지고 사업은 그것의 능력에 맞추어지고 각자 제 몫을 다하니, 노니는 것은 마찬가지인데 어찌 그 사이에 이기고 짐이 끼어들겠는가!"[18] 크고 작음은 달라도 스스로 본성에 따라 놀면 되는 것이니 소요에 무슨 잘나고 못난 것이 있겠느냐는 이 말은 분명히 대붕과 참새의 구분을 하지 말자는 것이다. 위의 우물 안 개구리의 예에서처럼, 큰놈은 큰 데서, 작은놈은 작은 데서 놀면 그뿐이다. 따라서 그 둘 사이에서 승부를 나눌 수 없다는 것이다. 대붕은 하늘 속에서 남극까지 가면 되고, 참새는 들판에서 쑥 대공 위로 가면 된다. 큰 고래는 바다에서, 작은 개구리는 우물 안에서 산다. 그것으로 그만이다.

과연 장자가 그러한가? 아니다. 장자는 분명 대붕과 참새를 나누고, 대붕과 참새 이야기가 끝나자마자 바로 '작은 앎은 큰 앎에 미치지 못한

---

18) 『莊子注』, "夫小大雖殊, 而放於自得之場, 則物任其性, 事稱其能, 各當其分, 逍遙一也, 豈容勝負於其間哉."

다'(小知不及大知)고 한다. '버섯이 그믐과 초하루를 모르고, 매미가 봄과 가을을 모른다'고 하면서, '짧은 흐름은 긴 흐름에 미치지 못한다'(小年不及大年)고 단정 짓는다.[19] 장자는 큰 것과 작은 것, 긴 것과 짧은 것을 나누고 있는 것이다. 물론, 이때 크고 긴 것이란 형태적이거나 물질적인 것이 아니라 정신적 고양高揚 정도를 가리킨다. 이른바 어른과 아이와 같은 '수준水準'의 차이인 것이다.

그럼에도 곽상은 대붕을 비웃는 참새('蜩與學鳩: 정확히는 쓰르라미와 메까치)를 오히려 두둔한다. 장자의 문맥에서는 당연히 참새의 어리석음을 드러내는 장면일 터인데, 곽상은 참새의 경지를 높이 산다. "참으로 그 본성에 만족한다. 대붕은 작은 새보다 스스로 귀하다고 여김이 없고, 작은 새는 하늘의 못을 부러워하지 않는다."[20] 참새는 여기서 붕새와 같은 지위를 얻는다. "따라서 작고 큼은 비록 다르나, 노니는 것은 하나이다."[21]

소요란 이런 것인가? 대붕도 소요하고 있고, 참새도 소요하고 있단 말인가? 그렇다면 나아가 소요하지 않는 것은 아무것도 없다는 말인가? 참새는 붕새가 되려 하지 않고, 붕새는 참새가 되려 하지 않으면 소요의 조건에는 모두 맞는단 말인가?

장자는 매미와 메까치의 비웃는 언사에 이어 바로 품평을 하고 있다. 근교에 나가는 사람은 세끼 밥만으로도 배불리 돌아올 수 있지만, 백 리를 가야 할 사람은 밤새 절구질을 해야 하고, 천 리를 가는 사람은

---

19) 『莊子』, 「逍遙遊」.
20) 『莊子注』, 「逍遙遊」, "大鵬無以自貴於小鳥, 小鳥無羨於天池."
21) 『莊子注』, 「逍遙遊」, "故小大雖殊, 逍遙一也."

세 달의 식량을 모은다고. 그러면서 말한다. "이 두 벌레가 또 어찌 알겠는가!"[22] 이렇듯 장자는 참새의 짧은 생각을 명확히 힐난하고 있다. 그런데도 곽상은 의식적으로 이처럼 다르게 해석해 나가고 있는 것이다.

거기에 덧붙여서 이렇게 크고 작음을 나누는 태도를 논리적으로 공격하고 있는 듯 보인다. '따라서 크고 작은 것을 통솔하려는 자가 크고 작음이 있어서는 안 된다'[23]는 요지이다. 대붕이 참새를 무시하는 것도 '사물에 매어 있는 것'(累物)[24]일 뿐이다. '삶과 죽음을 가지런히 하는 사람이 삶도 죽음도 없는 것'[25]처럼, 작고 큼에 매여서는 안 된다. "따라서 작음도 없고 큼도 없는 데서 노니는 자는 끝이 없는 자(無窮)이다. 죽음도 삶도 없는 데서 그윽할 수 있는 사람도 끝이 없는 자(無極)이다. 풀어놓아 노닐면서도 있음에 매달려 있으면 비록 노닐더라도 끝이 있기 마련이니 기다림이 없을 수 없다."[26]

한마디로 대소大小와 생사生死를 초월하는 소요야말로 참 소요라는 주장이다. 곽상의 이론구조는 사실상 매우 간단하다.

(가) 전체의 세계가 있다.(一)

(나) 상대성으로는 전체를 볼 수 없다.(待)

(다) 그런 세계는 한쪽에 불과하다.(方)

---

22) 『莊子』, 「逍遙遊」, "之二虫又何知!"
23) 『莊子注』, 「逍遙遊」, "是故統小大者, 無小無大者也."
24) 『莊子注』, 「逍遙遊」.
25) 『莊子注』, 「逍遙遊」, "齊死生者, 無死無生者也."
26) 『莊子注』, 「逍遙遊」, "故遊於無小無大者, 無窮者也; 冥乎不死不生者, 無極者也. 若夫逍遙而繫於有方, 則雖放之使遊而有所窮矣, 未能無待也."

(라) 따라서 전체를 하나로 할 수 있어야 한다.(齊)

(마) 그것이 바로 소요이다.(遊)

(바) 그때서야 자기의 본성이 펼쳐진다.(性)

대략적으로 곽상의 어휘에서 (가)에는 '아우름'(統)이, (나)에는 '대소 大小', '생사生死' 등이, (다)에는 '유무有無'가, (라)에는 '크게 통함'(大通)이 있고, (마)에는 '얻음'(得)이, (바)에는 '몫'(分), '능력'(能) 등이 속한다. 결국 곽상이 바라는 세계는 그의 표현대로 '제일濟一(齊)성'에 기초하고 있었 다. 그러나 곽상의 이러한 해석은 문제가 많다.

첫째, 그는 「소요유」를 「제물론齊物論」으로 풀고 있다. 장자의 「제물 론」은 이와 같은 제일성의 논의가 가장 많이 등장하는 곳이고, 「추수」 는 이에 버금간다. 그런데 곽상이 벌이고 있는 「소요유」에 대한 해석에 는 '소요'는 없고 '제물'만 있다.

둘째, 평등으로 자유를 억압한다. 평등한 세상이라고 해서 자유로운 개인이 없는 것은 아니다. 그러나 곽상은 평등하기 위해서는 자유가 없 다는 주장을 펴고 있다. 개성은 제일성 속에서 포기된다. 개체는 전체 속에서 함닉되고 말아, 독자적으로 설 자리가 없다.

셋째, 과연 무엇이 본성이란 말인가? 곽상은 본성에 대한 깊은 반성 이 없다. 타고난 것이 모두 본성이라면, 이것이나 저것이나 다 본성대로 한 일이라는 것인가? 임금은 임금의 본성을, 노예는 노예의 본성을 타 고났다는 말인가? 성인은 성인의 본성을, 악인은 악인의 본성을 타고났 다는 말인가? 이러한 주장에는 함양涵養이나 공부工夫, 나아가 학습이나 교육과 같은 용어가 개입될 여지가 조금도 없다.

'각자 자기가 타고난 마당(自得之場)에서 본성을 실현하면 된다'는 이러한 곽상의 주장은 도가판 결정론으로 본성이 바뀔 여지가 조금도 없다. 바꾸려고 하다가는 다칠 뿐이다. "본성은 각자의 몫이 있다. 똑똑한 사람은 똑똑함을 지켜 끝을 기다리며, 어리석은 사람은 어리석음을 안고 죽음에 이르니, 어찌 그 성을 도중에 바꿀 수 있겠는가!"[27]

이런 해석에 불만을 갖은 역대의 주석가들은 하나둘이 아니다. 현대 판본 가운데에서 가장 정치한 『장자집석莊子集釋』의 저자조차 곽상의 「소요유」 첫 주부터 "곽상(향수)의 주가 다하지 못했다"라고 밝히고 있을 정도이다.[28] 특히, 위에서 말한 세 번째 논의는 불가에서는 결코 받아들일 수 없는 것이었다. 왜냐하면 만일 인간의 본성이 곽상식이라면 수행이고 성불이고 아무것도 필요 없어지기 때문이다. 이것이 바로 곽상이 주장하는 이른바 '적성설適性說'의 최대 난점이다.[29]

5. 지둔의 「소요유」

지둔支遁(314~366)의 자는 도림道林으로 지도림으로도 통한다. 『장자』 해석사에서 '지씨支氏'는 지둔을, '지리支理'는 지둔의 이론을 뜻하지만 본디 성은 관關씨였다. 지둔은 곽상(252?~312)보다 반세기 늦어, 당시 통용

---

27) 『莊子注』, 「齊物論」, "性各有分, 故知者守知以待終, 而愚者抱愚以至死, 豈有能中亦其性者也."
28) 郭慶藩 [清], 『莊子集釋』(臺北: 漢京, 1983), "此向郭之注所未盡."
29) 곽상의 적성설과 그에 대한 비판은 이 책 제2부 제1장, 224~230쪽과 제3장, 290~301쪽 참조.

되던 곽상의 장자 주석을 보았을 가능성이 크다. 왕희지王羲之가 지둔에게 「소요유」에 대해 듣기를 청하여 수천 언數千言을 지었다는 이야기가 남아 있는 것으로 보아,[30] 동진東晉시기에는 향수, 곽상 그리고 지둔의 「소요유」에 대한 해석이 3가家를 이루고 있지 않았을까 추측된다. 『세설신어』「문학」에도 당시에는 곽상과 향수의 주 이외에 새로운 해석이 없었는데 지둔이 새로운 뜻을 세웠다는 이야기가 전해진다.[31]

명교파名敎派, 죽림파竹林派, 격의파格義派라는 현학의 분류적 관점에서 보았을 때 지둔은 격의파 곧 반야파般若派에 속한다. 그런 점에서 그의 불경에 대한 해석에는 노장의 관점이 많이 개입되었을 것으로 보인다. 거꾸로, 같은 이유로 그는 장자 해석에도 철저히 불교적 관점을 따랐을 것으로 보인다. 이런 작업 경로에 대해서는 정식의 용어는 없지만, 불경의 중국 경전적 해석을 '내격의內格義'라 한다면 중국 경전의 불경적 해석을 '외격의外格義'라고 부를 수 있을 것이다. 지둔의 장자주는 외격의의 좋은 예가 된다. 지둔은 일반적으로 불경 저작자로 알려져 있음을 기억하자. 지둔의 저작으로는 『즉색유현론卽色遊玄論』, 『성불변지론聖不辯知論』, 『대소품대비요초大小品對比要鈔』, 『도행지귀道行旨歸』, 『석몽론釋朦論』 등이 있는데, 일부는 일실되었지만 『홍명집弘明集』이나 『광홍명집廣弘明集』 그리고 『출삼장기집出三藏記集』 등에 실려 있다. 특히 지둔이 『안반경安般經』(Ānāpāna: 出息과 入息)에도 주해를 달은 사실은 불가 수행에서의 호흡술을 도가적으로 이해했음을 간접적으로 보여 준다. 이는 비슷한 시기의

---

30) 釋慧皎 [梁], 『高僧傳』.
31) 『世說新語』, 「文學」, "支道林在白馬寺中, 將馮太常共語, 因及逍遙. 支卓然標新理於二家之表, 立異義於衆賢之外."

도안道安이 안세고安世高가 번역한 『안반경』 서문에 『역전易傳』 「계사繫辭」
의 '개물開物'과 '성무成務'로 그것을 이해한 것과 비견된다.

지둔은 소요에 대한 해석의 문제에서 재밌는 일화를 남긴다. 그가
백마사白馬寺에 들렀을 때 유계지劉系之 등과 「소요유」를 논하게 된다. 그
런데 유계지는 '각기 본성대로 사는 것이 소요'(各適性以爲逍遙)라는 입장이
었다. 이는 적성설이 개입된다는 점에서 곽상식 소요 해석으로 보인다.
이때 지둔의 반박이 걸작이다. "그렇지 않다. 폭군 걸이나 대도 척은
잔인하고 해를 입히는 것이 그들의 본성이었다. 본성으로 나아가 얻어
지는 것이라면 그들도 소요한 것이다."[32] 지둔은 걸桀과 척跖처럼 잔혹
한 것도 본성이므로 그들도 소요한 것이냐고 통쾌하게 반박하고 있는
것이다. 그는 이런 논의를 바탕으로 「소요유」에 주를 달고 있다.[33]

지둔은 소요에 대한 정의를 분명하게 한다. "소요는 지인의 마음을
밝히는 것이다."(夫逍遙者, 明至人之心也) 알다시피 '마음'(心)이 절대적 가치로
철학사에 등장하게 되는 것은 불교 유입 이후이다. 『장자』에서도, '성심
成心'의 예와 같이, 마음은 욕망의 산실이거나 적어도 육체적 기능을 하
는 것에 불과했다. 성심은 문맥상 '편견'이나 '선입견'이라는 뜻인데도,
오랫동안 불교의 영향을 받은 송대 이후의 주석가들은 '이루어진 마음'
이라는 해석으로 억지로 풀이하려고 애쓰기도 했었다.[34] 그런데 지둔

---

32) 『大正藏』, 권50, "不然, 夫桀跖以殘害爲性, 若適性爲得者, 彼亦逍遙矣."
33) 지둔의 「소요유주」는 매우 짧아서 여러 곳에 실려 있는데, 일반적으로 인용되는 것
   은 劉孝標의 주 속에서 인용된 것이며, 우리가 가장 쉽게 찾아볼 수 있는 곳은 위에서
   소개한 郭慶藩, 『莊子集釋』, 「逍遙遊」 도입부에 劉를 거론하며 인용되어 있는 곳이다.
34) 『莊子』, 「齊物論」. 林希逸[宋]: "有此心天然渾然."; 釋德淸[明]: "現成本有之眞心."; 宣穎
   [淸]: "成心之中有妙道存焉." 이런 영향은 근래까지 지속된다. 蔣錫昌: "天然自性之心." 거
   꾸로 송대 이전만 하더라도 이런 간섭에서 자유롭다. 成玄英[唐]: "域情滯著, 執一家之偏

은 '마음'의 지위를 '지인至人'에게까지 상승시켜 설명하고 있다. 이때 지인이란 부처이고 지인의 마음이란 불심佛心을 가리키게 된다.

지둔은 장자에 대한 비판도 마다하지 않는다. "장자는 대도를 잘 말하고자 붕새와 참새에 비유했다. 붕새는 좋은 삶의 길을 밝혔기에, 몸 밖(體外)에서 갈 길을 잃었다. 참새는 가까운 데에서 먼 것을 웃었으니, 마음속(內心)에서 잘난 척을 했다."35) 붕새는 몸 밖으로 나가는 바람에 길을 잃었고, 참새는 마음속에서 혼자 남을 불쌍하게 여기고 스스로 다투고 있었을 뿐이다. 몸 밖으로 나갈 것도 아니고, 마음속에서 머물 것도 아니었다.

지둔에 따르면, 밖에 있으면서도 안을 잊지 말고, 안에 있으면서 밖을 아는 것이야말로 최고의 경지였고, 그 자리에 지인이 있었다. 그는 장자의 유명한 '사물을 사물이 되게끔 하면서도 사물 속에서 사물이 되지 않는다'36)라는 구절을 인용하여, 어디서고 구애받지 않고 자유자재한 경지를 설정한다. "지인은 하늘의 바름(天正)을 타고 높이 올라가 흔들리는 물결 속에서 노닒이 끝이 없으니, 온갖 것을 온갖 것이 되도록 하면서도 스스로는 온갖 것 속에서 그것이 되지 않고, 따라서 놀더라도 (遙然) 내가 걸리는 것이 없다. 그윽한 깨달음은 아무것도 하지 않고 서두르지 않은데도 빠르니, 따라서 놀더라도(遙然) 가지 않는 곳이 없다. 그래서 노닒(逍遙)이 되는 것이다."37) 이상적인 인격은 결코 사물에 얽이

見者, 謂之成心." 陳鼓應, 『莊子今註今釋』 上(臺北: 商務, 1978·1985), 56~57쪽 참조.
35) 莊生建言大道, 而寄指鵬鴳. 鵬以營生之路曠, 故失適於體外; 鴳以在近而笑遠, 有矜伐於內心.
36) 『莊子』, 「在宥」, "物而不物. / 物物者之非物."; 「山木」, "物物而不物於物."; 「知北遊」, "物物者非物."
37) 至人乘天正而高興, 遊無窮於放浪, 物物而不物於物, 則遙然不我得; 玄感不爲, 不疾而速, 則逍

178   제1부 노자와 장자의 해석들

고 매이면 안 된다. 만물을 만물 되게끔 하면서도 그중의 하나가 되면 안 된다. 그래야만 자신이 자유로울 수 있다. 진정한 깨달음은 작위적인 일을 벌이지 않아 겉으로 보기에는 빠르지 않아도 실제로는 빠를 수 있어야 한다. 그래야만 어디에고 갈 수 있다. 이렇게 자신이 매이지 않아 어디로도 갈 수 있는 것이 바로 소요라는 것이다.

그런데 대붕과 참새는 어떠했는가? 대붕은 거대한 형체에만 매달렸고, 참새는 오만한 심리에만 매달리지 않았던가? 대붕은 덩치만 컸고, 참새는 심술만 부렸다. 그런 점에서 둘 다 소요하지 못했다. 소요는 만물을 길러 주면서도 만물 속에 갇히지 않는 지인이 하는 것이다.

그렇다면 과연 하늘의 바름(天正)이란 무엇인가? 지둔은 매우 간단히 설명한다. 목마른 자에게 물 주고, 배고픈 자에게 밥 주는 것이라는 것이다. "하고자 함이 있도다. 채우고자 하는 바에 맞추고 채우고자 하는 바를 채우면, 하늘의 참(天眞)에 빨리 비슷해진다. 배고프면 밥을 주고, 목마르면 물을 준다. 어찌 곡식을 말려 빻아 놓고 봄과 가을 제사를 잊겠는가? 어찌 진한 술과 맑은 술을 받아놓고 술그릇을 버리겠는가? 진실로 만족함을 다하지 않는다면 어찌 노니는 까닭이 있겠는가?"[38] 지둔에 따르면, 족함에 알맞추고 족함을 족하게 해 주라(當其所足, 足於所足)는 것이다. 많은 문맥의 생략이 있다고 보이지만, 여기서 보이는 그의 생각은, 소요란 타고난 그대로 먹고 마시는 길(一飮一食之道)로 느껴진다. 마치 도승의 선문답처럼, 차 한 잔 속에서 소요를 발견하고 있다. 쌀 있으면

然靡不適, 此所以爲逍遙也.
38) 若夫有欲, 當其所足, 足於所足, 快然有似天眞, 猶飢者一飽, 渴者一盈, 豈忘烝嘗於糗糧, 絶觴爵於醪醴哉? 苟非至足, 豈所以逍遙乎?

잔치하고, 술 있으면 즐기는 것이 노닒의 뜻이라는 것이다.

지둔의 이런 해석에서는 장자가 희구하는 이상적 세계도, 곽상이 주장한 전체의 세계도 현실 속에서 희화戲化된다. 일용 속에서 소요가 드러나게 되는 것이다. 그리고 그 일용의 마음을 밝히고자 하는 것이 소요의 목적이 된다. 지둔의 관점에서 소요는 지인의 마음을 밝히는 것이면서도, 동시에 소요는 그저 먹고 마시는 것이라고 한다. 과연 이 둘은 맞아떨어질 수 있는 것인가?

6. 적성과 수행

지둔이 곽상에게 만족하지 못했을 것이라는 것은 자명하다. 만일 붕새와 참새의 차이를 인정하지 않는다면, 불가에서의 수행修行은 불가능해지기 때문이다. 우리 중생인 참새는 부처인 붕새가 되기 위해서 노력해야 한다. 이른바 '성불成佛'이라는 목적이 인간들에게 부여되고 있는 것이 불교의 가르침이다. 적성適性이란 허울로 사람을 잣대질한다면, 부처는 부처의 적성이 있고, 보살은 보살의 적성이, 아라한은 아라한의 적성이 있을 뿐, 아귀餓鬼와 수마睡魔에 빠져 사는 내가 부처가 될 길은 아득하다. 건달乾達, 낭인浪人, 한량閑良 그리고 카사노바와 같은 바람둥이도 자신의 적성에 충실할 뿐이다. 슬프지만 적성설에 지독히 충실하다면, 2004년 한국을 떠들썩하게 만들었던 희대의 살인마 유영철도 지둔의 말처럼 적성일 뿐이다. 괜히 중국 고대의 임금과 도둑의 이름을 거들먹거릴 필요도 없다.

곽상은 분명히 성왕 요와 폭군 걸은 타고난 성품이 다름을 지적한다.[39] 그리고 '인(仁)'에 밝은 증참曾參이나 '의義'에 밝은 사추史鰌가 천하에 끼친 잘못은 본성을 왜곡했다는 점에서 폭군 걸이나 도둑 척보다 심하다고 주장한다. 곽상은 말한다. "증참과 사추의 본성은 어짊(仁)이 남보다 나을 뿐이다. 본성이 그렇지 않은데도 옆으로 뒤집어 어질어지려고 따라하면 그 어짊은 이미 거짓이다. 천하는 폭군 걸과 도둑 척을 따른 바 없고, 증참과 사추를 꼭 따라했으니, 그들이 천하를 부풀리고 시끄럽게 함은 참다운 본성을 잃게 하는 것으로 폭군 걸이나 도둑 척보다 심했다."[40] 내가 보기에, 심한 것은 증참이나 사추가 아니라 오히려 곽상이다.

그런 점에서 나는 곽상을 형이상학적으로 풀이하는 것을 반대한다. 형이상학의 결과가 이렇게 잔혹하고 냉정한 것일진대, 무감하고 무력하게 어떤 이의 사고를 받아들이는 것은 철학자가 할 일이 아니다. '무심코 형이상학'이 가져다주는 '엄청난 사고'는 우리의 책임이기 때문이다.

그러나 지둔에게서 이러한 냉철한 반성이 있었던 것 같지는 않다. 곽상이 '둘 다 옳다'는 주장이라면, 지둔은 '둘 다 그르다'는 주장이기 때문이다. 대붕과 참새에 대한 양시론兩是論에서 양비론兩非論으로의 전환이다. 만일 지둔이 좀 더 장자 편이었다면 대붕 쪽에 손을 들어주었어야 옳다. 소요는 소요이고, 제물은 제물인데, 제물의 원리가 소요의

---

39) 『莊子註』, 「秋水」, "然此二君, 各受天素, 不能相爲, 故因堯桀以觀天下之趣操, 其不能相爲也可見矣."

40) 『莊子註』, 「騈拇」, "夫曾史性長於仁耳, 而性不長者橫復慕之, 慕之而仁, 仁已僞矣. 天下未嘗慕桀跖而必慕曾史, 則曾史之簧鼓天下, 使失其眞性, 甚於桀跖也."

이념을 간섭하는 것을 그는 제대로 방어하지 못했다.

지둔은 마음과 몸의 합치를 주장한다. '몸' 밖도 아니 되고, '마음속'도 아니 된다. 이른바 형체와 심성의 내외합일론이다. 대붕의 외면적 거대함이나 참새의 내면적 오만함을 넘어선 새로운 길이 그가 찾고자 했던 길이다. 대붕이 가야 할 길은 남극이 아니라 마음이라는 큰 바다였고, 참새가 누려야 할 자존심과 자긍심도 지인이라는 목표가 있어야 했다. 그것이 바로 지둔이 말하고자 했던 소요의 본질이었다.

이러한 지둔의 이론은 한마디로 '명심설明心說'이라 할 수 있다. 곽상의 '적성설'과 대비되는 불가적 수양이론인 것이다. 이른바 '밝힌다'(明)는 것은 능동적인 행위가 개입되고 있는 것으로, '나간다'(適)는 것처럼 맹목적인 수긍이 아니다. 타고난 것으로서의 '본성本性'이 아니라 얻어낼 것으로서의 '본심本心'이다. 그것이 바로 불가의 회귀처인 불심佛心이고, 나아가 그 불심을 얻은 자를 지둔은 지인이라고 부르고 있는 것이다.

특히 지둔의 '천정론天正論'에 주목할 필요가 있다. 이 천정론은, 그의 표현이기도 하지만, 오늘날의 표현대로라면 바로 '천진설天眞說'이다. 그 모두 도가의 용어라는 점에서 호환성도 보장된다. 그런데 이 천진설은 정말로 천진하게도 '목마른 이에게 물 주고, 배고픈 이에게 밥을 주라'는 내용을 담고 있는데, 한마디로 줄이면 '그들이 바라는 바를 그들에게 주라'는 주장이다. 혹 이 점이 형식적으로는 곽상의 주장과 혼동될 수 있겠지만, 실제의 내용은 많이 다르다. 아쉽게도 곽상에게는 '그들이 바라는 바'가 없다. 그들의 지금의 모습이 곧 그들이 바라는 바일 뿐이다. 그러나 지둔에게는 '그들이 바라는 바'가 있다. 그리고 그것을 채워 주자는 것이다. '바람'(欲)도 있고, '채움'(足)도 있다. '족하고자 하는 바를

족하게 하라.'(足於所足) 하늘 못(天池)으로 가고 싶어하는 자 있으면 가게 끔 하라는 것이 지둔의 주장인 것이다.

게다가 천진설에는 '일용日用 소요'의 주장이 가미되어 있다. 이른바 '산은 산이고, 물은 물'인 경지를 상정하는 것이다. 이 점은 지둔이 당시 육가칠종六家七宗 가운데 '즉색종卽色宗'을 대표했다는 사실과도 연관되어 주의를 요한다. 이런 사유의 배태는 당시에 유행하던 외격의 작업에 대한 이해와 더불어 장차 지둔의 불교체계 속에서 이론적으로 설명되어야 할 부분이기도 하다.[41]

'마음공부' 이후에 되돌아오는 '날마다 소요'의 세계, 이것을 지둔은 바라고 있었다. 지둔의 새는 하늘 높이 날아 멀리 보고 있지만, 다시 땅 위에서 노닐고 있는 것이다. 그 세계는 곽상이 '발을 곧추 세운다'[42]고 볼 수 있는 것이 아니었다.

---

[41] 『世說新語』, 「文學」(「卽色遊玄論」), "夫色之性也, 不自有色. 色不自有, 離色而空. 故曰: 色卽爲空, 色復異空."

[42] 『莊子注』, 「逍遙遊」, "小大之辯, 各有自然之素, 旣非跂慕之所及, 亦各安其天性, 不悲所以異."(작고 큼의 다름은 각자 자연의 바탕이 있어 발을 곧추 세운다 해서 미치는 것이 아니므로, 각자의 천성을 편안하게 여겨 서로가 다르게 되는 까닭을 슬퍼하지 않는다.)

제7장 장자와 영미학자
─장자 편집에 대한 영미학자들의 견해

1. 『장자』라는 책과 그레이엄과 로스의 견해

『장자』의 성서成書 시기에 대해서는 이견이 분분하다. 이는 당시의 학파에 대한 이해와 『장자』 각 편에 대한 이해가 서로 다르기 때문에 발생하는 현상이다. 이에 관해서는 최초로 중국의 관봉關鋒이 중심이 되어 문제를 제기한 이후,[1] 논의는 영미권으로 넘어가서 현재 집중적으로 활발하게 토론되고 있다.

그레이엄(Graham)은 관봉의 견해를 먼저 소개하면서 의문을 제기한다.[2] 『장자』는 기원전 4, 3, 2세기의 모음집으로 그것에서 내편(1~7)만이 장자 자신의 저작이라고 확실하게 말할 수 있다고 일반적으로 알려져 있다. 『장자』의 저자들이 반드시 모두 도가일 수도 없고, 그들 가운데에서도 외편의 마지막 6편(17~22)만이 장자의 제자들에 속하는 것으로 받

---

1) 關鋒, 「莊子外雜篇初談」, 『莊子哲學討論集』(哲學硏究編輯部, 北京: 中華, 1962), 61~98쪽.
2) A. C. Graham, "How much of *Chuang Tzu* Did Chuang Tzu Write?", In Graham (ed.), *Studies in Chinese Philosophy and Philosophical Literature*(Albany: State University of New York Press, 1990[1986]), pp. 283~321. 이 글에서는 영미권의 논의만을 주제로 삼으며, 소개를 위한 중복 인용은 편의상 하지 않는다.

아들여진다는 것이 관봉의 견해이다.

여기서 그레이엄은 아래의 두 가지 질문을 한다.

첫째, 과연 내편의 저자라고 일반적으로 생각하는 장자를 당연한 것으로 받아들일 수 있는가? 부사년傅斯年은 장자의 저작이라는 점을 부인했다.

둘째, 잡편의 6편(23~27, 32)은 잡다하고 편린적인 장들로 구성되어 있어 여러 저자들에 의해 쓰였을 수 있다. 내편은 몇몇 곳에서 잘려져 있는데 만약 우리가 잘 파악한다면 그 빈 곳을 잡편에서 소홀히 취급되는 장들로 채워 넣을 수 있을 지도 모른다.

그레이엄은 내편의 특징적 용법과, 내편과 유사하지만 그것으로부터 빠진 부분(괄호로 두어서 구별하는 것들)을 도표화하고 그것에 대한 주석까지 달고 있다. 그래서 내편에서 빠진 예들이 23~27, 32편에 모이면서 드러나는 명확한 특성은 매우 흥미롭다고 보는 것이다. (1) 관용구, (2) 문법, (3) 철학적 용어, (4) 인물과 주제라는 항목으로 도표를 작성하고 그것에 대한 꼼꼼한 주석을 달고 이것을 통하여 그레이엄은 잡편의 23~27, 32편이 관봉의 주장과는 달리 장자의 후학들에 의해서 만들어졌다고 본다.

그레이엄은 잡편의 어떤 장들이 내편 제3편인 「양생주養生主」의 삭제된 도입부(introduction)로 다시 설정될 수 있는지를 설명하고 있다. 내편에서 가장 분명하게 삭제된 부분은 가장 짧은 「양생주」(3장)이다. 이 장은 6장의 도입부와 유사한 내용으로 시작하고 있는 듯하지만 한두 절에서 끝나고 있다. 나머지는 3가지 이야기로 구성되어 있고 두 번째와 세 번째 이야기 사이에 택지의 꿩3)에 대한 단편이 끼워져 있다. 여기서 우리

는 도입부에 해당하는 일문佚文을 가정해야만 한다. 그래서 그레이엄은
「칙양則陽」(25)편, 「서무귀徐無鬼」(24)편, 「열어구列禦寇」(32)편의 몇몇 구절을
「양생주」의 도입부로 연결해서 빈약한 그 내용을 보충하고 있다.

이러한 접근을 시작으로 그레이엄은 '장자'와 '장자학파' 이외에도,
'원시주의자'(Primitivist)의 문헌, '양주楊朱학파'(Yangist)의 문헌, '혼합주의
자'(Syncretist)의 문헌으로 나누어서 장자를 분석, 고증하고 있다.[4] 그의
이러한 작업은 후대에 막대한 영향을 끼친다. 그런데 『회남자淮南子』를

---

3) 澤雉十步一啄, 百步一食, 不蕲畜乎樊中. 神雖王, 不善也.
4) Graham, A. C.(tr.), Chuang-Tzŭ: *The Inner Chapters*(Indianapolis, Cambridge: Hackett Publishing Company, Inc., 2001), p.39.
앞은 그 책의 쪽수이고, 뒤는 *Harvard-Yenching sinological index series*(편/행)가 기준이다.
* Essay of the Primitivist(원시주의자들의 논설)

200~203	8/1~26 + 12/95~102 + 8/26~33
204~206	9
207~210	10(8~10, 14, 21f, 26 제외)
211~213	11/1~28(28 제외)
214f	14/60~74
216f	12/83~95 + 11/57~61

* Yangist miscellany(양주주의자들의 잡록)

224~233	28
234~243	29
244~247	30
248~253	31

* Syncretist writings(혼합주의자들의 글)

259~263	13/1~45
264~267	15
268	11/66~27
269	12/1~6
269f	14/1~5
271f	12/6~12
272	12/12~8
273	13/60~4
274~285	33

중심으로 황로학黃老學을 연구한 로스(Roth)가 등장하면서 다소의 비판을 받게 된다.5)

로스에 따르면,6) 『관자管子』의 '3편'(「內業」, 「心術」上·下)과 『회남자』는 동일한 사상계보에 있으며, 사마천이 묘사한 '도가'에 딱 들어맞는다. 도가는 한대의 역사가에 의해 '황로학'이라고 불리기도 했으며,『사기史記』는 황로학이 한대 이전에 실존했고, 제나라의 직하학궁稷下學宮과 관련 있다고 보는 것이다. 그의 관점은, 도가라는 칭호는 이 사상계보에 붙은 것이지, 신비주의적인 노장철학에 붙은 것이 아니었다는 판단에서 출발한다.7) 한대에는 노장이 뚜렷한 철학적 계파로서 알려져 있지도 않았고, 사실상 도가사상의 초기 역사에 대한 전통적인 이해방식을 강하게 지배해 온 '노장'(노자와 장자의 신비주의적인 측면을 연결시킨)이라는 범주는 위진현학魏晉玄學자에 의한 구도였다는 것이다.8)

---

5) Harold D. Roth, *The Textual History of the Huai-nan Tzu*(AAS Monograph Series, Ann Arber: University of Michigan, 1992). 그는『淮南子』만이 아니라, 「內業」편의 주석서도 냈다. Harold D. Roth, *Original Tao: Inward Training and Foundations of Taoist Mysticism*(New York: Columbia University Press, 1999). 『管子』의 주석은 W. Allyn Richett, *Guanzi: Political, Economic, and Philosophical Essays from Early China*, Vol. I & II(Princeton: Princeton University Press, 1985) 참조. 「내업」, 「심술」상·하는 Vol. II. 로스도 「내업」이 어떻게『관자』로 들어갔는지는 흥미를 자아내면서도 확정적인 결론을 허용하지 않는 물음이라고 말한다. Roth, *Original Tao: Inward Training and Foundations of Taoist Mysticism*, p.20.

6) Harold D. Roth, "Who Compiled the *Chuang Tzu?*", In Henry Rosemont, Jr.(ed.), *Chinese Texts and Philosophical Contexts: Essays Dedicated to Angus C. Graham*(La Salle, IL: Open Court, 1991), pp.79~128.

7) 사실 우리들에게는 '신비주의'라는 말로 모든 것을 설명하려는 태도가 거슬릴 수밖에 없다. 그러나 서구인들에게 이 표현은 매우 폭넓게 쓰이고 있음을 이해하자.

8) 대체로 틀리지는 않지만, '老莊'으로 병칭된 것은『회남자』에서 시작되었으므로, 그러한 구도의 원류는 현학보다는 아무래도『회남자』로 보아야 할 것 같다. 상세한 논의가 필요한 부분이다.

로스는 철학적 도가와 종교적 도가의 연관성을 깊게 고려한다. 심리학과 자기수양의 생리학적 토대에 대한 이론은 황로학적 전통(초기 도가철학)의 불가결한 부분인 동시에 이후의 종교적 도가에서도 발견되는데, 이는 초기 도가철학과 이후의 종교적 도가의 관련성을 잘 보여 준다는 것이다.[9] 따라서 그는 『장자』의 편집자가 『관자』나 『회남자』와 동일한 철학적 계보 속에 있음을 입증할 수 있다면, 초기의 도가와 이후의 도가가 어떻게 연결되는지에 대해 좀 더 완전한 그림을 가질 수 있을 것이라고 본다.

로스의 결론은 아래와 같다. 관봉은 『장자』가 기원전 150년경 회남왕 유안劉安의 저택에 모였던 학자들에 의해 편집되었고, 「천하天下」는 유안이 쓴 것이라고 보고 있다. 그레이엄은 내편의 편명 중에는 『장자』의 잡가적인 내용에서 발견되는 것들이 있다는 점에서 혼합주의자가 편집자였다고 보지만, 관봉과는 달리 「천하」의 저자는 다른 편들에서 나오는 전문 어휘들을 사용하고 있다는 점에서 다른 편들의 저자와 동일한 사상계보에 있다고 보고 있다. 따라서 『장자』의 편집자에 대한 연구는 결국 이 혼합주의자의 정체성을 결정하는 문제로 귀착된다. 즉 장자의 혼합주의적 편들의 저자가 장자를 편집했는지, 아니면 혼합주의적 전통 내의 다른 누군가가 장자를 편집했는지를 가리는 문제이다. 결론적으로 로스가 입증하려는 것은 『장자』의 혼합주의적 편들과 『관자』의

---

9) 이러한 관점은 1993년 郭店초간본 발견 이후 더욱 신빙성이 높아졌다. 자료는 철학과 종교가 처음부터 같이 발전하고 있음을 보여 준다. 정세근, 「곽점초간본 『노자』와 『太一生水』의 철학과 분파」, 『철학연구』 58(철학연구회, 1992) 또는 이 책 제1부 제1장. 이 글에서 나는 『노자』의 판본에 대한 그의 견해를 소개한 바 있다. 羅浩, 「郭店 『老子』對文中一些方法論問題」, 『道家文化硏究』 17(北京: 三聯, 1999), 200쪽.

세 편 그리고 『회남자』가 황로학이라는 칭호를 붙일 수 있는 동일한 도가철학의 계보에 있다는 점이다.

로스의 주장은 「천하」의 저자가 '도술道術'과 '방술方術'을 대조시키면서, 유가와 법가와 같은 다른 사상체계의 장점들을 '천지지도天地之道'라고 불리는 도의 우주론에 근거를 둔 포괄적인 체계 속에서 융합시키려고 한다는 것이다. 우주론과 심리학과 정치사상을 아우르는 이 포괄적 도 관념은 꼭 『장자』의 혼합주의에만 국한되지 않으며, 특히 『회남자』와 『관자』의 세 편에서도 발견되며, 더욱이 사마천의 '도가'에 대한 기술은 '혼합주의적인 도술' 정신에 아주 근접해 있다는 것이다. 따라서 로스는 사마천이 '도가'라는 용어를 선택하는 데에는 혼합주의적인 영향이 있었으리라고 짐작하고 있다.

사실상 이와 같은 논의는 매우 정교해서 쉽게 접근하기 어렵다. 특히 관봉, 그레이엄, 로스는 모두 각기 다른 사상적 배경을 갖고 있어서 세심한 주의를 요한다. 그레이엄이 보여 준 상세한 『장자』에 대한 세밀한 고증은 학계에 심대한 영향을 미쳤으나, 로스는 황로학이라는 새로운 연구 환경 속에서 『회남자』 계열의 학자들이 『장자』를 편집했다고 주장함으로써 논의가 좀 더 정치해지고 있는 것이다.

2. 그레이엄이 제시하는 세 학파

그레이엄은 『장자』와 관련되어 장자(c. BC 320)와 장자학파 이외에 세

가지 다른 학파를 주장하고 있다. 첫째는 원시주의자(BC 209~202)이고, 둘째는 양주학파(비슷한 시기)이며, 셋째는 우리의 가장 큰 논쟁점이 되는 혼합주의자(BC 2세기경)이다.[10]

1) 원시주의자들의 문헌

그레이엄은 외편의 세 편 「변무騈拇」(8), 「마제馬蹄」(9), 「거협胠篋」(10) 그리고 「재유在宥」(11)의 도입부가 『장자』에서 가장 동질적인 부분이라고 판단한다. 그러나 「거협」의 도척 이야기와 「재유」의 노자 이야기는 단지 논쟁 가운데 삽화 형식으로 끼워져 있으며, 아울러 「재유」의 나머지 부분들은 하나의 예외(11/57~63)말고는 '원시주의자'라고 부르는 것과 전혀 관계가 없다고 한다. 「재유」의 나머지 부분들은 관봉이 말하듯 「천지天地」의 방식과 같다. 다른 한편, 그는 「천지」(12)편의 마지막 두 단락도 원시주의자의 것이라고 생각한다.[11]

그리고 원시주의자들과 유사한 철학을 설명하는 다른 부분도 있다. 특히 제16편 「선성繕性」의 전체가 그러한데 원시주의자의 표어인 '성명지정性命之情'을 사용하는 노자와 자공子貢의 대화 속에는 몇 차례 원시주의자의 문구가 등장한다. 원시주의자의 철학에서 사람은 본성(性: nature)과 그에 얹어진 능력(德, 得: power)을 기반으로 살아가는데, 불행하게도

---

10) A. C. Graham, "How much of *Chuang Tzu* Did Chuang Tzu Write?", In Graham (ed.), *Studies in Chinese Philosophy and Philosophical Literature*(1990), pp.283~321. 그리고 A. C. Graham, *Disputers of the Tao: Philosophical Argument in Ancient China*(La Salle, Illinois: Open Court Publishing Co., 1989), p.173.

11) 주4)를 보라.

문명화된 사회는 이 본성과 능력을 훼손시킨다는 것이다.

원시주의자들은 씨족적인 유토피아를 그리고 있다. 그곳에서 사람은 동물처럼 자연스럽게 살고 있다. 그곳의 지도자들은 가족이나 부족의 수장으로 씨氏로 대표된다. 그러나 황제 이후로 점차 황폐해 갔다. 원시주의자들의 두 가지 골칫거리는 공자와 묵자 학파로 대표되는 도덕주의(moralism), 그리고 묵자와 양주 학파와의 논쟁이다. 원시주의자들의 관심은 오로지 사회적이고 정치적이라서 개인적이고 신비적인 탐색 속에서 도의 추구를 전혀 말하지 않는다.

그렇다면 원시주의자들의 문헌은 언제 쓰였는가? 그레이엄은 제10편 「거협」에 나오는 도척의 에피소드가 『여씨춘추呂氏春秋』(BC 240) 11기記 4편에 나오는 점을 들어서 분석하고 나서 기원전 205년 전후로 추정한다. 그리고 이 원시주의자들이 '장자의 전통에 속하는 것인지, 노자의 전통에 속하는 것인지'를 물으면서 분명히 『장자』보다는 『노자』의 구절들과 유사하다고 한다. 이 원시주의자는, 한비자韓非子와 마찬가지로,[12] 기원전 3세기 후반에 집단화되기 시작할 무렵 노자의 영향을 받은, 초기 시대의 시일을 확인할 수 있는 증인(datable witnesses)이라고 그레이엄은 판단한다. 특히나 이상화된 농촌적 삶의 모습은 『노자』 80장의 확장판이라는 것이다. 이렇게 본다면, 원시주의자는 노자의 이상적 통치를 주장하는 대표자이지만, 『장자』에서는 부수적인 역할에 그친다.

---

12) 『韓非子』의 「喩老」, 「解老」를 생각할 것.

2) 양주학파의 문헌

그레이엄은 관봉이 양주학파의 전형을 「양왕讓王」(28), 「도척盜跖」(29), 「어부漁父」(31) 세 편으로 설명한다는 점에 주목한다. 물론 이 양주학파의 글도 원시주의자들처럼 도덕주의를 공격하고 있고, 한편으로는 관봉이 분명히 지적했듯이, 세속적인 야망(관직에 오르려는)을 비난한다는 점에서 도가일 뿐 아니라 양가楊家와 동일하다.[13]

그레이엄은 이 편들에 원시주의자들의 저작 속에서 볼 수 있듯이 공통된 저자들에 대한 분명한 증거가 결여되어 있다고 하면서, 「양왕」의 대부분의 내용이 『여씨춘추』에 근거하고 있다고 본다. 「양왕」과 「도척」의 첫 번째 이야기는 공자에게 가장 불경스러운 내용을 담고 있으며, 또 가장 발전된 서술 양식을 갖고 있는 비슷한 이야기이다. 그러나 두 글은 분위기나, 양식 또는 단어들에서는 유사점이 그렇게 많지 않다. 아마도 『여씨춘추』는 「양왕」의 원류 가운데 하나일 것이다. 그래서 그레이엄은, 「양왕」은 아마도 기원전 240년 이후에 쓰였을 것이라고 추정한다.

더 흥미로운 사실은 양주학파의 문헌이 원시주의자들의 글과 매우 두드러진 유사점을 가지고 있다는 점이다. 그래서 이 문헌들은 시대적으로 매우 유사하다고 할 수 있다고 그레이엄은 판단한다. 원시주의자

---

13) 동양에서 양주학파에 대한 문제제기는 있었지만 서구에서는 그레이엄의 분류를 통해 양주학파가 '楊家'(Yangist)로 개념화된다. 우리 학계에서는 아직까지 이 분류가 일반적으로 통용되는 것은 아니다. 그러나 『孟子』에서 '楊墨'이라 일컫듯이, 양가의 세력은 묵가만큼이나 대단한 세력이었다. A. C. Graham, *Disputers of the Tao: Philosophical Argument in Ancient China*(1989), pp.53~64. 또한 그는 양주주의에서부터 장자의 도가사상을 일관된 맥락에서 파악한다. 같은 책, pp.170~211.

들도 도척을 전형적인 범죄자로 묘사하지만 『장자』의 다른 곳에서는 언급되어 있지 않다. 「도척」이 원시주의자들과 공유하는 주제는, 오래 전의 씨족에 대한 유토피아, 성왕 이래의 점진적인 타락, 도덕주의자나 범죄자나 마찬가지인 해악, 오히려 도덕적이라고 규정되는 범죄로서의 국가 탈취[14]이다. 그레이엄은 원시주의자들의 시절인 기원전 209~202 년 사이의 진한秦漢시기가 도덕과 정부에 대한 냉소주의가 폭발적으로 융성했을 것이라고 기대할 수 있는 유일한 시기라고 하면서, 도척을 만나러 가는 공자의 이야기는 그 당시 비난을 받았을 것이 틀림없을 사건, 즉 기원전 209~208년에 농민 반란군 진승陳勝에 봉사한 공孔씨 집안의 우두머리에 대한 직접적인 풍자였을 것이라는 것이다. 다른 한편으로 「어부」에서는 안정적인 정치적 질서에 대한 만족을 이야기하고 있는 곳도 있다. 그것은 한 왕조가 이미 권력을 통합했다는 사실과 관련될 수도 있다. 하지만 그레이엄은 어떤 경우이든 「어부」와 「도척」은 기원 전 2세기 이후일 수는 없다고 한다. 왜냐하면 사마천이 장자의 연대기 에서 그 두 편을 모두 언급했기 때문이다.

이 외에도 그레이엄은 어떻게 도가에서 양가를 말할 수 있는지에 대해서 『회남자』(13편)와 『여씨춘추』의 다섯 편(1편의 「本生」, 「重己」, 2편의 「貴生」, 「情欲」, 21편의 「審爲」)의 예를 들어 설명한다. 그러나 도가가 어느 정도 이러한 개념들을 공유하고 있긴 하였지만, 양가들은 '누구를 위한 양생 이냐'(全性保眞: For whom life and genuineness)가 중요한 문제였기 때문에 쉽게 도가와 동일시될 수 없다는 것이다.

---

14) 『莊子』, 「盜跖」, "小盜者拘, 大盜者爲諸侯, 諸侯之門, 義士存焉."

덧붙이자면, 관봉은 「설검說劍」(30)을 양주학파의 저작에서 제외시키고 『장자』에서 철학적 메시지가 전혀 없는 편으로 보지만, 그레이엄은 「설검」의 내용도 '아무 의미 없이 생명을 희생해서는 안 된다'는 점을 말하고 있다면서, 「양왕」(28), 「도척」(29), 「설검」(30), 「어부」(31) 사이의 연관성을 지적하고 있다.

3) 혼합주의자들의 문헌

원시주의자들의 문헌에 이어서 비슷한 제목의 「천지」(12), 「천도天道」(13), 「천운天運」(14)이라는 세 편이 나오는데 여기에서는 정치 철학이 전개된다. 그 정치 철학은 천지의 도를 통치의 준거로 본다.[15] 그래서 「각의刻意」(15)도 「천도」와 유사한 언어적 동일성을 가지고 있다. 그레이엄은 관봉에 의한 전통적인 견해가 앞의 3편을 함께 취하고 그 가운데 몇 구절을 폐기하면서 그것들의 단일성을 가정하지만, 이것은 그것들의 근접성과 유사한 제목 때문에 속아서 두 가지를 간과하고 있다고 주장한다.

첫째, 혼합주의라고 불릴 수 있는 철학은 주로 앞의 세 편의 초입부에서만, 그리고 '부자왈夫子曰'이라고 시작되는 도에 대한 열정적인 찬사 속에서만 짧게 표현된다. 그래서 그레이엄은 사실 「각의」만이 전체적으로 혼합주의의 단일한 저작이라고 주장한다. 나머지들은 「재유」(11)편처

---

15) 陳鼓應은 「천도」의 "夫帝王之德, 以天地爲宗, 以道德爲主, 以無爲爲上" 이하의 단락을 王夫之, 錢穆, 關鋒 등의 설을 근거로 아예 번역에서 생략해 버렸다. 陳鼓應, 『莊子今註今譯』 上(臺北: 商務, 1975), 367~378쪽.

럼 잡다한 이야기나 파편이 섞여 있다고 본다. 제13편에서 열광적인 찬사가 잘못 배치된 것, 제11편의 마지막이 다른 혼합주의의 단편이라는 점, 제12편의 마지막에 두 개의 원시주의의 단편이 있다는 사실은 그 편들을 전체로서 다루는 것이 위험하다는 점을 확신시켜 준다는 것이다.

둘째, 『장자』의 마지막에 「천하」(33)라는 위의 편들과 유사한 제목의 혼합주의 글이 있는데 그 의미는 '세상'(the world)이다. 그레이엄은 그 편의 내용이 도 아래에서 그것과 부합되는 위계적인 정부를 이론화하고 있다고 한다. 그래서 그 '천하'라는 번역은 '황제 아래에서'(Below in the Empire)가 적합하다고 한다. 왜냐하면 그 「천하」는 한 이전의 학파 속에서 장자를 어떤 관점에 입각하여 자리매김하고 역사적인 종합을 하고 있다고 보이기 때문이다. 그래서 그 책의 결론으로서의 역할을 위해 나머지 부분들에서 쪼개져 나왔을 것이라고 그레이엄은 보고 있다.

3. 로스와 혼합주의의 계보

로스는 혼합주의의 계보에 대해 상세히 정리하고 있다. 그의 논의에서 중심이 되는 것은 『사기』의 '육가요지六家要旨'와 『관자』의 세 편, 그리고 『회남자』이다. 이것들을 중심으로 『장자』의 혼합주의적 성격을 논한다.16)

---

16) Harold D. Roth, "Who Compiled the *Chuang Tzu?*", In Henry Rosemont, Jr.(ed.), *Chinese Texts and Philosophical Contexts*(1991), pp.79~128.

1) 사마천의 육가에 대한 논의

사마천은 포괄적인 혼합주의적 도가의 시각에서 한대의 철학계를 고찰한다. 스스로 황로학을 연구했고, 도가를 자신의 입장으로 받아들였던 그의 혼합주의적 시각과 도가에 대한 기술은 황로학 전통의 자기 이해를 정확하게 반영하고 있다. 그에 따르면 도가는 다양한 학파의 장점을 취할 뿐만 아니라, '통치론'(모든 사물을 풍족하게 해 주고, 그것의 변화에 대응할 수 있는 통치의 유연성을 제시하며, 적절한 풍속과 실천적 대책을 확립하려는)과 '심리학'(인간 의식의 핵심이자 자아의 근거이며 형이상학적 인식의 근원인 神의 精을 보존할 수 있는 자기수양의 기술을 제시하는)을 전개한다. 또한 도가는 우주론적, 심리학적, 정치적 요소의 융합을 시도하는데, 그 철학적 근거는 노자의 무위無爲 개념이다. 무위는 마음의 고요함을 통해 적응과 순응의 활동을 전개하는 이중의 실천이다. 이 이중적 실천은 황로철학의 특징으로서 『관자』의 논문들과 『회남자』, 혼합주의적 『장자』에서도 나타난다.

2) 『관자』의 도가 3편(「內業」, 「心術」上·下)

이 글은 황로학이라고 부를 수 있는 철학적 계보를 위한 중요한 초기 전거이며, 이후 『회남자』에서 전개될 사상체계의 윤곽을 제시한다는 점에서 중요한 의미를 갖는다. 「내업」은 인간 정신의 본성과 활동에 대한 이론들, 건강과 장수 및 자기초월을 목표로 하는 정신적, 물리적 자기훈련의 방법을 제시한다. 특히 여기서는 사람의 마음속에 도를 자리잡게 하는 것과 정精(Vital Essence)을 생겨나게 하고 머무르게 하는 것의 중요성이 언급된다. 이것은 규칙적인 호흡의 실천을 통한 기氣(Vital Energy)의 집중으로부터 이루어진다. 기를 집중시킴으로써 사람은 신神(Numen)과 결부되어 있는 미래에 대한 형이상학적 지식을 얻는다. 「내업」은 신을 안정시키는 평온함과 고요함의 심리적 상태가 정, 즉 우주에 퍼져 있는 기의 집중된 형태와 결부된 생리학적 토대에 근거한다고 주장한다. 그런데 「내업」이 심리학에 집중되어 있는 반면, 「심술」(상)은 효과적인 통치를 위한 군주의 자기수양에 초점을 맞춘다. 특히 무위에 대한 상세한 설명에는 응應, 인因, 순리循理, 의宜와 같이 사마천이 사용한 개념을 포함한다. 군주는 이를 위해 정靜과 허虛의 수양을 해야 하며, 그로써 신神을 머무르게 하고 정精을 발전시켜야 한다. 「심술」(하)은 우주론과 심리학 및 정치론의 독특한 융합을 잘 요약해 주고 있다.

3) 『회남자』

『회남자』는 『노자』와 『관자』의 세 논문에 펼쳐진 대체적인 윤곽을 계속 따라가면서, 우주론과 심리학 및 정치론의 상호 연관된 주제를 포괄하며, 그것들에 대해서 가장 정교하고 철저하게 혼합주의적인 논의를 전개한다. 도가에 대한 사마천의 논의는 『회남자』의 기본적인 철학적 태도나 용어와 유사한 점이 많다. 사마천은 한대 황로철학의 중요한 대변자이다. 『회남자』는 『관자』의 세 편에서 제시된 주제들을 상세하게 부연한다. 효과적 통치를 위한 군주의 무위無爲, 감응感應, 의宜, 인因, 순천리循天理의 통치가 언급된다. 이것은 도가의 우주론에 근거한 혼합주의적 관점에서 한대 이전의 다른 사상들의 특정한 측면을 이용하는 것이기도 하다. 『회남자』는 도가의 혼합주의적 전통을 이으면서도 혁신을 꾀하는데, 첫째, 음양오행의 음양가적 우주론이 혼입되고, 둘째, 음양가적 관점에서 신神과 심心의 본성과 활동에 대한 이해를 전개하며, 셋째, 인간 본성에 대한 도가적 이론을 전개하여 심리학과 자기수양 그리고 통치의 이론이 토대로서 제시된다. 『회남자』에 가장 큰 영향을 미친 것은 역시 『노자』와 『장자』이다. 『회남자』는 『노자』를 정전으로 명시한 반면, 『장자』의 원문을 아주 빈번하게 왜곡해서 활용하면서 명시적인 언급은 하지 않는다. 이는 『장자』의 텍스트가 당시에 아직 확정되지 않았음을 의미한다.

4) 혼합주의적 『장자』

「심술」(상), 『회남자』, 혼합주의적 『장자』에서 가장 공통된 용어는 천도天道, 무위無爲, 정靜, 허虛이며 모두 『노자』에서 발견된다. 이것은 이 전거들이 모두 동일한 사상계보의 일부분임을 보여 주는 강력한 표시이다. 아울러 혼합주의의 독특한 특징 가운데 하나는 천도天道 혹은 천지지도天地之道를 중요시한다는 점이다.(관봉, 그레이엄) 천지지도는 제한된 관점을 가진 다양한 사상들로부터 장점을 취하고, 그것들을 성인의 덕 속에 융합하려는 혼합주의적 철학과 관련이 있으며, 또 우주론적 맥락에서 우주와 인간의 유비를 가능케 하는 근거이기도 하다. 게다가 내성외왕內聖外王(「天下」)이 강조되며, 정치 철학으로 승화된다. 이러한 논의는 「각의」에서 순천리循天理라는 관념으로 등장한다.

로스는 혼합주의적 『장자』, 『관자』의 세 편, 그리고 『회남자』 사이에 존재하는 용어적, 개념적 유사성은 그것들이 고립된 텍스트가 아니라 동일한 사상계보의 일부분이라는 설득력 있는 증거를 제공한다고 말한다. 개별적인 차이가 있기도 하지만, 그것은 각 전거의 저자가 따로 있고, 그들이 독특한 상황 하에서 시대에 따라 다른 논점으로 쓰였다는 사실을 가리킨다. 그리고 이 전거들에 나타난 철학과 사마천의 도가에 대한 기술 사이에 두드러진 유사성이 있다는 사실로부터, 이 전거들이 속해 있는 동일한 사상계보가 한대 역사가들이 '황로학'이라고 부른 것이라고 결론 내려야 한다고 로스는 주장하고 있다.

4. 그레이엄에 대한 로스의 비판

그레이엄과 로스가 갈라지는 부분은 바로 '장자의 편집자는 혼합주의적 장자를 저술한 저자 중 한 사람일까, 아니면 혼합주의적 전통에 있는 다른 사람이었을까?'라는 질문에 있다. 관봉은 『회남자』의 저자들이 『장자』를 편집했을 것이라고 보고, 그레이엄은 내편의 편명이 혼합주의적 『장자』의 본문 속에 있다는 점에서 혼합주의적 저자 중 한 사람이 『장자』를 편집했을 것이라고 본다. 그러나 내편의 편명이 『회남자』에서 훨씬 더 빈번하게 발견된다는 점에서, 그것이 『회남자』의 저자들에 의해서 편집되었을 가능성이 크다는 것이 바로 로스의 입장이다. 한 마디로 말해, 로스는 그레이엄을 버리고 관봉을 따르고 있는 것이다.

로스의 견해는 다음 세 가지로 정리된다. 첫째, 『장자』에는 한 편

내에서도 다양한 관점들이 나타난다.(11~14편) 예컨대 「재유」에는 원시주의자, 신선가, 혼합주의적 관점이 확인된다. 혼합주의 저자들 중 한 사람이 편집했다면, 왜 이런 뒤섞임이 일어났는가? 가장 쉽게 생각할 수 있는 것은 원래 52편이던 판본을 곽상郭象이 33편으로 줄이고 옮기면서 이런 일이 일어난 것으로 보는 것이다. 그러나 육원랑이 모아 놓은 주석에 의거해 볼 때, 곽상만을 비난할 수도 없다. 따라서 혼합주의적 『장자』의 저자가 책 전체를 편집했다고 보기는 힘들다.

둘째, 『회남자』에서 『장자』가 언급된다. 이선李善의 『문선주文選注』에는 「장자후해莊子后解」, 「장자요략莊子要略」에 대한 언급이 있다. 이 언급에는 사마표司馬彪의 주가 뒤따른다는 점에서 이 글들은 총 52편의 장자에 포함되어 있었다고 할 수 있다.17) 이 글들이 '회남에서 온' 자료들이며, 유안劉安의 논문일 것이다.

셋째, 이상으로 볼 때, 장자의 편집 연대는 기원전 150~122년경이다. 더 정확하게 알 수 없는가? (가) 한 문제, 경제, 무제의 재위 기간 동안 '항恒' 자의 사용이 금지되었고, 외편에서 항恒이 '상常'으로 대체되어 있다. (나) 한무제 때 육경六經 연구가 부흥하였는데, 「천하」에 육경에 대한 언급이 있다. (다) 내편에는 황제의 등천에 대한 간략한 논평이 있는데, 이 전설은 무제의 통치 기간 동안 정치적 정통성을 찾는 방사들이 창작한 것이다.(余英時) (라) 『회남자』에서 『장자』라는 책에 대한 언급이 없고 임의대로 차용한다는 점에서 당시 『장자』는 여전히 유동하고 있었다. 따라서 『장자』의 편집 연대는 기원전 130년경으로 추측할 수 있다.

---

17) 사마표의 『莊子註』는 21권 52편(내편 7, 외편 28, 잡편 14, 해설 3)으로 전해진다. 『장자』 판본에 대해서는 이 책 제2부 제3장, 290~291쪽 참조.

5. 로스에 대한 그레이엄의 반론

로스의 지적에 대해 그레이엄은 칭찬을 잊지 않는다. 그러나 크게 두 가지의 관점에서 반박을 한다.[18]

첫째, 한대 초의 도가가 사마천이 이 시기에 유행하고 있다고 언급한 '황로학'과 동일시될 수 있다는 것을 납득할 수가 없다. 그보다는 「역전」과 동중서의 '유가 중심의 혼합주의'와 대조되는 '노자 중심의 혼합주의'로 생각하는 것이 낫다. 황로학의 가장 명백한 증거는 마왕퇴의 원고들이다. 마왕퇴의 원고는 『노자』를 황제의 권위를 주장하는 문서들과 결합시키는데, 훨씬 더 협소한 혼합주의이며, 노자와 법가의 결합을 훨씬 더 강하게 주장한다. 그리고 황로학이 직하에까지 거슬러 올라간다는 사마천의 주장은 소급적 분류일 뿐이다. 더군다나 로스가 의거하는 문건들 중에는 신농에 대한 언급을 담고 있는 것들이 있는데, 황제와 신농은 서로 경쟁적인 입장(정치적 중심화와 탈중심화)을 대변하는 전설의 주인공들이다. 따라서 어떤 문헌이 신농에 대해 적극적인 선호를 보인다면, 황로학으로 분류하기가 힘들다는 것이다.[19]

둘째, 『장자』가 회남왕 저택에서 편집되었다는 관봉의 제안은 아주 매력적인 것이지만, 확인할 증거는 없다. 그런 종류의 혼합주의가 당시 회남학단에만 독특하게 있었던 것은 아니며, '도가'라는 이름이 본래 적

---

18) 로스의 글이 실린 그 책은 그레이엄에게 헌정되는 것으로, 여러 논의에 대해 답변을 하고 있다. Henry Rosemont, Jr.(ed.), *Chinese Texts and Philosophical Contexts: Essays Dedicated to Angus C. Graham*(1991), pp.279~283.

19) 그는 신농의 유토피아를 작은 공동체를 이상으로 여긴다고 본다. A. C. Graham, *Disputers of the Tao: Philosophical Argument in Ancient China*(1989), pp.64~74.

용되었던 한대 초의 일반적인 추세였다. 따라서 그 편집자를 회남으로 귀속시키는 것은 짐작일 뿐, 확증할 수는 없다.

6. 『장자』 성립에 대한 연대기적 고찰

이와 같은 논의의 출발점은 단연 그레이엄의 공로에 있다. 관봉의 주장을 바탕으로 그레이엄은 논의를 정교화시켰고, 로스는 황로학이라는 큰 계열을 중심으로 다시금 그레이엄을 비판하고 있는 것이다.

그레이엄의 논의를 요약하면, 다음과 같다. 유향劉向이 한 왕조의 황실도서관을 위해 『장자』를 편집하기 전까지, 『장자』는 죽간으로 된 여러 두루마리의 모음이었을 뿐 표준적인 형태를 취하고 있지 않았다. 『한서』에 따르면 황실도서관에 있던 『장자』 사본은 총 52편으로 구성되어 있었다. 따라서 『장자』 33편은 아래와 같이 정리된다.[20]

(1) 내편: 일반적으로 장자의 저작으로 인정되고 있는 편임.
(2) 외편: 장자의 저술로 추정될 수 있는 편은 하나도 없음.
  8~10편, 11편의 첫 부분: 원시주의자의 저작, 기원전 205년경으로 추정됨.
  12~14편: 혼합주의자의 저작. 기원전 2세기로 추정. 11편의 마

---

20) A. C. Graham(tr.), *Chuang-tzŭ: The Inner Chapters*(2001), 8. The book *Chuang-tzŭ* and the problem of translation, pp.27~29.

지막 절은 혼합주의적이며, 12편의 마지막 절은 원시주의적임.

15, 16편: 15편은 혼합주의적이고, 16편은 다른 부분들과 전혀 상관이 없음.

17~22편: 장자학파의 저작, 편집자가 다수의 저자의 자료들을 내편처럼 동일한 주제들을 중심으로 묶으려고 한 듯이 보임.

(3) 잡편: 두 글자의 편명으로 구성.

23~27편: 매우 이질적으로 잘못 끼어든 듯한 조각들의 집합. 내편의 손상된 부분에 집어넣을 수도 있음.

28~31편: 양가적인 문집. 소식은 장자의 저작이 아니라고 보았으며, 관봉은 도가적이지도 않고 대부분 양주학파로부터 왔다고 지적함. 기원전 200년 전후의 저술들.

32~33편: 32편 역시 이질적인 조각 모음. 33편은 종합가적인 논문. 이것들이 책의 끝부분에 온 이유는 아마도 32편이 장자의 죽음에 대한 이야기로 끝나고 있고, 33편이 장자까지 내려가는 한대 이전 철학자들에 대한 전반적인 평가를 담고 있기 때문에 이 책의 결론으로 적합해서가 아닐까 함.

그레이엄은 시대에 따른 유사성에 주목한다. 내편의 편명은 세 글자로 되어 있다. 이는 전한시대의 유가적 외서外書들과 유사하다. 또 편명과 관련된 「제물齊物」, 「대종大宗」, 「제왕帝王」이라는 개념은 내편 자체에는 등장하지 않고, 그 책의 혼합주의적인 층에서만 나타난다. 이 표제들을 만들고 그 아래 장자의 유작들을 묶으면서 쓸모없는 부분을 외편으로 분류한 사람들은 기원전 2세기의 편집자들이었다. 장자가 거의 관심을 보이지 않았던 제국의 통치를 주제로 하는 「응제왕應帝王」에서 느껴지는 것은, 자신의 논제를 상이한 방향에서 접근하는 저자가 아니라, 미미하게나마 상관된 구절을 발견하기 위해 큰 고통을 겪고 있는 편집자이다. 현존 판본은 기원후 3세기의 판본과 비슷하다. 그 당시에 이미 『장자』는 아주 난해한 책이 되어 버렸으며, 곽상의 주석을 비롯한 3~7세기의 주석들은 신도가나 불교가 가미되어 있다.

그러나 그레이엄이 보는 곽상은 초기의 풍우란이 이해한 형이상학자에 지나지 않을 수 있다. 곽상에 대한 새로운 이해[21]를 바탕으로 하면, 이에 대한 평가는 달라질 것이다.[22] 나아가 '노장'을 함께 부른 것이 『회남자』이었음을 기억한다면, 『노자』와 『장자』는 반드시 사상적으로 일치하지 않아도 된다. 로스는 '노장'이라는 범주는 위진현학자들의 구도였다고 밝히고 있다.

7. 그레이엄의 영향

최근의 영미의 중국학 전문가들은 『장자』 속에 있는 다양한 층차를 당시의 사상적 조류와 철학적 정합성 그리고 어문학적 이해(특히 聲韻學)를 중심으로 폭넓게 분석해 내고 있다. 이를 통해, 기존의 훌륭한 번역에 대해서도 비판을 가하고 있다.

---

21) 『장자』를 오독한 곽상의 주.(成玄英, "郭註, 誤.")
22) 이 책 제2부 제8장, 451쪽.

그레이엄은 『장자』 번역의 초창기의 레게(Legge), 자일즈(Giles), 왓슨 (Watson)의 번역에 대해서도 일침을 놓고 있다.[23] 무엇보다도 그가 보기에 그들은 『장자』를 하나의 책으로, 그리고 장자를 하나의 인물로 취급했다는 것이다. 그리하여 가장 끔찍한 것은, 중국지성사의 200년은 가장 시종일관 서로 화합되지 않는 모습을 지니고 있었음에도, 영어가 부드러워질수록 장자는 영어를 유창하게 하는 '가면을 쓴 어떤 인격'(persona)이 되어 버렸다.[24] 결과적으로, "그들 모두 많은 부분에서 해결되지 않은 문헌적, 언어적, 그리고 철학적 문제를 장악함이 없이 전통 주석가를 따랐다는 한계를 갖고 있었다."[25] 이런 태도는 번역가들을 망쳤을 뿐만 아니라 엉터리로 쓰게 했다. 번역자가 매끄러운 문맥에 의무감을 가지면 가질수록, 그는 그의 전체적인 스타일을 망치는 수세적 태도가 되어 버렸다.

장자에게 시인과 철학자 가운데 하나를 선택하게끔 하는 것도 그레이엄에게는 불만족스럽게 보였다. 자일즈와 왓슨은 본래 문학적인 번역자로서 그 역할을 다하고 있으며, 레게와 풍우란馮友蘭은 문학적인 관점을 거부하고 철학적으로 치중하는 경향이 짙다. 그러나 진정한 번역은 어느 하나에 치중하지 않고 그 둘을 모두 잘 살리는 것이다.[26]

---

23) F. H. Balfour, *The divine classic off Na-hua*(Shanghai, 1881); H. A. Giles, *Chuang-tzŭ*(London, 1926; 1st edition 1889); James Legge, *Texts of Taoism*(Sacred books of the East, vols.39·40, Oxford, 1891); James R. Ware, *The Sayings of Chuang Chou* (N.Y., 1963); Burton Watson, *Complete works of Chuang Tzu*(N.Y. & London, 1968), and Fung Yu-lan, *Chuang-tzŭ*(Shanghai, 1933, 내편만 번역). A. C. Graham(tr.), *Chuang-tzŭ: The Inner Chapters*(2001), 주100), p.36.

24) A. C. Graham(tr.), *Chuang-tzŭ: The Inner Chapters*(2001), p.31.

25) A. C. Graham(tr.), *Chuang-tzŭ: The Inner Chapters*(2001), p.30.

26) A. C. Graham(tr.), *Chuang-tzŭ: The Inner Chapters*(2001), p.33.

그레이엄은 서양에서는 보기 드물게 철학적 활동을 위주로 중국학을 해 온 사람이다.(Chad Hansen처럼[27]) 그레이엄에게 문제의 출발점은 서양윤리학의 난제인 '존재에서 당위를 끌어낼 수 있는가'(from Is to Ought)하는 문제와도 직결되어 있었다. 그가 도가의 관점, 특히 『장자』에서 발견해 낸 '자발성'(自然: Spontaneity)이라는 개념은 우리들에게 제시하는 바가 크다.[28]

그레이엄이 보기에는 철학적인 도가들은 하나의 기본적인 통찰을 공유한다. 모든 사물들은 자신에게 적합한 경로에 따라 자발적으로 움직이는 데 반해, 사람만은 시비, 이해, 자타 등의 이항적 가치를 구분하고 그 사이에서 판단을 위한 추론을 함으로써, 자발적 성향의 발현을 막아 버리고 못쓰게 만들어 버렸다는 것이다. 그 자발적 기술을 회복하고 양성하기 위해서는 티 없이 맑은 거울로 자신의 상황을 비추어 보고 메아리와 그림자처럼 그 상황에 즉각적으로 반응해야 한다. 그러한 법을 『장자』에 나오는 포정이나 목수 등의 비유를 통해 그는 발견한다. 순수하게 맑은 시각을 가지고 즉각적으로 반응하라는 것이다(以明).

이러한 문제제기는 그레이엄을 서양의 중국학에서 상당히 역사적으로 중요한 인물로 평가하는 계기가 되고 있다. 이를테면, 위에서 인용된 로스의 '누가 장자를 편집했는가?'라는 문장이 실린 『중국의 경전과 철학적 맥락』[29]이라는 책도 그레이엄에게 헌정하는 논문집으로, 여러 학

---

27) Chad Hansen, *A Daoist Theory of Chinese Thought: A Philosophical Interpretation* (Oxford: Oxford University Press, 1992).
28) A. C. Graham, *Disputers of the Tao: Philosophical Argument in Ancient China*(1989), pp.186~194. 이를 나성은 '자연성'이라고 일반적인 용어로 번역하고 있다. 앤거스 그레이엄 지음, 나성 옮김, 『도의 논쟁자들』(서울: 새물결, 2001), 339쪽.

자들[30]이 문법과 문헌학적인 문제, 번역과 해석의 문제, 철학적인 문제라는 항목 아래 글을 쓰고, 마지막에 그것에 대해 그레이엄이 답변을 해 주고 있다.[31] 이는 그레이엄의 문헌학적 연구가 얼마나 많은 사람들에게 영향을 미쳤는가를 단적으로 보여 주는 것이다. 따라서 그레이엄과 그에 대해 수정적 견해를 제시한 로스를 중심으로 영미학자들의 『장자』 이해를 정리해 보았다.

사마천과 황로학에 대한 견해에서 그레이엄과 로스는 현격한 차이를 보이고 있다. 이는 『관자』와 『회남자』에 대한 다른 이해 방식에서 비롯되는 것으로 보인다. 이를 위해 이후 『관자』의 음운학적 연구에서 탁월한 성과를 보인 리케트(Richett)의 작업,[32] 그리고 유소감劉笑敢의 『장자』의 학파별 분류도 필수적으로 참고되어야 할 것이다.[33]

---

29) *Chinese Texts and Philosophical Contexts: Essays Dedicated to Angus C. Graham* (1991).

30) Lau, Pulleyblank, Harbsmeier, Major, Roth, Nivison, Ames, Hansen, Fingarette, Rosemont.

31) 주6) 참조. Harold D. Roth, "Who Compiled the *Chuang Tzu?*", In Henry Rosemont, Jr.(ed.), *Chinese Texts and Philosophical Contexts: Essays Dedicated to Angus C. Graham*(La Salle, IL: Open Court, 1991). 그 밖에도 Rosemont가 Graham(1919~1991)의 추모를 위해 쓴 글로는, "Special feature: Remembering A. C. Graham", *Philosophy East & West* Vol.42(1992.1.)가 있으며, Hackett판 『장자: 내편』의 번역에도 앞글을 썼다.

32) 주5) 참조. W. Allyn Richett, *Guanzi: Political, Economic, and Philosophical Essays from Early China* Vol. I & II (Princeton: Princeton University Press, 1985).

33) 劉笑敢, 『莊子哲學及其演變』(北京: 中國社會科學出版社, 1988). 라우샤오간 지음, 최진석 옮김, 『장자철학』(서울: 소나무, 1990).

제2부 노장의 주석가들과 현학

제1장 제도옹호론과 그 반대자들
—위진현학에 대한 정의 문제

1. 현학

현학玄學이란 위진魏晉시대에 유행한 학문적 경향을 일컫는 말이다. '현玄'이라는 글자에서 나타나듯이 그것은 매우 심오하고, 형이상학적이며, 관념적인 것으로 알려져 있다. 이른바 '청담淸談'이란 서구적 개념으로는 번역되기 어려우나 '사변적思辨的'(speculative)이라는 뜻이 조금은 포함되어 있는, 순수하게 사색적이며 전문적으로 이론적이며 상당히 추론성이 강조된 논의로 여겨진다.

'현'은 『노자』에 자주 나오는 말로 노자철학에서 차지하는 개념적 비중은 매우 높다. '현'은 우리말로 하면 한마디로 '깊은', '어두운', '가물거리는' 현상세계의 본질적인 모습이다. 현상의 '깊은'1) 이면에는 '무無'라는 존재의 근원이 바탕으로 되어 있고2), 그러한 근원적인 것은 가리어져 보이지 않는 듯 '어두우며'3), 그 본연의 세계는 현상세계처럼 이것

---

1) 『老子』, 제65장, "玄德, 深矣遠矣."
2) 『老子』, 제40장, "天下萬物生於有, 有生於無."
3) 『老子』, 제1장, "玄之又玄, 衆妙之門."

과 저것이 확연하게 구별되지 않는 '가물거리는'[4] 세계이다.

노자는 현의 세계를 줄곧 강조한다. 현의 세계는 노자가 바라는 최고의 경계이자, 최후의 근본이다. 따라서 여성스러움의 위대함을 강조하면서도 '검은 암컷'(玄牝)[5]이라 하고, 최상의 덕도 '검은 덕'(玄德)[6]이라 하고, 도를 아는 사람의 통달함도 '검은 통함'(玄通)[7]이라 하고, 최고의 경지도 '검은 같음'(玄同)[8]이라 한다. 그 외에 도가철학이나 도교신앙에서 자주 나오는 '검은 궁궐'(玄宮)[9] 등과 같은 비유도 도가의 이념이나 도교의 신화 속에서의 이상적인 공간을 뜻한다.

이와 같이 현학으로 불리는 위진시대의 학문적 경향을 우리는 쉽게 '도가적'이라고 전통적으로 불러왔으며 오늘날도 그러하다. '현' 자가 들어가는 것은 별다른 의심 없이 도가적 사상이라 단정지어도 큰 무리가 없기 때문이다. 그러나 나는 그것을 회의한다. 나의 의문은 위진시대의 학풍이 도가적이라는 것을 부정하는 것이 결코 아니다. 위에서 말했듯이 현학이라 함은 도가에 뿌리박지 않고는 불가능한 것이기 때문이다. 그럼에도 불구하고 내가 명확히 하고 싶은 것은 위진시대의 제도권 안의 학자들이 비록 도가에 뿌리를 두었다 할지라도 그들이 옹호하려는 것은 유가였으며 오히려 제도권 밖으로 밀려난 학자들만이 유가를 반대하고 도가를 고수했다는 점이다.

---

4) 『老子』, 제21장, "道之爲物, 惟恍惟惚. 恍兮惚兮, 其中有象; 惚兮恍兮, 其中有物."
5) 『老子』, 제6장, "谷神不死, 是謂玄牝."
6) 『老子』, 제10·51·65장. 모두 앞의 이상적인 상태를 玄德이라 한다(是謂玄德)는 식의 문구이다. 때로 玄德을 형용하기도 한다. 제65장, "玄德深矣遠矣."
7) 『老子』, 제15장, "古之善爲士者, 微妙玄通."
8) 『老子』, 제56장, "塞其兌, 閉其門; 挫其銳, 解其紛; 和其光, 同其塵, 是謂玄同."
9) 『莊子』, 「大宗師」 등등.

이러한 관점은 두 가지로 요약된다. 첫째, 현학자들은 '신도가新道家'라기보다는 '도가적 유가'였으며, 둘째, 현학 내의 '죽림파竹林派'를 첫 번째 무리의 학자들과 함께 놓아서는 안 된다는 것이다.

2. 신도가

'신도가新道家'란 철학사에서 위진시대의 철학자를 총괄적으로 부르는 말로서, 그 말의 최초의 시작은 풍우란馮友蘭의 철학사에서부터이다. 자신의 철학적 입장을 밝히고 개론적인 중국철학의 지식을 망라網羅한 그의 『신원도新原道』[10)]의 '현학'이란 용어는 휴즈(E. R. Hughes)에 의해 '신비학파'(The Mystical School)로 영역되었으나(풍우란의 영역본 서언)[11)], 좀 더 철학사적인 내용을 풍부히 하고 보드(Derk Bodde)가 편집한 그의 『중국철학의 짧은 이야기』[12)]에서는 '신도가'(Neo-taoism)라는 용어가 직접적으로 사용된다(풍우란의 영문 서언[13)]). 이것은 '신도가'란 말이 풍우란에 의해서 최초로 쓰였음을 보여 주는 것이다. 그는 그 밖에도 '신유가'(Neo-confucianism)라는 말을 우리들에게 제시하기도 했다.

풍우란에게 현학은 도가로 파악됐다. 그의 유명한 '초월성과 일상성

---

10) 우리말 번역은 곽신환 역, 『중국철학의 정신—新原道』(서울: 숭실대학교, 1985·서울: 서광, 1993) 참조.

11) Fung Yu-Lan, *The Spirit of Chinese Philosophy*(Beacon Press, 1962·1967), Preface(昆明, 1944.9.).

12) 우리말 번역은 정인재 역, 『중국철학사』(서울: 형설, 1982) 참조.

13) Fung Yu-Lan, *A Short History of Chinese Philosophy*(N.Y.: Free Press, 1948·1966), Preface(Pennsylvania, 1947.6.).

의 합일'(克高明而道中庸) 원칙에 따르면 신도가들은 초월성의 원칙에 맞아 떨어지는 한 무리의 학자들이었다. 이른바 '추상과 초월의 세계를 오고 감'(經虛涉曠)이 가능한 학자들이 바로 곽상郭象과 같은 현학자들이었다. 이런 표준에 의해 공자와 맹자와 같은 초기 유가의 성인도 최고 경지에는 이르지 못한 것으로 평가되었다[14].

더욱이 특기할 만한 것은 풍우란이 현학을 명가名家의 맥락에서 파악하고 있다는 점이다. 노장老莊철학은 명가를 거치면서 동시에 그것을 극복한 것인데, 현학도 마찬가지로 노장철학의 계승이며 명가로부터 출발했다는 것이 그의 기본적인 관점이다.[15] 따라서 그에게 위진시대의 사상가가 하나의 변론가의 입장에서부터 자신의 논지를 전개해 나아갔다는 것은 자연스럽게 긍정되는 것이었다. 왕필王弼, 향수向秀, 곽상 그리고 더 나아가 승조僧肇까지도 모두 변명석리辨明析理에 능하고 이를 통해 '추상과 초월의 세계를 오고감'이 이루어지는 경지에 도달했다[16]는 것이 풍우란의 위진현학자에 대한 기본 관점이다.

이러한 관점은 『중국철학의 짧은 이야기』에서도 예외는 아니어서, 명가에 대한 관심이 재연(Revival)된 것으로 현학의 장을 시작하고 있다. 그리고 현학은 절대의 자유와 절대의 행복을 추구하는 것이며, 더욱이 행복의 동산에서 낭만적 정신을 갈구하는 것으로 보고 있다. 풍우란은 그것을 바로 서구의 낭만적 정신과 빗댈 만한 중국의 '풍류風流'라고 말하고 있다[17]. 그의 『중국철학의 짧은 이야기』에서는 『중국철학의 정신』

---

14) 곽신환 역, 『중국철학의 정신—新原道』(1993), 46쪽.
15) 곽신환 역, 『중국철학의 정신—新原道』(1993), 176~177쪽.
16) 곽신환 역, 『중국철학의 정신—新原道』(1993), 180 · 204쪽.
17) 정인재 역, 『중국철학사』, 199~300쪽.

보다도 더욱 현학의 낭만성을 강조함으로써 현학자들의 '추상과 초월'이 부각된다. 심지어 그는 일시적인 충동이나 자극(impulse)에 따라 살고, 금욕적 요소가 강하긴 하지만 성性(Sex)의 미화美化된 모습을 현학자들에게서 발견하기도 한다.[18]

물론, 풍우란은 '신도가'를 향수나 곽상과 같은 '합리주의자'(The Rationalists)와 풍류風流를 즐기는 혜강嵇康이나 완적阮籍과 같은 '감각주의자'(The Sentimentalists)로 크게 나누고 있긴 하다. 그러나 그는 이성과 감성이라는 두 가지 상반되는 표준으로 위진의 사상가를 나누었다기보다는, 오히려 현학자들의 이성적인 모습을 선대의 명가와의 관련이나 제도에 대한 궁극적인 긍정 태도에서 간신히 발견하는 듯하다. 왜냐하면 위에서 말한 '변명석리'라는 것도 그 자체가 하나의 공리공담空理空談격인 '현리玄理'요, '청담淸談'일 수 있기 때문이다. 사실상 풍우란도 "향수와 곽상은 제도 그 자체를 반대하지 않았다"라고 말하고 있기는 하지만, 노자와 장자와 마찬가지로 "그들은 단지 시대에 뒤떨어지기 때문에 현실계에 합당하지 못한 제도와 도덕을 반대했을 뿐이다"[19]라고 함으로써 기본적으로 향수와 곽상 모두가 반제도적인 입장을 갖고 있다고 보고 있다.[20] 그에게 신도가는 기본적으로 '명교名敎'라고 불리는 제도에 부정적이었으며, 그 후 송명宋明의 신유가에 이르러서야 제도의 긍정은 비로

---

18) 정인재 역,『중국철학사』, 303~310쪽. 성관계 없이 술에 취해 남의 아름다운 부인 옆에서 자는 阮籍의 예를 생각해 보자.

19) 정인재 역,『중국철학사』, 290쪽.

20) 그러나 풍우란은 近作「郭象『莊子注』的哲學體系」에서 곽상의 제도옹호적인 태도를 긍정한다.『中華學術論文集』(北京: 中華, 1982), 525~595쪽. 특히 郭象關於'名敎'與'自然'的辯論을 볼 것.

소 이루어졌다고 보이는 것이다.

그러나 이와 같은 사고는 아래와 같이 무척이나 많은 논쟁을 불러일으킨다. 첫째, 대부분의 현학자들은 하나같이 공자를 숭앙崇仰했다. 그리고 더 나아가서 노자는 무無를 말했으나 공자는 무조차 말하지 않았기에 더욱 위대하다고 주장한다.21) 잊어버림(忘)도 욕심 없음(無欲)도 진정으로 잊어버리고 욕심이랄 것이 없었기 때문에 공자는 말조차 하지 않았다는 논리이다. 다시 말해 그들이 가장 높이 사는 인격은 공자이지 노자나 장자가 아니다. 그렇다면 그들이 지지하는 것은 유가이지 도가가 아니며, 따라서 제도의 부정은 불가했을 것이라는 추론이 나온다.

둘째, 현실적으로도 많은 현학자들은 제도권 내에서 정치 업무를 관장했다. 물론 그중에서 정치적으로 숙정을 당하는 경우도 없지 않았지만 일단은 정치권 내에서 활동하거나 활동했던 사람들이었다. 하다못해 곽상 같은 경우, 정치적으로 전횡을 부렸다는 기록이 남아 있기도 하다22). 과연 이렇게 제도권 내에서 권력을 갖고 나름대로의 정치적 위세를 떨쳤던 정치가들이, 특히 그 가운데 조조曹操가 세운 위나라에서 활약하던 학자들이 제도를 쉽게 부정할 수 있었는가는 깊게 의심되지 않을 수 없다.

셋째, 현학자들에게 가장 중요한 경전은 이른바 '삼현경三玄經'이라 불리는 『노자』, 『장자』, 『주역』인데, 그들은 이 세 가지 경전 이외에도 적지 않게 유가의 기본 경전인 『논어』를 주해한다. 하안何晏의 『논어집해論語集解』, 왕필의 『논어석의論語釋疑』, 곽상의 『논어은論語隱』과 『논어체

---

21) 『世說新語』, 「文學」. 王弼과 裴徽의 淸談을 볼 것.
22) 『晉書』, 「荀晞傳」, "操弄天權, 刑賞由己."

략論語體略』 등은 남아 있는 것도 있고 이름뿐인 것도 있지만 그들이 『논어』에 대해 관심을 가졌다는 것은 분명히 증명하고 있다. 나아가 현학자들이 공통적으로 관심을 가졌던 『주역』이 기본적으로 유가적 질서를 옹호하는 데 쓰일 수 있음도 생각해 본다면 그들이 제도의 부정을 자신의 철학적 목표로 삼지는 않았을 것이라는 것을 어렵지 않게 추측할 수 있다.

3. 제도옹호론

현학을 이야기하면 우리는 습관적으로 매우 형이상학적이고 사변적인 것을 기대한다. 그러나 실상은 현학이 추구하고 있는 매우 분명한 '문제현실'이 있다. 그것은 바로 다름 아닌 '제도냐, 본성이냐?'를 묻는 토론이다. 당시의 표현대로는 '명교名敎'와 '자연自然'이다. 이는 인간을 어떤 제도 속에서 신분을 지우고 그것에 맞추어 나가게(名敎) 하는가, 아니면 인간의 본성을 자연 그대로 스스로 그러하도록(自然) 내버려 두어야 하는가를 따지는 문제였다.

이는 마치 성선性善과 성악性惡의 논의에 따라서 유가적 덕치주의와 법가적 법치주의로 갈리는 것과 같이 매우 중요한 주제였다. 그런데 더욱 가상嘉尙한 것은 현실의 제도를 인정하기 위해 노장철학의 도가적 자연주의를 빌려 온다는 점이다. 이는 마치 인위의 법을 긍정하기 위해 자연의 원리(自然法)를 내세우는 것과 같이, 제도의 타당성과 합법성을 인간의 본성에서 추출해 내는 것이다. 이때, 인간은 본성상 제도를 만드는 것이 '자연적'이 된다. 이와 같은 논지에 의해 이루어지는 것이 바로 대부분의 위진현학자들의 주장이었다.

물론 '죽림칠현竹林七賢'23)과 같이 반제도론자들도 있었지만, 그들의 논의는 오히려 체제에서 밀려나면서 발생한 소극성이었으며 또한 참다운 제도를 긍정하기 위한 하나의 포석과 같은 것이었다는 혐嫌을 완전히 벗어버리기는 힘들다. 다시 말해 노장철학의 이념과 같이 순수하게 자연성을 긍정하려는 노력은 이미 현학자들에게는 소수의 일이 되었고, 다수는 제도의 합리성을 노장철학을 통해 얻어내려 했던 것이다.

위진시대의 현학자들은 한대의 철학자들처럼 『노자』, 『장자』, 『주역』이라는 삼현경에 심취하여 있었음을 그들의 저서와 논리에서 쉽게 찾아낼 수 있는데, 이는 당시의 사상가들이 이 세 경전을 어떤 심리적인 부담도 없이 자유롭게 왕래했음을 보여 준다. 다시 말해 송명대의 유가처럼 '벽이단闢異端'의 정신이 있었던 것은 아니다.

그들은 사상적으로 합당하고 논리적으로 필요하면 마음대로 유도儒道의 경전을 출입했다. 알다시피, 『여씨춘추呂氏春秋』와 『관자管子』와 같은 책은 이미 당시의 사상을 통합하여 유儒, 도道, 법法, 병兵, 농農, 음양가陰陽家 등을 총괄적으로 정리한 일종의 집체 창작(呂氏門客과 稷下學派)인데, 이는 전국시대 이후 사상적 분위기가 그만큼 자유로웠으며 아울러 지식인들은 각자 총체적인 사유체계의 수립을 도모하고 있었음을 증명하는 것이다. 그 후 양한兩漢을 거치면서 유가는 통치 이데올로기화되는

---

23) 阮籍, 완적의 조카인 阮咸, 嵇康, 向秀, 山濤, 王戎, 劉伶을 꼽는다. 그러나 그 가운데 산도는 기회주의자, 왕융은 탐욕가, 즉 敗流로 평가되기도 한다.

듯했지만 결코 송명시대처럼 강력하진 않았고, 따라서 현학이 이러한 사상적 유동성과 융합성을 배격했을 리는 만무하다.

『노자』의 주注는 왕필이 가장 유명하고, 현본『장자』는 아예 곽상에 의해서 지금의 체제(총 33편)로 편집된 것이고 보면, 왕필과 곽상은 당연하게 도가철학의 발전자로 이해된다. 그들이 이룬 것은 분명한 발전임에는 틀림없다. 그러나 그 발전의 내용이 마치 도가사상의 전적인 확대나 심화로 생각하는 것은 문제가 되지 않을 수 없다. 왕필이나 곽상은 모두 체제 내의 철학자였다. 그리고 제도를 인정하기 위해서는 유가적 사유가 필수불가결한 것이었다.

위진의 현학자들이 도가의 경전을 주석했다는 이유만으로 마치 도가적 사유의 전형으로 보는 것은 위에서 말한 여러 가지 이유로 인해서 회의 되어야 한다. 중요한 것은 그들의 '속마음'(心態)이 어디에 있었느냐 하는 것이 아닐 수 없다. 물론 그들의 속마음이 유가에 있었다고 해서 그들이 노장을 오해했다는 섣부른 판단은 금물이다. 오히려 그러한 이해는 하나의 해석학적 발전을 이루는 것이라고 보아야 할 것이다.

그 대표적인 예로 몇몇 철학자들의 단적인 주장을 간단히 들어 보자.

4. 왕필의 무용론

왕필은 기본적으로 하안과 같은 고위 관리에 의해 발탁된 인물로서, 『세설신어世說新語』에 나오듯이 공자를 노자보다 진정으로 무無를 체득

한 이상인격으로 보고 있다. 그런데 과연 왕필은 이른바 '귀무론자貴無論者'인가? 그가 '무'를 강조한 것은 틀림없는 사실이다. 그러나 문제는 그가 강조한 무의 내용이다. 재미있게도 그가 강조하는 것은 노자처럼 절대적인 무가 아니다. 노자의 무는 대략적으로 (1) 유무상대有無相對의 무, 이를테면 '유와 무는 서로를 만든다'24)의 무와 (2) 절대적인 무, 이를테면 '유는 무에서 나온다'25)의 무, 그리고 (3) 효용성이 있는 무, 이를테면 '무가 쓰임이 된다'26)는 무로 나누어 볼 수 있는데, 왕필이 말하는 무는 유무상대의 무도, 절대의 무도 아니고 오히려 쓰임이 있는 것으로서의 무이다. 노자가 말하는 무의 쓰임은 마치 바퀴의 가운데나 그릇이나 집의 빈곳이야말로 정말로 가장 중요하며 실제로 쓰이고 있는 것이라는 주장인데, 왕필은 이와 같은 맥락에서 '무용론無用論'을 주장한다.

노자는 직접적으로 무용無用을 말하지 않는다. 그러나 왕필은 자신의 철학을 무의 쓰임으로 전개하고 있다. 그는 『노자』를 주해하면서 곧바로 "유가 이익 되려면 반드시 무를 쓰임으로 삼아야 한다"27)라고 천명하고 있다. 그는 "유는 모두 무에서 시작된다"28)라고 전제하고, 그에 이어서 그것은 바로 무용無用임을 강조한다. 왕필은 '비었을 때 써야 끝이 없다'29)는 원리를 알고 있었다. 왜냐하면 '가득 부으면 차 버리고 차면 넘쳐 버리고 만다'30)는 사실은 무의 가치를 극대화해 주기 때문이다.

---

24) 『老子』, 제2장, "故有無相生, 難易相成, 長短相較, 高下相傾, 音聲相和, 前後相隨."
25) 『老子』, 제40장, "天下萬物生於有, 有生於無."
26) 『老子』, 제11장, "故有之以爲利, 無之以爲用."
27) 『老子注』, 제1장, "凡有之爲利, 必以無爲用."
28) 『老子注』, 제1장, "凡有皆始於無."
29) 『老子注』, 제4장, "沖而用之, 用乃不能窮."
30) 『老子注』, 제4장, "滿以造實, 實來則溢."

흔히 말하는 '비어야 찬다'는 논의와 비슷하다.

이러한 주장은 '무위無爲'에 대한 용법에서도 발견된다. "천지가 짐승을 위해 풀을 만들지 않았지만 짐승은 풀을 먹고, 사람을 위해 개를 만들지 않았지만 사람은 개를 먹는다. 만물에 무위하지만 만물은 각자 그 쓰임에 맞추어 나아간다."[31] 이는 다름 아닌 '무위의 적용설適用說'이다. 만물을 위해 아무것도 하지 않는 듯해도 만물은 각기 쓰임이 되는 바를 위해 맞추어 나아간다. 다시 말해 무위라고 해서 무용無用[32]한 것이 아니라 소용所用이 있다.

왕필은 이와 같은 무를 도道로 보고 있다. 그러나 덕론德論에서도 마찬가지로 무용론은 적용된다. 덕은 도로부터 얻어지지만, 덕을 다하는 방법은 바로 무를 쓰임으로 삼는 것이다. 무를 쓰임으로 삼으면 되지 않는 일이 없다.[33] 따라서 최고의 덕을 갖춘 사람은 오로지 도를 쓰임으로 본다.[34] 자신의 덕을 덕이 아니라 하며 잡는 것도 없고 쓰는 것도 없게 한다. 그럼으로써 덕이 갖추어지고 하지 않는 일이 없게 된다.[35]

이와 같이 왕필은 '무용론'의 주장자였다. 왕필을 전통적으로 '귀무론자'로 본다 하여 그 '귀무'의 실제적인 내용을 구체적으로 보지 않고 단지 그 무는 노자가 말하는 절대의 무와 같은 것으로 얼떨결에 넘어가는 경우가 적지 않은데, 이는 반드시 지적되지 않으면 안 된다.

---

31) 『老子注』, 제5장, "天地不爲獸生芻, 而獸食芻; 不爲人生狗, 而人食狗. 無爲於萬物而萬物各適其所用."
32) 이곳에서 無用의 뜻은 왕필과는 상반됨을 주의할 것.
33) 『老子注』, 제38장, "何以得德? 由乎道也. 何以盡德? 以無爲用. 以無爲用, 則莫不載也."
34) 『老子注』, 제38장, "上德之人, 唯道是用."
35) 『老子注』, 제38장(「德經」의 첫 장), "不德其德, 無執無用. 故能有德而無不爲."

왕필에게 이제 무는 더 이상 쓸데없는 것이 아니라, 쓸모 있는 것이다. 그것은 무용지용無用之用의 설과도 같지 않다. 왕필의 무용은 쓸데없다는 뜻이 아니라 무가 쓸데 있다는 '무의 용'(無之用)의 철학이다.

왕필은 바로 이와 같은 논법에 의해서 유가적 질서를 옹호했다. 그는 분명히 '명예를 얻기 위한 행동'(名行)은 반대한다. 그러나 그렇다고 해서 '인仁'을 반대하는 것은 아니다. 왕필은 '인을 버려야 인덕이 도타워질 수 있다'36)는 '무의 용'을 알고 있었다. 그는 잘 알려져 있다시피 '체體', '주主', '일一', '리理', '종宗', '원元' 등의 개념을 제시하는데,37) 우리가 잊지 말아야 할 것은 바로 위와 같은 의미와 같이 무無 개념이 쓰이고 있다는 점이다. 다시 말해 이는 첫째, 무가 정말로 무가 아니라(無無)38) 근원적 개념으로 사용된다는 것이고, 둘째, 무는 서서히 위와 같은 개념으로 대치되고 있다는 점이다. 왕필은 『주역』을 주해하면서 리理를 강조하지만,39) 사실상 『노자』를 주석하면서도 마찬가지로 '줄기와 가지'(本末)40)와 '하나와 여럿'(一多)41)이라는 근원적 개념으로 사상적 전환을 꾀하고 있다. 다시 말해 무는 이제 더 이상 절대적인 무라기보다는 오히려 위의 개념들처럼 유의 본원이자 주체로써 사용된다는 것이다.

나아가 왕필은 인의仁義와 예경禮敬이 드러나고 빛나길 바라고 있다.42) 그러한 사유의 근원은 어디에 있는가? 그것은 왕필이 이 천지에

---

36) 『老子指略』, "棄仁而後人德厚."
37) 『周易略例』, 「明象」.
38) 『正蒙』, 「太和」, "知太虛卽氣, 則無無." 참조.
39) 『周易注』, 「乾卦文言」.
40) 『老子注』, 제38장.
41) 『老子注』, 제42장.
42) 『老子注』, 제38장, "用不以形, 御不以名, 故仁義可顯, 禮敬可彰也."

는 어떤 '마음'(心)이 있어, 그것이 드러나야 한다고 생각하고 있기 때문이다. 그는 『주역』 「단사象辭」 복괘復卦[43]의 주에서 "천지는 그 근본을 마음으로 삼고 있는 것"이라 하면서, "따라서 움직임이 모두 그친 상태에서야말로 천지의 마음이 드러난다"[44]라고 하고 있다. 뿐만 아니라 『노자』의 덕德을 해석하면서도 이와 똑같이 천지의 마음을 말하고 있다.[45]

이는 무엇인가? 이는 다름 아닌 유가적 세계관에 대한 긍정이다. 도가는 무심無心이다. '하늘과 땅의 마음'(天地之心)을 일컫지 않는다. 천지는 어질지 않을 뿐,[46] 그리고 성인은 고정된 마음이 없을 뿐,[47] 결코 자신의 마음을 드러내지 않는다. 따라서 왕필은 바로 이러한 '마음'을 유가적인 각도에서 잡아낸 것이다.

그렇다면 제도에 대한 왕필의 사고는 자연스럽게 얻어질 수 있다. 비록 그는 도가적인 진리에 심취하고 있었지만, 그리고 그것을 자신의 이론적 무기로 삼았지만, 그는 결국 유가적인 사고에 귀결하고 있다. 삶과 현실을 어떻게 할 수 없었던 것이다. 따라서 무無를 용用의 관점에서 해석하고, 더 나아가 도용성道用性도 강조하면서, '천지의 마음'이라는 유有를 궁극적으로 긍정하는 것이다. 제도는 다름 아닌 이 유가의 천지지심天地之心이 드러나는 장소이다. 제도 없이 무나 도가 쓰일 곳도, 천지지심의 발휘도 불가능하다는 것이 왕필의 궁극적인 결론이었다. 따라서 왕필은 "하늘은 오행을 낳고 만물을 쓰임이 없도록 하며, 성인은 오

---

43) 『周易』, 「象辭」, 復卦, "復其見天地之心乎."
44) 『周易注』, "天地以本爲心者也……故動息之中, 乃天地之心見也."
45) 『老子注』, 제38장.
46) 『老子』, 제5장, "天地不仁."
47) 『老子』, 제49장, "聖人無常心."

륜을 행하고 말없이 교화한다"[48]라고 노자의 철학을 정리하는 것이다. '만물을 쓰임이 없도록 한다'는 것은 이미 위에서 말한 바와 같이 만물을 위해 아무것도 하지 않는 듯해도 만물은 각기 쓰임이 되는 바를 위해 맞추어 나아간다(無爲於萬物而萬物各適其所用)는 것이며, 성인의 다섯 가르침이란 다름 아닌 유가의 강목綱目인 오륜이 행해지는 제도를 일컫는 것이다.

5. 곽상의 적성설

곽상의 철학은 많은 논의가 뒤따라야 한다. 그러나 그중 우리의 주제와 직접적으로 상관하여 언급될 수 있는 문제는 다름 아닌 '적성설適性說'이다. '적성'이란 오늘날에도 쓰이는 말로서 자신이 타고난 재능이나 성질에 맞는 것을 뜻한다. 그런데 '성性을 따른다(適)'는 것은 몇 가지의 의문을 던져 준다. 첫째는 과연 무엇이 성이냐 하는 것이다. 그 성은 노력에 의해 바꾸어질 수 있는 것인지, 또 성은 이 사회의 구성에 어떤 비중을 차지하는 것인지 우리는 묻게 된다. 둘째는 성이 있으면 그 성을 따라야만 하는가 하는 것이다. 성을 벗어나 제멋대로 해도 되는지, 아니면 성의 굴레에서 벗어나는 것은 불가능한지 우리는 묻게 된다.

위의 문제에 대해 곽상은 대략 아래와 같은 의견을 갖고 있다. 성은 타고난 것으로 운명과 같은 것이다. 그리고 그 성을 바꾼다는 것은 아

---

48) 『老子旨略』, "天生五物, 無物爲用, 聖行五敎, 不言爲化."

무나 성인聖人이 되는 것이 아니듯이 거의 불가능한 것이고, 바로 자신의 성에 맞게 사는 것이야말로 이 사회가 제대로 돌아가는 길이다. 또한 성을 따라 사는 것이야말로 진정으로 행복한 삶이다. 성을 벗어나 산다는 것은 곧 불행과 죽음을 뜻하며 성의 굴레 속에서 안락하고 편안한 생을 추구할 것을 강조한다.

그는 이와 같은 논지를 전개하기 위하여 『장자』의 첫머리인 「소요유逍遙遊」의 주注에서부터 장자와는 동떨어진 사유체계를 제시한다. 일반적으로 생각하는 것처럼, 곽상은 『장자』를 주석한 사람이기 때문에 장자의 철학과 곽상은 사상적으로 유사할 것이라는 생각은 완전히 빗나가고 만다.

『장자』의 첫머리는 북쪽에 있는 엄청나게 큰 물고기인 곤鯤과 그것이 변화化한 새인 붕鵬의 이야기로부터 시작된다. 곤이나 붕의 크기는 몇 천 리가 되는지도 모를 정도(鯤之大/鵬之背, 不知其幾千里也)이다. 하다못해 붕은 날개가 하늘의 구름에 드리워질 정도(其翼若垂天之雲)이다. 그리하여 남쪽에 있는 이상적인 세계를 향하여 날아간다.(圖南)[49] 그런 것을 보고 벌레나 작은 새들은 비웃는다. 왜 그런 고생을 하느냐는 식이다. 여기에서 우리는 『장자』가 말하고자 하는 바를 쉽게 알 수 있다. 『장자』는 벌레나 작은 새가 어찌 붕의 뜻을 알겠는가 하고 오히려 반문한다. 그러나 곽상의 주는 이와는 완전히 다르다. 자기가 타고난 본성에 족하면 될 뿐이다.(苟足於其性) 큰 붕은 작은 새보다 스스로 귀하다고 여김이 없고, 작은 새는 하늘의 못을 부러워하지 않는다.[50] 이와 같은 논지에 의

---

49) 『莊子』, 「逍遙遊」.
50) 『莊子注』, 「逍遙遊」, "大鵬無以自貴於小鳥, 小鳥無羨於天池."

해 곽상에게는 큰 붕이나 작은 새나 어떤 차이도 없는 것이 되고 만다. "따라서 작음과 큼은 비록 다르나, 소요하는 것은 하나이다."(故小大雖殊, 逍遙一也) 작은 새나 큰 붕이나 할 것 없이 노니는 것은 마찬가지라는 말이다. 붕은 하늘의 못(天池)을 향해 날아가며 벌레나 작은 새는 작은 나무(楡枋)에 올라가면 될 뿐이다. 그 둘이 가고자 하는 데에는 크거나 작거나 한 다름이 분명히 있으나 그 둘 모두 자신의 본성에 따라 노니는 것이어서 결국 소요에서는 하나라는 논지이다.

『장자』에서 말하는 것은 '작은 앎은 큰 앎에 미치지 못한다'[51]는 인식의 한계성에 대한 지적이다. 아침에만 잠깐 사는 미생물(朝菌)이 그믐과 초승(晦朔)을 알 리 없고, 쓰르라미(蟪蛄)는 봄과 가을(春秋)을 알지 못한다. 「소요유」에 붕과 작은 새의 비유는 연이어 또 한 차례 나오는데, 이때에도 위와 마찬가지로 참새가 큰 붕을 비웃는다. 그리고 『장자』는 바로 "이를 작고 큼의 다름이다"[52]라고 하고 있다. 그러나 곽상에게 이 '작고 큼의 다름'은 오히려 천성天性의 다름으로 파악되어 서로가 서로를 넘볼 것이 아니다. 두 번째의 붕새와 참새의 이야기에서도 곽상은 "지금 말하는 작고 큼의 다름은 각자 자연의 바탕이 있어 발을 곧추세우면서 넘겨다본다 해서 미치는 것이 아니어서 각자 자신의 타고난 성에 편히 맞추어 살고 서로가 다른 바를 슬퍼하지 않음을 다시 이야기하고 있다"[53]라고 해석함으로써 자신의 견해를 분명히 하고 있다. 그에게 붕새나 참새가 다를 바는 없다. 어떤 것은 하늘의 못에서 위아래로

---

51) 『莊子』, 「逍遙遊」, "小知不及大知."
52) 『莊子』, 「逍遙遊」, "此小大之辯也." 이때 辯은 辨이다. 辨別의 뜻이다.
53) 『莊子注』, 「逍遙遊」, "今言小大之辯, 各有自然之素, 旣非跂慕之所及, 亦各安其天性, 不悲所以異, 故再出之."

날갯짓하며 어떤 것은 작은 나무 위에 올라가는 것으로 뜻을 다하면 될 뿐, 그 둘이 소요에서 어떤 질적인 차이를 갖지는 않는다.

곽상은 이미 자신의 주 가장 첫머리에서 이와 같이 전제했다. "작고 큼이 비록 다르나 스스로 얻은 마당에 풀어놓으면 사물은 그것의 성에 맡겨지고 사업은 그것의 능력에 맞춰지고 각자 제 몫을 다하니, (작은 것이나 큰 것이나 할 것 없이) 노니는 것은 마찬가지인데 어찌 그 사이에 이기고 짐이 끼어들겠는가!"[54] 따라서 그에게는 큰 곤과 큰 붕의 이야기도 신기하거나 이상할 것이 없다. 큰 곤이 북쪽 바다가 아니면 그 몸을 움직이지 않고, 큰 붕이 구만리가 되지 않으면 날개를 펴지 못하는 것은 큰 것은 반드시 큰 곳에서 스스로 태어나고 큰 곳은 반드시 큰 것을 낳는다는 자연의 이치로 보면 별로 호기심이 갈 일이 아니다.[55] 곽상은 이와 같은 입장에서 「소요유」의 비유를 다소 시큰둥하게 시비조로 받아들인다. 크고 작음에 마음을 둘 일이 아니라는 식이다. 이는 바로 '스스로 얻은 마당'(自得之場), 즉 태어날 때부터 자연적으로 얻은 천부天賦의 성질(性)과 능력(能)은 자신의 몫(分)이 있을 뿐에서 그것 사이의 좋고 나쁨(優劣)을 가리거나 잘잘못(臧否) 따지는 것은 안 된다는 주장이다. 곽상이 말하는 이기고 짐(勝負)이 끼어들 수 없는 것이 바로 자연自然의 세계이다.

이러한 주장은 하나의 일정한 이론을 배경으로 하고 있다. 그것은 다름 아닌 적성설이다. 모든 자연적인 것은 태어날 때부터 자신에게 맞

---

54) 夫小大雖殊, 而放於自得之場, 則物任其性, 事稱其能, 各當其分, 逍遙一也, 豈容勝負於其間哉.
55) 『莊子注』,「逍遙遊」, "非冥海不足二運其身, 非九萬里不足以負其翼, 此豈好奇哉? 直以大物必自生於大處, 大處亦必自生大物, 理固自然, 不患其失, 又何厝心於其間哉."

는 본성을 갖고 있다. 그 본연적인 성질은 각자가 다르다. 그러나 그러한 다름이 반드시 존재의 '승부'를 결정짓는 것은 아니다. 각자는 나름대로의 할 일이 있으며 더 나아가 자신에 어울리는 즐거움이 있다. 큰 붕은 그것대로의 소요가 있고, 참새와 같은 조무래기는 그것대로의 소요가 있다. 따라서 그 둘이 소요함 그 자체에서는 마찬가지인 것이다.

이와 같은 곽상의 적성설은 여러 다른 인간의 본성을 근원적으로 긍정한다는 점에서 도가적 사유의 전형을 느끼게 할지도 모른다. 그러나 문제는 이것에만 머물러 있지 않는다. 그가 이러한 적성설을 내세워 옹호하려는 것은 인간성의 다양성에 기반하고 있는 존엄성이 아니라, 오히려 군신君臣 제도와 같은 체재 내의 신분 질서에 대한 논리적 타당성이다. 붕새와 참새가 결정되어 있는 것처럼, 임금과 신하도 결정되어 있다. 따라서 군신과 귀천貴賤의 설정은 어찌할 수 없는 것이며, 그에 따라 사는 것이야말로 적성이 되고 만다.

『장자주』의 많은 부분이 이와 같은 논리에 의해 전개되어 있다. 어떤 이가 신하와 첩의 재능(臣妾之才)만을 갖고 있을 뿐인데도 자신이 맡은 바(任)를 모르고 그것에 안주하지 못하면 그것은 자신의 본성을 잃어버리는 것이다. 따라서 "임금과 신하의 위와 아래와, 손과 발의 밖과 안을 아는 것은 하늘의 이치이고 스스로 그러한 것이니 어찌 참사람이 (억지로) 하는 바이겠는가!"[56] 이것은 하늘은 스스로 높고 땅은 스스로 낮추고 머리는 스스로 위에 있고 발은 스스로 아래에 있는 것과 같으므로, 자신의 자리를 지킬 뿐 어떤 뒤바뀜이 있을 수 있는 것이 아니다.[57]

---

56) 『莊子注』, 「齊物論」, "知君臣上下, 手足外內, 乃天理自然, 豈眞人之所爲哉."
57) 『莊子注』, 「齊物論」, "若天之自高, 地之自卑, 首自在上, 足自居下, 豈有遞哉!"

이 사회의 체제는 이처럼 옹호된다. 모두가 각자 자신의 일을 하면 된다. 농민은 밭을 갈면 되고 임금은 통치를 하면 된다. 그것은 우리의 몸에는 이것저것이 달려 있고(手足耳目) 여러 갈래로 나누어져 있지만(四肢百體) 각자가 맡은 바가 있고 쓰이는 것(各有所司而更相御用)과 마찬가지로,[58] 이 사회의 구성원은 각자의 적성에 맞추어 자신의 재주와 능력을 발휘하면 된다. 그것을 넘어서려는 것은 본성을 잃어버리는 것일 뿐이다. 나아가서 성을 바꾼다는 것은 불가능하다. "성은 각자의 몫이 있으니 똑똑한 사람은 똑똑함을 지켜 끝을 기다리며 어리석은 사람은 어리석음을 안고 죽음에 이르니 어찌 그 성을 도중에 바꿀 수 있겠는가!"[59] 곽상에 의하면 본성은 바꾸어질 수 없다. 그것은 그 자체로 완벽한 것이다.

그러한 논의를 위해 곽상이 내놓은 대표적인 용어가 '남음 없음'(無餘)과 '꽉 참'(至足)이다. 간단히 말해, 남음 없음이란 어떤 것이 작다하여 그것이 시공時空 속에서 남겨놓는 것이 있을 수 없다는 뜻이고, 꽉 참이란 어떤 것이 크다 하여 시공 속에서 모자랄 수 없다는 뜻이다. 작은 것은 그것으로 완전히 자신의 시공을 차지하고 있으며, 큰 것은 그것으로 자신이 차지한 시공에 알맞은 것이지 결코 모자랄 수 없다. 따라서 작은 것은 남음이 없고(小者無餘), 큰 것은 꽉 차 있다(大者至足). 이를테면 먼지와 같은 '가을터럭이라도 하늘과 땅에 누가 되는 바가 없고, 하늘과 땅이라 해서 가을터럭보다 과할 것이 없다.'[60] 따라서 이 두 개념은 궁

---

58) 『莊子注』, 「齊物論」.
59) 『莊子注』, 「齊物論」, "性各有分, 故知者守知以待終, 而愚者抱愚以至死, 豈能中亦其性者也."
60) 『莊子注』, 「秋水」, "所謂大者至足也, 故秋毫無以累乎天地矣; 所謂小子無餘也, 故天地無以過乎秋毫矣."

극에 가서는 하나의 뜻을 갖게 된다.[61] 시공 속에서 자신의 본성을 다할 뿐인 것이다.

곽상이 이러한 개념을 내세우는 『장자』의 구절도 강의 신(河伯)이 바다의 신(北海若)을 만나 이루어지는 말로서 바다의 신이 시공의 거대함을 강조하는 것인데, 그는 위와 같이 주해했다. 한마디로 곽상에게는 우물 안의 개구리[62]나 바다의 신이나 모두 남음이 없고 꽉 차 있기 때문에 소요한다는 점에서는 마찬가지로 여겨지는 것이다. 소요란 다름 아닌 제 걸음으로 스스로 얻은 마당에서 노니는 것[63]이기 때문이다.

제도 속의 인간은 타고난 본성에 맞추어 살게 되어 있다. 체제 속에서 그는 자신의 삶을 이어 나갈 수밖에 없다. 그러함으로써 한 인간은 시공 속에서 남음도 없고 꽉 차게 된다. 다시 말해 제도의 모든 부분을 이루고 있으며 그 부분을 맡고 있음은 능력이 남는 것도 재능이 모자란 것도 아니다. 이것이 바로 적성의 적재적소설適材適所說이다. 이와 같은 곽상의 논리를 계속 밀고 나아가면 마소가 사람에게 부림을 받는 것도 그들의 적성일 수 있고,[64] 나아가 노예조차도 그들의 적성일 수 있게 된다. 그리고 그 적성은 '명命'이라는 곽상의 관점에 의해 더욱 철저하게 논리화될 수 있는 것이다.[65]

---

61) 『莊子注』, 「天道」, "知足, 故恒有餘."
62) 『莊子』, 「秋水」, "埳井之鼃."
63) 『莊子注』, 「秋水」, "逍遙者用其本步而遊乎自得之場矣."
64) 『莊子注』, 「秋水」, "人之生也, 可不服牛乘馬乎? 服牛乘馬, 可不穿落之乎? 牛馬不辭穿落者, 天命之固當也. 苟當乎天命, 則雖寄之人事, 而本在乎天也." 『장자』에서는 落馬首, 穿牛鼻 하지 않는 것이야말로 反其眞인데, 곽상은 그것 자체가 天命이 되고 있다.
65) 곽상의 사상적 특징에 관해서는 鄭世根, 『莊子氣化論』(臺北: 學生, 1993), 34~35쪽 참조.

6. 혜강의 양생론

이와 같은 제도옹호론은 당시의 사상적 분위기에서는 일반적이었다. 현학자라고 불리는 사상가들은 적어도 이러한 분위기에 세례 받고 있었다. 도가의 경전이 유행하고는 있었지만 많은 경우 그들의 속마음은 유가적 제도에 대한 긍정에 관심이 있었고, 어떻게 그리고 얼마나 도가적인 사유를 유가 속에 끌어당길 수 있느냐 하는 데 있었다. 다시 말해 '제도의 자연성'에 대한 탐구였다.

그러나 이에 맞서 죽음까지도 불사한 학자가 있었으니 그가 바로 죽림칠현竹林七賢의 하나인 혜강이다. 죽림칠현은 말 그대로가 표현하듯 완전한 재야在野 학자이다. 원칙적으로는 제도와 거리가 먼 자연 속에 머무르는 일곱 학자이다. 혜강은 그들 가운데 완적과 더불어 대표되는 학자이다.

혜강은 주류主流 도가답게 장자의 기氣일원론을 한대의 철학자들처럼 원기설元氣說로 받아들이기도 하며, 기론을 바탕으로 양생설養生說을 전개하기도 한다. 그리고 정면으로 주공周公과 공자를 공격하고 육경六經의 절대성을 회의한다. 그는 기본적으로 도가의 원칙에 충실하고 유가의 기준을 비판하고 있는 것이다. 따라서 양생도 『포박자抱朴子』에서처럼 '수명 연장'(延壽)의 의미가 가미되어 있으며, 공자가 말하는 '학문을 좋아하는 것'(好學)도 인간의 본성과는 어긋난 거짓이라고 주장한다.

혜강은 인간의 본성을 안락함을 좋아하고 어려움을 싫어하고, 편한 것을 좋아하고 힘든 것을 싫어하는 것66)으로 파악했다. 따라서 유가의 기본 경전인 '육경六經'은 오히려 여러 가지 학파가 활활 일어서게 한 것이며 명예와 이익의 길을 열어놓은 것[67]에 지나지 않는다. 따라서 인의仁義는 참을 기르는 주요 방법(養眞之要術)도 아니고 염치와 양보(廉讓)는 자연에서 나온 바(自然之所出)도 아니다.[68] 그렇다면 우리에게 가장 중요한 것은 무엇인가? 혜강은 그것이 바로 '양생養生'이라고 대답한다.

혜강은 말 그대로 '참을 기르는 주요 방법'(養眞之要術)을 우리에게 제시한다. 그에게 '정신精神'의 '육체'(形骸)에서의 역할은 마치 나라에 임금이 있는 것과 같다.[69] 따라서 정신(神)이 몸 가운데에서 조급해하고 육체(形)가 몸 밖에서 자신을 잃으면, 이는 마치 임금이 위에서 혼미하여 나라가 아래에서 엉망이 되는 것과 같다.[70] 이는 도가철학에서 줄곧 강조하는 정신과 육체의 동일론(神形同一論)적 사고이다. 따라서 군자君子는 육체와 정신이 서로의 존재를 가능케 함[71]을 안다. 양생의 요체要諦는 '본성을 잘 닦아 정신을 보존하고, 마음을 편안하게 해서 몸을 온전케 하는 것'[72]이다. 그 방법으로는 몸의 기를 평화롭게 하는 것(體氣和平)도 포함되어 있다.

혜강이 제시하는 양생의 요술要術은 바로 위에서 말한 바와 같다. 때로는 그것을 위해 '약藥'을 먹는 방법도 긍정한다. 명命과 성性을 기르기 위해 우리는 복약服藥할 수 있다고 그는 생각한다.[73] 이 모두 보양補養의

---

66) 『難自然好學論』, "夫民之性, 好安而惡危, 好逸而惡勞."
67) 『難自然好學論』, "百家繁熾, 開榮利之塗."
68) 『難自然好學論』.
69) 『養生論』, "猶國之有君."
70) 『養生論』, "神躁於中, 而形喪於外, 猶君昏於上, 國亂於下也."
71) 『養生論』, "形恃神以立, 神須形以存."
72) 『養生論』, "修性以保神, 安心以全生身."

232   제2부 노장의 주석가들과 현학

방법이다. 더 나아가서 혜강은, 기쁘고 화남은 올바른 기를 망치고 생각은 정신을 갉아먹고 슬픔과 즐거움은 평정한 순수를 해친다[74]고 주장한다. 좋은 양생이란 다름 아니다. 빔을 맑게 하고 큼을 고요하게 하며, 자신의 이익을 적게 하고 욕심을 줄이는 것이다.[75] 그러면 외부의 사물은 마음에 쌓여 있지 않으며 신기神氣는 최고의 순수성으로 홀로 빛난다.[76] 그리하여 마지막으로 이루고자 하는 바가 혜강에 의하면 '대순大順'[77]이고 그것 안에서 함께(同)되는 것이다.

그는 양생론을 위해 '신기神氣'를 중심 개념으로 삼았다. 그리고 정신과 육체는 신기를 중심으로 통일될 수 있는 것으로 보았다. 이른바 양진養眞의 요술인 '본성을 잘 닦아 정신을 보존하고, 마음을 편안하게 해서 몸을 온전케 하는 것'은 정신과 육체의 기론적 합일관을 극명하게 보여 주고 있다.[78] 이는 전통적인 노장老莊 도가의 사유방식이 아닐 수 없다.

이와 같이 혜강은 도가의 유가화에 맞서 순수 도가적 사유를 고수하고 나름대로의 정리를 꾀하고 있었다. 사실상 그의 『성무애락론聲無哀樂論』의 실질적인 내용도 정치적인 비판이 강하다. 다시 말해 소리는 어떤 슬픔과 즐거움을 싣고 있다고 하지만 소리 그 자체에 그러한 감정이 있는 것은 아니다 라는 주장은 예악禮樂을 주장하는 유가의 입장에 반발

---

73) 『養生論』; 『神樂論』.
74) 『養生論』, "喜怒悖其正氣, 思慮銷其精神, 哀樂殃其平粹."
75) 『養生論』, "淸虛靜泰, 少私寡慾."
76) 『養生論』, "外物累心不存, 神氣以醇白獨著."
77) 『養生論』. 그리고 『老子』, 제65장.
78) 그런데 이곳에서 性은 정신적인 것(神)이고 心은 육체적인 것(身)임을 주의할 것.

하여 인간의 본성으로 돌아가자는 도가의 이론을 내세우는 것이다. 혜강이 말하는 '소리 없는 노래'79)란 바로 노자가 말하는 "큰 노래는 소리가 없다"80)는 원리의 반복이다. 좋은 노래(雅樂)와 나쁜 노래(鄭聲)의 가름은 우리의 마음(心)에서 나오니,81) 음악의 본체는 다름 아닌 마음이다.82)

혜강은 죽림칠현의 하나였다. 그들은 사상적으로 같이 어울릴 만한 것이 있었고, 그리하여 '죽림칠현'이라는 한 이름으로 불리게 되었다. 그러나 혜강에게서도 유가적인 색채가 완전히 없어진 것은 아니다. 공자를 비판하면서도 선왕先王에 대해서는 유보적인 태도를 취하고,83) 천하를 위하던 과거에서 한 몸을 위하는 오늘이 되었다(昔爲天下, 今爲一身)고 공격하면서도 임금의 길은 자연이고 반드시 현명함에 의탁해야 한다(君道自然, 必托賢明)고도 말하고 있다.84) 이러한 경향은 완적에게서 더욱 심해지기도 한다.

그러나 그들은 위에서 말한 왕필이나 곽상과 같이 일관적인 제도옹호론자는 아니었다. 그들에게 내려진 호칭처럼 죽림이란 자연에서 노장학을 유학보다 우선으로 하는 학자들이었다. 그런 점에서 이들은 일반적인 현학자들과는 구별되어야 하는 것이다.

---

79) 『聲無哀樂論』, "故無聲之樂, 民之父母也."
80) 『老子』, 제41장, "大音希聲."
81) 『聲無哀樂論』, "淫之與正, 同乎心."
82) 『聲無哀樂論』, "樂之爲體, 以心爲主."
83) 『聲無哀樂論』.
84) 「太師箴」.

7. 도가적 유가

왕필과 곽상, 그리고 혜강의 철학은 독립적으로 논구하거나, 그 철학 중의 한 문제를 잡아서 선후 철학과의 비교 아래 충분히 연구될 수 있는 분야이다. 특히 그들의 철학은 양적으로도 넉넉할 뿐만 아니라, 질적으로도 매우 재미있고 특수한 주제를 우리에게 던져 주고 있다. 그들의 문제가 오늘의 우리에게도 흥미를 야기시키는 것은 그들의 시대나 오늘 우리의 시대나 할 것 없이, 인간에게 늘 따라다니는 '제도'의 문제이고 그 제도의 본질에 관한 탐구이기 때문이다. 과연 제도는 인정되어야 할 것인가? 그리고 그 제도는 진정으로 인간의 '본성'을 기초로 하고 있는가? 그렇다면 제도는 우리의 본성을 드러내 주는 것인가, 아니면 억누르는 것인가? 우리의 본성을 계발啓發시키는 제도와 억압하는 제도의 기준은 무엇인가? 이러한 문제는 오늘날에도 똑같이 던져지고 있다.

많은 위진의 현학자들은 '명교名敎'와 '자연自然'이라는 문제로 이러한 물음을 주제화시켰다. 아울러 대개의 경우, 실질적으로는 유가적 체제를 옹호하려 했으나 역설적으로 그 옹호의 방법과 기술은 철저하다 할 만큼 도가적이었다. 그들은 한마디로 유가였다. 왜냐하면 그들은 제도의 옹호론자였기 때문이다. 그러나 그들은 도가의 사상적 기반과 논리적 기술을 마음껏 활용했다. 그런 점에서 보면 그들은 이미 도가화되어 있었다. 그런 의미에서 나는 그러한 현학자들을 '도가적 유가'라고 보는 것이다.

그러나 소수이긴 하지만 진정한 반제도론자들도 있었다. 이른바 '죽림파' 또는 '자연파自然派'라고 불릴 수 있는 체제에서 벗어나 있던 재야의 몇몇 학자였다. 그 가운데 완적과 같은 이는 『역』을 해석하면서 '인을 펼치고 덕을 세우는 것'(施仁樹德)[85]을 강조하기도 하며 도덕道德의 필요성을 제기[86]하기도 할 정도로 유가적인 냄새를 피우기도 한다. 그리고 혜강도 「태사잠太師箴」과 같은 오늘날의 '총리선서'와 비슷한 글을 쓰기도 한다. 그러나 그들은 적어도 이상적인 최고 인격을 노자나 장자와 같은 도가적인 인물로 삼았으며, 체제에 대해 극렬하고 과격한 발언을 서슴지 않는다. 이와 같은 까닭에서 혜강 같은 경우는 정치가의 미움을 사게 되고 결국은 제도권 내의 체제옹호론자인 종회鍾會에 의해 논죄되어 죽임을 당하기도 하는 것이다.

　　이러한 제도옹호론과 그 반대자들은 도가와 유가철학을 드나들면서 이 사회의 제도와 인간 본성의 문제, 즉 명교와 자연의 문제를 논구했다. 이러한 논의를 '현학'이라는 문자적 의미에 지나치게 치중하여 마치 형이상학에만 치중했던 학문적 경향으로 보는 것은 하나의 철학사적 오해가 아닐 수 없다. 근대 중국의 5·4운동 이후, 고사변古史辨운동에 참여하지 않은 학자들을 '현학에 빠진 놈'(玄學鬼)라고 비난한 것은 이와 같은 현학에 대한 몰이해에서 일어난 일이었다.

---

85) 『通易論』, "施仁布澤, 以樹其德."
86) 『通易論』, "故道不可逆, 德不可拂也." 이 구절에서 '도덕'이 '도'와 '덕'으로 따로 떨어져 쓰였기 때문에 노자의 '도'와 '덕'으로 해석될 가능성은 있다. 그러나 문맥상 '定性制情'과 '자리매김'의 뜻이 강하기 때문에 도가적인 것과는 거리가 있다. 『通易論』, "故立仁義以定性, 取蓍龜以制情, 仁義有偶而禍福分. 是故聖人以建天下之位, 定尊卑之制, 序陰陽之適, 別剛柔之節."

제2장 명교파와 죽림파 그리고 격의파
―위진현학의 3대 학파

1. 현학의 애매함

현학玄學은 두 가지 면에서 무척이나 애매하다. 첫째는 현학과 역사적이고 전통적으로 관련되어 있는 여러 사상적 기반의 문제이고, 둘째는 현학 그 자체의 문제로서 현학이라고 공통적으로 불리기는 하지만 과연 그렇게 많은 사람들의 경향이 그저 하나인가 하는 의문이다. 앞의 문제는 철학사에서 한 시대를 풍미했던 사유체계를 어떻게 분류(classification)하는가 하는 물음이며, 뒤의 의문은 현학이라 해서 하나의 공통적인 사유체계가 있음에만 머무르지 말고 한 걸음 더 나아가 그것을 구별(distinction)해 보자는 제안이다.

첫째의 경우, 현학은 그것을 도가로 보든 아니면 유가로 보든 거의 상관없을 정도로 유도儒道 두 가의 사상이 혼합되어 있음은 분명한데, 이때 과연 어떤 '기준'으로 그들의 사상을 유가 또는 도가로 보겠느냐 하는 것이다. 그들은 형이상학적이고 관념적인 논의를 분명히 도가로부터 빌려 왔다. 그러나 일군의 학자를 제외하고는 많은 경우, 옹호하려는 것은 제도였고 체제였다. 그렇다면 그들이 근본적으로 도가의 철학적 전제를 받아들였기 때문에 도가라고 해야 하는가, 아니면 그들이 현실적으로 제도옹호론의 입장이었기 때문에 유가라고 해야 하는가?

이는 마치 송명리학宋明理學자들의 근저가 노장老莊사상과 불가佛家에 있었다고 해서 그들이 과연 유가가 아니었나 하는 질문과 흡사하다. 그들은 분명히 자신의 언어로 노불老佛을 맹렬하고 엄숙하게 비난했다. 이른바 '벽이단闢異端'의 정신을 바탕으로 한 학문이었다. 그러나 그들은 노불의 철학을 알게 모르게 받아들이고 있었다. 노불은 당시 민간에 들불처럼 번져 있는 사상이요 주의主義요, 종교이자 생명이었다. 도가는 도교道敎로, 불교는 불심佛心으로 세상에 널리 퍼져 있었다. 그래서 송명 시대의 유학자들은 리학理學 또는 심학心學으로 자신의 종지宗旨를 정리했다. 원시유가와는 자못 다른 학문적 태도이다. 그러한 과정 속에서 노불의 사상이 직간접으로 스며든다. 그러나 이때, 그 같은 사상의 넣고 뺌(添削)이 있었다 하여 우리는 유학을 도가나 불가라고 부르지는 않는다.

같은 까닭에서 대표적인 몇몇의 현학자들이 대부분 유가들이었다는 점에는 문제가 없다. 더욱이 위진魏晉의 초반부는 사상적 공생관계라고 불릴 만큼 도가의 성인인 노자와 장자에 비교적 호의적이었지만 말기에 이르러서는 손성孫盛과 같은 반노자反老子의 사상가도 나오는데, 이는 많은 현학자들의 속성이 결국은 유가에로 흐르고 있음을 보여 주는 것이다.

둘째의 경우, 많은 현학자들 가운데 위와 같은 논의에 반대하고 나선 사람이 없지 않았을 텐데, 그렇다면 우리는 그들이 현학의 시대에 발을 담그고 있었다고 해서, 또 그들이 현학적인 토론에 더불어 참가했다고 해서, 그들을 일반화시키고 단순화시켜 현학자라고 불러도 되겠는가 하는 것이다.

현학자들 속에는 목숨까지 내놓으면서 공자의 기본 전제를 비난하고 정치가의 체제를 부정하고 노장을 최고의 이상적인 인격으로 내놓은 이가 있었고, 그 같은 사고를 고무하던 사람들이 있었는데, 우리는 그들을 어떻게 일반 현학자들과 구별하여 부를 수 있겠는가?

또 불교의 전래로 위진시대에는 수많은 경전연구가 나오고 중국어 번역이 시도되는데 이때 그들은 대부분 출가出家한 종교인(和尙)으로서 불교라는 믿음(信仰)을 받아들였다. 그렇다면 그들에게 숭앙崇仰되는 것은 공맹과 노장이라기보다는 오히려 부처였을 것이다. 이러한 사람들도 위의 제도옹호론자나 반제도론자와는 구별되는데 우리는 이들을 어떻게 부를 수 있겠는가?

나는 여기에서 '명교파', '죽림파', '격의파'라는 3대 분류법을 제시한다. 우리의 논의는 첫 번째의 '분류'에서 두 번째의 '구별'을 타당화시키는 방향으로 전개된다.

2. 현학자들의 문제

현학자들에게는 일반적으로 알려진 것처럼 공통적인 주제가 있었다. 그것은 한대漢代 이후 성행한 『주역』, 『노자』, 『장자』라는 형이상학적이며 사변적인 문제를 던져 주고 있는 세 경전을 중심으로 한 사색적 태도와 깊은 관련이 있다. 위진시대의 철학자들도 바로 전대前代의 여러 사상가들처럼 위에서 말한 세 경전, 이른바 '삼현경三玄經'을 기반으로 철학적 행위를 전개해 나간다. 그들의 문제는 세 가지로 요약된다.

첫째는 제도의 자연성 문제이다. 이는 마치 서양에서 인위적인 법의 근원을 인간의 본성에서 찾는 '자연법自然法'사상과 유사하게 제도의 근원을 자연에 돌리려는 노력이었다. 그것이 바로 왕필王弼과 같은 초기 현학의 독보적인 존재가 주장하는 '제도는 본성에 바탕을 둔다'는 주장이다. 그들의 언어로 바꾸어 말하면 '명교名敎'와 '자연自然'의 문제이다. 왕필의 주장은 한마디로 '명교는 자연에 근본하고 있다'(名敎本於自然)는 입장에 있었다. 그리고 그러한 주장은 지속적인 논쟁거리가 된다. 그들은 윤리나 정치제도와 같은 유가적인 질서인 명교를 옹호하기 위해서 무無를 근본으로 하는 도가적 형이상학을 기초로 삼는다. 그러니 문제가 되지 않을 수 없는 것이다. 인의仁義나 윤리라는 허울을 부정하는 도가의 철학에 기초하여 인의와 윤리의 근원적 의미를 유가적으로 구축하는 것이니만큼 유도 사이의 논리적 정합성을 찾아내는 것은 그리 쉽지 않았을 것이다.

둘째는 정치와 현실의 문제이다. 현학과 관련된 많은 저작은 정치적인 문제를 안고 있었다. 위魏, 촉蜀, 오吳의 삼국시대라는 격변기는 조조曹操라는 인물을 탄생시키고, 그에 의해 세워진 위나라에서 초창기의 현학자들이 살았다. 그들에게 중요한 것은 학문도 학문이지만 현실적으로 적용될 수 있는 응용성이 있는 사상이기도 했다. 이러한 맥락에서 지속적으로 강조되는 것이 인물 평가에 관한 이론이었다. 새 정부에 맞는 인물은 과연 어떤 사람인가? 더 나아가 원론적으로 인물이란 도대체 무엇인가? 능력이나 실천력은 사람마다 다른데, 우리는 어떤 인물을 이 상적이라 할 수 있는가? 재주가 좋은 사람은 끈기가 없고, 끈기가 있는 사람은 재주가 없는 경향처럼 각자의 능력과 그에 따른 한계가 있는데 그것은 극복될 수 없는가? 이른바 영웅은 똑똑함(聰明)과 힘(膽力)이 함께 있어야 하는데 똑똑한 '영英'과 힘센 '웅雄'의 재질이 모두 갖추어져 있는 사람은 누구인가?[1] 이처럼 그들의 문제 가운데 하나는 정치적인 것과 직접적으로 연관되어 있었다. 현학의 주제가 이른바 '재능才能과 현담玄談', 정확히는 '재성才性과 현리玄理'로 정식화될 정도[2]로 그 문제는 상당히 중요했다. 이와 같은 현실 정치에 대한 논의 전개는 두 방향으로 나타난다. 하나는 적극적으로 체제를 위해 봉사하고 그것의 논리체계를 공고히 하는 쪽이며, 다른 하나는 그런 현실정치를 부정하고 소극적으로 대항하여 자연에 은둔하는 쪽이었다. 물론 뒤의 입장은 앞의 희망이 제대로 되지 않아 자의보다는 타의에 의해 이루어진 경우가 없지 않았으나, 그들이 남겨 놓은 전적典籍은 내용과 논리상으로 그 자체의 가치를 갖는다.

셋째는 불교 경전의 번역 문제였다. 당시 불교라는 외래학은 중국에 널리 퍼진다. 그 영향력은 무지막지했다. 위진에 이은 남북조南北朝시대는 알다시피 불교의 황금기였다. 그 황금기는 바로 위진시대 말기에 기초적 작업을 쌓는데, 그 기초를 만든 사람들의 사상적 배경이 문제였다. 번역이란 말로써 말을 옮기는 작업을 뜻한다. 말이 없으면 말을 옮길

---

1) 劉劭, 『人物志』, 「英雄」.
2) 牟宗三, 『才性與玄理』(臺北: 學生, 1983). 위진뿐만 아니라 漢末 王充의 性命論도 才性의 주제가 되고 있다.

수 없다. 이는 말뿐만이 아니다. 뜻도 마찬가지이다. 머릿속에 무엇인가 있어야 또 다른 그 무엇을 알 수 있다. 아무것도 없는 머리로 그 머리와 는 다른 어떤 것을 알기란 무척 어렵다. 이는 다시 말해 비슷비슷한 무 엇이 있어야 그것이 알려질 수 있다는 것이다. 비유를 들어 보자면 토인 土人에게 칸트(Kant)를 이해시킬 수는 없을지 몰라도 성리학性理學자에게는 그를 이해시킬 수 있다는 맥락이다. 아주 쉽게, 서학西學이 처음 들어왔을 때 유교권내의 동양인은 성리학적 체계로 이해했음을 상기하자. 'Logic'은 '치지학致知學'으로, 'Psychology'는 '성리학性理學'으로, 'Ontology'는 '리체학 理體學'으로, 'Ethics'는 '명교학名敎學'으로, 여러 종류의 'Philosophy'는 '철학 哲學', '희현학希賢學'3), '리학理學', '궁리학窮理學', '격물학格物學' 등으로 이해 됐다.4) 잘 알다시피, '치지', '격물', '궁리', '성리'하는 것들은 전통적인 송명리학, 즉 성리학의 중심 개념들이다. 우리의 주제와도 관련 있는 '명교'라는 말도 튀어나온다. 이와 같이 외국학은 전통철학의 말과 뜻이 라는 큰 틀 속에서 번역될 수밖에 없었다. 이는 두 가지 견해로 나누어 진다. 중국적인 언어와 의미로 번역되었기 때문에 그것은 이미 중국화 된 불교라는 것과 아무리 중국적인 구조로 번역되었다 할지라도 그것 은 여전히 인도불교라는 것이다. 이는 번역飜譯이나 번안飜案의 문제처 럼 그것들이 과연 원전(text)과 얼마나 먼 '다름'과 얼마나 가까운 '같음' 을 갖고 있느냐 하는 것이다. 어쨌든 그들은 불경을 번역했으며, 번역에

---

3) '希賢'은 周敦頤의 말로서 "성인은 하늘을 바라고, 현인은 성인을 바라고, 선비는 현 인을 바란다"(聖希天, 賢希聖, 士希賢)라는 구절에서 '愛知'(philo sophia)의 의미를 부 각한 것이다.
4) 西周의 경우를 예로 들었다. 『西周全集』(東京: 宗高書房, 1960), 제4권의 『百學連環』, 제2편, 上, 주8), 145~146쪽.

유도 양가의 용어를 맘껏 끄집어내 썼다. 특히 불교와 '의미 문법'이 유사한 도가의 철학은 번역가들에게는 매우 좋은 도구였다. 더 나아가 불교의 유입은 기존 현학자들에게도 새로운 태도를 갖게 했을 것이다.

위에서 말한 세 가지의 문제가 각기 주제화되고 심화된 것이 바로 현학인데, 그 현학도 좀 더 특징적으로는 (1) 유가적 질서를 옹호하는 '명교파'와, (2) 도가적인 색채로 반체제적인 '죽림파'와, (3) 그리고 중국의 의미 문법에 능수능란한 불교의 번역가들인 '격의파'로 나누어진다.

위의 세 가지 문제 가운데, 두 번째인 정치와 현실의 문제는 적극적이거나 소극적인 방향으로 나누어지는데, 위의 (2) 죽림파는 소극적인 쪽에 한정된다. 적극적인 경우, 그것은 죽림파라기보다는 오히려 통치 이념에 봉사하는 (1) 명교파에 근접한다. 때로는 이론적인 치밀함이나 논리적인 정교함이 완벽하지 않은 채 이것저것을 정치를 위해 따다 모은 식의 잡가雜家적인 냄새를 풍기기도 하며, 때로는 적극성과 소극성을 왔다 갔다 하는 변절자 내지 기회주의자의 모습을 띠기도 한다.

3. 명교파(현학파)

'명교파名教派'는 현학이라는 큰 테두리에서 이루어지고 있는 대부분의 학문적 경향을 일컫는다. 따라서 현학이라는 말을 직접적으로 빌려와 '현학파玄學派'라고 해도 전통적인 용법이나 의미를 크게 손상시키지는 않을 것이다. 단지 그 현학의 일반적 내용을 '제도옹호론'으로 본다는 점에서는 기존의 주장과는 다르다. 만일 위와 같은 이유에서 이들의 주장을 좀 더 분명히 하고자 한다면, 윤리나 교육과 같은 문화적인 체제를 뜻하는 명교라는 말을 빌려 '명교파'라고 해야 할 것이다. 기본적으로 그들은 유가적 질서를 옹호한다.

그런데 유가적 질서를 옹호하는 방법은 각기 다르다. 그 대표적인 것이 첫째, 제도는 본성에 기초하고 있다는 주장과 둘째, 제도와 본성은 아예 같은 것이라는 주장이다. 첫째 주장은 '제도는 본성에 바탕을 두어야 한다'는 당위적인 명제와 함께 '제도는 본성에 바탕을 두고 있다'는 사실적인 명제를 포함하고 있으며, 둘째 주장은 제도와 본성의 동질성을 강조함으로써 '제도는 곧 본성에 의해 이루어진 것'이고 또 '본성은 곧 제도를 이루게 되어 있음'을 내세운다.

첫 번째 주장의 대표적인 인물은 하안何晏과 그에 의해 발탁된 왕필王弼이다. 하안의 『논어집해論語集解』는 『논어』의 유명한 주석서로 현재까지 남아 있고, 왕필은 『주역』 및 『노자』의 주注로 철학사에서 매우 유명하며 그 밖에도 『주역약례周易略例』와 『노자지략老子指略』과 같은 논문형식의 저작을 남기고 있다.

두 번째 주장의 가장 뛰어난 인물은 조曹씨와 사마司馬씨에 걸쳐 계속적인 정치 활동을 계속한 곽상郭象이다. 그는 현재 우리가 보고 있는 『장자』를 편집하고 주해했다. 다시 말해 현행본 『장자』 33편은 곽상에 의해서 이루어진 책이며, 따라서 알게 모르게 우리는 곽상 식 해석의 영향을 받고 있는 것이다. 그는 『논어은論語隱』이나 『논어체략論語體略』[5]

---

5) 劉建國은 그 두 책을 다른 이름의 같은 책(異名同書)으로 보는 견해(北京大學中國哲學史敎硏室編, 『中國哲學史』)를 반대한다. 『中國哲學史史料學槪要』(長春: 吉林人民, 1983),

등과 같은 저작으로 유가의 대표적인 경전에도 관심을 기울였던 것으로 역사에 기록되고 있다.

그러나 두 주장의 실질적인 내용은 그것이 상통할 수 있음을 보여주고 있다. 왜냐하면 첫 번째 주장의 '제도는 본성에 바탕을 두고 있다'는 사실적인 명제는 두 번째 주장의 '제도는 곧 본성에 의해서 이루어진 것'이라는 입장과 서로 맞물리기 때문이다. 그렇지만 첫 번째 주장의 '제도는 본성에 바탕을 두어야 한다'는 당위적인 명제는 두 번째 주장의 '본성은 곧 제도를 이루게 되어 있음'을 필연적으로 강조하는 입장과는 상당한 차이가 있다. 그러므로 우리가 명교파라는 이름 아래 첫 번째 주장과 두 번째 주장을 함께 넣으면서도 그 둘을 달리 볼 수 있는 근거가 여기에 있다.

간단히 말해, 명교파는 '제도는 본성에 바탕을 두고 있다'는 주장과 '제도는 곧 본성에 의해 이루어진 것'이라는 주장으로 같이 묶여지며, '제도가 본성에 바탕을 두어야 한다'는 주장과 '본성은 곧 제도를 이루게 되어 있음'의 주장에 의해 달리 평가된다. 그리고 '제도는 본성에 바탕을 둔다'는 처음의 주장은 『노자』와 『주역』을 주한 왕필이, '제도는 곧 본성이다'는 나중의 주장은 『장자』를 주한 곽상이 각기 표방하고 있는 사상의 요지이다.

이와 같은 사람과 철학 이외에도 위진시대의 사상적 분위기는 명교 중심적이었다. '명교'라는 말이 철학적 낱말로 뛰어오르는 것이 위진시대라는 점만 보아도 그 시절의 중심 주제가 명교였음은 미루어 짐작된다.

336쪽.

하다못해 구양건歐陽建은 '말은 뜻을 다한다'는 입장에서 『언진의론言盡意論』이라는 글을 쓰면서 유가와 도가를 불문하고 언어의 표현가능성을 긍정한다. 그런데 한 걸음 더 나아가 생각해 보면, 이는 언어로 이루어지는 교육제도나 윤리체계를 인정하는 것과 다름 아니다. 그리고 도가는 유가보다 '말할 수 없음'(不可道[6] 또는 不可說)을 강조하고 있음을 상기한다면, 구양건의 입장이 궁극적으로 명교를 옹호하고 있음을 알 수 있다.

이른바 위진현학의 유무有無 논쟁의 최후 정점을 차지하는 배위裵頠의 『숭유론崇有論』이 강력히 내세우고 있는 '무에 대한 유의 우위'도 노자의 무론無論을 비판하는 것이다. 그에게 무는 '허무虛無'로서 '있음의 사라짐'(有之所謂遺者)이지, 특별한 의미가 있는 것이 아니다. 한마디로 무는 도가의 것이고 유는 유가의 것이라는 단순화된 대전제 아래에서 보아도, 배위가 옹립하는 것이 유가의 질서임을 쉽게 알 수 있다. 그리고 유가의 질서를 지탱해 주는 것이 바로 명교임은 두말할 나위도 없다.

그 밖에도 위진현학의 주류主流가 명교파라는 증거는 많다. '어떻게 하면 유가적인 제도를 인정할 수 있는가', 그리고 '그 이론적인 배경을 어떻게 마련할 수 있는가' 등등의 문제에서 그들은 노장의 이론을 전혀 거리낌 없이 받아들이기도 했으며 많은 경우 노장의 철학을 그대로 차용借用하기도 한다. 유가가 줄곧 내세우고 그들 철학의 핵심이 되는 '인의仁義'의 형이상학적 배경으로 노자의 '도道'와 '덕德' 곧 '도덕'이 자리 잡는 것도 이 시기의 일이다. 한대漢代 이후 계속된 '인의'와 '도덕'의 일치화 노력이 제 모습을 갖추고 '인의'와 '도덕'의 병칭이 자연스럽게 이

---

6) 『老子』, 제1장.

루어진다.

그러나 명교파에게도 '현玄'의 의미가 사라진 것은 아니다. 특히 곽상과 같은 경우, '현명玄冥'이라는 철학적 개념을 제시하여 전체 속에서의 조화를 부각시키기도 한다. 따라서 그들의 철학을 현학이라고 부르는 것은 문제없는 일이다. 그렇지만 우리가 잊지 말아야 할 것은 그때의 '현학'이란 형이상학적 담론이라기보다는 오히려 삼현경이라는 『주역』, 『노자』, 『장자』를 기초로 한 논의라는 의미에 가깝다는 점이다. 이른바 '현' 자의 고유 명사적 용법에 치중되며 구체적인 전적典籍을 가리키는 지칭성이 강하다. 한대 이후 줄곧 '삼현경'이라 불려오던 경전에 대한 관심을 좀 더 집중적으로 표현하는 것이다. 한 걸음 더 나아가, 곽상의 '현명'은 오늘날의 '전체'의 의미와도 상통함을 잊어서는 안 된다. 이른바 '현명 속에서 독화한다'(獨化於玄冥之間)는 그의 주장은 사회 속에서 '전체'와 '부분'의 관계를 설정하는 것이었다.

사실상 우리가 말하고 있는 현학자들, 특히 명교파는 삼현경 이외에도 『논어』에 특히 많은 관심을 기울였다. 하안, 왕필, 곽상 모두 유가경전의 핵심인 공자의 『논어』를 여러 방법으로 주해했다는 것을 역사서는 여러 곳에서 증명하고 있다. 단지 그것들이 많이 남아 있지 못할 뿐이다. 그러한 '잃어버림'(佚失)이 곧 '없었음'(未曾有)을 뜻하는 것은 결코 아니다.

4. 죽림파(자연파)

'죽림파竹林派'는 흔히 불리는 '죽림칠현竹林七賢'에서 나온 말이다. 때로 '죽림'을 불교적의 설화 공간(天竺 迦蘭陀의 竹園)[7]처럼 여기는 경우도 있으나 만일 '죽림'의 '칠현'에 관해서 말한다면 불교와는 상당한 거리가 있다. 죽림은 대나무와 관련된 공간이나 그것에서 연상된 하나의 지명이었을 것이다. 반체제적인 지식인들은 그곳에 모여 술을 마시고 노래를 하며 나름대로 체제 부정적이고 제도 비판적인 발언을 해 나갔다. 따라서 죽림파는 명교파와는 다르며 노자가 줄곧 주장하는 '자연自然'에로의 '복귀復歸'[8]를 이상으로 삼는다. 따라서 그들은 '자연파自然派'이기도 하다.

그런데 여기에서 죽림파라는 말로 죽림칠현과 다르게 일컫고자 하는 것은 죽림칠현의 몇몇은 도대체 그들이 자연파라고 하기에는 너무도 기회주의적이고 변절을 일삼는 경우가 있었기 때문이다. 그중의 하나는 고위 관직에까지 이르렀고 다른 하나는 이해관계에 대단히 민첩한 사람이었다는 기록이 남아 있을 정도이다. 따라서 죽림파는 우리가 일반적으로 말하는 죽림칠현의 이상적 의미를 대표하는 것이지, 죽림칠현의 패도敗道적 행각을 접수하는 것은 아니다.

상식적인 이해 속에서 죽림칠현의 모습은 대나무 밭에서 술 마시고

---

7) 가란타가 불교에 귀의한 후, 자신의 대나무 정원을 수양원(淨舍)으로 쓰도록 한 일을 가리킨다.
8) 『老子』, 제14장, "復歸於無物."; 제16장, "各復歸其根."; 제28장, "復歸於嬰兒 / 無極 / 樸."; 제52장, "復歸其明."

거문고(琴)를 타는 사람들이다. 실제로도 그들이 죽림竹林에서 노닐면서 술 마시고 놀았다는 기록은 손쉽게 발견된다. 죽림칠현 가운데 하나인 완적阮籍은 좋은 술이라면 사족을 못 쓰고 주량도 말술(斗酒)로 기록되어 있다.[9] 그는 60일간 술에 취해 왕의 청혼에 대꾸하지 않고, 정권 내부에 있던 종회鍾會의 물음에도 취한 채로 가부를 답하지 않아 치죄致罪를 면하기도 한다. 그의 거문고 실력은 대단해서 사서史書에도 "거문고를 잘 탔다"[10]고 적혀 있다. 또 다른 죽림칠현 가운데 하나인 혜강嵇康도 그에 못지않게 술을 좋아하고 거문고 타길 좋아했다. 사서나 자신의 글 속에서 음률에 관한 이야기는 적지 않게 출현한다. 그가 변절한 친구와 절교하면서 "막걸리 한 잔과 거문고 한 가락에 뜻을 다한다"[11]라고 한 것이나, 세기의 명곡인 '광릉산廣陵散'을 이해하고[12] "소리에는 슬픔과 즐거움이 없다"[13]는 주장을 할 수 있는 까닭도 나름대로의 음악에 대한 조예에서 비롯된 것이다. 그러므로 죽림칠현에 대한 풍류적인 인식이 결코 그릇된 것은 아니다.

이른바 '죽림칠현'이라는 말이 역사에서 등장한 것은 혜강의 전기에서이다. 1) 초국譙國의 혜강은 2) 진류陳留의 완적과 3) 하내河內의 산도山濤와 정신적으로 매우 깊은 교류를 맺었으며, 4) 하내河內의 향수向秀,[14] 5) 패국沛國의 유령劉伶, 6) 완적의 조카(兄子)인 완함阮咸, 7) 낭사琅邪의 왕

---

9) 『晉書』, 「阮籍列傳」.
10) 『晉書』, 「阮籍列傳」, "善彈琴."
11) 『晉書』, 「嵇康列傳」 또는 嵇康, 「與山巨源絕交書」, "濁酒一杯, 彈琴一曲, 志意畢矣."
12) 『晉書』, 「嵇康列傳」. 그 가락은 혜강만이 제대로 알 수 있었던 것처럼 기록되고 있다.
13) 嵇康, 『聲無哀樂論』, "聲無哀樂."
14) 姓氏는 '샹'으로 읽히기도 한다.

융王戎과 기쁘게 어울려 '죽림에서의 노닒'(竹林之遊)을 이루게 되는데, 혜강을 포함하여 이들 일곱 사람을 세간에서 이른바 '죽림칠현'이라 불렀다고 전한다.[15]

위에서 보듯이 그들이 공통적으로 남기고 있는 이야기는 대부분 술이나 노래에 관한 이야기이다.[16] 혜강은 막걸리 한 잔과 거문고 한 가락에 뜻을 다하면서 태학생太學生 3천 명이 스승으로 모시려 해도 거절했다.[17] 완적은 어머니가 죽었을 때 피를 토하면서도 두 말의 술을 연거푸 마시기도 했으며, 이웃집 아름다운 부인 옆에서 아무 일 없이 취해 자기도 하고, 아무 관계도 없는 시집 못 가고 죽은 예쁜 여자 때문에 곡을 하기도 했다.[18] 혜강과 완적은 거문고(琴)를 모두 잘 탔다. 산도와 향수는 술에 딸린 이야기는 없으나 혜강과 정분이 깊었던 것으로 나온다.[19] 유령은 술 단지를 갖고 다니면서 사람에게 삽을 들고 따라오게끔 하여 "죽으면 묻어라"(死便埋我)라고 했다. 그 처가 "술을 너무 마시는 것은 섭생의 길(攝生之道)이 아니니 당신은 반드시 마땅히 끊어야 한다"라고 하자 나 스스로는 끊을 수 없으니 귀신에게 맹세한다면서 술과 고기를 사 오게 한 다음 또다시 취하기도 한다. 그가 술 실수를 하여 맞게 되자 오히려 "닭갈비는 존귀한 주먹을 편안히 하기에는 부족하다"(鷄肋不足以安尊拳)라고 하면서 상대방의 실소를 자아내 공격을 멈추게 하기도 한

---

15) 『晉書』, 「嵇康列傳」.
16) 이 같은 까닭 때문에 죽림칠현에 대한 이야기 가운데 많은 것은 역사에 기록된 逸話나 揷話(episode)가 중심이 될 수밖에 없다.
17) 『晉書』, 「嵇康列傳」.
18) 그와 같은 까닭에서 史書에서 완적을 "겉으로는 너그럽고 속으로는 순수하다"(其外坦蕩而內淳至)라고 한다. 『晉書』, 「阮籍列傳」.
19) 『晉書』, 「山濤列傳」 및 「向秀列傳」.

다.[20] 완적의 형의 아들인 함이 친지들과 술을 마시러 오면 잔을 쓰지 않고 대야에 술을 가득 채워 놓고(大盆盛酒) 둘러앉아 퍼마셨다 한다. 완함은 비파琵琶의 명인이기도 했다.[21] 왕융은 돈 많은 관리였던 아버지 혼渾의 벗이자 자신보다 스무 살이나 연상인 완적과 교분을 맺었다.[22]

여기까지는 그들 일곱 사람이 별 무리 없이 지낸 듯하다. 그러나 사실상 그렇지 못하다. 그야말로 죽림칠현의 몇몇은 현인賢人이라고 부르지 못할 정도로 정신적 동반자를 배신하고 타락하기도 한다.

산도는 벼슬을 하러 무리를 버리고 드디어는 대장군大將軍이라는 높은 관직에까지 오른다.[23] 혜강은 죽으면서 아들인 소紹에게 "거원(산도)이 있으니 너는 외롭지 않겠구나"[24]라고 할 정도로 산도와 친한 사이였다. 그들 둘은 모두 어려서 부모를 잃었으니(早孤) 서로 통하는 점도 많았을 것이다. 그러나 혜강은 산도의 정치 참여를 보고 그와 절교하고 만다.[25]

왕융은 아예 일찍부터 정치권에 있었던 것 같다. 그는 어려서도 위엄을 띠고 총기를 발휘했다. 아버지가 남겨 준 거금의 유산조차 물리칠 정도였다. 그러나 그는 시집간 딸이 시집갈 때 꾼 돈을 오랫동안 갚지 않자 불쾌히 생각하다가도 그 돈을 갚자 기뻐하고, 아들이 결혼할 때도 옷 한 벌을 빌려 주고 되가져 오게 했을 정도로 지나친 구두쇠로 변한

---

20) 『晋書』, 「劉伶列傳」.
21) 『晋書』, 「阮籍列傳」.
22) 『晋書』, 「王戎列傳」.
23) 『晋書』, 「山濤列傳」.
24) 『晋書』, 「山濤列傳」, "巨源在, 汝不孤矣."
25) 嵆康, 「與山巨源絶交書」.

다. 심지어 그는 집에 있는 좋은 오얏을 남이 기를까 봐 씨에 구멍을 뚫어 팔아 세상의 비난을 샀던 사람이라고 적혀 있기도 하다.[26] 왕융은 결국 돈을 좋아하고 인색하기는 그지없는 사람이었다. 그리고 그의 사위가 위에서 말한 유가적인 '유有'의 옹호를 위해 도가의 '무無'를 그저 유의 '사라짐'(遺)으로 해석한 배위이다.

진정한 죽림파라고 할 만한 사람은 혜강과 완적이다. 유령도 늘 술에 취해 살면서 그에 거슬려 화난 사람을 웃긴다든지 하는 행태는 죽림파의 방일放逸을 배웠으나 「주덕송酒德頌」 이외에는 특기할 만한 주장이나 저작이 없고, 완적의 조카인 함도 비파琵琶를 오묘하게 잘 탔다(妙解)[27]고 적혀 있지만 사상적으로 들어낼 만한 것은 거의 없다. 향수는 『장자주莊子注』를 남겼다고 하지만 온전히 전해지지 않는다. 따라서 죽림파의 연구는 아쉽게도 혜강과 완적을 중심으로 이루어진다.

여기에도 문제는 있다. 혜강은 자신의 주장에 따라 목숨을 버릴 정도로 완벽한 자연론자였으며 『양생론養生論』 같은 것은 도가의 주장을 철저히 따른 결과물이었다. 그러나 그는 또한 제왕학帝王學의 냄새가 짙게 풍기는 「태사잠太師箴」이라는 글을 남기기도 한다. 완적은 『통역론通易論』, 『통로론通老論』, 『달장론達莊論』과 같은 삼현경에 대한 주석을 남기면서 특히 『대인선생전大人先生傳』에서는 이상적 이념과 인격으로 도가의 신기론神氣論과 진인설眞人說을 제시한다. 그러나 그가 『통역론』에서 보여주고 있는 세계관은 거의 완전한 유가식 언어로 펼쳐져 있다고 해도 과언이 아니다. 예악을 통해 교화를 이끌어 내고자 하는 유가의 대전제

---

26) 『晉書』, 「王戎列傳」.
27) 『晉書』, 「阮籍列傳」 가운데 咸 부분.

아래, 악에 대해 긍정적으로 평가하는 『악론樂論』도 마찬가지이다.

이를 보는 방법은 두 가지이다. 첫째, 위진시대만 하더라도 철두철미한 도가는 찾아보기 어렵다는 것이다. 그만큼 글을 배운, 즉 교화敎化된 학자들에게 유학의 세례는 필수적이었다. 둘째, 혜강과 완적의 시대는 조조曹操가 세운 조씨의 위나라가 사마의司馬懿의 무력에 의해 정권의 핵심부가 교체되던 때이다. 이때 그들은 정치에 회의를 하며 제도권적인 이념과 결별하고 도가적 사유에 침잠하게 된다.

혜강도 위의 종실宗室(長樂亭公主)과 혼인을 맺을 정도였고, 완적도 그의 아버지 우瑀가 위의 승상丞相을 지냈을 정도로 유명한 가정에서 태어났다. 그들은 정권 내부에서, 정권 탈취의 과정에서 벌어진 살육을 목도한 사람들이었다. 산도도 정치권에서 벗어나와 그들과 함께 죽림에서 노닐었지만 그는 결국 사마씨의 정권에로 나아간다. 그러한 와중에 여전히 회한과 비애를 갖고 있었던 이가 바로 혜강과 완적이다. 완적의 「영회시詠懷詩」가 그 대표적인 예이다. 그러므로 죽림파를 볼 때 이러한 점은 반드시 감안되어야 한다. 죽림파라 해서 그들 모두가 애초부터 '자연'의 울타리 속에 있었던 사람들은 아니다.

5. 격의파(반야파)

'격의파格義派'는 중국의 전통사상에 해박한 지식을 갖고 새로운 문화인 인도불교를 번역해 내는 과정 중에서 여러 가지 의미를 창출한 무리를 일컫는다. 흔히 알려진 것처럼 그들은 노장에만 전문적인 사람들은 아니었다. 현학의 분위기와 마찬가지로 『노자』, 『장자』, 『주역』이라는 삼현경 외에 『논어』의 연구에도 깊은 조예를 갖고 있었던 사람들이다. 『논어』에 대한 관심은 현학자들에게 공통적인 현상이었다. 이처럼 유도의 경전을 자유롭게 왕래하면서 불교의 의미를 드러내려 했던 이들이 바로 격의파이다. 그들이 중국의 '의미 문법'을 차용 내지 상용했지만 그 문법으로 말하려 했던 것은 인도의 진리였다. 따라서 그들이 추구한 지혜인 '반야(Prajna)라는 낱말을 빌려 '반야파般若派'라고 해도 좋을 것이다.

따라서 우리가 이 격의파를 볼 때 반드시 주의해 보아야 할 것이 있다. 먼저, 이른바 '격의'의 실제적인 내용이다. 격의는 '승의勝義'와 대비되는 말이다. 불경 바깥의 경전(外典)으로 불경을 해석하는 것이 격의라면, 불경 안의 경전(內典)으로 불경을 해석하는 것이 승의이다. 위진시대의 경전이 격의 되었다는 점은 의심되지 않는다. 그런데 문제는 그 격의의 결과가 '과연 얼마나 중국적이냐'는 데 있다. 격의의 말만 따진다면 당연히 중국적 의미가 포함된 것으로 이해된다. 그러나 모든 번역이 그러하듯이, 번역이란 제 뜻을 드러내기 위한 것이지 결코 새로운 뜻을 만들어 내기 위한 것이 아님은 분명한 사실이다. 그렇다면 일반적으로 말하고 있는 격의의 내용과는 달라질 수 있다. 다시 말해 이른바 격의불교는 반드시 전통적인 '중국'의 사상에 동화되지 않고 충분히 예로부터 내려오는 '인도'의 본의일 수 있다는 것이다. 적어도 우리가 '중국화된 불교'라는 말을 하면서 위진시대의 번역가를 말할 때, 언어의 일치성 때문에 의미의 유사성까지도 너무 쉽게 유추하는 것은 곤란하다는 이야기이다.

그다음, 격의의 그 모든 의미를 받아들인다 해도 우리가 너무 자주 빠뜨리는 것이 있다. 그것은 다름 아닌 노장 이외의『주역』그리고『논어』의 영향력이다. 노장의 사상은 분명히 불가의 언어와 상통하는 점이 많다. 그리고 당시의 번역가들이 설명에 인용하고 문장에 적용한 언어는 노장의 것이 대부분이다. 그러나 당시의 번역가들은 노장만큼이나 유가의 경전에도 익숙해 있었음을 어렵지 않게 상정해 볼 수 있다. 그렇다면 격의의 내용은 노장 이외에도 또 다른 '의미 문법'이 있었을 수 있는 것이다. 그 점에 집중해 보는 것은 불가와 노장의 관련을 밝혀내는 것만큼이나 가치 있는 일이다. 비교적 후대(劉宋 文帝)이긴 하나[28] 적극적으로 정치 활동을 한 혜림慧琳과 같은 화상은 유가의 질서를 옹호하고 오히려 불가를 비판하기도 한다.[29] 그는『효경孝經』의 주석을 지을 정도로 유가적 경향이 짙은 인물이었다. 그리고 격의 번역에서 가장 철학적으로 훌륭하다고 평가되는 승조僧肇도『논어』의 말을 인용하기도 한다.[30]

그런데 이 격의파는 위진현학이라는 큰 테두리에서 본다면 비교적 후대에 속한다. 이른바 위진현학의 후반부인 진나라에서 이루어진 학문이다. 앞의 명교파나 죽림파의 학자는 위 또는 위에서 진에로의 전환기에 활동했던 사람들이다. 그러나 격의파는 대부분 진의 후반기에 활

---

28) 東晉 恭帝(418~420: 晉亡), 劉宋 文帝(424~453: 南北朝), 僧肇(384~414), 慧遠(334~416), 支遁(314~366). 따라서 慧琳(生卒年不明)은 위진이 끝나고 남북조가 시작되는 시기의 사람이다. 많은 格義 佛學者들은 위진의 막바지에 놓인다.

29) 慧琳,『均善論』.

30) 僧肇,『物不遷論』.

약했으며 대부분 동진東晉시대에 속한다. 우리가 '현학'이라 하면서 '위진'이라는 말을 머리에 붙이는 것은 그만큼 위진을 거쳐 일관된 학문적 풍토가 유행하기 때문이다. 불교가 유입되었어도 그러한 영향에서 완전히 벗어나지는 못한다. 따라서 위진현학을 말하면서 격의파를 빼놓을 수 없는 까닭이 여기에 있다.

이와 같은 까닭에서 불학佛學은 중요하다. 그러나 똑같은 까닭으로 조심할 점이 있다. 그것은 전적으로 불학을 통해서 현학을 보는 시각이다. 현학이란 중국의 전통사상이 중심이 되고 그 밖의 외래사상이 주변이 된다. 그러한 현학을 불교 중심적으로 파악하다 보면 현학의 본래 모습이 엉클어질 위험이 없지 않다. 오히려 중심인 현학으로 주변의 불학을 보아야 위진현학의 제 모습은 드러날 것이다. 사상의 시간적인 흐름에서 영향 관계를 보더라도 그것은 확실하며, 현학이 차지하고 있는 실제적인 내용을 보더라도 그것은 분명하다. 특히 불학으로 현학을 접근하는 경우, 가장 큰 문제는 그 내용이 너무 불교화되어 지나치게 관념적으로 이해될 가능성이 있다는 것이다.

격의파들은 『노자』와 『장자』 및 그 밖의 유가경전에 깊은 조예가 있었다. 노장은 여러 번역가들에게 애용되며 그중에서도 특히 『장자』의 「소요유逍遙遊」편은 그 자체가 지둔支遁과 혜림에 의해서 주해되기도 한다. 그리고 도안道安은 동진시대에 매우 영향력이 있는 승려로서 수많은 번역서를 남겼는데, 그의 서문에서 『역』을 비롯한[31] 노장의 영향을 어렵지 않게 찾아볼 수 있다. 또 그의 제자인 여산廬山의 혜원慧遠은 유

---

31) 道安, 『安般注』 序. 특히 「繫辭上」의 '開物成務'의 의미가 그대로 원용된다.

가의 육경六經에도 정통해 있던 것으로 보인다.

격의파들은 현학의 전통 논의인 '유무有無'나 '본말本末'의 이론을 빌려 왔다. 그런 점에서 그들은 현학의 한 파로 분류될 수 있는 것이다. 이를테면 도안의 『본무론本無論』은 이른바 '귀무貴無'의 사상과도 표면적으로는 상통한다. 그러나 그들이 추구하려는 지혜는 '유무'가 아닌 '공空'이었다. 그리고 그 공은 유도 무도 아닌 것(非有非無)이었다. 따라서 『장자』에 자주 나오는 '이것도 저것도 아니다'(無是非)라는 사상32)은 격의파들에게 매우 쓸모 있는 것이었다. 그렇지만 많은 현학자들에게 유는 무만큼이나 중요한 것이었음에도 불구하고 격의파에게는 유조차 거짓(幻有)이 되고 만다.

동진시기(401)에는 정통 인도화상인 구마라집鳩摩羅什이 장안長安에 들어오는데, 그는 혜원과 같은 중국의 불교학자와 서신 토론을 가지면서 영향을 주기도 하며 승조와 같은 고족제자高足弟子를 두기도 한다. 그는 대량의 불경 번역으로 인도학을 전파하는 데 큰 공헌을 세운다. 그러나 구마라집도 불경의 이해에서는 승조의 '공'에 대한 해석을 최고로 치기도 한다. 이것은 격의파가 반야의 해석에서 중국전통의 학설을 바탕으로 일가를 이루고 있음(成一家)을 명확히 보여 주고 있다.

---

32) 『莊子』, 「齊物論」, "因是因非."; 「德充符」, "是非不得於身."; 「天下」, "捨是與非." 등.

6. 정치와의 관계

모든 시대에는 정치철학적이고 사회경제적인 것에 관심을 가진 사상가들이 있다. 그러나 그들의 주장은 대체적으로 먹고사는 데 큰 도움(利用厚生)은 될지라도 철학적인 내용은 그리 깊지 않다. 그들은 순수하게 철학을 했다기보다는 현실을 위해 철학을 한 사람들이어서, 이른바 현학이란 정의에는 다소간에 빗나가는 사람들이었다. 물론 위의 경우와 같이 그들은 명교파와 가장 근접함은 틀림없으나 아쉽게도 '본성' 또는 '자연'의 문제에 천착하지 못했다. 다시 말해 제도의 본래성, 즉 명교의 자연성을 나름대로 해석해 내는 데는 큰 관심이 없었다. 오히려 그들은 정치를 위해서는 어떤 이론이라도 가져다 써도 괜찮다는 생각을 갖고 있었을 것이다. 따라서 잡가雜家적이다. 그들의 사상적 특징은 위진시대를 한 방면에서 대표하는 것은 틀림없지만 '현학'의 본령에로 들어서진 못한다. 따라서 현학의 3대 분류에서 제외된다. 차라리 '위진법가' 정도로 구별될 수 있을 것이다. 그러나 그 내용은 상당히 재미있고 현실과도 밀접한 관계를 갖고 있어 매우 실감나고 흥미롭다.

전통적인 철학의 개념은 정치를 위해 봉사하는 일종의 이념으로 성립된다. 그 개념이 '중中'[33]이어도 좋고 '도道'[34]이어도 괜찮으며 심지어는 '인仁'[35]이어도 상관없다. 따라서 그들에게 '재능'(才)과 '이익'(利) 그리고 '실용'(實)은 매우 중요하다. 더 나아가 통치를 위해서는 '상벌賞罰'이

---

33) 徐幹, 『中論』.
34) 曹植, 『緖道論』.
35) 傳玄, 『傅子』.

필수적이라는 법가적 사고를 지니기도 한다.

유소劉劭가 『인물지人物志』를 지어 사람의 능력과 그 한계를 지적한 것도 일종의 정치적 용인술用人術에 바탕을 두고 있는 것이다. 성인이 아닐 바에는 사람마다의 성격의 한계를 잘 파악하여 알맞게 쓰면 된다. 신하가 열심히 맡은 바를 하는 데 있다면 임금의 능력은 사람을 잘 쓰는 데 있다.[36) 신하는 말하나 임금은 듣고, 신하는 행위 하나 임금은 상벌을 내리는 것이 각자의 할 일이다.

통치자에게는 검약儉約이라는 노자의 철학이 요구되며 피지배자들에게는 분수分數가 강조된다. 부현傅玄에 따르면, 그 분수를 넘어서 재물을 좇는 상인(商買)들은 천하게 여겨서 줄여야 되며, 그 분수를 지키는 농민들은 귀하게 여겨서 유지시켜야 한다.[37) 임금이 욕심을 없애는 것(止欲)은 당연한 대전제이다. "임금이 욕심을 없애면 아랫사람은 참답게 돌아간다."[38) 이것이야말로 나라가 잘 살고 백성이 편안한 사회(國富民安)가 이루어지는 기본 요강이다. 이런 논리에서는 공리功利적이고 실용實用적인 사고가 무엇보다도 우선된다. 예악禮樂은 물론, 법률적인 제재(法刑)나 관리에 대한 예우와 경제적 안정(爵祿)은 그 효용성 때문에 중시된다.

이와 같은 효율 중심의 철학은 법가와 닮은 데가 있다. 그들은 실제적으로도 포상과 형벌을 중시한다. 작위를 내리고 알맞은 경제적 지원을 해야 하는 것도 효율을 높이기 위해서이다. 따라서 그들은 법가적 사고와 매우 근접한다. 비록 그들이 사용하는 언어는 노장과 공자 등

---

36) 劉劭, 『人物志』, 「才能」, "故臣以自任爲能, 君以用人爲能."
37) 傅玄, 『傅子』, 「儉商買」, "故明君止欲而寬下, 急商而緩農, 貴本而賤末."
38) 傅玄, 『傅子』, 「儉商買」, "上息欲而下反眞矣."

유도 양가의 경전을 출입하고 있지만, 실리의 추구를 목표로 한다는 점에서 그들은 여전히 법가적이라 아니할 수 없다. 한마디로, 그것은 정치가들에게 주어진 통치의 문제였다.

7. 학파 간의 같음과 다름

학파의 분류란 항상 부족하고 미비할 수밖에 없다. 이는 역사에서의 시대 구분(classification)의 문제와 거의 비슷하다. 이를테면 과연 어디부터 근대를 잡아야 하는가 하는 문제처럼 각자의 입장에 따라 종종 색색의 의견이 나온다. 그럼에도 불구하고 우리가 역사에서 시대구분을 포기하지 않는 이유는 그 분류가 주는 편리함도 있지만, 더 나아가 어떤 시대를 풍미하는 정신이나 체제가 우리에게 분명히 다가오기 때문이다. 역사의 전개는 각양각색이지만 중세는 중세의, 근대는 근대의 특징이 있다. 따라서 우리는 어떤 주요 개념을 중심으로 어느 한 시대를 특징 지운다. 이를테면 '봉건제'라든지, '이성'이라든지 하는 것들이다. 그것들은 분명히 이것과 저것을 다르게 하는 것(distinction)이다. 봉건제는 절대군주제와 다르고, 이성은 낭만과 다르다. 그 다름이 바로 이것과 저것을 나누어 구별하게 한다. 그래서 우리는 '분류'와 '구별'이 주는 위험성과 독단성에도 불구하고 계속적으로 끊어 보고, 나누어 보는 것이다.

우리의 논의에서 빠진 『열자列子』 그리고 장담張湛의 주注 및 갈홍葛洪의 『포박자抱朴子』는 대체로 위진의 작품으로 간주되는 중요한 자료들이다. 『열자』는 노장 특히 장자철학의 발전이라는 면에서,[39] 장담의 『열자주』는 그것의 해석이라는 면에서, 『포박자』는 도가의 비판적 계승 및 유도합일론적인 사고[40]로 각자의 가치를 지닌다. 그들을 거치면서 기氣 일원론 및 생명연장(延壽)의 사상은 운명(命)에 관한 토의와 더불어 중국 철학사에 뿌리 깊게 자리 잡는다.

거칠게 분류해 보면, 이를테면 『열자』와 장담은 죽림파에 속할 것이나 그 사상 자체가 노장과 병렬될 만큼 묵직한 것이어서 죽림이라는 이름으로는 묶기 어려우며, 『포박자』는 유도합일론적인 입장 때문에 위진의 사상적 특징을 대표하고 결론짓기도 하나[41] 위에서 말한 3대 학파 및 법가적 경향 중 어디에도 쉽게 속할 수 없다. 따라서 그들은 '위진현학'이 아닌 다른 범주로 취급되어야 할 것이다.

오히려 그렇게 됨으로써 위진현학은 자신의 모습을 더욱 변별적으로 드러낼 수 있을 것이며 『열자』와 『포박자』는 그 바탕 위에서 더욱 확실하게 이해될 수 있을 것이다. 이른바 장담의 관념과 불교와의 관련 가능성이라든지, 『포박자』에서 비교적 명확해지는 노장과 신선가神仙家 및 도교의 구별이라든지 등등, 이런 것들은 좀 더 독립적으로 연구되어야 한다. 그 연구는 위진현학의 이해를 위해서 방계적으로 요청되는 것이다.

현학의 3대 학파는 서로 깊은 관련을 맺고 있다. 말하자면 그들은

---

39) 張湛, 『莊子注』, 序.
40) '孝'를 중심으로 하는 유가윤리가 '忠孝論'으로 바뀌어 체제옹호의 이론으로 쓰이는 것도 葛洪의 『抱朴子』와 무관하지 않다. 그러한 유도합일론적 사고는 위진시대를 관통하고 있다.
41) 이른바 內神仙, 外儒術의 사상이다.

'함께' 위진시대의 정신을 보여 주고 있는 것이다. 그러나 분류와 구별
은 우리의 이해를 도와주는 만큼 우리의 이해를 방해하는 것임을 잊어
서는 안 된다.

8. 철학에서의 현실

철학에서 현실의 의미는 과연 무엇일까? 주류 현학자들은 정치의
문제에 깊게 관여했다. 이른바 명교파이다. 비주류 현학자들은 정치를
혐오하던지 아니면 근본적으로 무관심했다. 이른바 죽림파와 격의파이
다. 더 나아가 정치를 위해 학문을 하던 사람들도 있었다. 때론 숙명론
의 바탕 위에서 양생養生을 추구하던 철학자들도 있었다. 그들은 모두
현실에 대해 비교적 분명한 입장이 있었다. 그것은 현실과 타협하는 철
학과 그렇지 않은 철학으로 대별된다. 그러나 확실한 것은 그들에게 현
실은 곧 문제였다. 그것에 대한 대항이 능동적이든 수동적이든, 적극적
이든 소극적이든 간에 그들은 위진의 시대를 살면서 자신의 고민을 정
리했다.

철학은 이와 같이 어쩔 수 없는 현실 속에서 이루어진다. 철학의
내용과 방법은 바뀌지만 우리들이 공통적으로 갖고 있는 문제는 시공時
空을 넘어 변하지 않는다. 우리는 이 시대에 무슨 파인가? 그리고 자신
이 속한 파는 현실을 어떻게 마주보고 있는가? 떠나야 하는가, 아니면
머물러야 하는가? 과연 나는 어디에서 무엇을 하고 있는가?

우리는 이와 같은 문제에 의견을 내놓는다. 현학에서 우리가 얻는 의미는 바로 이러한 격동의 철학이다. 그리고 그 속에서 자신의 길을 위한 서로 다른 실천의 방법을 얻는다. 당시의 이른바 '현풍玄風'이란 사변적 공리공담이라기보다는 오히려 일종의 행동이었다. 그 바람은 춘풍春風처럼 부드럽지 않고 태풍颱風처럼 휘몰아치고 있었다.

제3장 제도와 본성
—위진현학에서 제도의 자연성 논변

1. 제도의 자연성

현학玄學은 '도가적 유학'이 주류를 이루고 있는 위진魏晉시대의 학풍을 일컫는 말이다.[1] 그러나 많은 현학자들이 구사하고 있는 언어가 도가적이라는 이유로 말미암아 적지 않게 그들의 이상이 도가적인 것으로 취급되어 왔다. 물론 현학자들이 꾀하고 있는 것이 유도합일론적인 것이었음은 부인될 수 없다. 그럼에도 불구하고 그들이 유가적이라는 것은, 많은 경우 그들이 옹호하려는 것은 '제도'였고 '인의仁義'였다는 사실에 기초하고 있다.

'도덕道德'이라는 말은 애초에는 노자의 『도덕경道德經』에서부터 그 의미가 심화되었지만 위진에 이르러서는 오늘날의 윤리도덕의 의미와 가까워진다. 노자의 도덕은 '도'와 '덕'이 따로 떼어져 다른 뜻으로 쓰이고 있지만, 현학자들에게 도덕은 이미 '도덕'이 한데 붙어 하나의 뜻이

---

[1] 1993년 6월 공자학회에서 발표된 정세근, 「위진현학의 정의문제: 제도옹호론과 그 반대자들」 또는 이 책 제1부 제1장을 볼 것.

되고 있다. 가장 많이 나오는 표현이 바로 '인의'와 '도덕'(仁義道德)으로 때로는 대구對句적으로 때로는 연용連用되어 쓰이고 있다.

이러한 사실은 현학자들에게 문제되는 것이 유학의 도가화가 아니라 노장의 유가화임을 분명하게 보여 주고 있다. 그리고 그들의 주장은 대부분 '제도의 자연성'을 논리적으로 이끌어 내는 데에 치중하고 있다. 과연 제도의 자연성은 어떤 근거와 방법에 의하여 추론될 수 있는가? 이것이 바로 많은 현학자들의 문제였다.

한마디로 '제도'는 분명히 유가적인 것이다. 도가는 반제도의 기치旗幟를 들고 일어난 학파이기 때문이다. 그러한 점에서 도가의 이상은 유가와는 원칙적으로 구별되는데, 그러나 문제는 위진의 현학자들이 제도의 타당성과 필연성을 '자연'이라는 도가의 이념으로 역설적으로 설명하는 데 있다.

물론 현학자들 속에는 철저한 반제도론자 또는 자연론자도 있었고 불가의 진리인 반야를 추구하는 번역가이자 승려인 이들도 있었다. 따라서 흔히 말하는 현학은 (1) 명교파名敎派(玄學), (2) 죽림파竹林派(自然), (3) 격의파格義派(般若)로 크게 나누어 이야기되지 않으면 안 되는데,[2] 이 글에서 말하는 현학자들은 (1)의 명교파가 중점이 되고 (2)의 죽림파가 참고가 된다. 그러나 사실상 명교파는 현학의 주류를 차지하고 죽림파는 비주류에 속하기 때문에 현학이라는 이름 아래 이 문제를 말하는 것은

---

2) 위진철학은 이 3대 학파 외에도 '위진법가'라고 불릴 만한 儒, 道, 法의 雜學적인 분위기의 정치철학자들도 있었다. 이를테면 그들의 관심은 일반 현학자들과는 다르게 정부가 필요한 인재등용(才性論)과 통치를 위한 이론적 기초(無欲論)의 정립 등의 문제에 있었다. 나는 그러한 주제를 「현학의 3대 학파: 명교파, 죽림파, 격의파」라는 제목으로 정리했다. 이 책 제2부 제2장.

당연하겠다. 이 글의 초점은 현학자들의 문제현실인 '제도의 자연성'을 많은 현학자들, 정확히는 명교파가 어떻게 이끌어 냈으며, 몇몇의 현학자들, 다시 말해 죽림파가 어떻게 반대했는가를 살펴보는 데 있다.

2. 제도와 본성

지금 우리가 논의하려고 하는 주제는 두 개의 낱말에 집중되어 있다. 하나는 '명교名敎'라고 불리는 제도이고 다른 하나는 '자연自然'이라고 일컬어지는 본성이다. 명교와 자연은 위진철학의 핵심 용어이다. 명교는 이름(名)에 맞추는 것(敎)으로, 사회의 질서를 위해 임금은 임금의 이름에 맞게 통치하고(君君) 신하는 신하의 이름에 맞게 행정하고(臣臣) 아버지는 아버지에 맞게 처신하고(父父) 아들은 아들에 맞게 행동하는(子子) '정명正名'의 길이다. 따라서 '이름'(名)은 무척이나 중요하다. 유가철학에서 명분론名分論이 차지하는 비중이 높은 것도 이와 같은 이유에서이다. 그러나 도가는 그러한 이름을 부정한다. 이름이 결정되어 속박 받는 것을 반대한다. 따라서 그들은 '무명無名'을 주장한다. 도가적인 성인은 이름이 없는(聖人無名)[3] 까닭도 바로 여기에 있다. 이름이 이루어지면 곧 일그러지게 된다.[4] 진리라는 것이 이름 지워지는 것은 아니다.[5] 이런 마당에 우리가 가장 최고의 기준으로 삼게 되는 것이 바로 '스스로 그러

---

3) 『莊子』, 「逍遙遊」.
4) 『莊子』, 「山木」, "名成者虧."
5) 『老子』, 제1장, "名可名, 非常名."; 『莊子』, 「知北遊」, "道不當名."

함'(自然)이다. 노장철학에서 '자연'은 본래적으로는 오히려 형용사적 용법이 강하다. 외계의 대상으로서의 '자연'의 의미는 후대의 일이다. 스스로 그러한 것에 인위적이고 가식적인 어떤 이름이 있을 수 없다. 따라서 자연은 노장철학에서 최고격의 개념이다.

이와 같이 명교와 자연은 현학자들에게 중심 관념으로 성립한다. 나는 바로 이 명교와 자연을 '제도'와 '본성'이라고 풀이한다. 유가의 명교라는 것이 윤리도덕이란 의미를 기본으로 하고 있지만, 더욱 중요한 것은 그것을 바탕으로 하는 체제옹호적인 태도이다. 명교는 오늘날처럼 단순한 윤리의 문제로 끝나는 것은 아니었다. 당시의 윤리는 체제의 질서를 긍정하는 것이기도 하며, 정치적 신분 관계를 합리화하는 것이기도 했다. 따라서 명교라는 말에는 폭넓은 제도성의 의미가 함축되고 있다. 반면에 도가의 자연은 단순히 객관 존재로서의 자연만이 아니라 스스로 그러하다는 추상적 의미의 자연이다. 이때 자연은 만물의 원리적인 개념이고 인간의 이상적인 목표이다. 따라서 이 자연은 우주만물의 가장 기초적인 본성이다.

그러므로 제도의 자연성에 대한 우리의 문제를 좀 더 정확하게 풀이하자면 '인간의 제도가 본성적인 것이냐'는 물음으로 요약된다. 본성이 스스로 만든 것이 제도냐, 아니면 제도는 본성에 어긋난 것이냐 하는 반성이다. 거칠지만 매우 간단히 말해 보면, 처음 단계는 '제도는 본성을 바탕으로 하고 있다'(名敎本於自然)고 생각했으나, 가운데 단계는 '제도를 넘어서 본성에 맡기자'(越名敎而任自然)라며 반제도론적인 입장을 취하고, 마지막 단계는 '제도가 곧 본성'(名敎卽自然)이라 하여 제도와 본성의 동일성을 주장한다. 이 세 가지 논의의 근거와 타당성을 따져 보고자 하는 것이 바로 이 글의 목적이다.

실제적으로 이러한 세 주장은 나름대로의 발전을 보여 주고 있다. 처음 단계는 제도를 제도로만 남겨두지 않고 제도의 근거를 본성에서 찾아보려는 시도로서, 유가의 윤리도덕의 근거를 도가의 본성에 대한 강조에서 그 원리적이고 형이상학적인 뿌리를 찾아보고자 하는 것이다. 가운데 단계는 그러한 시도의 불합리함을 지적하여 제도의 근거를 본성에서 찾는 것을 깊게 반성하고 오히려 제도를 넘어서 본성으로 돌아가자(復歸)는 비판이다. 마지막 단계는 아예 제도가 본성에 의해 이루어졌음을 내세움으로써 제도는 본성에 의해 이루어졌고 본성은 곧 제도를 이루게 되었음을 주장한다. 이는 한 시대의 철학적 주제가 발전되어 가는 과정을 간명하게 보여 준다. 그렇다면 과연 어느 주장이 타당할까? 그리고 각각의 주장은 논리적으로 합당했는가?

3. 제도는 본성에 바탕을 둔다

제도가 본성에 바탕을 둔다는 주장은 유가나 도가나 할 것 없이 분명히 생소한 주장임에 틀림없다. 명교와 자연, 즉 제도와 본성은 선진시대 양측의 주요 개념으로서 서로가 서로를 공격하는 데 쓰이는 중요한 개념적 무기이기 때문이다. 물론 유가 측에서는 우리가 언제 본성을 무시했느냐고 반론을 내세울 수 있고 도가 측에서는 본성을 되찾은 그 세계야말로 무제도의 제도가 아니겠느냐고 역설할 수도 있다. 그러나 비중으로 따져보면 의심할 여지없이 유가는 제도 쪽으로, 도가는 본성 쪽으로 기울 뿐만 아니라, 서로가 한 개념을 잡아 상대편의 다른 한 개념을 힐난한다.

그러나 위진시대에 들어오면서 이러한 정황은 완전히 달라진다. 한마디로 말해 제도의 수립을 위해 본성이란 개념이 필요하게 된 것이다. 양한兩漢의 사상적 분위기도 유, 도, 법가法家를 불문하는 통합적 사유체제에로 지향하고 있었지만, 위진의 현학처럼 이러한 문제를 주제화하진 못했다. 전국戰國시대나 진秦 시기도 마찬가지였다. 제齊의 선왕宣王이 임치臨淄 직문稷門 밖에 학궁學宮을 설립한 일이나 여불위呂不韋가 『여씨춘추呂氏春秋』를 함양성문咸陽城門에 내걸고 한 글자를 넣고 빼는 데 천금千金을 주겠다고 한 일이나 할 것 없이 사상적 천하통일의 노력이었고, 그러한 사실을 현학자들도 잘 알고 있었지만 그들의 주제와는 아무래도 거리가 있었다.[6]

간략히 말해, '제도는 본성에 바탕하고 있다'는 믿음을 갖고 있었던 학자들은 사실상 두 가지의 의미로 그 주장을 논리화했다. 첫째는 제도의 근원을 따져 보면 그것은 본성에 의해서 나왔다는 것이고, 둘째는 제도는 본성에 근본을 두지 않으면 안 된다는 것이다. 그 두 의미의 차이를 간단히 나누어 보면 처음의 것이 사실에 기초하고 있다면, 둘째의 것은 당위에 치중하고 있다고 할 수 있다. 그러나 그 분류는 의미상에 서이지 결코 실제적인 것은 아니다. 왜냐하면 제도는 본성에 근원을 두

---

6) 呂不韋의 이야기는 원래 『史記』「呂不韋列傳」에 실려 있는 것이지만, 阮籍은 그의 『達莊論』에서 咸陽이나 稷下의 일을 인용하면서 莊子처럼 一世를 逍遙하는 것(逍遙於一世)보다는 우스꽝스러운 일로 보고 있다. "豈將以希咸陽之門, 而與稷下爭辯也哉?"

고 있기 때문에 본성에 근원을 두지 않은 제도는 성인聖人의 제도, 다시 말해 '합리적인 제도'가 아니기 때문이다. 이러한 주장의 대표자로는 하안何晏과 왕필王弼을 들 수 있다.

하안과 왕필은 사상적으로 유사하다. 하안이 젊은 왕필을 공자의 말을 빌려 '젊은 사람이 놀랍구나'(後生可畏)라고 하면서 중용할 정도로[7] 그들은 여러모로 통하는 점이 많았다. 특히 '무無'에 대한 해석도 '무의 쓰임'(無之爲用)설을 똑같이 주장할 정도로 사상적 분위기는 일치했다.[8] 그들의 입장은 대체로 귀무론貴無論으로 요약된다. 귀무론에 대한 역사적인 오해에도 불구하고[9] 그들이 무를 무엇보다도 근본으로 삼고자 했다는 점은 부인될 수 없다. 전대의 왕충王充이 탈권위적인 태도로 『논어』를 해석했다면[10] 하안은 오히려 그와는 반대로 무의 입지를 마련하기 위해 형이상학적으로 주해했다. 극단적인 예가 「선진先進」편의 안회顔回 '누공屢空'의 예이다. 하안도 그것의 해석을 "둔(쌀) 궤가 비었다"(空匱)라고 우선 해석하지만 한 의견(一曰)이라 하면서 "공은 텅 빈 가운데와 같

---

7) 『魏志』, 「鍾會傳」 註, "嘆之曰: 仲尼稱後生可畏, 若斯人者, 可與言天人之際乎!"

8) 『晉書』 「王衍傳」에는 何晏과 王弼의 주장을 말하면서 竹林七賢의 하나인 王戎의 從弟인 衍이 그러한 立論을 매우 중요시했다고 적고 있다. 그때의 내용이 바로 "故無之爲用, 無爵而貴矣"이다. 때로 그 주장은 아예 하안의 것으로 취급되긴 하지만 史書는 분명히 하안과 왕필 두 사람을 같이 이르고 있다.(何晏王弼等祖述老莊) 이는 다시 말해 하안과 왕필 사상의 유사성을 史家도 인정하고 있는 것이라 볼 수 있다.

9) 나는 귀무론에 대한 일반적인 인식에 대해 적지 않은 불만을 갖고 있다. 전통 속에서 귀무론의 역사적 의미를 철저하게 설명하지 못하고 귀무의 내용에 대해서도 단지 '無'를 '貴'히 여기는 주장 정도 밖으로는 이해하지 못하기 때문이다. 현학자들에게 무는 老莊과는 썩 다른 의미를 포함하고 있다. 간단히 말해 노자가 '절대적인 無'를 말했다면 장자는 '無用의 用'(無用之用)을 강조하고 있고, 노장이 유무의 문제에 치중하고 爲와 用의 상위개념으로 무(無爲, 無用)를 전제했다면 하안 특히 왕필은 '無의 用'(無之以爲用)을 제시하고 있다. 무용의 용과 무의 용은 분명히 다르다.

10) 『論衡』, 「問孔」을 볼 것.

다"(空猶虛中)라고 말한 다음 "안회만이 도를 깊고 멀게 간직할 수 있으며, 마음이 비지 않고는 도를 알 수 없다"(唯回懷道深遠, 不虛心不能知道)라고 주장한다.11) 이는 한마디로 공자의 의도를 '허虛'로써 해석하는 것이다.12) 허는 무와 같이 노장철학의 핵심 용어이다. 이와 같이 하안은 노장으로 공자를 해석하고 있다.

여러 다른 의견에도 불구하고13) 이러한 하안 식의 해석은 멀게는 일본학자14)에게도 원용되고 있다. 이는 그만큼 하안 식의 해석이 나름대로의 매력을 갖고 있었음을 보여 준다. 그러나 그에게 더욱 중요한 것은 '도道'의 강조이다. 우리는 『논어』의 윤리 기준의 핵심이 '인仁'에 있다는 것을 믿어 의심치 않는다.15) 인은 공자의 윤리 기준이며 그의 사상 핵심이다. 그러나 하안 이후 공자의 도는 어느 다른 것보다도 강

---

11) 『論語集解』, 「先進」. 그러나 하안의 것은 개인의 註解라기보다는 劉向, 孔安國, 馬融, 鄭玄 등등의 의견을 모은 集解임을 잊지 말 것.

12) 그러나 재미있게도 貴無의 대표자 격인 왕필은 『論語釋疑』(輯佚)에서 돈 버는 것에 관심이 없어 궤가 자주 빈다고 단순히 해석하고 있다. "庶幾慕聖, 忽志財業, 而數空匱也."(皇侃, 『論語疑疏』[『知不足齋叢書』本). 樓宇烈, 『老子周易王弼注校釋』(臺北: 華正, 1983) 참조. 물론 왕필의 그 책 자체가 완전한 것이 아니고 부분만을 간신히 모아놓은 것이기 때문에 그 의미를 확정지을 수는 없다.

13) 현대 중국의 楊伯峻은 하안의 一曰說이 아닌 처음의 해석을 들어 공자의 뜻을 보았다고 한다. 다시 말해 고대에서는 재화가 없는 '貧'과 생활의 前途가 없는 '窮'으로 때로는 나누어 보았다고 하면서 '空'은 그 둘의 뜻을 겸하고 있다고 주장하여 하안의 '言回庶幾聖道, 雖數空匱而樂在其中矣'라는 처음의 해석을 옹호한다. 『論語譯注』(臺北: 源流, 1982), 123쪽.

14) 大鹽中齋의 예. 狩野直喜, 오이환 역, 『중국철학사』(서울: 을유, 1986 · 1988), 310쪽. 저자는 하안의 견해와 그에 따른 해석을 부정적으로 보고 있다.

15) 출현 횟수로도 그 차이는 막대하다. 仁은 109회, 道는 60회가 나온다. 의미상으로도 인은 도덕 표준의 용법이 대부분이나 도는 '길', '말하다' 등의 용법이 적지 않다. 물론 德(38회)은 義(24회)보다 적게 나오지만 덕의 의미는 노장과는 다르다. 또 義 개념이 仁과 더불어 쓰이기 시작하면서 철학사적으로 심화된 것은 孟子에 이르러서임을 기억하자.

조되기 시작함을 볼 수 있다.

하안에 따르면 도와 대비되는 관념은 우리의 '정情'(절제되지 못한 감정의 표출)이나 '의意'(뜻이 무엇인가에로 쏠리는 것)이다. 그는 말한다. "무릇 사람이 정에 맡기면 기쁨과 화남이 리理에서 벗어나는데, 안회가 도에 맡기니 화남이 지나치지 않다."16) 우리는 '맡긴다'(任)는 말이 위진시대에 풍미한 낱말임을 잘 알고 있다. '각자의 본성에 맡긴다'(任其性)든지, '스스로 그러하도록 맡긴다'(任自然)든지, '내버려 둔다'(放任)든지 하는 표현은 당시에 가장 유행했던 말이다. 오늘날의 '방임주의'(laissez-faire)라는 역어의 '방임放任'이라는 말도 바로 그 시대의 용어를 빌린 말이다. 그런데 재미있는 것은 하안이 어디 어디에 맡겨 둔다고 한 어디에 해당되는 것이 도라는 점이다. 안회의 성인됨이 바로 도에 맡겨 둠에 있다는 주장이다. 이때 도는 이미 최고 인격을 가늠하는 표준이 된다. 또 하안은 도와 정情의 구별에 이어 도와 의意를 구별한다. "도로써 표준을 삼으니, 뜻에 맡겨두지 않는다."17)

하안은 위진의 방임 정신을 만끽했던 것으로 보인다. 그러나 그 방임은 뒤에 나오는 반제도론자나 제도와 본성의 합일론자의 정신과는 다르다. 반제도론자에게 방임의 이상은 '자연'에 있었고 합일론자에게 방임은 '적성適性'에 있었지만, 하안의 방임은 '도'이다. 그 도는 바로 비구상적, 비구체적인 것이어서 뜻으로밖에는 우리를 수 없다.18) 이 도는 다름 아닌 무이다. 왜냐하면 이 도는 곧 무를 일컫는 것이기 때문이

---

16) 『論語集解』, 「雍也」, "有顔回者好學"의 주, "凡人任情, 喜怒違理; 顔回任道, 怒不過分."
17) 『論語集解』, 「子罕」, "子絶四, 毋意"의 주, "以道爲度, 故不任意."
18) 『論語集解』, 「述而」, 志於道의 주, "道不可體, 故志之而已." 하안은 志를 慕로 본다. "志, 慕也."

다.19)

이와 같은 사상은 하나의 형이상학에서 출발하고 있다. 다시 말해 모든 현상세계는 그 존재의 근원적인 배경이 있어야 한다는 것이다. 하안은 그것을 '으뜸'(元)이라고 표현하고 있다. 선善에는 선의 으뜸이 있고 일에는 일이 모이는 곳이 있으며, 천하의 길은 여럿이라도 한곳으로 돌아가고 백 가지 생각도 하나로 모인다.20) 알다시피 '돌아간다'(復歸)는 말은 노자철학의 관건 용어이다. 그 돌아갈 곳을 하안은 으뜸이라 말한다. 이는 공자가 "나는 하나로 꿰뚫었다"21)고 한 것에 대한 해석으로, 그 으뜸을 알면 모든 선이 드러나게 되므로 많은 것을 배우길 기다리지 않아도 하나로 안다22)고 이어 말하고 있다. 하안은 공자의 '하나'(一)를 '으뜸'(元)으로 푼 것이다.

이러한 이야기는 무엇을 말하고 있는 것인가? 우리는 여기에서 어떤 사상의 실마리를 발견한다. 그것은 다름 아닌 무에서 원에로의 전환이다. 노장은 '복復'과 '귀歸'를 주장하며, 노자는 '비존재'(無物)23), '뿌리'(根)24), '아기'(嬰兒)25), '끝없음'(無極)26), '자연 그대로'(樸)27)에로, 장자는 그 외에도 '천성'(天)28), '본질'(情)29), '처음'(初)30)에로 돌아갈 것을 강조한다.

---

19) 이는 하안이 주한 「술이」, "志於道"에 대한 왕필의 주이다.(道者, 無之稱也)『論語釋疑』, "道者, 無之稱也, 無不通也, 無不由也. 況之曰道, 寂然無體, 不可爲象. 是道不可體, 故但志慕而已."(邢昺, 『論語正義』[阮元, 十三經注疏本]) 樓宇烈, 『老子周易王弼注校釋』참조.

20) 『論語集解』, "善有元, 事有會, 天下殊道而同歸, 百慮而一致."

21) 『論語』, 「衛靈公」, "予一以貫之."

22) 『論語集解』, "知其元則衆善擧矣, 故不待多學而一知之."

23) 『老子』, 제14장.

24) 『老子』, 제16장.

25) 『老子』, 제28장.

26) 『老子』, 제28장.

27) 『老子』, 제28장.

그런데 재미있는 것은 노장의 그것들이 무를 바탕으로 하고 있는 것이라면 하안의 것은 무보다는 유에 바탕한 으뜸이라는 것이다. 장자만 하더라도 무의 강조는 희미하다. 그러나 노자에게서 복귀해 되돌아가야 할 곳은 다름 아닌 무이다. 노자철학의 핵심은 "유는 무에서 생긴다"[31]는 원리와 반드시 일정한 관계를 갖는다. 그런데 하안에 이르러 무와는 거리가 먼 공자의 '하나'(一)를 노장과 상관있는 '으뜸'(元)의 글자로 새기기 시작한다.[32] 공자의 하나는 노장처럼 형이상학적인 근원적 배경의 의미가 있다고 보기는 힘들다. 그러나 하안은 '하나'를 '으뜸'으로 보았다.

이는 사상사적으로 두 가지 의의를 갖는다. 첫째는 공자의 사상이 노장의 형이상학적인 배경을 갖추게 된다는 것이고, 둘째는 노자의 무가 오히려 유가의 유로 전이해 나가고 있다는 것이다. 하안의 입장에서 다시 말하면, 첫째는 공자사상의 배후로 노장철학을 가져다 놓음으로써 공자의 철학을 좀 더 심화시키려는 노력이고, 둘째는 으뜸이라는 개념을 전면에 제시함으로써 무의 의미를 약간은 희석시키려는 의도이다. 앞의 견해는 현학, 특히 명교파의 기본적이고 지속적인 학문적 입장이었으므로 두말할 필요가 없다. 뒤의 견해는 이 장의 첫머리에서 말했듯이, 무를 절대적인 무로 보는 것이 아니라 '무를 쓰임으로 삼는 것'(以無爲用)[33]이다. 그는 귀무론자로 분류되지만, 그의 사상적 특징을 살펴보면

---

28) 『莊子』, 「天道」.
29) 『莊子』, 「天地」.
30) 『莊子』, 「大宗師」.
31) 『老子』, 제40장, "有生於無."
32) 경우에 따라 노자의 玄은 元으로도 적힘을 생각하자.
33) 주9)를 볼 것.

노장과 똑같은 입장에 있는 것이 아니다. 다시 말해 하안에 의해 노장의 기반은 서서히 유가에로 이전되고 있으며 노장의 무는 서서히 원으로 대체된다. 이러한 경향은 왕필에게서는 더욱 두드러져 그가 말하고 있는 '체體', '주主', '일一', '리理', '종宗', '원元' 등의 개념[34)은 무無의 절대적 무존재성을 탈색시키고 있다.

'제도가 본성에 바탕을 두고 있다'는 주장은 바로 이러한 논리적 맥락을 근간으로 이루어지고 있다. 모든 현상 세계의 사물과 사태는 근원적인 본질에 바탕을 두고 있으며 그래야만 한다. 제도는 실상 본성에 기초하고 있는 것이다. 본성에 바탕을 두지 않는 제도는 참다운 제도가 아니다. 성인聖人의 제도가 아니라 통치자에 의해 제멋대로 만들어진 제도에 불과하다. 노자의 "유는 무에서 생긴다"(有生於無)는 무의 만유萬有에 대한 기초성의 원리는 "제도는 본성에 바탕을 두고 있다"(名敎本於自然)는 주장으로 이끌어진다. 단, 그때 하안과 왕필에 의해 강조되는 것은 무 그 자체의 존재론적 의미라기보다는 무의 쓸모 있음이다. 모든 존재가 그 가치를 가지려면 반드시 무를 쓰임으로 삼지 않으면 안 된다.[35) 왕필이 『도덕경道德經』 첫 장의 유무有無의 문장을 무와 유에서 끊지 않고 무욕無欲과 유욕有欲으로 끊은 것도 이와 같은 맥락과 관련이 없지 않다. 즉, 그는 일단 유무의 문제를 떠나 현상세계의 처음(觀其始物之妙)과 끝(觀其終物之徼)을 조망코자 했다.[36)

왕필은 노자가 말하는 '도를 잃어야 덕을 갖고, 덕을 잃어야 어질어

---

34) 『周易略例』, 「明象」.
35) 왕필, 『老子道德經注』, 제1장, "凡有之爲利, 必以無爲用."
36) 『老子道德經注』, 제1장, "故常無欲空虛, 可以觀其始物之妙. / 故常有欲, 可以觀其終物之徼."

지고, 인을 잃어야 예를 차린다[37])는 원리를 잘 알고 있었다. 그 원리는 간단하다. 노자에게 예란 진정한 믿음이 얇아 생겨나며 엉망이 되는 첫 걸음이다.[38] 왕필은 노자의 그와 같은 주장을 받아들인다.[39] 예의 탄생과 그 문제점은 왕필도 직시하는 바였을 것이다. 그러나 그의 목적은 노자처럼 인의仁義의 부정에 있지 않고 오히려 참다운 인의의 실현에 있었다. 결국 왕필은 모든 현상이 자신의 참다움으로 쓰일 수 있다면 인의와 품덕이 도타워질 것이며 실천과 이론이 바로잡힐 것이며 형식적인 예절과 내면적인 공경함이 맑아질 것[40])이라고 주장한다.

물론 왕필에게 인의가 논리상의 궁극적인 개념은 아니다. 다시 말해 인의는 어머니가 낳은 것이기 때문에 어머니가 될 수는 없다.[41] 이는 그릇이 장인匠人에 의해 만들어지지만 그것 자체가 도공이 될 수는 없는 것[42])과 같다. 그 어머니와 장인은 과연 무엇일까? 그것이 바로 '도덕道德'이다. 노장의 도와 덕의 개념과는 다르게, 이제 왕필에게는 인의의 어머니이자 장인으로서의 도덕이 성립되는 것이다. 이는 도덕 개념의 유가화를 단적으로 보여 주는 매우 좋은 예이다. 왕필의 도식에 맞추어 보면 도덕은 '뿌리'(本)가 되는 것이고 인의는 '가지'(末)가 된다. 이것이 바로 왕필의 '뿌리와 가지', 그리고 '하나와 여럿'(一多)에 기초한 철학의 한 단면이다.

---

37) 『老子』, 제38장, "故失道以後德, 失德以後仁, 失仁以後義, 失義以後禮."
38) 『老子』, 제38장, "夫禮者, 忠信之薄, 而亂之首."
39) 『老子道德經注』, 제38장, "夫禮也, 所始首於忠信不篤."
40) 『老子道德經注』, 제38장, "事用其誠, 則仁德厚焉, 行義正焉, 禮敬淸焉."
41) 『老子道德經注』, 제38장, "仁義, 母之所生, 非可以爲母."
42) 『老子道德經注』, 제38장, "形器, 匠之所成, 非可以爲匠也."

이제 도덕은, 다시 말해 인의도덕은 더 이상 도가의 절대적인 무에서 머무는 것이 아니다. 그리고 그 윤리도덕에 기초한 현실의 제도라는 것도 그것의 자연성 문제 때문에 부정될 수 있는 것이 아니다. 왕필에 따르면, 거짓되어 참답지 못한 공적과 인의는 자르고 버려야 하는 것이지만 그것이 목적으로 하고 있는 것은 진정한 성인의 공적과 인의와 품덕이다.[43] 한마디로 그가 반대하는 것은 이름과 행동을 드러내려는 것(顯名行)[44]일 뿐이다.

왕필에게 제도와 본성은 어머니와 아들(딸)의 관계이다. 아들을 알아도 반드시 그 어머니에게로 돌아가지 않으면 안 된다는 주장이다. 이른바 '뿌리를 높이고 가지를 잠재우는 식'(崇本息末)의 언법으로 말하자면 '아들을 알고 어머니를 지키자'(知子守母)는 사유체계이다. 왕필은 "아들을 알았으면 반드시 그 어머니에게 돌아가 지켜야 한다"[45]고 말하고 있다. 다 알다시피, 그 말은 노자의 "어머니를 얻으면 그 아들을 알고, 아들을 알았으면 그 어머니를 지킨다"[46]는 주장에서 나온 것이다. 여기에서 우리는 처음의 논의로 돌아간다.

'제도는 본성에 바탕하고 있다'는 주장은 첫째, 제도의 근원을 따져보면 그것은 본성에 의해서 나왔다는 것과 둘째, 제도는 본성에 근본하지 않으면 안 된다는 것인데, 하안과 왕필의 견해는 이 두 가지를 함께 주장하고 있음을 볼 수 있다. 하안은 무의 근원성을 강조하는 동시에 무가 단순한 무가 아닌 도道와 원元과 관련되지 않으면 안 된다는 것을

---

43) 『老子指略』, "絶聖而後聖功全, 棄仁而後仁德厚."
44) 『老子指略』.
45) 『老子指略』, "旣知其子必復守其母."
46) 『老子』, 제52장, "旣得其母, 以知其子; 旣知其子, 復守其母."

드러내고 있고, 왕필은 구체적으로 무의 쓰임 이론을 내세워 모든 현상 세계의 작용 이면에는 무가 있음을 강조하는 동시에 그 현상과 본질은 마치 모자母子 관계와 같아서 아들은 어머니에게 돌아가 그를 반드시 지켜야 한다고 말하고 있다. 이러한 주장의 과정 속에서 '도'와 '덕'은 도가적인 용법에서 유가적인 의미로 전환된다. 하안이 말하는 '도'는 원元의 윤리적 의미로 말미암아,[47] 또 왕필의 '도덕'은 인의의 상위개념이라는 까닭으로 각기 유가화된다.

이와 같은 논리적 전개 과정에 의해 인의도덕과 그것을 기초로 하는 이 사회의 제도는 긍정된다. 도가의 반제도론적인 의견이 여러 층차의 논의에 의해 희석되고 탈색되면서 천천히 유가화되는 것이다. 하안과 왕필은 바로 이러한 도가의 유가화에 일대 공헌을 하고 있는 셈이다. 그들에 따르면 본성은 더 이상 제도와 떨어져 고립되어 있거나 제도를 벗어나야 순전純全함을 지킬 수 있는 것이 아니다.

4. 제도는 비본성적이다

위와 같은 유가 식의 논의에 대해 한 무리의 학자들은 반기를 든다. 그들은 죽림파 내지 자연파라 불릴 수 있는 반제도론적인 주장을 견지한 사람들이다. 그중에서도 가장 지속적으로 반제도론을 대표하는 이

---

47) 하안이 元을 내세운 것은 善을 설명코자 함이었음을 기억하자. "善有元, 事有會, 天下殊道而同歸, 百慮而一致; 知其元則衆善擧矣, 故不待多學而一知之."

는 완적阮籍과 혜강嵇康이다. 그들은 속칭 '죽림칠현竹林七賢'에서도 대표 격인 이론가들이다. 한마디로 그들은 도가의 이념에 충실한 원리주의 자들이다. 때로는 양생養生을 위주로 하는 도교의 모습을 보여 주기도 한다.

완적과 혜강은 시대적으로 거의 같은 경험을 한다. 당시는 정권 다툼이 극에 달했던 시기로서 사마씨司馬氏의 무리가 조조曹操 이후 조씨에 의해 정권이 계승되어 내려온 위나라를 무너뜨렸다. 이런 와중의 역사적 사실은 정시正始 10년(서기 224)에 사마의司馬懿가 조상曹爽의 무리를 죽여 없앤(誅滅) 일이다. 사마씨가 정권을 잡은 후 통치의 명목으로 많은 사람을 죽이는데, 바로 그러한 행위의 대부분이 유가의 전통적인 이론으로 합리화되었다. 예법은 철저히 통치 이데올로기화한다. 이러한 각 축장角逐場에서 반유가적인 종지宗旨로 선왕先王이나 성현聖賢에 의해 만들어진 제도를 반대하는 이들이 바로 완적과 혜강, 그리고 흔히 이야기하는 죽림의 현자들이었다.

극단적인 예를 들자면, 완적은 군신君臣의 필요성을 부정하기도 하였고 혜강은 성왕聖王(湯, 武, 周, 孔)을 비난하기도 할 정도로 유가적인 질서에 깊은 반감을 갖고 있었다. 그리고 그들이 돌아가야 할 곳은 바로 다름 아닌 노장철학이었다. 그들의 사상은 이와 같은 기반 위에서 이루어졌다. 간단히 말해, 이른바 정통 노장사상의 부활을 나름대로의 철학적 배경 아래에서 시도한다. 재미있게도 그들은 공통적으로 장자에 의해서 제기된 기화론氣化論의 영향으로 기론적 입장에 서고 있으며, 한대에 제기된 원기元氣라는 우주의 실체에 대한 통찰과 더불어 전통적인 방식으로 인간의 이해에 여러 가지 기氣 개념을 적용시킨다.

완적과 혜강에 의해서 대표되는 이 죽림파의 이상은 '자연', 즉 '스스로 그러함'의 원리에 있었다. 노장과 마찬가지로 완적과 혜강은 바로 참다운 본성에로 돌아가는 것을 위주로 하는 자연파로서, 현실 정치에 의해 이끌어지는 당시의 문화와 제도에 대한 비판을 서슴지 않는다. 도가사상의 탄생이 반문명적인 색채를 띠고 탄생한 것처럼 완적과 혜강도 반정부적인 사유를 골간으로 하고 있다. 따라서 그들에게 제도란 인간을 본성에서 벗어나게 하는 것으로 부정되지 않을 수 없었다. 결국 완적과 혜강도 그들이 부정한 제도에 의해 피해를 입거나 희생되고 만다.[48]

완적과 혜강의 주제는 첫째, 유가적 질서인 제도에 대해 도가적인 원리를 제시하고 둘째, 도가의 이상인 자연적 본성에로 복귀하는 것이다. 이러한 논의는 '제도는 본성적이지 않다'라는 반제도론으로 요약되는데, 그 설명을 위해 그들은 기론적 세계관을 기반으로 유도합일적 내지 반유가적인 사상을 전개한다. 그러나 그들과 전대의 노장이 다른 점은 한대 이후 철학자들에게 줄기찬 관심의 대상이 되었던 『주역』의 사상이 첨가되고, 『포박자抱朴子』에서 집대성되는 것과 같은 양생술이 각자의 주장에 맞게 제시된다는 점이다. 이는 위에서 말한 그들의 주제와 더불어 아래와 같은 내용을 갖는다. 첫째와 관련되어서는 유가적 질서를 회의하는 과정에 오히려 도가적인 원리뿐만 아니라 주역적인 세계관이 흘러들어 간다는 것이고, 둘째와 상관되어서는 도가적 이상을 내

---

48) 史書에 따르면 혜강은 결국 鍾會에 의해 죽임을 당하지만 완적은 60일간 醉하여 致罪를 면하고 있다. 『晉書』, 「阮籍列傳」, "鍾會數以時事問之, 慾因其可否而致之罪, 皆以酣醉獲免."

세우는 과정에서 민간에서 보편적으로 벌어지고 있는 철학적인 도가에서 종교적인 도교에로의 변화 과정에 나름대로의 영향을 주고받는다는 것이다. 그러나 그들의 언어는 이미 '현학의 문법', 즉 '유가 문법 속의 도가 언어'에 깊은 세례를 받고 있음은 쉽게 부정되지 못한다. 완적과 혜강 모두 그 문법에서 벗어나진 못하지만 완적은 혜강에 비해 더욱 그러한 모습을 보여 준다.

완적은 '악樂'을 매우 긍정한다. 애초 이는 성인聖人이 천지만물의 조화(和)를 위해 만든 것이다. 그 후 성인이 만들지 않자 엉망이 된다. 성인의 음악이란 이 사회 제도가 완벽하고 조화롭게 돌아가도록 만든 것이다. 신분 제도의 유지나 풍속의 교화에 악만한 것은 없다. 다시 말해 악은 제도의 옹호를 위해 가장 효용성 있는 것이다. 완적은 말한다. "선왕은 악을 행함으로써 만물의 본질을 세우고 천하의 뜻을 하나로 한다. 따라서 그 소리는 평탄하고 그 용모는 어울린다. 아랫사람은 윗사람의 소리를 생각하지 않고, 임금은 신하의 색깔을 욕심 내지 않아, 위아래가 싸우지 않고 충성과 의리가 이루어진다."[49]

완적의 이러한 의견은 그의 사고가 유가적이며 제도옹호론에서 쉽게 벗어나지 못함을 보여 준다. 그러나 완적의 『악론樂論』의 주장 가운데 하나는 '슬픈 음악은 음악이 아니다'는 입장으로 묵자墨子의 '비락론非樂論'을 긍정하는 것이다.[50] 알다시피, 도가는 '지락至樂'을 강조한다. 지락은 결코 슬플 수 없다. 원칙적으로는 지락은 즐겁고 슬픔에서 벗어나

---

49) 『樂論』, "先王之爲樂也, 將以定萬物之精, 一天下之意也. 故使其聲平, 其容和; 下不思上之聲, 君不欲臣之色; 上下不爭而忠義成."

50) 『樂論』, "季流子曰: '樂謂之善, 哀謂之傷; 吾爲哀傷, 非爲善樂也.' 以此言之, 絲竹不必爲樂, 歌詠不必爲善也. 故墨子之非樂也, 悲夫以哀爲樂者."

있는 것이기 때문이다. 그러나 지락은 장자가 말하는 '유遊' 즉 '소요逍遙'
의 상태 때문에 즐거움으로 기운다. 마음이 번거롭고 우울하여 슬픔이
가득할 때 소요함은 불가능하기 때문이다.[51] 그는 '즐거운 음악이 좋은
음악이다'라는 비교적 도가적인 소요의 원칙을 받아들인다. 뿐만 아니
라, 그의 『악론』의 주요 단어는 '심心', '기氣', '신神'이라는 도가의 용어이
다.[52] 더욱이 재미있는 것은 완적이 본 악의 이상은 바로 '어울림'(和)인
데,[53] 이 '어울림'은 유도 양가에 두 다리를 다 걸치고 있는 개념이라는
점을 상기해 보면[54] 그가 순수하게 도가적이지만은 않음을 알 수 있다.

　아쉽게도 완적은 자신의 태도를 분명하게 하지 못했으며 따라서 우
리의 토론과 더불어 나름대로의 문제점을 드러낸다. 그가 죽림칠현의
하나였긴 하나 위에서 보듯 제도에 대해 비교적 옹호적이다. 그는 현학
의 기본 주제를 잘 알고 있었던 듯, 유도를 결합하려는 노력을 꾸준히
멈추지 않는다. 『통로론通老論』의 단편적인 문장이 그것을 증명한다. 노
자를 이해하고자 쓴 문장이 우리들에게 보여 주고 있는 내용은 유도합
일론이다. 통치제도와 군신과 백성의 관계는 우주 최초의 자연성과 인
간 성명性命의 조화를 보전하기 위해 서로가 보완해야 한다.[55] 최고의

---

51) 아주 쉽게, 우리는 신선이나 도사의 껄껄 웃고 다니는 모습을 상상하는데 이는 바로
　　도가적 이상 인격의 즐거움(樂)을 형상화시킨 것이다.
52) 『樂論』, "必通天地之氣, 靜萬物之神也. / 至樂使人無欲, 心平氣定."
53) 『樂論』, "以此觀之, 知聖人之樂, 和而已矣."
54) 『老子』, 제42장, "沖氣以爲和."; 제55장, "知和曰常."
　　『莊子』, 「在宥」, "我守其一, 以處其和."; 「天下」, "禮以道行, 樂以道和." 등등.
　　그러나 『莊子』 「天運」의 "夫至樂者, 先應之以人事, 順之以天理, 行之以五德, 應之以自然;
　　然後調理四時, 太和萬物"의 문장은 樂과 和를 말하고 있긴 하나 지나치게 名敎的이어서
　　羼入으로 보아도 좋을 것이다. 五德과 自然이 함께 나오는 것은 매우 玄學的이다.
55) 『通老論』, "聖人明於天人之理, 達於自然之分, 通於治化之體, 審於大愼之訓. 故君臣垂拱,
　　完太素之樸; 百姓熙怡, 保性命之和." 이 글은 몇 자 남아 있지 않다. 그것도 『太平御覽』의

진리를 『역』에서는 '태극太極'이라 하고, 『춘추春秋』에서는 '으뜸'(元)이라
하고, 『노자』에서는 '도道'라 했다.56) 역사적으로 따져 보면 삼황三皇은
도道, 오제五帝는 덕德, 삼왕三王은 인仁, 오패五霸는 의義를 실천한 것이
다.57) 이는 도덕인의가 역사 발전의 순서에 따라 수립됨을 보여 주는
것이다. 이와 같이 그는 줄곧 유가와 도가의 용어를 혼용한다. 64괘를
모두 문맥상 통通하게 설명한 『통역론通易論』의 '인의'와 '도덕론'도 마찬
가지이다.58) 이는 현학의 문법이 그 시대를 그만큼 풍미했음을 단적으
로 보여 주는 예이다.

그러한 문제점에도 불구하고 다른 저작에서 완적은 최고 인격으로
도가적인 인물을 내세우고 도가적인 사상으로 치우침으로써 다분히 자
연파적인 경향을 드러낸다. 여러 가지 논지는 그의 사상이 도가적이라
할 수 있을 만한 충분한 내용을 담고 있다. 그의 대표적인 저작인 『달장
론達莊論』과 『대인선생전大人先生傳』은 그 대표적인 예이다.

『달장론』은 한마디로 '석장자서釋莊子書'라고 할 만큼 『장자』의 「제물
론齊物論」, 「지북유知北遊」, 「재유在宥」, 「도척盜跖」, 「천지天地」, 「산목山木」
등 제 편을 바탕으로 나름대로의 논의를 전개해 나가는 글이다. 가끔씩
은 『주역』의 태괘泰卦의 의미나 「문언文言」의 구절과 같은 것들이 들어가
기도 한다. 글의 제목과 마찬가지로 장자를 이상적인 인물로 삼고 그의
주장의 타당성과 위대함을 손님의 질문에 대답하는 형식으로 논하고

拔萃文을 『全三國文』에서 殘文으로 모아 놓은 것이 전부이다. 『전삼국문』에서 인용한
『태평어람』의 문자는 원본과 일치한다.
56) 『通老論』.
57) 『通老論』.
58) 『通易論』.

있다.

완적은 이 글에서 분명하게 단순한 유가적 주장을 편협하고 분별적인 것이라 비난하고 장자의 것이야 말로 뜻이 다다른 데가 있는 말이라고 한다.[59] 숫자에만 매달리고 왼쪽과 오른쪽의 이름만 따지는 것은 한쪽으로 치우친 말이 될 뿐이니 자연에 따르고 천지에 맞추어 한계가 없는 말이 되지 않으면 안 된다.[60] 더 나아가 그는 안회顔回와 백이伯夷를 비난함으로써 유가적 도덕질서의 수립을 부정적으로 본다. 그는 그들을 하夏의 걸왕桀王이나 은殷의 주왕紂王과 같은 폭군과 같이 나열하면서, "이로 말미암아 명예와 이익의 길이 열리게 되어 임금과 벗에 대한 믿음의 참됨이 얇아지며, 옳고 그름의 말이 나타나게 되어 깨끗하고 도타운 본질이 문드러진다"[61]고 주장한다. 정통 유가의 입장에서 본다면 끔찍한 소리가 아닐 수 없다.

이와 같은 논지를 전개하면서 한편으로는 참다운 삶을 기론적으로 설명한다. '통기通氣'[62], '일기一氣'[63], '정기精氣'[64], '심기心氣'[65], '기분氣

---

59) 『達莊論』, "彼六經之言, 分處之教也; 莊周之云, 致意之辭也."

60) 『達莊論』, "夫守什五之數, 審左右之名, 一曲之說也; 循自然, 佳天地者, 寥廓之談也."
佳에 대해서는 판본에 따라 여러 의견이 가능하다. 中華書局 刊, 『中國哲學史資料選集』(上)本에는 아마도 誤植인 듯한 '佳' 字가 쓰여 있으나 그 注는 본문의 글자를 '佳'로 보고 '準'의 壞字로 여기고 있으며, 마찬가지로 중화서국 간 淸, 嚴可均 輯, 『全上古三代秦漢三國六朝文』(全三國文)에는 '住'로 나오고 '一作 性'이라고 주해하고 있다. 만일 앞의 것을 따르면 뒤의 '住'가 '佳'의 壞字가 되어 '準'의 해석이 타당성이 있게 된다. 『阮籍集』은 여러 版本이 있으나 앞의 중화서국판은 근래의 上海古籍出版社의 『阮籍集』을 따랐고 그것은 완적의 詩文에 대한 校勘을 했기에 나는 여기에서 "佳, 準也"의 說로 해석한다.

61) 『達莊論』, "是以名利之途開, 則忠信之誠薄; 是非之辭著, 則醇厚之情鑠."

62) 『達莊論』, "陰陽同位, 山澤通氣."

63) 『達莊論』, "一氣盛衰, 變化而不傷."

64) 『達莊論』, "身者, 陰陽之精氣也."

分'[66]), '상기喪氣'[67]) 등등은 모두 도가적인 연원을 갖고 있는 말이다. 때로 『역전易傳』이나 기타 유가경전에서도 쓰이기도 하지만 도가에서처럼 분명한 의미 맥락을 갖고 있진 못하다. 다시 말해 이는 완적이 당시의 도가 또는 도교적인 사유맥락을 깊게 받아들이고 있다는 증거가 된다. 기타 '형形', '신神'의 용법도 도가와 매우 유사하다.

『달장론』은 결론 부분에 가서 다소 유가적인 발언을 하는데,[68]) 우리가 유념하지 않으면 안 될 것은 그때의 이른바 '도덕道德'과 '충신忠信'은 『노자』의 용어라는 점이다.[69]) 왕필이 '충신'에 대해 노자의 주장을 따르면서 진정한 예법의 수립을 추구하듯, 완적도 이러한 혐의가 없지 않다. 그럼에도 불구하고 그는 유가를 묵가墨家와 더불어 직접적으로 비판하고 있다.[70]) 한마디로 그는 부지불식간 현학의 언어와 논리에 빠져 있었지만 자각적으로는 유가의 제도를 회의하여 도가의 본성에로 회귀하려 한 것이다. 그의 『대인선생전大人先生傳』은 바로 이러한 입장에서 유가적인 군자君子나 뜻을 품은 은사隱士 그리고 도덕으로 마음을 삼고(以道德爲心) 무를 쓰임으로 삼는(以無爲用) 당시의 현학자를 차례대로 비판하면서 양생술을 제시한 글이다. 그의 양생술은 '신론神論'이라 할 수 있을 만큼 '신'에 바탕을 둔 도가적인 신기설神氣說이다. '신'은 오늘날로 말하면 최고의 정신성과 같은 개념이다. 완적은 그 글에서 『포박자』에서처럼 '생

---

65) 『達莊論』, "心氣平治, 不消不虧."
66) 『達莊論』, "氣分者, 一身之疾也."
67) 『達莊論』, "喪氣而慙愧於衰僻也."
68) 『達莊論』, "形神在我而道德成, 忠信不離而上下平."
69) 『老子』, 제38장, "夫禮者, 忠信之薄, 而亂之首."
70) 『達莊論』, "儒墨之後, 堅白並起, 吉凶連物, 得失在心, 結徒聚黨, 辯說相侵."

명을 늘이는 것'(延壽[71])을 제시하기도 한다.

혜강은 완적과 비교하면 매우 '철저한'(radical) 도가였다. 그의『양생론養生論』은 복약服藥으로 보양輔養함을 긍정하고 있다.[72] 이러한 논의는 완적과도 흡사한 '신기론'일뿐만 아니라 팽조彭祖의 무리가 했던 호흡법을 답습한다. 사실상 도가의 원조 격인 노자와 장자에게 이러한 호흡법은 깊이 강조되진 않았다. 특히『장자』에서는 그러한 무리는 '형체만 기르는 사람'(養形之人)이라 폄하貶下한다.[73] 그러나 혜강은 논리적으로 '정신을 보전함'(保神)과 '몸을 온전케 함'(全身)을 병행함으로써 육체와 정신이 함께 양생할 수 있음[74]을 주장한다.

더 나아가 완적과는 다르게 '악樂'에 대해 매우 비판적인 발언을 서슴지 않는다. 악이 우리들에게 슬픔을 가져다주는 것이 아니다. 오히려 우리의 마음에 슬픔이 있기 때문에 가락(和聲)과 만나 드러나는 것이며, 가락(melody)이라는 것이 어떤 고정된 기호(象)가 있는 것이 아니니 슬픈 마음이 주가 된다.[75] 이에 따르면 음악의 효용성이라는 것은 오히려 자신의 마음에 비해 부차적이고 만다. 따라서 흔히 말하는 예악禮樂에 의해서 백성을 교화시키고 도덕적으로 순화한다는 것은 말이 되지 않는다. 가락을 듣고 눈물을 흘리는 것은 화음에 반한 것이 아니라 자발적인 것이 아닐 수 없다.[76] 이는 무슨 말인가? 혜강이 말하려는 것은 바로

---

71) 『大人先生傳』, "反末央, 延年壽, 獨放世." 「詠懷詩」(第十), "獨有延年術, 可以慰吾心."

72) 『養生論』.

73) 『莊子』, 「刻意」, "吹呴呼吸, 吐故納新, 熊經鳥甲, 爲壽而已矣; 此導引之士, 養形之人, 彭祖壽考者之所好也." 장자가 이상으로 삼는 것은 오히려 호흡법을 쓰지 않고도 오래 살 수 있음(不導引而壽)이다.

74) 『養生論』, "形神相親, 表裏俱濟."

75) 『聲無哀樂論』, "夫哀心藏於內, 遇和聲而後發, 和聲無象, 而哀心有主."

예악 제도에 대한 강력한 비난이다. 그것은 결코 본성적이지 않다. 중요한 것은 우리의 본성적인 마음(心)이지 결코 예악과 같은 제도가 아니다.

공자는 '배우길 좋아함'(好學)을 마치 스스로 그러한 양 서술했지만 혜강은 사람의 본성은 편안함을 좋아하고 위험한 것을 싫어하며, 놀기 좋아하고 일하기 싫어한다[77]고 파악한다. 이러한 인간성에 대한 파악은 비교적 특이하다. 노장의 인간관이 반드시 이와 일치하지는 않는다. 그러나 그의 결론 부분은 수긍할 수 있는 점이 많다. 혜강은 말한다. "먼 옛날처럼 글도 없이 다스릴 때를 만날 수 있다면 배우지 않아도 편안함을 잡을 수 있고 열심히 일하지 않아도 뜻을 얻을 수 있으니 어찌 육경에서 구하고 인의에서 바라겠는가?"[78] 유가의 경전을 공부하고 인의를 내세우는 것은 모두 계획을 세워놓고 움직이는 것이니 본성에 따라 응하는 것이 아니다.[79]

당시의 현학자들은 많은 경우, 인의와 예악을 본성과 관련된 것으로 보려 했으나 혜강은 그것을 단호하게 거절한다. 음악도 마음이 주主이고 화음이 종從이라는 까닭으로, 육경의 공부도 그것이 계획된 것이지 본성적인 것이 아니라는 까닭으로 제도의 기초가 될 만한 모든 것을 부정한다. 그는 심지어 "형벌이 본래 죄악을 다스리기 위한 것임에도 불구하고 요즘에는 똑똑한 사람을 겁주기 위한 것이 되어 버렸고, 옛날의 세상은 천하를 위한 것이었지만 오늘은 한 사람을 위하게 되었고, 아랫사람은 윗사람을 질투하고 임금은 신하를 의심하게 되었다"[80]고

---

76) 『聲無哀樂論』, "聽和聲而流涕者, 斯非和之所感, 莫不自發也."
77) 『難自然好學論』, "夫民之性, 好安而惡危, 好逸而惡勞."
78) 『難自然好學論』, "若遇上古無文之治, 可不學而獲安, 不勤而得志, 則何求於六經, 何欲於仁義哉"
79) 『難自然好學論』, "苟計而後動, 則非自然之應也."

강력하게 현실을 비판하고 있다.

완적과 혜강에 따르면 제도는 비본성적이다. 때로 완적은 이중적 성격을 띠기도 하지만 전적典籍에 따르면 유도합일적 사고라는 평가가 유가 입장에서 볼 수 있는 그에 대한 최대한의 양보이다. 사서史書도 완적이 본래 현실적인 것에 뜻을 두었지만 위진에 걸쳐 명사名士들이 남아나질 않자 완전히 예교禮敎에서 벗어나 술과 더불어 산 사람으로 적고 있다.[81] 따라서 유도합일론적인 글은 초기에 썼을 가능성도 배제하지 못한다. 특히 완적의 문학 작품인 「영회시詠懷詩」에서는 현실에 대한 통한痛恨을 표현하고 있어 그가 궁극적으로 제도론자일 수 없음을 보여 주고 있다. 그리고 혜강은 벼슬의 길로 나선 배신자인 산도山濤와 절교하고 쓴 문장인 「산거원과 절교하는 글」(與山巨源絶交書)에서 직접적으로 '노자와 장자는 나의 스승'[82]이라고 밝히고 있을 정도로 철두철미한 자연파였다. 그의 「유분시幽憤詩」에서도 자신의 근간을 노장의 사유 체계로 두었다(託好莊老)는 입장을 감상적으로 적어 놓고 있다.

반제도론의 기반은 양생론에 있다. 그리고 그 양생養生은 양형養形과 양신養神을 모두 포함하는 것이었다. 중요한 것은 이 세계의 실체인 원기元氣에서 나온 만물과 자신을 함께하고 이 우주에서 소요하는 것이었다. 때로 혜강 같은 도가의 원리주의자에게 제도는 문젯거리조차 되지 못한다. 이는 당시의 도가가 이미 많은 영역을 연단煉丹과 관련된 도술道

---

80) 「太師箴」, "刑本懲暴, 今以脅賢; 昔爲天下, 今爲一身; 下疾其上, 君猜其臣."
81) 『晉書』, 「阮籍列傳」, "籍本有濟世志, 屬魏晉之際, 天下多故, 名士少有全者, 籍由是不與世事, 遂酣飮爲常."
82) 「與山巨源絶交書」, "老子莊周, 吾之師也." 이 글은 『전삼국문』에도, 『진서』에도 실려 있다.

術에 양보하고 있음을 보여 준다. 생명의 연장延壽은 완적과 혜강에게 공통적으로 인정되는 것이었다.

때로 완적은 『주역』으로 도가의 사상을 설명하기도 하며 완전히 유도의 용어를 혼용하기도 하는데, 이는 바로 당시의 대부분의 지식인이 현학의 문법에 심취되어 있었음을 보여 주는 것이다. 유가적 제도는, 그가 제도의 바탕을 본성에 두고 있든 제도를 부정하고 본성에로의 복귀를 꾀하고 있든 간에 현학자들에게 가장 큰 주제가 되지 않을 수 없었던 것이다.

특히 죽림파에 속하는 소수少數가 때로는 변절의 길을 걷게 되어 가장 완전한 노장주의자인 혜강 같은 이와 결별하게 되는데, 이는 그만큼 제도 부정의 어려움을 보여 주고 있는 것이다.

5. 제도는 곧 본성이다

우리는 현학자들의 제도와 본성의 문제를 다루고 있는데, 여태까지의 철학자들에게 본성은 제도의 근원과 당위처럼 여겨졌거나 제도와 본성의 문제가 양자택일의 것처럼 보였지만, 이제는 제도와 본성의 동일성을 꾀하는 시도가 나타난다. 그가 바로 『장자』를 편집하고 주해한 곽상郭象이다.

전통적으로 『장자』는 곽상의 주에 의해 이해되었다. 왜냐하면 현본現本 즉 통행본通行本 『장자』는 바로 곽상에 의해서 총 33편으로 편집되었기 때문이다. 당唐의 육원랑陸元朗(字: 德明)에 따르면 최선崔譔의 주注는 10권 27편(내편 7, 외편 27)이고, 향수向秀[83]의 주는 20권 26편(때로는 27편, 때로는 28편이라 하며 잡편이 없음), 사마표司馬彪의 주는 21권 52편(내편 7, 외편 28, 잡편 14편, 해설 3), 이이李頤의 『집해集解』는 30권 30편(때로는 35편이라 함), 맹씨孟氏의 주는 18권 52편으로 되어 있어 『장자』라는 '책冊'이 이리 꿰어졌다, 저리 꿰어졌다 했음을 알 수 있다. 이를테면 『한서漢書』「예문지藝文志」에서 '『장자』 52편'이라 할 때의 『장자』는 사마표와 맹씨가 주한 책임을 알 수 있다. 육원랑은 "곽상의 주가 특별히 장자의 뜻을 이해해서 세상 사람들이 가치 있게 여기게 되었다" 하면서 대표적으로 서막徐邈, 이홍범李弘範도 곽본에 의했다고 한다.[84] 따라서 자신도 곽상의 주를 위주로 한다고 밝히고 있다. 이와 같은 사실은 우리에게 『장자』와 곽상의 떼려야 뗄 수 없는 관계를 보여 준다. 첫째는 우리가 『장자』를 이해할 때 곽상의 편집에 따라 독해하고 그 뜻을 파악한다는 점이고, 둘째는 그와 같은 이유 때문에 장자와 곽상의 사상을 같은 것으로 본다는 점이다.

이는 하나의 엄청난 오해를 가져다주었다. 장자를 보면서 곽상으로 이해하거나 곽상을 보면서도 장자로 이해하는 일이다. 장자와 곽상은 한 얼굴이 아님에도 불구하고 마치 한 얼굴의 두 이름으로 생각한다. 그리하여 오해는 장자에게도, 그리고 곽상에게도 미친다. 곽상의 장자

---

83) 向秀의 向의 발음이 전통적으로 姓氏일 때는 '향'이 아닌 '상'으로 읽는 것이 보통이다. 그러나 현재 중국어의 向의 발음도 破音字가 아니고, 무엇보다도 말은 일반적으로 쉽게 아는 것이 중요하기 때문에 굳이 '상'이란 발음을 택하지 않기로 한다. 비슷한 시기의 張湛의 경우도 마찬가지일 것이다.

84) 『經典釋文』, 序錄, "惟子玄所注, 特會莊生之旨, 故爲世所貴." 郭慶藩, 『莊子集釋』(臺北: 漢京, 1983).

이해가 맞다는 주장도 나오게 된다. 그러한 주장은 곽상에 의해 화장된 장자의 얼굴을 장자의 제 얼굴로 생각한다.

결론적으로 말해 장자와 곽상은 다르다. 달라도 무척이나 다르다. 비록 역사상의 많은 주석가들이 곽상이 주한 『장자』를 저본底本으로 쓰는 경우가 대부분이었지만, 그들은 자신의 소疏나 해解에 '곽상의 주가 잘못됐다'(郭注, 誤)라는 지적을 적지 않게 하고 있는데, 이는 그들이 이미 장자와 곽상의 차이를 알아차렸음을 보여 주고 있다. 물론 『장자』에도 곽상 식의 견해와 유사하거나 기반이 될 만한 내용이 없는 것은 아니다. 대표적으로 「제물론」과 「추수」의 이야기들이다. 그 두 편의 관점은 「추수」를 외편의 「제물론」이라고 할 정도로 사상적인 연관이 있다.

「제물론」의 사상을 한마디로 한다면 '만물일제萬物一齊'이다. 그와 관련되어 '물화物化'의 의미도 정의된다. 만물을 하나로 보고 어떤 차별이나 불평등에서 벗어나 우주만물과 함께 된다(與物化)는 이상이 바로 「제물론」이 우리에게 던져 주는 명제이다. 만물제일론萬物齊一論이라는 장자의 관념이 「제물론」을 통해서 우리에게 전달되는 것이다. 그런데 곽상에게는 '대붕大鵬'과 '작은 새'(小鳥)의 비유를 통해 이들의 가치 균등성을 강조하는 주장이 있다. 타고난 바탕(自得之場)의 입장에서 이야기한다면, 대붕은 멀리 하늘의 못(天池)까지 가면 되고 작은 새는 가까이의 나무(楡枋) 위에 올라가면 될 뿐이다.[85] 붕새나 참새 사이에 어떤 이기고 짐(勝負)이 있을 수는 없다. 왜냐하면 그들이 소요한다는 점에서는 마찬가지이기 때문이다.

---

85) 『莊子注』, 「逍遙遊」.

「추수」의 이념은 상대성을 넘어 영원으로 나아가는 데 있다. 상대성으로 보면 무엇이라도 상대적임에도 사람들은 가깝고 멂이나 크고 작음에 매달린다. 그러한 시공時空의 상대성은 도道의 영원성에서 보면 아무것도 아니다.[86] 따라서 도의 입장에서 보면 귀천貴賤도, 크고 작음(大小)도, 있고 없음(有無)도, 그렇고 그렇지 않음(然不然)도 어떤 고정된 것이 있는 것이 아니며 하나로 볼 수 있는 것이다. '만물일제'라는 말은 바로 이러한 입장에서 「추수」편에서 나오는 말이다. 「추수」를 외편의 「제물론」이라 하는 까닭이 여기에 있다. 그런데 곽상의 입장에서는 '강의 신'(河伯)이나 '바다의 신'(北海若)이나 할 것 없이 다 자기의 일을 하고 있을 뿐이다. 그런 점에서 귀천 등의 상대성이 없다는 것이 그의 주장이다. 한마디로 말해 '우물 안의 작은 개구리'(埳井之鼃)나 '동해의 큰 자라'(東海之鱉)의 우열優劣을 인정하지 않는다.

　곽상은 우물 안의 개구리를 이야기하면서 작은 새의 비유를 끌어당긴다. 우물 안의 개구리는 무척이나 즐겁다. 우물 속에서 누릴 수 있는 즐거움은 모두 그의 것이다. 우물의 난간에서 뛰기도 하고 깨진 벽돌에서 쉬기도 하고 헤엄도 치고 진흙에서 놀기도 한다. 장구벌레나 게나 올챙이가 할 수 있는 바가 아니다. 한 우물의 물을 차지하는 즐거움은 누구나 갖는 것은 아니다. 곽상은 이것을 마치 작은 새가 쑥 풀 위에서 스스로 만족하는 것과 같다[87]고 본다. 이뿐만 아니다. 동해의 자라가 우물에 들어가려 하자 왼발이 채 들어가기도 전에 오른쪽 무릎이 걸리고 마는데, 이때 자라가 바다의 큼을 말하면서 그것이 동해에서 누리는

---

86) 『莊子』, 「秋水」, "量無窮, 時無止."
87) 『莊子注』, 「秋水」, "此猶小鳥之自足於蓬蒿."

큰 즐거움이라고 하자 개구리는 그만 까무러쳐 버리고 만다. 이 정도쯤 이면 자라의 커다람에 개구리가 놀라 자빠지고 그 위대함을 깨닫게 된다고 해석이 되어야 할 터이다. 그러나 곽상은 끝내 포기하기 않고 자신의 주장을 밀고 나간다. 자라가 우물에 걸린 이야기도 큰 것이 작은 것에서 놀지 못하고 즐겁지 못함을 밝힌 것[88]이라고 말함으로써 자라가 우물 안의 개구리를 깨우친 것이 아니라 자라가 마치 제 본분을 넘어선 것처럼 해석한다. 하다못해 개구리가 놀라 자빠진 것도 작은 것이 큰 것을 넘보다 스스로를 잃어버린 것[89]이라고 풀이함으로써 개구리나 자라나 할 것 없이 타고난 바탕을 넘어서려다 즐겁지 못하고 자빠지게 된다고 주장하고 있다.

과연 이러한 곽상의 생각은 옳은가? 우리는 그 문제에 앞서 곽상이 본 『장자』는 그 원의에 맞는가를 물어야 한다. 나의 생각으로는 결코 그렇지 않다. 위에서 든 예처럼 장자의 철학에도 나름대로 곽상처럼 해석될 단초端初가 완전히 없는 것은 아니다. 그러나 「제물론」이나 「추수」의 이념이 결코 곽상과 같은 것은 아니다. 장자와 곽상 사상의 차이를 가장 극명하게 드러내는 「소요유」의 대붕과 작은 새의 비유도 장자가 바라는 것은 '대붕의 뜻'임에도 불구하고 곽상은 첫 장 첫 줄부터 '작은 새의 즐거움'을 강조하고 있다. 때로 「제물론」이나 「추수」의 사상이 곽상과 사상적인 맥락에서 접근하기 때문에 곽상이 뜻하는 것이 곧 그 두 편의 이념이 아니겠는가 라는 추측은 문단의 맥락에서 따져 보면 아주 단순한 오해라는 것을 알 수 있다. 그것이 바로 '비웃음'(笑)에 대한

---

88) 『莊子注』, 「秋水」, "明大之不游於小, 非樂然."
89) 『莊子注』, 「秋水」, "以小羨大, 故自失."

해석이다.

벌레, 작은 새, 매미, 메까치, 참새 등의 붕새에 대한 비웃음은 "작은 앎은 큰 앎에 미치지 못한다"[90]는 원칙에 따라 무시된다. 그들의 비웃음은 그저 작은 앎에 지나지 않는 것이다. 닷 섬짜리 바가지를 놓고 너무 커 쓸모없다고 하는 혜자惠子(惠施)에 대해 장자는 왜 그 바가지를 강호江湖에 띄울 생각은 하지 않느냐고 반문한다. 이는 마치 손이 트지 않는 약방문으로 누구는 빨래가게를 면하나 누구는 수전水戰에 써서 제후에 봉해지는 것과 같다.[91] 장자는 「추수」에서 붕새를 봉황의 일종인 '원추鵷鶵'라 하면서 봉황에 썩은 쥐를 빼앗길까 봐 '꿱'(嚇) 하고 놀라는 솔개에 빗대 혜자를 비꼬고 있다.

「제물론」의 예를 들자면, 사람과 땅 소리에 견준 '하늘 소리'(天籟), 신하와 첩에 견준 '참 임금'(眞君), 그리고 '도추道樞', '천부天府', '보광葆光', '천예天倪' 등등은 상대적인 현상에서 벗어난 절대적인 세계에 대한 상징이다. 그 속에서 크고 작음과 같은 상대성은 문제가 되지 않는다. 그렇다면 대붕이나 봉황의 큼도 아무것도 아님으로 결국 타고난 크기대로 살면 된다는 곽상 식의 해석이 옳게 보일지도 모른다. 그러나 장자가 말하는 대붕이나 봉황은 이미 상대를 벗어나 절대의 경지境地로 나아감을 말하는 것이지 결코 상대의 입지立地를 가리키는 것이 아니다. 이는 마치 노자가 도를 억지로 말해 '큼'(大)이라고 말한 것과 비슷하다.[92]

「추수」도 다르지 않다. 바다의 신은 강의 신이 자신을 보고 놀라는

---

90) 『莊子』, 「逍遙遊」, "小知不及大知."
91) 『莊子』, 「逍遙遊」.
92) 『老子』, 제25장, "字之曰道, 强爲之名曰大."

것을 보고 실상은 자신도 가장 큰 것에 비하면 크지 않다고 하는 것인데, 곽상은 바다의 신과 강의 신이 마찬가지인 것처럼 본다. 강의 신은 바다를 보고 무척이나 놀란다. 그리고 바다의 신에게 자신이 당신의 문(門)에 이르지도 못했다면 큰일 날 뻔하고 비웃음거리가 될 뻔했다고 스스로 부끄러워(自愧)한다. 그때 바다의 신은 오히려 겸손해하면서 진정으로 큰 것을 말한다. 자신이 하늘과 땅 가운데 있는 것은 작은 돌과 작은 나무가 큰 산에 있는 것과 같다(吾在於天地之間, 猶小石小木之在大山也)고 한다. 따라서 바다는 자신을 크다(自多)고 여기지 않는다. 이는 도로 본 세상이다. '반연反衍', '사시謝施', '무방無方' 등이 바로 도에 대한 표현이다. 이때 곽상 식의 해석이 끼어들 여지는 없다.

그러나 곽상은 '작으나 모자라지 않고, 크나 많지 않다'93)는 장자의 명제에서 자신의 견해를 이끌어 낸다. 그의 철학적 논리는 셋으로 요약된다.

첫째, 크고 작음의 다름이 없다.(無大小之別) 위에서 말한 대로 붕새와 참새의 차이를 인정치 않는 것이다. 따라서 그 둘 사이에는 어떤 이기고 짐이 있을 수 없다.

둘째, 위와 아래의 나눔이 있다.(有上下之分) 임금과 신하의 귀천은 이미 정해져 있다. 현존 사회질서는 완전하다. 그것을 얼마나 잘 따르느냐, 그렇지 못하느냐의 문제가 남아 있을 뿐이다.

셋째, 남음도 없이 꼭 차 있다.(無餘而至足) 작은 것이라 해서 남아도는 듯하고 큰 것이라 해서 좁아 보이는 듯하지만 그렇지 않다. 작은 것이

---

93) 『莊子』, 「秋水」, "小而不寡, 大而不多."

라도 남음이 없고 큰 것은 그것대로 모자라지 않다.

곽상의 이와 같은 사상적 특징은 무엇을 뜻하는가? 우리의 문제는 바로 첫째가 둘째의 합리화를 위한 전제가 되고, 둘째는 셋째의 결론을 위한 증명이 된다는 것에 있다. 첫째의 주장이 말하는 '큰 것과 작은 것의 무차별'과 셋째의 주장이 보여 주는 '작은 것은 작은 대로 큰 것은 큰 대로'라는 자족성은 곽상의 견해가 자못 장자의 사상을 이어받고 나름대로의 경지를 개척한 것처럼 보인다. 그런데 그 두 주장이 결국은 둘째의 주장을 위해 제안되고 상정되고 있다. 그런 점에서 그는 제도옹호적인 명교파이다.

그러나 세 사상적 논리 순서는 각기 하나의 주장을 담고 있다. 첫째는 '본성'이다. 자연, 곧 곽상의 표현을 빌리면 태어난 바탕(自得之場)에는 크고 작은 것이 가치적으로 다를 수 없다. 그 모두 태어날 때의 그대로일 뿐이다. 거기에 큰 것은 잘나고 작은 것은 못나다고 할 수 없다. 따라서 본성은 무조건적으로 긍정되어야 한다는 것이 곽상의 생각이다. 본성은 자연대로 나아가면 될 뿐이다. 둘째는 '제도'이다. 아무리 모든 것이 자연이라 하지만 우리는 이 사회 속에서 어떤 형식과 규율에 맞추어 살고 있다. 특히 사회의 질서는 나름대로의 완전성이 있다. 임금은 임금의 역할을 하고 신하는 신하의 본분을 다한다. 따라서 이 사회의 신분제도와 경제제도는 각자의 몫(分)이 있어 그것을 따르지 않으면 안 된다. 이때 곽상은 분명한 제도옹호론자이다. 각자 알맞은 일을 하면 될 뿐이다. 셋째는 '본성 즉 제도'이다. 사람들은 제도가 본성에 기초해야 한다고 하거나 제도를 넘어서 본성에로 나아가야 한다고 하지만, 실상은 제도 그 자체가 바로 본성이다. 제도를 만드는 것이 바로 우리의 본성이고 제도 속에서 자신의 일을 하는 것이 바로 본성을 드러내는 것이다. 태어난 본성 그대로 제도 속에 사는 것이 바로 남음이 없이 꽉 차는 것이다.

이와 같이 곽상은 제도를 바로 본성과 직결시킨다. 이제 그에게는 '제도는 본성에 바탕을 둔다'거나 '제도는 비본성적이다'는 주장은 '제도는 곧 본성'이라는 명제로 귀결된다. 그리하여 그는 「제물론」에서 부정한 '인의의 실마리'(仁義之端)와 '옳고 그름의 길'(是非之塗) 그리고 '부자夫子'를, 「추수」에서 낮추어 본 '백이伯夷'와 '중니仲尼'의 말을 긍정하며 높이 산다. 곽상에게 인의도덕은 이 사회의 여러 제도의 기초를 위해서 결코 무시될 수 있는 것이 아니었다. 『장자』에서 부정된 인의와 예법이 곽상에서는 부정될 수 없었다.

단적인 예가 마소를 부리는 것에 대한 문제이다. 「추수」에서 강의 신이 "무엇이 본성이고, 무엇이 인위인가?"(何謂天, 何謂人)라고 바다의 신에게 물었을 때, 『장자』는 분명하게 말하고 있다. "마소의 다리가 넷인 것이 본성이고, 말 머리에 재갈을 물리고 쇠코에 고삐를 뚫는 것이 인위94)라고. 그러나 곽상은 이것을 완전히 거꾸로 풀이한다. "사람이 살면서 소를 부리고 말을 타지 않을 수 있겠는가? 소를 부리고 말을 타는데 재갈과 고삐를 하지 않을 수 있겠는가? 마소가 재갈과 고삐를 물리치지 않음은 천명의 진정한 마땅함이다. 참으로 천명에 맞으면 그것을 사람의 일에 맡겨 버리더라도 본래 본성적인 것이다."95) 이와 같이 장자와

---

94) 『莊子』, 「秋水」, "牛馬四足, 是謂天; 落馬首, 穿牛鼻, 是謂人."
95) 『莊子注』, 「秋水」, "人之生也, 可不服牛乘馬乎? 服牛乘馬, 可不穿落之乎? 牛馬不辭穿落者, 天命之固當也. 苟當乎天命, 則雖寄之人事, 而本在乎天也."

곽상은 분명하고 확실히 다르다. 곽상은『장자』를 주석하면서 장자사상을 펼쳤다기보다는 오히려 자신의 논지를 나름대로 세우고 있었다.

이런 식의 논의가 단순히 마소와 같이 사람이 부리는 짐승에만 해당되는 것이라면 우리의 문제는 별것이 아닐 수도 있다. 그러나 문제는 그러한 논리는 더 나아가 사람에게까지 미친다는 점에 있다. 위에서 말한 임금과 신하의 예처럼 위아래가 정해져 있고 귀천이 나누어져 있다고 한다면 이는 철저하게 신분제도와 그에 따르는 모든 질서를 용납한다는 이야기가 된다. 거의 완벽한 체제옹호론적인 사고이다. 물론 그의 사고 속에는 개체의 독립된 역할에 대한 철두철미한 인식이 기반 되어 있었음은 결코 부정될 수 없다. 여기에 곽상의 문제가 있었다. '개체'의 몫은 '전체' 속에서 무엇인가를 하는 것이다. 바로 이와 같은 개체와 전체의 문제를 해결하기 위해 내세우는 것이 '독화獨化'와 '현명玄冥'이라는 관념이다.

간단히 말해 독화는 개별성에 대한 강조를, 현명은 그 개별자들이 전체 속에서 조화되고 융합되는 것을 설명하기 위한 것이다. 곽상은 참새와 우물 안의 개구리의 즐거움을 긍정하고 수용하기 위해서 독화라는 말로 개별성의 상호 불간섭성, 개체적 완전성을 표현한다. 그러나 그 독화는 그저 독자적인 것에서 끝나는 것이 아니라 현명이라는 보편적인 화합을 이루게 된다. 자연이 개체를 홀로 그렇게 되도록 했고 그들이 자연을 따르니 모두 그윽한 데서 하나가 되는데, 바로 그것이 '명命'이다.[96] 이와 같이 말 그대로 독화란 홀로 스스로를 이룬다는 뜻이고

---

96) 『莊子注』,「大宗師」, "況乎卓爾獨化, 至於玄冥之境, 又安得而不任之哉! 既任之, 則死生變化, 惟命之從也."

현명이란 어두워져 하늘과 땅이 그윽해지면 만물이 구별이 없어지는 것을 말한다.

그런데 이 독화와 현명은 바로 우리의 주제와 상관된다. 독화는 곧 본성으로 현명은 곧 제도와 관련을 맺기 때문이다. 독화는 개별적인 삶의 완전성과 자주성을 말하고 현명은 그 개체들이 어떤 질서를 갖고 체제를 지닌 집단이나 사회 속에서 통일적으로 화합됨을 뜻한다. 이와 같은 까닭으로 제도는 곧 본성이 된다. 본성은 제도의 온전함 속에서 스스로 드러난다. 제도가 제대로 이루어짐은 본성이 스스로 잘되어 나갔음을 뜻한다.

이러한 곽상의 주장은 현실 속에서 두 가지 사고 형태로 유추된다. 오늘날의 관점으로 보면 두 가지 대립되는 사고 유형으로서 하나는 개인주의고 또 다른 하나는 전체주의이다. 다른 말로 하면 민주주의와 전제專制주의라고도 할 수 있겠다. 이 두 상반되는 사고가 유추된다는 것이 모순적이기는 하나 곽상의 의견이 바로 이러하다. 먼저, 독화를 철저하게 강조함은 개인의 삶을 충분히 용납하고 적극적으로 지지한다는 것이다. 어떤 구두 수선공이 있어 그 몫에 만족하고 행복해한다면 그가 대통령보다 못하거나 덜 좋은 것은 결코 아니다. 곽상의 붕새와 참새에 대한 해석은 이곳에서도 적용된다. 그렇다면 그 구두 수선공이야말로 자유로운 민주사회의 일꾼이며 그는 민주사회 속에서 대통령보다 못할 것이 결코 없다. 다음, 현명을 궁극적으로 제시함은 개별의 삶이 결국 체제 속의 한 부분이 된다는 전체주의에 빠지게 되는데, 왜냐하면 개인의 직분이 정해져 있고 그것을 넘어서는 일은 불가능한 것으로 보기 때문이다. 그 사회 속의 개인은 주어진 대로 사는 수밖에 없으며 전체 속에서 개인의 의미는 희석된다. 곽상은 이와 같은 두 주장을 한꺼번에 한 셈이다. 우리의 문제와 연결되어 이야기한다면 '전체 속에서 개인이 산다'(獨化於玄冥之間)는 말로 그의 주장이 요약될 수 있을 것이다. 이는 결국 제도라는 전체 속에서 자아의 본성이 이루어짐을 뜻한다.

6. 내성외왕의 이상

'내성외왕內聖外王'이란 말은 유가와 도가가 분별없이 최고의 이상으로 삼는 경지이다. 그러나 그 말은 『장자』에서 처음으로 쓰인다. 유가적인 입장이라면, 안으로는 개인의 도덕적 완성을 이루고 밖으로는 사회의 안녕을 이룩한다는 뜻으로 해석되어 마치 『대학大學』의 "내 몸을 닦고 집안을 돌보고 나라를 다스리고 세계를 평화롭게 한다"(修身齊家治國平天下)나 『논어』의 "나를 닦고 남을 평안히 한다"[97]는 이상처럼 여겨질 것이다. 그러나 장자의 원의는 그것과는 조금 다르다. 성인은 성인이지만 유가적 도덕질서를 주장하는 자가 아니고, 오히려 그것을 넘어선 자이다. 인륜도덕에 얽매이지 않아 백이와 공자를 우습게 안다. 따라서 그때의 성인은 철두철미하게 개인의 해방[98]을 꿈꾼다. 그리고 사회에 대해서도 별 의미를 두지 않는다. 그때의 '왕됨'(王)이란 현실의 왕이라기보다는 현실을 초극한 왕이다. 단지 인간세人間世의 왕이 아니라 천지

---

97) 『論語』, 「憲問」, "修己以安人."
98) 『莊子』, 「養生主」와 「大宗師」에 나오는 '縣解'라는 말이 解放이나 解脫의 의미와 매우 접근한다.

만물 속의 왕이다. 이처럼 같은 말이라도 그 의미는 유도 양가의 입장
에 따라 달라진다.

그러나 많은 현학자들에게는 그러한 유도의 입장이 하나로 모이게
된다. 그것이 바로 본성과 제도를 일치시키려는 노력이었다. 안으로는
본성을 기반으로 하여 밖으로는 제도를 옹호한다. 나름대로의 신념도
있었지만 그것의 굴절도 많았다. 제도권 내에서 학문을 하던 사람은 그
런 대로 괜찮았지만, 자기의 의지나 시대의 역류 때문에 제도권에서 벗
어난 사람에게 본성과 제도를 일치시키려는 노력은 무상해 보였거나
민중을 속이는 것으로 비추어졌다. 혜강과 같은 이가 그 대표적인 예이
다. 혜강을 죽이면서 종회鍾會는 그가 "위로는 임금의 신하가 되지도 않
고 아래로는 제후를 섬기지 않았으며, 시절을 가벼이 여기고 세상에 오
만하게 굴고 만물의 어떤 쓰임도 되지 않으니, 현재에도 무익하고 풍속
도 망가뜨린다"[99]라고 논죄한다. 그리하여 '왕도를 청결히 한다'[100]는
구실 아래 혜강의 삶을 자연으로 영원히 되돌려 놓는다. 따라서 혜강은
죽림파 즉 자연파의 우두머리(泰斗) 격이 아닐 수 없다. 그러나 하안, 왕
필 그리고 곽상에 이르기까지의 제도옹호론자들은 모두 공통적으로 명
교를 옹립하기 위한 나름대로의 노력을 지속적으로 경주했다. 하안과
왕필이 시도한 '뿌리 찾기'는 현학자들에게 유가의 '인의'의 근거로 도가
의 '도덕'을 제시하게 되고, 결국 곽상에 이르러서는 제도가 곧 본성이
되는 논리적 귀결을 맞게 된다. 따라서 그들은 '명교파', 다시 말해 당시
의 일반적이고 대표적인 학문 경향인 현학으로 위진이라는 시대를 풍

---

99) 『世說新語』, 「文士傳」, "康上不臣天子, 下不事王侯, 輕時傲世, 不爲物用, 無益於今, 有敗於俗."
100) 『世說新語』, 「文士傳」, "淸潔王道."

미한다. 이러한 까닭에서 명교파는 작은 뜻에서의 현학이므로 '현학파'라고도 부를 수 있는 것이다.

이와 같이 '내성외왕'이라는 이상은 현학자들에게도 적용될 수 있다. 이제 유가처럼 '내성'에 부족하거나 도가처럼 '외왕'에 소홀하지 않은 궁극적인 학문적 목표로 성립되는 것이다. 비록 그들이 그 표현을 직접적으로 내놓지는 않았지만 그들의 이상이 '내성외왕'에 있음은 부정될 수 없다. 이를테면, 왕부지王夫之 이후 수많은 학자들이 장자 후학後學의 글로 간주한101) 문단이 들어가 있는 「천도天道」편에서도 '제왕의 덕'(帝王之德)을 이야기하면서 '내성외왕'과 비슷한 '고요할 때는 성인이 되고, 움직일 때는 제왕이 된다'(靜而聖, 動而王)는 주장을 내세우고 있다. 이는 한마디로 제도에 대한 적극적인 긍정법이다. 이상적인 인격은 성인과 제왕이 떨어져 있는 것이 아니라, 성인이면서 제왕이고 제왕이면서 성인이 된다. 한 인격이지만 유도의 두 얼굴을 다 갖고 있다. 그러나 그 얼굴은 결과적으로 제도를 인정하기 위한 표정을 짓고 있었다. 따라서 비록 '죽림파'에 속하는 반체제적인 인사나 '격의파'로 분류되는 불전佛典 번역을 기반으로 하는 학자들도 있었지만, 많은 경우 현학자들은 유가적 이념을 버리고 있지 않은 것이다.

물론, 제도옹호론자들이라고 해서 무턱대고 어떤 체제라도 무비판적으로 받아들인 것은 아니다. 이를테면 곽상은 '성인의 자취'(聖人之迹) 이론으로 체제에 대한 비판을 가하고 있기도 하다. 그는 말한다. "성인을 본받는다는 것은 그 자취를 본받는 것일 뿐이다. 자취라는 것은 이

---

101) 王夫之, 『莊子解』 참조. 그 後學은 玄學者들일 수도 있다.

미 지나간 것이어서 변화에 맞는 도구가 되지 못하니, 어찌 그것을 우러러 고집하고만 있을 것인가?"[102] 변화하는 시대에 알맞지 못한 제도는 그저 과거의 산물이므로 버려야 한다는 주장이다. 이와 같이 곽상은 제도의 수구파守舊派를 비난하기도 한다. 그러나 그렇다고 해서 그가 성인의 자취를 부정하는 것은 아니다. 단지 현실적으로 부적당한 제도를 경계하는 것뿐이다.

현학자들은, 아무리 그들이 명교파였든 죽림파였든 간에, 제도에 관심을 갖지 않을 수 없었다. 그리고 그들 나름대로 각자의 내성외왕을 추구했다. 그와 같은 맥락에서 본성과 제도의 논의는 벌어졌던 것이다. 그들은 각자의 논리를 갖고 자신의 주장을 펴 나아갔다. 그리고 그러한 주장은 그들이 마련한 논리적 근거 위에서 제각기 타당성을 확보했다. 철학적으로도 그리고 논리적으로도 비교적 완성된 체제를 갖고 있었다. 그럼에도 불구하고 많은 경우, 그들은 주석의 형태로 자신의 사상을 남겨 두었고 또 유도儒道 용어의 유사성에서 극심한 개념적 혼란이 왔기 때문에 그들의 철학은 철학사 속에서 많은 부분을 오해받아야 했다.

7. 인간과 제도

제도와 인간의 문제는 영원한 숙제이다. 인간을 위한 제도인지 아니면 제도를 위한 인간인지, 우리는 묻는다. 많은 경우 우리는 인간을 위

---

102) 『莊子注』, 「胠篋」, "法聖人者, 法其迹耳. 夫迹者, 已去之物, 非應變之具也, 奚足尚而執之哉!"

한 제도라는 정답을 내놓고는 과연 우리를 둘러싸고 있는 제도가 우리를 위한 것인가 하고 반문한다. 특히 그것이 정치제도일 때는 더욱 그러하다. 인간을 위한 정치인지 아니면 정치를 위한 인간인지, 우리는 회의한다. 그 회의의 대표적인 내용이 도가철학이자 그들이 어떤 의미로든지 풍기고 있는 무정부주의적인 냄새이고, 그 회의를 넘어서 윤리도덕을 바탕으로 하는 정치질서를 수립해 보고자 하는 것이 유가철학의 인문人文정신이다. 현학자들은 그 두 철학의 반성과 노력을 이어받았으며 그것을 '제도의 자연성'으로 문제화시켰다. 그들이 직접적으로 만나 구체적으로 말싸움을 벌이지는 않았지만 그 내용은 충분히 한 가지 주제에 대한 '논변'이라고 할 만한 것이었다.

혹자는 마치 윤리와 도덕을 제도처럼 본 것은 무리가 아니냐 라는 물음을 던질 수도 있겠다. 윤리와 도덕은 이른바 제도라는 것과는 다르다. 좁은 뜻으로 제도는 인간의 문화를 구축하고 있는 교육, 정치, 경제를 포함하고 있다. 윤리와 도덕은 교육제도, 정치제도, 경제제도와는 달리 '윤리제도', '도덕제도'라고 하기에는 어색하다. 정치경제는 우리의 살갗이 닿는 구체적인 것이지만 윤리도덕은 우리의 눈에 보이지 않는 추상적인 것이기 때문이다. 그럼에도 불구하고 윤리와 도덕은 제도의 기초가 된다. 더욱이 위진 그 당시나 유가가 통치 이데올로기화된 역사 속의 전통을 생각해 보면 윤리와 도덕이 특히 정치체제와 같은 제도와 불가분의 관계를 갖고 있음은 두말할 나위 없이 분명하다. 이는 마치 '충신인의忠信仁義'가 곧바로 정치적 표준이 되는 것과 같다. 그리고 아쉽게도 우리의 정치, 경제, 교육은 윤리와 도덕의 좋은 점보다는 나쁜 점에 더욱 뿌리를 심고 있을 때도 없지 않다. 혈연, 지연, 학연 등등, 제도권(結徒聚黨103))에서 벗어나 있는 이가 그 사이에 끼어들기란 무척 힘들다. 대표적인 예가 여성의 권리나 붕당朋黨정치의 문제이다. 따라서 나는 윤리도덕도 폭넓은 뜻에서 제도에 포함될 수 있다고 생각한다.

제도가 바뀌듯이 윤리도덕도 바뀐다. 그럼에도 불구하고 아직도 어떤 특정 집단에 타당한 윤리와 도덕의 불멸성을 믿거나 절대 가치를 찾고 있다면 그는 위진현학자들이 알고 있던 만큼의 제도와 본성 사이의 탄력성도 모르고 있는 것이 아닐까. 특히 우리의 사회가 민주주의라는 새로운 가치 개념에 의해서 정의되고 그 제도의 기준이 '합리성'—전통적인 표현으로는 성인聖人의 '살아 있는' 예법(禮)과 자취(迹)임에도 불구하고 아직도 어떤 '우연성'(緣)만을 찾아 헤매고 있다면 그는 민주주의 제도에 걸맞지 않은 본성을 갖고 태어난 사람일지도 모른다. 그가 생각하고 있는 제도는 자연성도 갖추고 있지 못하고 반제도론에도 어울리지도 않기 때문이다. 물론, 우리가 찾는 것은 본성에 기초한 참다운 제도이며 그 제도의 원리와 적용은 새로운 가치에 의해 창출될 것임을 결코 의심하지 않는다.

마지막으로 나는 하나의 물음을 회의적으로 던져 놓으려 한다. '과연 제도 없는 인간사회라는 것은 가능한가?' 이를 묻는 까닭은 제도 없는 환경 속에서의 인간도 우리가 바라는 이상이지만, 인간을 완성시켜 주는 훌륭한 제도도 우리가 이루고자 하는 목표이기 때문이다.

---

103) 완적이 『達莊論』에서 儒墨을 비판하는 말.

제4장 하안의 역학적 해석론

1. 새 시대

한漢나라가 망하고, 삼국이 정립鼎立한다. 한은 통일국가로서 중국이라는 뼈대를 '한'의 이름 아래 건립한다. 한족漢族, 한문漢文, 한학漢學 등등, 중국은 한의 영광 아래 자신의 정체성을 확고히 한다. 그러나 삼국시대에 들어오면서 한의 체제는 제국의 붕괴와 더불어 여러 방면으로 재고되기 시작한다. 위진魏晉시대에 '경학經學'이 아닌 '현학玄學'이 흥기하는 것은 이것과 궤를 같이하는 것이다.

경학은 동중서董仲舒와 같은 인물을 대표로 유학 아래 제학문의 통일 작업이었다면, 현학은 일군의 현학자들의 토론 속에서 유가와 도가의 만남을 꾀하는 노력이었다. 통치 체제가 바뀌면 지배 이념도 달라지듯이, 한은 유학을 지상으로 생각했지만 위와 진은 유학 일변도에서 탈피하여 도가적 색채를 가미하기 시작했다. 그것은 정권의 변이와 더불어 철학사에서 늘 있어 왔던 사상의 전환과 같은 것이었다.

그런데 한은 위진에 커다란 토대를 마련해 주었다. 그것은 다름 아닌 '삼현경三玄經'의 제시였다. 한의 경학자들은 『주역』, 『노자』, 『장자』

라는 삼현경의 중요성을 깊게 깨달았고, 그 전통을 위진의 현학자들에게 넘겨준 것이었다. 그러나 한의 삼현경에 대한 관심은 초보적이었으며, 그것보다는 오히려 왕충王充과 같은 인물처럼『논어』와『맹자』에 더욱 많은 관심이 집중되었음을 여러 경학적 결과물이 보여 주고 있다. 그러나『주역』은 양웅揚雄에게서 볼 수 있는 것처럼 한대인들에게도 상당한 관심의 대상이었다.

그렇다면 한과 위진에서『주역』이 중시된 것은 어떤 까닭에서였을까? 그것은 바로『주역』이 지니고 있는 고유한 특성 때문이었을 것이다. 이를테면『주역』은 철학 그 자체가 아닌 철학의 철학 즉 철학의 방법론을 우리들에게 제시한다. 한과 위진의 학자들은 그 특성을 잘 깨달았다. 그리하여 그것으로 여타의 철학을 해석하기 시작했다. 이 글은 그러한 작업을 시도한 많은 학자들 가운데 하안의 역학적 해석 방법을 중심으로 한다. 그리고 그것이 새 시대의 이념과 어떤 연관을 맺는지 살펴보기로 한다.

2. 하안의 중요성

하안何晏은 위진현학을 대표하는 몇몇 학자 가운데 하나이다. 그럼에도 불구하고 그의 중요성은 일반적인 현학자들보다 좀 더 부각되고 있다. 그 까닭은 무엇 때문일까? 우리는 몇 가지 추론을 해 본다.

첫째는 그와 왕필과의 관계이다. 왕필이 성명成名을 한 까닭에 젊은 그를 뽑은 하안도 탁월한 선택자로서 역사에서 부각된 것이다. 하안은 일찍이 왕필의 총명함을 알았고, 그처럼 어린 그를 유일무이하게 중국 철학사에 남도록 도와주었다. 더욱이 하안과 왕필은 사상적인 유사성을 띠기도 하는데, 그 점은 그 둘의 철학적 배경이 공통된 관심사에서 출발하고 있음을 보여 주는 것이기도 하다. 그 대표적인 예가 『주역』에 대한 그 둘의 적극적인 해석 태도이다. 왕필은 『주역』을 학문적 바탕 가운데 하나로 삼은 것으로 널리 알려져 있지만, 하안은 오히려 『논어』에 대한 해석으로 유명하다. 그러나 하안이 『주역』에 깊은 뿌리를 두었다는 것은 그의 온갖 언설에서 발견할 수 있다. 그런 점에서 그 둘이 철학적인 깊이를 함께하고 있음을 추정하고, 그것을 근거로 양자가 유비類比되는 것이다.

둘째는 그의 시사적인 특이성이다. 그는 『삼국연의三國演義』의 간웅奸雄인 조조曹操의 양아들이자 사위이다. 이 같은 기묘한 관계는 사실상 단순한 인연으로 시작된다. 하안은 한의 대장군인 진辰의 손자인데, 조조가 하안의 어머니인 윤尹씨를 부인으로 삼는 바람에 양자가 되어 버렸다. 그 후에 하안은 조조의 딸인 금향金鄕공주와 결혼을 하게 되니 사위도 되는 것이다. 문제文帝 때 부마기도위駙馬騎都尉에 배拜되니, 그는 공식적으로 사위로 기록된다. 그러나 249년에 사마司馬씨가 조상曹爽의 무리를 주멸誅滅할 때 더불어 처형되고 만다. 결국, 그는 조조의 사위로서 자신의 정체성을 갖게 되고, 그 결과 역사의 현장에서 정치적 권력의 요동과 더불어 부침하고 만 것이다.

셋째는 그가 남긴 저작의 중요성이다. 그는 『주역강소周易講疏』, 『도덕론道德論』 등의 저작을 남겼으나 모두 일실되고 『논어집해』만이 전한다. 그럼에도 불구하고 『논어집해』는 매우 중시되어 십삼경주소十三經注疏의 저본底本으로 가치를 부여받는다. 그의 『논어집해』는 거의 완벽하게 당시의 여러 해석들을 망라한 것이어서 철학사적 가치에서 상당히 중요한 의미를 갖는다. 그의 집해 가운데 몇몇 이론은 많은 철학자들에게 인용되었다.

이와 같이 하안은 뛰어난 젊은 철학자와의 관련으로, 역사적으로 기록될 만한 사건 때문에, 그리고 저작의 철학사적 중요성에서 나름대로의 위치를 공고히 하고 있다. 여기에서 우리는 몇 가지 토론의 주제를 얻는다. 첫 번째, 하안과 왕필은 어떻게 같고 다른가? 이는 『논어』나 『도덕경』 그리고 『주역』 해석에서 찾아볼 수 있는 주제이다. 그러나 아쉽게도 하안의 『주역강소』와 왕필의 『논어석의』는 온전히 전하고 있지 않다. 같은 것이 전하지 않기 때문에 비교에 어려움이 따른다는 것이다. 단지, 『도덕경』에 관한 한 몇몇 단편斷片들이 전한다. 두 번째, 조조와 하안의 관계에서 당시 왕필의 사망 원인에 대한 추리이다. 왕필이 젊은 날에 세상을 떠난 것에 대해 어떤 역사서도 정확한 이유를 밝히고 있지 않지만, 적어도 하안이 죽었던 그해 왕필도 죽었음을 밝혀 두지 않을 수 없다. 하안의 사망년도를 위魏 제왕齊王 방芳 가평원년嘉平元年으로, 왕필의 졸년을 위 정시正始 10년으로 역사는 기록하고 있지만, 사실상 같은 249년임을 기억해야 할 것이다. 세 번째, 그가 남긴 저작의 철학적 의미이다. 이를테면 왕필에 대해서는 그의 주석이 "『주역』으로 『도덕경』을 풀이했는지"(以易釋老), 아니면 "『도덕경』으로 『주역』을 풀이했는지"(以老釋易)가 문제가 된다. 마찬가지로 하안이 『논어』 등과 같은 당시의 저작을 해석할 때, 그가 무엇을 근거로 철학적 문제를 풀어 나갔는지에 대해 관심을 갖게 된다.

우리는 이 글에서 세 번째 주제에 초점을 맞춘다. 그러면서 두 번째
로 제시된 역사적 배경을 인물 이해의 구조로 상정하며, 첫 번째로 제기
된 하안과 왕필의 유사성을 전제한다.

3. 경전과 『주역』

고전古典은 경전經典이라는 이름으로 확고부동한 지위를 갖는다. 고
전은 역사적으로 오래됐다는 의미를 강하게 내포하고 있을 뿐 그것의
권위를 반드시 보장받지는 못한다. 그것은 여러 고전 가운데에도 경전
화되지 못한 저작이 없지 않다는 사실에서도 쉽게 알 수 있다. 이를테
면 『묵자墨子』는 당시 유가, 도가와 더불어 정립鼎立하고 있었지만, 그의
것이 역사 속에서 '경經'이 되기에는 역부족이었다. 경이란 하나의 기준
으로 철학적인 원리를 대표한다. 따라서 그 원리에 동의함은 이미 집단
적인 것으로, 나아가서는 한 사상의 정치적 세력화와 깊은 관련을 맺는
다. 다시 말해, 『묵자』도 묵가들에게는 『묵경』이 되는 것이지만, 현실적
역량을 배태하지 못할 때 그것들은 경의 지위에서 도태되고 만다.

나아가 도가는 비록 『노자』를 『도덕경』으로, 『장자』를 『남화진경南
華眞經』으로 경칭敬稱하였지만 그것의 경전화는 도가들만의 것일 뿐이었
다. 더욱이 그 두 전적 이외에는 경전화될 만한 저작이 도가에게 있지
않다. 『열자列子』나 『포박자抱朴子』가 경전화되기란 쉽지 않았다. 아울러

도가들이 줄곧 추구해 온 '지식을 버린다'(棄智)[1]는 정신은 그것과 위배되는 문자의 형식화를 달가워하지 않았을 것이다.

그러므로 참다운 경전화는 유가들에게서 이루어진다. 당시의 견해도 마찬가지였던 듯하다. 장자는 자신의 저작 속에서 '육경六經'을 공부하는 무리라고 하는 것으로 보아 유가는 이미 자신의 학문을 규범화하고 있었음을 알 수 있다. 유가가 중시한 것은 역시 '시詩', '서書', '예禮', '악樂', '춘추春秋' 그리고 '역易'이었다. 시는 성왕의 폭넓은 감성을 배우는 것이고, 서는 성왕의 통치 이념과 그 원리를, 예는 성왕의 질서와 규범을, 악은 성왕의 문화를, 춘추는 성왕의 역사를, 역은 자연과 인간의 변화를 배우는 것이었다. 유가를 평가한 『장자』「천하天下」편의 저자에 따르면, "그것(道)이 시, 서, 예, 악에 있음은 추로鄒魯의 무리[2]와 진신縉紳의 선생[3]이 많이 밝히고 있다. 시로써 의지를 말하고, 서로써 사업을 말하고, 예로써 행동을 말하고, 악으로써 화합을 말하고, 역으로써 음양을 말하고, 춘추로써 명분을 말한다"[4]라고 밝히고 있다. 이는, 유가는 밖에서 보기에도 육경을 위주로 하는 학파로 이해됐음을 손쉽게 보여 주는 예이다. 유가 하면 육경을 공부하는 무리라고 단정지어지는 것이다.

그런데 중요한 것은 그 가운데 『주역』이 차지하는 역할이다. 한마디

---

1) 『老子』, 제19장.
2) 鄒는 맹자가 태어난 지방을, 魯는 공자가 태어난 나라이다. 鄒魯之士라 함은 맹자와 공자 그리고 그들을 따르는 무리를 가리킨다.
3) 縉紳先生이라 함은 유가의 복장을 한 무리를 일컫는 말로 笏을 띠에 꼽은 사람을 가리킨다.
4) 『莊子』,「天下」, "其在於詩書禮樂者, 鄒魯之士, 縉紳先生, 多能明之. 詩以道志, 書以道事, 禮以道行, 樂以道和, 易以道陰陽, 春秋以道名分."

로 『주역』은 단순한 '이야기'가 아닌 '이야기의 틀'을 마련해 주고 있다는 점이 철학자들에게 부각되었다. 그 가운데 명확한 것은 위에서 간파되었듯이 바로 '음양陰陽'이라는 논리적 틀이다. 그리고 음양의 운행으로 성립되는 진리인 '도道'는 이 세계를 설명하는 데 철학자들에게 매우 유용했다. 그리하여 『주역』은 그 밖의 모든 저작물을 해석하는 하나의 방법론을 제공해 주게 되었다.

왕필의 『노자』 해석이 『주역』으로 그것을 풀이했다는 주장이 여러 이해 가운데 하나로 성립되는 것은 그만큼 『주역』이 갖고 있는 이해의 틀이 다른 곳에서도 적용될 수 있다는 이야기와 다르지 않다. 달리 말해, 『주역』은 모든 책의 경전 곧 경전의 경전으로 성립하고 있는 것이다.

하안도 예외는 아니었다. 역사의 기록에서 그가 『주역강소』를 저술했다는 것은 표면적으로 잘 드러난 증거이다. 더 나아가 현학자들이 모두 삼현경을 중시했음을 안다면, 하안도 결코 예외가 아니라는 것이 자연스럽게 추측된다. 특히 하안은 『논어』와 『도덕경』 등의 해석에 『주역』을 끌어당겨 쓴다.

이를테면, 하안은 '원元'의 개념을 상당히 강조하는데, 알다시피 원은 『주역』의 원형이정元亨利貞 중 수위를 차지하는 것이다. 그가 원을 강조한 것은 사실상 '무無'에 대한 우위 개념의 설정과 깊은 관련을 맺는다. 무는 '유有'보다 앞선다는 명제는 노자 이래 철학적으로 반박이 불가능한 것처럼 보였다. 노자는 말한다. "천하 만물은 유로부터 나오고, 유는 무로부터 나온다."[5] 이러한 주장은 선험적인 논리여서 그것을 논박

---

5) 『老子』, 제40장, "天下萬物生於有, 有生於無."

하기란 쉽지 않다. 이는 '자식은 어머니가 있고, 그 어머니는 또 어머니가 있다'는 매우 당연한 논지이기 때문이다. 이를테면, 왕필이 늘 강조하는 '줄기를 높임으로써 가지를 쉽게 하는 것'은 '어머니를 지킴으로써 자식을 있게 하는 것'과 똑같은 맥락에서 이해되는 것이다.[6] 더욱이 모자母子 관계의 강조는 일찍이 노자가 피력한 정신이기도 하다.[7] 그런데 하안은 무의 지위를 직접적으로 반박하지 않고, 오히려 그것을 긍정하는 동시에 대체 개념을 제시한다. 그것이 바로 원이다. 무는 너무도 도가적이어서 하안과 같은 제도권 내의 학자가 쉽게 받아들일 수 있는 것이 아니었다. 그때 하안은 『주역』의 원 개념으로 무를 대체함으로써 위의 선험적 논리 구조도 얻으면서도 도가적인 무가 아닌 유가적인 원을 주장하는 데 성공한다.

4. 역학적 방법

역학은 우리에게 분명한 세계 이해의 틀을 제공하고 있다. 그것은 다름 아닌 음양이라는 논리적 구조이다. 인간과 자연을 최소 단위의 개념으로 설명한다는 것은 진정으로 쉬운 일이 아니다. 그러나 『주역』은 단지 두 개의 개념인 음과 양으로 이 인간세와 자연계 그리고 그 관계를 설명하고 있다. 음양은 둘이지만, 둘이 만나는 자리에 따라 달라지

---

6) 王弼, 『老子指略』, "崇本以息末, 守母以存子."
7) 『老子』 제52장, "天下有始, 以爲天下母. 旣得其母, 以知其子; 旣知其子, 復守其母."

며, 나아가 음양은 다른 음이나 양을 만남으로써 여덟 개의 형상을 그려 내며, 마침내 그 형상이 다시 한 번 만남으로 예순넷의 의미를 창출한 다. 이것이 바로 음양의 두 효爻로부터 64괘卦가 탄생하는 과정이다.

이러한 과정은 우리에게 매우 깊은 철학적 반성을 야기하는데, 그 내용이 바로 '십익十翼[8]'으로 불리는 「역전易傳」이다. 기존의 『역경易經』 과는 대조된다. 경이 복서卜筮를 위한 점 보는 책이라면, 전은 그것을 발전시킨 철학적 논설집이다. 십익十翼은 무엇보다도 64괘의 연결과 그 순환의 의미를 밝히는 데 있다. 이를테면 「서괘전序卦傳」은 64괘가 지니 고 있는 의미를 처음부터 끝까지 순서대로 연결시키는 데 있었으며 그 순서를 지키지 않은 것이 다름 아닌 「잡괘雜卦」이다. 「설괘전說卦傳」은 8괘의 방위와 그 상을 중심으로 설명하는 반면, 「계사전繫辭傳」은 말 그 대로 효사와 괘사를 다시금 이어 해석한다.

이때 『주역』의 핵심 개념이 반복적으로 등장하기도 하고, 새로운 개 념이 새로이 대두되기도 한다. 이를테면 '태극太極', '형이상形而上' 또는 '형이하形而下', 그리고 '도道'와 '기器'와 같은 개념들이다. 이전, 다시 말 해 '역경'의 시대는 '길흉吉凶'과 같은 인간 미래에 대한 판단이 주축이 되어 자연의 의미를 파악했다면, '역전'의 시대는 그것을 뛰어넘어 세계 를 어떻게 이해할 것인가 라는 근원적인 물음 아래 형이상학적 탐구 정신이 발휘되었다.

그런데 그러한 행위는 '경'의 무게 때문에 새로운 경의 창출이 아닌 경의 구조를 정리하는 데 초점이 맞추어지고 있다. 그것이 바로 주역의

---

8) 「象傳」上下, 「象傳」上下, 「繫辭傳」上下, 「文言傳」, 「說卦傳」, 「序卦傳」, 「雜卦傳」을 漢 代人들은 '十翼' 또는 '易大傳'이라 일컬었다.

'전'이 다른 경전의 내용과 달리 자기만의 독특한 색채를 지니게 되는 까닭이다. 이른바 공자의 '술이부작述而不作' 곧 '경전을 해석 또는 서술할 뿐 새로이 창작하지 않는다'는 원칙은 이곳에서도 예외는 아니었다.

역학적 방법은 이 같은 상황을 배경으로 배태된다. 전통 속에서 강조되었던 창작의 불가능성은 해석에서 여러 방법의 적용 가능성을 야기시키기 때문이다. 그 과정에서 제시되는 것이 이후 역학 이해의 바탕이 되는 음양과 같은 여러 가지 개념적 틀이다.

역경에서 우리에게 제시된 것은 '군자君子'나 '대인大人'과 같이 전형적인 성인의 모습이었지만, 그것은 어떤 논리적인 틀로 주어진 것은 아니었다. 음양에 상응할 만한 개념을 잡을 수 있다면 길흉 정도에 불과하다. '이利'와 '불리不利'도 기본적으로 길흉에 속한다.

그러나 역전의 경우는 완전히 다르다. 이를테면 「계사전」의 모두冒頭에서만 음양에 해당되는 개념들이 손쉽게 열거된다. 존비尊卑, 귀천貴賤, 동정動靜, 강유剛柔, 남녀男女, 실득失得, 진퇴進退, 유명幽明, 시종始終, 사생死生, 주야晝夜, 현장顯藏 등, 이러한 개념은 모두 「계사전」의 앞머리 500여 자의 범위에서 나오는 용어들이다.

이러한 사실은 우리들에게 한 가지 중요한 사실을 가르쳐 주고 있다. 그것은 바로 『주역』이 비록 음양의 서書이고 그것으로 인간과 자연을 설명하고 있지만, 음양이란 개념의 탄생과 그 운용은 역경이 아닌 역전에서 이루어진다는 점이다. 역경은 '--'과 '—'이라는 꼴을 제시하고 그것의 조합으로서의 64괘의 의미를 가르쳐 주고 있지만 그것뿐으로, 철학적인 언어화에 성공하고 있지 못하다.[9] 다시 말해, 역경은 부호의 시대였다면 역전은 개념의 시대를 열고 있는 것이다. 그 가운데에서도 특히 「계사전」은 『역경』 전체의 음양 용법 중 절반을 차지하고 있을 정도로 그 의미를 상당히 격상시키고 있다.

결국, 역학적 방법이란 음양과 관련된 개념적 틀로 인간과 자연을 설명하는 것을 말한다. 때로 음양은 다른 언사로 표현되고 있지만 그 내용은 모두 음양에 집중되고 있다. 이 같은 해석의 방법은 음양에 해당되는 내용이 무엇이든 간에 음양의 형식에 모든 사상과 관념이 맞추어짐을 뜻한다. 과연 이러한 개념은 어떻게 적용되는가?

5. 『논어집해』

우리는 아쉽게도 하안의 『주역강소』를 접할 수 없다. 그런 점에서 하안 역학의 기본 구조를 파악한다는 것은 상당한 어려움이 따른다. 따라서 거꾸로 『논어집해』나 다른 저작물을 통해 어렴풋이 그의 사상을 이해할 수 있을 뿐이다. 더욱이 『논어집해』조차 대부분이 남의 주석을 모아 놓은 것이어서 그 사상의 독창성을 분별해 내기란 쉽지 않다.

하안의 견해로 가장 많이 알려진 것은 바로 '빔'(空)에 관한 해석이다. 『논어』「선진先進」편에는 공자의 안회에 대한 평가가 실려 있다. 공자는 말한다. "회는 거의 가깝도다, 자주 비우는구나. 사賜는 명을 따르지 않고 돈을 벌려 했고 자주 채웠도다."[10] 공자는 '비움'과 '채움'의 차

---

9) 陰의 경우는 坤 初六 小象에서 "履霜堅氷, 陰始凝也"의 예가, 陽의 경우는 乾 初九 小象에서 "潛龍勿用, 陽在下也"의 예가 최초로 나온다.

10) 이 글에서 '자주 비우다'(屢空)라는 구절은 '자주 채우다'(屢中)와 대구되는 것으로

이를 실제적인 예를 들어 이야기하고 있다. 그런데 과연 무엇을 비운다는 것인가?

여기에는 두 해석이 가능하다. 첫째는 쌀독이 비었다는 것과, 둘째는 마음이 비었다는 것이다. 하안은 첫째의 견해를 우선 동조하여 말하길, "회는 성인의 도에 가깝다. 비록 자주 독이 비었지만 그 가운데에서 즐거워했다"(回庶幾聖道, 數雖空櫃而樂在其中矣)고 한다. 이른바 궤라는 구체적인 용기가 '비었다'(空櫃)는 견해이다. 그러나 일설(一曰)이라 하면서 둘째의 견해를 또한 내세우고 있다. 하안은 "'누'는 '매 번'과 같고, '공'은 '허중'과 같다"(屢猶每也, 空猶虛中也)라고 전제한 다음, "안회만이 도를 깊고도 멀게 품을 수 있었으니, 마음을 비우지 않고는 도를 알 수가 없다"(唯回懷道深遠; 不虛心不能知道)라고 말한다. 두 번째 견해는 첫 번째와는 매우 다른 맥락에서 공자의 말이 이해되는 것이다. 첫 번째는 단순한 경제적인 환경을 일컫고 있지만, 두 번째는 '마음을 비우라'는 노자와 장자의 격언을 지적하는 것이기 때문이다.

『노자』는 "성인의 다스림은 마음을 비우고 배를 채우며, 뜻을 약하게 하고 뼈를 강하게 한다"[11]라고 주장한다. 이는 정신적인 욕망이나 의지를 없애고 육체적인 만족이나 건강을 추구함으로써 가장 자연스러운 인간의 모습을 되찾자는 견해이다. 이러한 '허虛'에 대한 해석은 『장자』와도 밀접한 관계를 갖는다. 『장자』 속의 공자는 자신이 '허심'하려함을 대화자인 어부에게 밝히고 있다. 이른바 '허무虛無'[12], '허공虛空'[13],

---

보인다. 이론의 여지는 많지만 여기에서 中은 適中의 뜻으로 차 있음을 뜻하는 것으로 생각되어야 할 것이다.

11) 『老子』, 제3장, "聖人之治, 虛其心, 實其腹; 弱其志, 强其骨."

12) 『莊子』, 「刻意」.

'허정虛靜'14) 등도 모두 장자에 출현하는 단어들이다.

이처럼 하안은 분명코 『논어』의 '공'과 '중'에 색다른 견해를 부여하고 있다. 그에게 공과 중은 물질적 공간의 허공이나 그 위치가 아니라 정신적 의미에서의 허정과 그 경지를 뜻하고 있는 것이다.

이러한 경향은 다른 곳에서도 나타난다. 『논어』 첫머리의 "남들이 알지 못해도 화내지 않으니 또한 군자가 아닌가"15)라는 구절을 하안은 주석하길, "'온'은 화내는 것이다. 무릇 사람은 군자가 화내지 않음을 알지 못하는 바가 있다"16)라고 한다. 이 해석은 겉으로 보기에는 원문과 별반 의미의 차이가 없어 보인다. 그러나 한 걸음 깊게 들어가면 하안은 군자라는 이상 인격은 감정의 개입을 차단하고 있음을 주장하고 있다. 이는 무심無心한 상태를 상정하는 노자의 영향이 깊은 단락이기도 하다.

노자는 말한다. "성인은 늘 그러한 마음이 없다. 백성의 마음을 자기의 마음으로 한다."17) 여기에서 무심의 뜻은 고정된 마음이 아닌 빈 마음으로 어떤 것이든지 받아들일 수 있는 상태를 말한다. 그러나 더 나아가면 그 무심은 사랑도 베풀지 않는 것임이 드러난다. "천지는 어질지 않다. 만물을 짚으로 만든 개로 여긴다. 성인도 어질지 않다. 백성을 짚으로 만든 개로 여긴다."18) '짚으로 만든 개'란 제사에 쓰고 나면

---

13) 『莊子』, 「徐无鬼」.
14) 『莊子』, 「天道」.
15) 『論語』, 「學而」, "人不知而不慍不亦君子乎."
16) 慍, 怒也. 凡人有所不知, 君子不怒.
17) 『老子』, 제49장, "聖人無常心, 以百姓心爲心."
18) 『老子』, 제5장, "天地不仁. 以萬物爲芻狗; 聖人不仁. 以百姓爲芻狗."

버려질 것을 말한다. 이와 같이 노자가 말하는 천지자연과 성인군자의 모습은 무정無情한 것이다. 『논어』가 단순히 몰라준다고 성내지 말라고 이야기하고 있다면, 하안은 '군자는 화내지 않음'을 좀 더 보편적으로 정의하고 있다.

안회에 대한 평가에서 이러한 입장은 더욱 명확하다. 『논어』는 "안회가 배우길 좋아했다. 그는 화를 옮기지 않았으며 두 번 다시 잘못을 저지르지 않았다"[19]라고 전하는데, 하안은 그에 대해 "무릇 사람이 감정을 따르면 기쁘고 화남이 이치를 벗어난다. 안회는 도를 따랐기에 화남이 분에 지나치지 않았다. '천'은 옮기는 것이다. 화남이 이치에 맞으니 옮겨지거나 바뀌지 않는다. '두 번 다시 잘못을 저지르지 않았다'는 것은 잘못이 있으면 다시 저지르지 않는다는 것이다"[20]라고 주석한다. 하안은 분명한 기준이 있다. 그것은 '정情'과 같은 인간의 감성이 아니라 '도'라고 하는 초감성적 표준이다. 한마디로 '정에 따르지 말고 도를 따르라'(不任情而任道)는 것이다. 그가 화남조차 이치에 맞는다고 한 것은 극명한 예이다. 이러한 주장은 때로 "도로써 척도를 삼기에 정의情意를 따르지 않는다"[21]라고 표현되기도 한다.

이 정도쯤이면 하안의 『논어집해』가 노장의 의미를 충실히 따르고 있는 것처럼 보일지 모른다. 그러나 결론적으로 말하면, 하안의 목적은 오히려 도라는 절대표준을 제시함으로써 형이상학적 입지를 마련하고, 이어서 『주역』의 '원형일신元亨日新'의 도를 강조하는 데 있었다.

---

19) 『論語』, 「雍也」, "有顔回者好學, 不遷怒, 不貳過."
20) 凡人任情, 喜怒違理; 顔回任道, 怒不過分. 遷者, 移也. 怒當其理, 不移易也. 不貳過者, 有不善, 未嘗復行.
21) 『論語』, 「子罕」, "子絶四, 毋意" 注, "以道爲度, 故不任意."

하안은 모든 진리가 하나로 모아질 수 있음을 믿는다. "좋은 도는 통괄함이 있으므로 길은 다르지만 같은 데로 돌아가고, 이단은 같은 데로 돌아가지 않는다."[22] 그는 여기에서 분명히 '선도'와 '이단'을 나눔으로써 절대적인 표준을 인정하고 있다. 돌아갈 곳이 바로 하안이 믿는 진리인 셈이다. 그는 그것을 도라고 표현한다. 공자가 말한 '절사絕四'에 대해 하안은 말한다. 첫째, '무의毋意'는 "도로써 척도를 삼기에 정의情意를 따르지 않는다"(以道爲度, 故不任意)로, 둘째, '무필毋必'은 "쓰면 나아가고 버리면 숨어드니 오로지 그래야만 되는 것이 없다"(用之則行, 舍之則藏, 故無專必)로, 셋째, '무고毋固'는 "할 수 있는 것도 없고 할 수 없는 것도 없으니 고집된 행동이 없다"(無可, 無不可, 故無固行)로, 넷째, '무아無我'는 "옛것을 서술하지 스스로 창작하지 않으며, 여럿 속에 있으면서도 스스로 다르지 않으며, 오로지 도를 따르니 자기가 있지 않다"(述古而不自作, 處群萃而不自異, 唯道是從, 故不有其身)로 주석하고 있다.[23] 공자의 절사를 하안은 도를 좇음으로써 나타나는 것으로 해석하고 있다. 그에게 도는 법도이다. 그렇다면 그 법도의 표준은 무엇인가?

하안은 공자가 좇고자 하는 것은 옛것이라고 밝히고 있다. 공자는 관직을 맡기에 앞서 먼저 예악을 배우는 것을 '선진先進'이라 하고 먼저 관직을 맡은 다음 나중에 예악을 배우는 것을 '후진後進'이라고 하며, 자신은 후진보다는 선진을 선호함을 밝혔다.[24] 이에 대해 하안은 "풍속을 바꾸면 순박하고 소박한 데로 돌아간다. 먼저 예악을 배우는 것이 옛

---

22) 『論語』, 「爲政」, "攻乎異端, 斯害也已" 注, "善道有統, 故殊途而同歸, 異端不同歸也."
23) 『論語』, 「子罕」, "子絶四, 毋意, 毋必, 毋固, 毋我" 注.
24) 『論語』, 「先進」, "先進於禮樂, 野人也; 後進於禮樂, 君子也."

풍습에 가까우므로 이를 따른다"25)고 말하고 있다. 이는 선진해야 고풍에 가까울 수 있음을 일컫는 것이다. 그러한 고풍을 따르는 행위가 하안에게는 『주역』에 대한 강조로 나타나는 것이다. 세 가지 예를 들어보자.

첫째는 『주역』의 괘로 『논어』를 해석하는 경우이다.

공자는 말한다. "부귀는 사람이 바라는 바이지만, 정당한 방법으로 얻지 않았으면 그것에 머물지 않는다. 빈천은 사람이 싫어하는 바이지만, 정당한 방법으로 없애지 않았으면 그것을 버리지 않는다."26) 이에 대해 하안은 비괘와 태괘의 관계로 설명한다. "때로 '비否'괘도, 때로 '태泰'괘도 나올 수 있다. 그러므로 군자는 정당한 방법을 밟아 빈천을 바꾸는 것이다. 그러니 정당한 방법으로 얻지 않으면 비록 사람이 싫어하는 것이라도 멀리하여 달아나지 않는다."27)

알다시피 비괘는 천지비天地否로 아래는 곤坤, 위는 건乾으로 폐색閉塞하여 불통不通한 모양이고, 태괘는 지천태地天兌로 아래는 건, 위는 곤으로 통달通達하여 서창舒暢한 모습을 그리고 있다. 단사는 비괘를 "하늘과 땅은 교류하지 않고 만물은 소통하지 않는다"(天地不交而萬物不通也)라고 적고, 태괘는 그와는 상반되게 "하늘과 땅은 교류하고 만물은 소통한다"(天地交而萬物通也)라고 적고 있다. 한마디로 비괘는 막혀 있는 꼴이고 태괘

---

25) 『論語』,「先進」, "如用之, 則吾從先進" 注, "將移風易俗, 歸之淳素. 先進, 猶近古風, 故從之."
26) 『論語』,「里仁」, "富與貴, 是人之所欲也; 不以其道得之, 不處也. 貧與賤, 是人之所惡; 不以其道得之, 不去也." 楊伯峻은 富貴는 得할 수 있지만 貧賤은 得할 수 있는 것이 아니라 하여 "貧與賤, 是人之所惡也; 不以其道得之, 不去也"의 '得之'를 '去之'로 바꾸어야 한다고 주장한다. 楊伯峻, 『論語譯註』(臺北: 源流, 1982), 38쪽.
27) 時有否泰, 故君子履道而反貧賤, 此則不以其道得之, 雖是人之所惡, 不可違而去之.

는 뚫려 있는 꼴이다. 이처럼 하안은 부귀를 태로, 빈천을 비의 형국으로 유비하여 공자의 의미를 간결하게 설명한다.

『주역』은 세상사를 풀이하는 데 상당히 좋은 틀을 마련해 준다. 이런 상황은 어떤 괘에 해당되고, 저런 상황은 무슨 괘에 해당된다는 식의 설명은 인간사를 간단명료하게 정의할 뿐만 아니라 그다음의 향방을 결정하는 데 매우 큰 도움을 준다. 하안은 공자의 부귀와 빈천을 제11괘인 태괘와 그에 연이은 제12괘인 비괘를 빌려 해석함으로써 그 의미를 명확하게 전달해 주고 있는 것이다.

둘째는 『주역』의 「계사전」으로 『논어』를 해석하는 경우이다.

공자는 말한다. "덕은 외롭지 않아 반드시 이웃이 있다."[28] 이에 대해 하안은 "방향으로 비슷한 것을 모으고 같은 뜻으로 서로 구하니 반드시 이웃이 있으므로 외롭지 않다"[29]라고 주해하고 있다. 사실상 공자가 말한 것은 후덕한 사람에게는 사람이 꼬인다는 비교적 간명한 의미였다. 그러나 하안은 『주역』을 공부하는 사람이라면 모두 알 만한 두 명제로 공자의 말씀을 해석하고 있다.

「계사전」은 말한다. "방향으로 비슷한 것을 모으고 물건으로 무리를 나누니 길흉이 생긴다."[30] 이는 하늘과 땅이 갈라지면서 정해진 건곤乾坤과 높고 낮음이 펼쳐짐으로써 자리한 귀천貴賤과 움직이고 고요함으로 갈라진 강유剛柔에 이어, '방方'과 '물物'로 함께 모이거나 달리 나누어짐으로써 길흉이 생겨남을 밝히는 것이다. 하안은 덕의 의미를 이념

---

28) 『論語』,「里仁」, "德不孤, 必有鄰."
29) 方以類聚, 同志相求, 故必有鄰, 是以不孤.
30) 『周易』,「繫辭上」, "方以類聚, 物以群分, 吉凶生矣."

이나 행동을 같이함으로써 길흉을 함께 나눌 수 있는 이웃에게까지 확대하고 있다. 이처럼 그는 동류同類로서의 인간을 추구하고 있다.

건괘 「문언」은 "나는 용이 하늘에 있으니 대인을 만나 이롭다"[31]라는 구절에 대해 "공자가 말하길, 같은 소리는 서로 응하고 같은 기운은 서로 구하며, 물은 습한 데로 흐르고 불은 마른 곳으로 나가며, 구름은 용을 좇고, 바람은 호랑이를 좇는다"[32]라고 적고 있다. 그런데 하안은 공자가 말로 전해지는 앞부분을 원용하여 '같은 뜻으로 서로 구함'으로 풀고 있다. 사실상, 하안의 표현은 '같은 소리'(同聲)나 '같은 기운'(同氣)과 같은 비교적 물질적인 것들 간의 모임을 좀 더 인간의 상황에 적용시켜 '같은 뜻'(同志)으로 설명한 것이다.

이와 같이 하안은 「계사」나 「문언」을 막론하고 십익으로 『논어』를 설명하는 것에 매우 익숙해 있다. 그가 『논어』를 볼 때는 이미 역전의 철학적 의미가 머릿속에 강하게 각인되어 있는 것이다.

셋째는 『주역』의 핵심 개념으로 『논어』를 해석하는 경우이다.

『논어』는 말한다. "스승의 문헌 연구는 우리가 얻어들을 수 있지만, 스승이 성性과 천도天道에 대해 말한 것은 얻어들을 수 없다."[33] 이 자공子貢의 말에 대해 하안은 "성이란 사람이 받음으로써 살아가는 것이며, 천도란 원형일신의 도로서 심오하고도 희미한 것이니, 얻어들을 수 없다"[34]고 주해하고 있다. 이는 "글의 색깔은 형질이 드러나므로 귀와 눈으로 좇을 수 있다"(文彩形質著見, 可以耳目循)는 주해에 이어지는 것으로 성

---

31) 『周易』, 乾卦 「文言」, "飛龍在天, 利見大人."
32) 『周易』, 乾卦 「文言」, 九五, "子曰: 同聲相應, 同氣相求; 水流濕, 火就燥; 雲從龍, 風從虎."
33) 『論語』, 「公冶長」, "夫子之文章, 可得而聞也; 夫子之言性與天道, 不可得而聞也."
34) 性者, 人之所受以生也; 天道者, 元亨日新之道, 深微, 故不可得而聞也.

과 천명의 말할 수 없음을 강조하고 있다.

'원형元亨'은 『주역』 「건괘」의 '원형이정'의 '원'과 '형'으로 가장 기초적인 개념이다. 원은 '크다'(大) 또는 '비롯한다'(始)로,[35] 형은 '통한다'(通)로 그 의미가 해석된다.[36] 원은 '원길元吉'이라는 용법으로, 형은 '길형吉亨'으로 많이 쓰인다. 이는 원과 형이 모두 대길大吉이고 대통大通임을 뜻하는 것이다. '일신日新'은 『대학大學』의 기본 강령이다. 이른바 '날로 새로워지고, 나날이 새로워지고, 또 날마다 새로워진다'(日新, 日日新, 又日新)는 '일신'의 정신이다. 모든 것을 새롭게 하기(維新) 위한 방도로 날마다 새로워지지 않을 수 없는 것이다.

천도의 해석에서 하안은 이처럼 『주역』과 『대학』의 요강인 '원형일신의 도'를 전제함으로써 심오하고도 희미한 도를 공자가 함부로 말하지 않았음을 설명하고 있다. 그는 『논어』의 천도조차 『주역』이나 『대학』의 의미로 해석하지 않을 수 없었다.

이와 같이 하안이 큰 줄거리마다 『주역』으로 『논어』를 해석했음은 부정될 수 없는 명백한 사실이다. 그렇다면 그는 과연 노장의 철학을 어떻게 받아들인 것인가? 과연 역사서에서 적혀 있는 것처럼 하안은 노장의 무리에 불과한가?

역사는 하안이 노장을 좋아한 것으로 기술하고 있다. "어려서부터 수재로 이름이 났으며 노장의 말을 좋아했다."[37] 바로 이것이 하안이 노장 학자로 기술되기 쉬운 내용이다. 그러나 그것은 전체적인 파악이

---

35) 『周易』, 「象」, "乾: 元, 大也, 始也."
36) 朱熹, 『周易本義』, 乾卦 注, "元, 大也; 亨, 通也; 利, 宜也; 貞, 正而固也."
37) 『三國志』, 「魏書」, '諸夏侯曹傳', "少以才秀知名, 好老莊言."

될 수 없다. 보다시피, 그는 『논어』를 집해의 방식으로 선대의 유향劉向,
공안국孔安國, 마융馬戎, 정현鄭玄 등의 견해를 총괄하면서 자신의 주를 달
고 있을 정도로 정통한 『논어』 해석가이다. 그런 점에서 하안은 기본적
으로 유가적 색채를 강하게 띠고 있는 학자가 아닐 수 없다.

하다못해, 위의 허정에 대한 해석도 『주역』의 정신에까지도 나아갈
수 있는 것이다. 『주역』에서 허의 용법은 대체로 '차고 빔'(盈虛)이라는
대비적인 의미가 주를 이루고, '공간'(周流六虛)의 뜻이나 '헛되지 않게'(道
不虛行)라는 부사적인 뜻으로 쓰이기도 한다. 그러나 함괘咸卦 「상사象辭」
에 "군자는 빔으로써 사람을 받아들인다"(君子以虛受人)는 구절은 빔의 정
신이 당시에도 통용될 수 있었던 것임을 명백히 보여 주고 있다.

더 나아가, "덕은 꼴을 이룬다"[38]고 밝힘으로써 노자의 "최고의 덕
은 덕을 이루지 않는다"[39]는 원칙과 대립되기도 한다. 하안은 현실을
긍정하는 입장에서 무엇인가 실제적으로 있어야 했다. 노자의 덕은 그
모습을 갖추지 않아야 했지만 하안은 달랐다. 그뿐만이 아니다. 하안은
인의仁義에 비판적인 노장과는 달리 인의를 본질적으로 긍정한다.[40] 위
에서 『대학』의 '일신'의 정신을 말함도 그가 유가의 기본 이념에 충실하
려는 단면을 보여 주는 것이다.

---

38) 『論語』, 「述而」, '據於德' 注, "德有成形."
39) 『老子』, 제36장, "上德不德."
40) 『論語』, 「子罕」, "子罕言利, 與命與仁" 注, "利者, 義之和也; 命者, 天之命也; 仁者, 行之盛也."

6. 『도론』

하안은 도道를 강조한다. 그러나 이는 단순히 진리에 대한 신념을 말하는 것이 아니다. 오히려 도를 내세움으로써 도가적인 무가 아닌 새로운 가치 체계의 성립을 역사의 현실과 더불어 선포하는 것이기도 하다. 이러한 그의 태도는 『논어』에 대한 해석에도 나타났다. 『논어』의 도덕 표준을 하나만 이야기한다면 그것은 '인仁'이지 도가 아니다.[41] 그러나 하안에게는 분명히 도라는 지적知的 기준이 있었다.

하안의 이러한 태도는 공자의 인으로만은 도가의 형이상학에 대항하지 못하리라는 판단에 기인한다. 도는 오늘날 '진리'에 해당되는 말로 그것은 '진리'라는 껍데기를 우리에게 제공할 뿐 사실상 아무것도 말하는 바가 없다. 이른바 노자가 "도를 말할 수 있으면 늘 그러한 도가 아니다"[42]라고 하는 것은 '진리는 정의되어서는 아니 된다'는 입장을 밝히고 있는 형식적인 언명(formal assertion)이다. 그러나 공자의 인은 그 형식에 대입한 내용으로서 이를테면 '진리는 인이다'라는 주장이다. 노자는 대입과 동시에 진리는 상대적인 데로 흐를 것을 걱정했지만, 공자는 말 뿐인 진리보다는 그 속에 꿀 물(體液)이 흐르는 실제적 일용을 선택했다. 하안은 이 두 입장을 적절히 받아들인다. 형식을 받아들이면서 그 내용으로 인을 내세우기보다는 '도'로써 그 양면을 설명하는 것이다. 노자는

---

41) 단순히 『論語』에서의 출현 횟수로도 인이 도에 비해 배가 못되게 많이 나온다. 공자는 노자와 달리 사유의 추상적 형식으로서의 道가 아니라 그 실질적 내용으로서의 仁을 강조함으로써 유학의 정신을 이끌고 있는 것이다.
42) 『老子』, 제1장, "道可道, 非常道."

도를 전제하면서도 무의 가치를 상당히 부각시켰다. 그러나 하안은 도로써 무의 의미를 엷게 하고, 인이라는 구체적인 덕목보다는 음양과 같은 형식적인 규구規矩를 제시했다. 그가 『주역』을 강조하는 까닭이 바로 여기에 있다.

하안은 노자가 말한 도의 추상성을 적극적으로 긍정한다. "도는 만질 수 없으니 뜻할 뿐이다."[43] 공자는 "진리에 뜻을 두었다"(志於道)는 원초적인 의미를 말하고 있지만 하안에게는 도에 '뜻을 둔다'는 것이 '뜻할 수밖에 없다'로 이해되는 것이다. 이러한 경향은 왕필과도 통하는 점이다. 그러나 이러한 과정을 통해 하안은 무보다는 도의 의미를 확장시킨다. 그는 노자의 도가 무로 말미암아 허무화되는 것을 염려했다. 따라서 하안은 무와 유의 세계를 골고루 인정하는 데 전력을 기울인다. 그는 본질뿐만 아니라 현상을 긍정함으로써 문제해결의 실마리를 찾고 있는 것이다.

『열자列子』를 주석한 장담張湛의 글에 인용된 『도론』에서 하안은 "유가 유됨은 무를 기대어 생기며, 일이 일됨은 무로 말미암아 이루어진다"라고 말한다.[44] 일단 그는 무의 논리적 우선성을 긍정한다. 모든 것이 무에 의뢰하고 연유되어 생기고 이루어진다는 입장을 그는 동의한다. 이것은 노자가 말한 "큰 도는 넘쳐 나고 어느 쪽으로도 갈 수 있다. 만물은 이에 기대어 생겨나지만 주도하지 않는다"[45]의 '만물은 이에 기대어 생긴다'는 구절과 내용상 일치한다. 하안은 생성의 원인을 무로

43) 『論語』, 「述而」, "志於道" 注, "道不可體, 故志之而已."
44) 『列子』, 「天瑞」, 注引, "有之爲有, 恃無以生; 事而爲事, 由無以成."
45) 『老子』, 제34장, "大道氾兮, 其可左右. 萬物恃之而生, 而辭."

본다.

그러나 무는 도를 이르는 것일 뿐 그것 자체로 어떤 뜻이 있는 것은 아니다. 오히려 도야말로 궁극적으로 지향해야 할 바이다. "무릇 말하면서도 말이 없고, 이름 지우면서도 이름이 없고, 들으면서도 소리가 없으니, 도가 온전한 것이다."[46] '무어', '무명', '무형', '무성'은 이제 무를 위한 것이 아니라 도의 완전하고도 순수함을 일컫는다. 그곳으로부터 우주의 만물과 인간의 심신은 탄생한다. "따라서 소리와 메아리를 밝힘으로써 원기와 사물을 내뱉으며, 육체와 정신을 껴안음으로써 빛과 그림자를 드러낸다."[47] 하안은 이곳에서 자기 사유의 명확한 단초를 이야기하고 있다. 그는 '소리와 메아리'가 생명(氣)과 그것의 형체(物)를 밝히고 '육체와 정신'이 빛과 그것의 그림자를 드러냄을 지적함으로써, 도가 현실 속에서 자기를 현현하는 과정을 잘 묘사하고 있다. 다시 말해, 도는 소리이면서도 메아리이고, 빛이면서도 그림자임을 주장하는 것이다. 하안은 생명의 핵인 '기氣'만으로도 아니 되고 생명의 형체인 '물物'만으로 아니 됨을 숙지하면서, 육체와 정신을 모두 포괄하려 했던 것이다.

하안은 이러한 과정을 통해 도는 본질과 현상이라는 양면성을 한 몸에 지니고 있음을 주장한다. 원리라는 동기는 사실이라는 결과를 낳는다. "검음에서 검은 것이 나오고, 흼에서 하얀 것이 나오고, 네모자에서 네모가 나오고, 걸음쇠[48]에서 동그라미가 나온다."[49] 하안은 이처럼 이 세상의 본원과 그 현현을 잘 알고 있었다. 본질로서의 형식에 실재

---

46) 『列子』, 「天瑞」, 注引, "大道之而無語, 名之而無名; 視之而無形, 聽之而無聲, 則道之全焉."
47) 『列子』, 「天瑞」, 注引, "故能昭音響以出氣物, 包形神以章光影."
48) 그림쇠 곧 컴퍼스.
49) 『列子』, 「天瑞」, 注引, "玄以之黑, 素以之白, 矩以之方, 規以之員."

로서의 내용이 부합符合하는 것이다. 그렇기 때문에 거꾸로 '무형'하고 '무명'할 수 있는 것이다. "동그라미와 네모가 형체를 얻었으나 (그렇게 하는) 이것은 형체가 없고, 하양과 검정이 이름을 얻었으나 (그렇게 하는) 이것은 이름이 없다."50)

'검음(玄)/검은 것(黑)', '흼(素)/하얀 것(白)', '네모자(矩)/네모(方)', '걸음쇠(規)/동그라미(圓)'의 관계는 보편과 특수, 일반과 개별, 본질과 속성, 형식과 내용 등과 같이 이해될 수 있는 것들이다. 이러한 사고가 원시도가에게도 있었는가? 이에 대한 대답은 부정적이다. 왜냐하면 유가가 현실의 세계를 강조한 반면, 도가는 본체의 세계를 강조했기 때문이다. 오히려 이러한 사고는 『주역』에서 명확하게 드러난다. 이를테면 '건乾/천天', '곤坤/지地', '감坎/수水', '이離/화火', '진震/뢰雷', '간艮/산山', '손巽/풍風', '태兌/택澤' 등과 같이 이 세계는 본질과 그 현현이라는 구조 속에서 이해된다.

결국, 그는 도에 관한 자신의 견해 속에서 무가 단지 무가 아니라 유와의 관계 속에 파악됨을 밝히고 있다. 그가 은유한 '소리와 메아리'나 '빛과 그림자'는 그의 사고가 이와 같이 병립竝立된 구조 속에서 이루어지고 있음을 보여 준다. 그 기초는 바로 『주역』의 사유 방법에 있었다. 무로써 적연부동寂然不動의 세계를, 유로써 천지참육天地參育의 세계를 그리고 있는 것이다. 『주역』이 말하고 있는 음과 양, 더 나아가 '형이상'(道)과 '형이하'(器)의 세계를 하안은 따르고 있었다.

---

50) 『列子』, 「天瑞」, 注引, "員方得形, 而此無形, 白黑得名, 而此無名也."

7. 『무명론』

무명無名은 도가의 것이다. 그들은 이름으로 말미암아 벌어지는 온갖 굴레와 거짓을 떨쳐버리고자 했다. 이름은 자기의 정체성正體性(identity)을 밝히는 것이기도 하지만 거꾸로 그것 때문에 훼예毁譽가 뒤따른다. 따라서 이름이 없는 상태야말로 순연純然한 상태이다. 그러나 유가는 그러한 상태를 반대한다. 사람은 이름에 맞게 살아야 한다. "임금은 임금다워야 하고, 신하는 신하다워야 하고, 아버지는 아버지다워야 하는 것이고 아들은 아들다워야 한다."[51] 그리하여 이름을 바로 하는 것 곧 '정명正名'은 유가들에게 무엇보다도 중요한 것이 된다.

노자는 말한다. "도는 늘 이름이 없다."[52] 도가 이름을 가지면 본연의 상태에서 벗어나기 때문이다. 도의 성질로 묘사되는 '박樸'도 노자가 바라는 것은 '이름이 없는 그그러한 상태'를 일컫는 것이지 결코 '박이라는 이름'이 아니다. 그래서 노자는 '박'의 앞에 '이름 없는'이라는 수식어를 붙여 '무명의 박'(無名之樸)[53]이라고 부르길 좋아한다. 나아가 "도는 이름 없는 곳에 숨는다"[54]라고도 한다.

그런데 하안은 '백성을 위하여 명예로워지면 유명이고 명예 같은 것이 없으면 무명인데, 성인은 무명을 이름으로 삼고 무명예를 명예로 삼는다면 무명이 곧 유명이 아닌가' 하는 물음을 던지면서 스스로 결코

---

51) 『論語』, 「顔淵」, "君君, 臣臣, 父父, 子子."
52) 『老子』, 제32장, "道常無名."
53) 『老子』, 제37장.
54) 『老子』, 제41장, "道隱無名."

그렇지 않다고 결론을 내린다.[55] "이는 유되는 바가 없는 것과 비교해 유가 되는 바 있는 것이다. 그러나 유가 되는 바가 있는 가운데, 바로 유가 되는 바가 없는 것과 서로 좇으니 무릇 유가 되는 바가 있는 것과는 다르다."[56] 그의 입장에서는 일반적인 유가 되는 바와 여기에서 말하는 유가 되는 바는 매우 다른 것이다.

여기서 우리는 하안이 이러한 질적인 차이를 음양의 구조로 설명하는 데 주목해야 한다. 무명이 유명이 되고, 유명이 무명이 되는 것은 마치 음 속에 양이 있고, 양 속에 음이 있는 것과 같다는 설명이다. "같은 종류는 멀지 않으면서도 서로 따르고, 다른 종류는 가깝지 않으나 서로 떨어지지 않는다. 이는 마치 음 속의 양이나 양 속의 음과 같다."[57] 하안은 여름과 겨울의 해를 예로 들어 말한다. "여름 해는 양이지만 저녁과 밤은 먼 겨울 해와 함께 음이 되며, 겨울 해는 음이지만 아침과 낮은 먼 여름 해와 함께 양이 된다."[58] 여름 해는 양이지만 저녁과 밤은 겨울 해와 더불어 음을 지니고, 겨울 해는 음이지만 아침과 낮은 여름의 양을 지닌다는 말이다. 이런 해석이 『주역』과 다른 바가 있다면 음양을 설명하기 위해 원근이란 매개 개념을 내세워 음양의 원리를 상세히 풀이하는 것뿐이다. 그에게 음양은 "가까이에서는 다르지만, 멀리서는 같다."[59] 이와 같이 하안은 『주역』의 음양설로 '무명'과 '유명'의 의미를

---

55) 『列子』, 「仲尼」 注引, "爲民所譽, 則有名者也; 無譽, 無名者也. 若夫聖人名無名, 譽無譽, 爲無名爲道, 無譽爲大; 則夫無名者, 可以言有名矣; 無譽者, 可以言有譽矣. 然與夫可譽可名者豈同用哉?"

56) 『列子』, 「仲尼」 注引, "此比於無所有, 故皆有所有矣. 而於有所有之中, 當與無所有相從, 而與夫有所有者不同."

57) 『列子』, 「仲尼」 注引, "同類無遠而相應, 異類無近而不相違, 譬如陰中之陽, 陽中之陰."

58) 夏日爲陽, 而夕夜遠與冬日共爲陰; 冬日爲陰, 而朝晝遠與夏日同爲陽.

동시에 밝히고 있다.

또한 하안은 이 유명의 현실 세계를 어떻게 무명이란 본연의 세계와 더불어 이해할 것인가를 고민한다. 무명은 아무것도 아니지만 이 세계는 무엇인가 이루고 있기 때문이다. 그는 말한다. "무릇 도는 유가 되는 바가 없는 것이다. 하늘과 땅이 있은 다음부터 모두 유가 되는 바가 있는 것이다. 그러나 도라고 불리는 것처럼 그로써 유가 되는 바가 없음을 다시 쓸 수 있다. 따라서 비록 유명의 영역에 처해도 무명의 형상을 감춘다. 이는 마치 양의 먼 몸(遠體) 속에 있음으로 해서 스스로 음의 먼 종류(遠類)를 잊어버리는 것과 같다."[60] 이처럼 하안은 무조건 무명으로 나가자는 생각이 결코 아니다. 오히려 유명의 영역에 있으면서도 무명의 형상을 없애는 것이다. 위에서 말했듯이 음양은 가까이에서는 다르지만 멀리서는 같으므로, 먼 것을 강조하여 '원체遠體'나 '원류遠類'라는 개념을 제시하고 그로 말미암아 무명과 유명이 동체同體이고 동류同流임을 하안은 주장하고 있다.

하안에게 중요한 것은 이름이 없으면서도 이 땅에 무엇인가 이루는 것이었다. 그리하여 그는 『논어』의 요堯에 대한 공자의 평가를 인용한다. "따라서 노씨는 말하기를 '억지로 이름을 붙인다'고 말했고, 중니는 요를 일컬어 '넓고도 멀도다, 이름을 붙일 수도 없구나!' 하면서 이어 '높고도 크도다, 공을 이룸이여!'[61]라고 말했는데, 이는 억지로 이름하여

---

59) 『列子』, 「仲尼」 注引, "異於近而同於遠."
60) 『列子』, 「仲尼」 注引, "夫道者, 惟無所有者也. 自天地以來皆有所有矣. 然猶謂之道者, 以其能復用無所有也. 故雖處有名之域, 而沒其無名之象; 由以在陽之遠體, 而忘其自有陰之遠類也."
61) 『論語』, 「泰伯」, "巍巍成功." 그러나 『論語』의 원문은 "巍巍乎其有成功也"로 바로 위 문장인 "蕩蕩乎民無能名焉"과 대구된다. 하안의 『論語集解』에서도 원문을 따르고 있

세상이 아는 바를 취하여 불렀을 따름이다."[62] 노씨 곧 노자는 "나는 그 이름을 모른다. 억지로 도라고 적고, 억지로 대人라고 이름 짓는다"[63] 라고 말한 바 있다. 하안은 노자의 바로 그 정신을 빌려 공자의 요에 대한 평가를 해석해 내는 것이다. 다시 말해, 하안은 요의 예를 통해 무명의 이상으로 이 유명의 세상을 현실적으로 건설할 수 있음을 밝힌다. 이는 도가의 무명이 유가의 유명과 만나는 순간이 아닐 수 없다.

더 나아가 하안은 무명이기 때문에 천하의 이름을 두루 이름 지을 수 있음을 말하면서, 이를 깨닫지 못함은 "태산이 높이 우뚝 솟아 있음을 보면서도 원기가 넓게 퍼져 있지 않다고 말하는 것"(是觀泰山崇嶁而謂元氣不浩芒)[64]이라고 지적하고 있다. 그런데 이러한 비유 속에서 하안은 자연스럽게 천지만물의 근원은 원기라는 주장을 엿보여 주고 있다. 잘 알다시피 '원기'는 '무'를 대체할 수 있는 매우 좋은 철학적 매체이다. 이른바 무는 공허한 무가 아니라 원기라는 기체基體를 받아들임으로써 실재적인 것이 되는 것이다. 하안은 한을 거친 위진의 철학자답게 한대의 원기설元氣說을 받아들여 본체의 세계가 '아무것도 아닌 것이 아님'을 밝히고 있다.

으나, 蕩蕩은 廣遠의 뜻이고 巍巍는 高大의 뜻이라는 것 밖에는 별다른 주석은 없다.
62) 『列子』, 「仲尼」 注引, "故老氏曰: '彊爲之名', 仲尼稱堯蕩蕩無能名焉', 下云: '巍巍成功', 則 彊爲之名, 取世所知而稱耳."
63) 『老子』, 제25장, "吾不知其名, 字之曰道, 強爲之名曰大."
64) 『列子』, 「仲尼」 注引, "天地萬物皆以無爲本. 無也者, 開物成務, 無往不存者也."

8. 무의 쓰임

하안이 『주역』의 의미를 잊지 않는다는 것은 다른 곳에서도 발견된다. 무로부터 그것의 쓰임을 설명해 가는 과정에서도 역학은 마찬가지로 적용된다. "천지만물은 모두 무로써 근본을 삼는다. 무라는 것은 만물을 열고 사무를 이루며, 나아가서 존재하지 않음이 없는 것이다."[65] 여기에서 '만물을 열고 사무를 이룬다'(開物成務)는 말은 『주역』「계사」의 말이다. 「계사전」은 "역이란 어떤 것인가"라고 묻고 그 대답으로 "무릇 역은 만물을 열고 사무를 이루며 천하의 도를 덮는 것, 이와 같을 뿐이다"[66]라고 정의한다. 여기에서 하안이 말하는 무의 의미가 노자와는 확연히 구별됨을 알 수 있다. 무가 곧 역처럼 만물을 열어 줄 뿐만 아니라 만물끼리의 관계로 발생되는 사무조차 이루어 준다는 것은, 무에 본체의 지위만이 아니라 그 역할을 상정하는 사고가 아닐 수 없다. 그것이 바로 '무의 쓰임' 이론이다.

하안은 이어 말한다. "음양은 이에 기대어 변화시키거나 생성하고, 만물은 이에 기대어 형체를 이루고, 현자는 이에 기대어 덕을 이루고, 불초는 이에 기대어 몸을 사린다. 따라서 무의 쓰임 됨은 작위 없이도 귀한 것이다."[67] 음양으로부터 만물에 이르고, 현자에서 불초에 이르는

---

65) 『晉書』,「王衍」. 원문은 "以無爲爲本"으로, 따라서 『全三國文』「何晏」에서는 「無爲論」으로 기재되어 있으나 내용상으로는 無用論에 가깝다. 嚴可均 校輯, 『全上古三代秦漢三國六朝文』,「何晏」, 권39.
66) 『周易』,「繫辭上」, "夫易開物成務, 冒天下之道, 如斯而已者也."
67) 『晉書』,「王衍」, "陰陽恃以化成, 萬物恃以成形, 賢者恃以成德, 不肖恃以免身. 故無之爲用, 無爵而貴矣."

무의 효용성을 그는 이처럼 강조하고 있다.

이러한 '무의 용'(無之用)설은 왕필에게서도 특별히 강조된다. 이는 하안과 왕필의 사상적 연계성을 볼 수 있는 단적인 예이다. 무의 쓰임 이론은 노자에게서도 찾아볼 수 있는데, 그것의 명확한 강조는 바로 하안과 왕필에서 드러나는 것이었다. 이때의 무는 노자나 장자의 무와는 상당히 다른 가치를 지니게 되는 것이다. 이 점은 하안과 왕필이 상통하는 면이 아닐 수 없다.(68)

하안은 무의 쓰임 이론으로 무를 역의 지위로 변격시키는 동시에, 무의 세계 속에서의 소용을 그려 냄으로써 현실적인 기능을 부여한다. 그리고 그 과정은 『주역』으로 설명된다. 음양은 만물과 함께 세상을 이루고, 현자는 불초와 더불어 천하를 이끈다. 이것은 실로 유학적 세계관이라 아니할 수 없는 한 단면이다.

이와 같이 하안은 무로부터 유에 이르는 과정을 『주역』을 빌려 설명하고 있는데, 이것은 그의 세계관이 역학을 기반으로 하고 있음을 증명해 주는 것이다. 그것이 무일지라도 이 세계에서 소용이 있어야 하는 것이고, 그럼으로써 무는 본체의 지위를 지킬 수 있는 것이다.

---

(68) 王弼의 無用論에 관해서는 정세근, 「제도 옹호론과 그 반대자들」, 『공자사상의 계승 1』(서울: 열린책들, 1995), 305~309쪽 또는 이 책 제2부 제1장, 219~224쪽을 볼 것. 나아가 「王衍傳」은 하안만이 아니라 왕필도 함께 이르고 있음을 밝혀 둔다.

9. 음양론

하안의 역학적 해석론은 한마디로 '음양론'이라 부를 만한 것이었다. 그는 음양이란 구조 속에 무와 유를 상응시키며 본질과 현상을 조화시키려 했다. 또한 그는 형이하의 현실이 형이상의 근원과 만나길 꾀했다. 『주역』이 제시하고 있는 도道와 기器의 어우러진 세계는 어떤 철학자들에게도 매혹적이지 않을 수 없었고 하안도 예외는 아니었다.

노자도 음양을 말한다. "만물은 음을 지고 양을 안는다."[69] 그러나 그저 한마디뿐 음양을 자신의 철학적 도구로 삼지는 않았다. 그러나 하안은 늘 음양을 내세운다. 그리고 음양의 이론적 배후에는 『주역』이 자리매김된다. 무無는 역易이고, 역은 음양이고, 음양은 만물을 낳는 이론적 과정을 하안은 설정하고 있는 것이다.

삼국의 간웅奸雄이라 평가절하되었던 조조, 그리고 그의 양아들이자 사위인 하안, 그는 정권의 내부에서 현실적 통치를 장악했었고 아울러 조씨 일파가 몰살되면서 자신도 희생된다. 그가 비록 노장의 언어와 사변에 뛰어났다 하더라도 그가 그린 세상은 현실 속에서 구현되어야 했다. 건곤乾坤의 이론은 천지天地 속에서 실천되어야 했다. 하안은 그러한 세계관을 『주역』에서 발견하고 그것을 자신의 사상적 모태로 삼았다. 이른바 역학적 방법론이 그의 철학 속에서 성립되는 것이다.

하안은 왕필을 『논어』의 말을 빌려 "젊은 사람이 놀랍구나"[70]라고

---

69) 『老子』, 제42장, "萬物負陰而抱陽."
70) 『論語』, 「子罕」, "後生可畏."

하면서 "하늘과 사람의 관계를 더불어 말할 수 있다"[71]라고 평가한다. 그런데 그 왕필은 "노장은 말할 수 없는 무를 말했기에 유에서 벗어나지 못했다"[72]는 야릇한 평가를 하고 있는 바로 그 인물이다. 그들에게 공통적인 관심사는 역시 '자연'(天)과 '인위'(人)의 문제가 아닐 수 없었다. 그러한 사유 과정을 통해 하안과 왕필은 유가에 도가의 형이상학을 배치하는 데 전력을 기울인다. 『논어』와 『노자』가 그들에게 공통적으로 주목 받는 것은 바로 그런 연유에 기인한다.[73] 아울러 그들은 『주역』의 역할에 지대한 관심을 보인다. 그것은 『주역』이 지니고 있는 여러 가지 해석의 틀이 매우 쓸모 있었기 때문으로 보인다. 하안의 경우, 그것의 요체를 '음양'으로 파악하고 음양의 관계 속에서 『논어』를 위시한 많은 저작을 해석한다. 그것은 이른바 '역으로 논어를 풀이하는 것'(以易釋語)이었다.

위진의 철학적 논쟁으로 나아가 보면, 하안은 그런 점에서 '명교名敎'의 지지자로 분류될 수밖에 없는 것이다. 명교파는 유가적 정명론에 따른 제도의 완비를 강구하는 입장이기 때문이다. 그러한 표준은 나아가 정치 이데올로기까지 결정하는 매우 민감한 문제이기도 했다. 이른바 '체제옹호적이냐, 아니면 반체제적이냐'를 가름하는 기준이기도 했다. 결국, 체제 속의 하안은 정권의 교체와 더불어 목숨을 잃는다.[74]

---

71) 『魏志』, 「鍾會傳」, "可與言天人之際."
72) 『世說新語』, 「文學」, "弼曰: 聖人無體, 無又不可以訓, 故言必及有; 老莊未免於有, 恒訓其所不足."
73) 佚失되었지만 왕필은 『論語釋疑』를 지었음을 상기하자.
74) 하안은 "위대하도다. 위나라여!"(大哉有魏)로 시작되는 황실 찬양의 글에서도 음양설을 무엇보다도 먼저 제시한다. 嚴可均 校輯, 『全三國文』, 何晏, 「景福殿」, "遠則襲炎陽之自然, 近則本人物之至情, 上則崇稽古之弘道, 下則闡長世之善經."

하안의 『논어집해』는 역학적 방법이 매우 강하게 내포되어 있다. 그것은 하나의 '역학적 해석론'이었다. 하안이 보여 주는 명백한 이해의 틀은 『노자』라기보다는 오히려 『주역』에 있었다. 그에게 『주역』의 음양은 이 세계를 설명하는 데 실로 필요한 것이었다. 노자의 '무'도 역학의 '역'으로 해석되면서 무는 유와 더불어 살아나가지 않을 수 없었다. 하안의 입장은 본질과 현상을 철저히 결합시키는 것에 있었다. 두 말이 똑같이 달려 나아가야 하는 쌍두마차雙頭馬車와 같이 그는 두 세계를 함께 인정하려 했다.

성리학에 지나치게 침잠한 유가들에게 하안을 포함한 여러 현학자들은 단순한 도가의 무리로 보였을지도 모른다. 그 영향 아래 하안은 자신의 정체성을 빼앗기고 만 것이다. 그의 정신이 바로 『주역』의 음양론에 기초하고 있었고, 때문에 『논어』 등의 여러 해석에서 역학을 방법론적으로 애용하고 있음을 인지한다면 그에 대한 철학사적 평가는 달라질 수밖에 없을 것이다.

제5장 죽림칠현의 정체와 그 비판

1. 죽림칠현

많은 경우, 우리가 상식적으로 알고 있는 위진현학魏晉玄學의 주된 내용은 바로 '죽림칠현竹林七賢'에 관한 이야기들이다. 일반적으로 현학이라고 하면 '학문을 자랑한다'는 뜻으로 '현학衒學'을 생각하는 경우가 많지, 소설『삼국지』(三國志演義)의 시대와 관련된 위진시대의 학문적 경향을 생각하는 경우는 많지 않다. 그러나 위나라가 바로 조조曹操[1]의 아들인 조비曹丕가 세운 나라이고 진나라가 조상曹爽을 주멸誅滅한 사마의司馬懿[2]에 의해 바탕이 세워진 나라임을 알면, 시대적 이해는 비교적 어렵지 않다. 그래서 위나라는 조선을 '이조李朝'라고 부르는 것처럼 '조위曹魏'라고 불리기도 한다.

권력투쟁의 시기에 사마씨에 의해 죽임을 당하는 사람은 많았다. 위진현학의 머리 부분을 차지할 뿐만 아니라, 바로『노자』를 주해한 왕필

---

1) 曹操는 나중에 武帝로 諡號가 내려진다.
2) 그 바탕은 武帝인 司馬炎에 의해 '晉'이라는 이름으로 150여 년간 지속된다. 그러나 西晉(265~316)은 匈奴의 漢의 部將인 石勒에 의해 붕괴되고, 남쪽으로 피난을 간 元帝 睿에 의해 북쪽은 포기된 채로 남방인 吳 지역(建業)에 東晉(317~420)으로 세워진다.

王弼을 발탁한 인물로 알려진 하안何晏이 대표적인 경우이다. 그는 학자일 뿐만 아니라 정치적으로 조조의 양아들이자 사위였기 때문에 더욱 그러했다. 양아들이자 사위라는 언뜻 알기 어려운 관계는, 조조가 하안의 어머니 윤尹씨를 배필로 맞아들였지만, 나중에 하안이 조조의 딸인 금향金鄕공주와 결혼하게 되면서 생긴 관계이다. 그는 부마기도위駙馬騎都尉였고 조상 시기에는 '상서尙書'에까지 이르러 관리를 뽑는 일을 도맡게 되었으니, 사마의 부자에 의해 살해되지 않을 수 없었다. 그때가 바로 249년(魏 曹芳 正始 10)이었다. 이후 사마사司馬師에 의해 이풍李豐, 하후현夏候玄, 허윤許允(阮德如 누이동생의 남편) 등도 254년(魏 曹髦 嘉平 6)에 죽임을 당한다. 뿐만 아니라, 죽림칠현을 대표하는 두 인물 가운데 하나인 혜강嵇康(223~262, 魏 文帝~魏 元帝)도 262년(魏 曹奐 景元 3)에 사마소司馬昭에 의해 처형된다. 사실상 죽림칠현 가운데 혜강과 쌍벽을 이루는 완적阮籍(210~263, 漢 獻帝~魏 元帝)도 비슷하게 당할 뻔했지만, 예순 날 동안 취해 있는 덕분에 다행히 논죄를 면한다.

이러한 시대적 상황 속에서 태어난 것이 바로 죽림칠현이다. 따라서 당시 죽림칠현은 오늘날로 이야기한다면, 곧 반제도권에서 활약한 야인野人 내지 야당野黨들이었다. 그럼에도 불구하고 우리의 죽림칠현에 대한 이해는 상당히 소박하다. 이를테면 죽림칠현은 '대나무 밭에 숨어 살던 일곱 현자'이며, 그들은 은자隱者로서 정치와는 등지고 살았다는 것 정도이다. 그러나 많은 이야기들이 그렇듯, 전문적이고 집중적으로 파고 들어가면 전해지는 바와는 상당히 달라지게 마련이다. 역사의 진실이 모호하듯, 죽림의 진실도 그러하다. 이른바 고사故事란 곧 '옛날이야기'임을 잊어서는 안 된다. 이를테면 술과 노래 그리고 여자에 관련된 많은 이야기들이 오히려 그들의 정체를 애매하게 만든다는 것이다. 분명한 것은 그들은 술을 많이 먹었지만, 위에서 말한 완적의 경우처럼 생명을 보전하기 위해서 마셨을 뿐만 아니라, 때로는 목숨을 걸고 마셨음을 잊어서는 안 된다.

이러한 정체 파악과 더불어 우리가 잊지 말아야 할 것이 있다. 그것은 이른바 '죽림칠현'이란 초창기의 모습일 뿐, 결코 끝까지 그렇게 처음의 모습처럼 남아 있지는 못했다는 점이다. 그런 점에서 죽림칠현이라는 말은 기본적으로 성립되지 않는다. 오히려 사료가 분명한 사람들만을 이야기하면 '죽림삼현' 정도로, 좀 더 넓게 잡으면 '죽림오현' 정도로 정리된다. 내가 말하는 비판이란 무엇보다도 먼저 죽림칠현이라고 흔히들 이야기하는 태도에 대해 적용된다. 사람들은 죽림칠현이라는 용어 때문에 일곱 현자의 생각이 유사하며, 나아가 생각이 일관성을 유지했으리라 생각하지만 역사가 증명하는 그들의 모습은 아쉽게도 결코 그렇지 않다. 나는 그런 점에서 죽림칠현보다는 '죽림오현竹林五賢'이 더욱 과거에 부합하고, 사상사의 서술에 적합하다고 생각한다.

2. 죽림파

위진현학은 크게 셋으로 구별될 수 있다. 첫째는 왕필과 곽상郭象과 같은 명교名教중심주의자들로 '명교파', 또는 현학의 주류라는 점에서 '현학파'라고 부를 수 있는 무리이다. 둘째는 그러한 명교중심적 제도옹호론자들에게 강하게 반발을 한 죽림칠현(위에서 말했듯이 초창기의 일곱 현인)으로 '죽림파', 또는 명교보다는 자연自然을 내세웠기 때문에 '자연파'라고 할 수 있는 무리이다. 셋째는 위진시대 불교의 수입 시기에 활약한 번역가들로 당시의 번역을 승의勝義(內典으로 內典을 해석)와는 달리 격의格義(外典으로 內典을 해석)라고 부르기 때문에 '격의파', 또는 그들이 추구한 지혜의 이름을 따라 '반야파般若派'라고 불릴 수 있는 무리이다.3)

명교파에서 관건적인 문제는 왕필과 곽상의 사상을 제도옹호론이라 부를 수 있는가 하는 데 있다. 물론 나의 생각에서는 그러하지만, 이는 왕필과 곽상 철학의 해석상의 문제를 동반한다. 이를테면 나는 곽상을 체제옹호적일 뿐만 아니라, 한 걸음 더 나아가 전체주의적 시각을 배태하고 있는 인물로 본다.4)

죽림파에서 죽림칠현이 중심이 되는 것은 이론의 여지가 없지만 문제는 그런 류의 자연파들이 과연 현학의 주류가 될 수 있느냐는 데 있다. 나의 생각으로는 자연파는 주류가 아닌 비주류이다. 따라서 위진현학을 말하면서 죽림파를 말하는 것은 일부분에 지나지 않는다. 그럼에도 불구하고 죽림칠현뿐만 아니라 그와 유사한 무리의 색은행괴索隱行怪를 현학의 중앙부로 옮겨 놓는 것은 문제가 되지 않을 수 없다.5)

---

3) 이 책 제2부 제2장 참조.
4) 鄭世根,「郭象與全體主義」(第11屆 國際中國哲學會, 臺北: 國立政治大學, 1999.7.) 참조.
5) 鄭世根,「玄學主流與非主流」(제18차 한국중국학회 국제회의, 1998.8.21., 논평문). 그때 臺灣成功大學의 江建俊 교수는「玄學中的反玄」이라는 글을 통해, 현학의 도가적인 학풍 속에서도 그것을 반대하는 무리(反玄)들이 있다는 글을 발표했는데, 나는 오히려 현학 자체가 유가적이며 나아가 그것을 반대하는 무리가 소수였음을 들어 논박했다. 나의 요지는 하안과 왕필에게 죄를 뒤집어씌우는 태도를 비판한다는 '何王無罪論'이었다.

격의파는 불교 수입 초기의 불경번역자를 일컫는데 여기에는 비교적 긴 물음이 따라온다. 먼저 현학에 불교가 들어갈 수 있는가 라는 기초적인 질문으로, 불교는 수당 대에, 적어도 남북조시대부터 이야기되어야 하지 않느냐는 것이다. 그러나 그것은 단순한 역사적 오해에서 비롯된다. 물론 불교가 꽃핀 것은 남북조와 수당 시기임이 분명하다. 그러나 일찍이 진나라 이후에 벌써 엄청난 불교해석가들이 등장함을 잊어서는 안 된다. 오吳나라의 손권孫權의 비호 아래 강승회康僧會(?~280) 같은 승려는 절(建初寺)을 지어 강남불교를 개창했고, 도안道安(312~385), 지둔支遁(314~366), 혜원慧遠(334~416)은 바로 동진시기의 승려이다. 혜림慧琳은 분명하지는 않지만 이와 비슷하거나 뒤로 처지는 것처럼 보이며, 우리가 가장 잘 알고 있는 승조僧肇(384~414)도 동진 때의 사람이다. 도안이나 혜원 등이 중국고전에 정통해 있었다는 것은 잘 알려져 있고, 지둔과 혜림은 장자의 「소요유」를 주해하기도 했다. 혜원은 구마라집鳩摩羅什(Kumarajiva: 350~409?)[6]과 교리문답을 하기도 했다.[7] 그렇다면 과연 그들은 현학의 주류나 비주류와 어떤 관계를 맺는가? 실제로 그들은 진정으로 육경六經과 노장老莊에 달통한 사람들이었다.[8] 그들의 저작에는 『노자』,

---

6) 아주 단순하게 생각해 鳩摩羅什이 『晉書』「列傳」 65 藝術篇에 소개되고 있음만 보아도, 그를 晉代의 인물로 보는 것은 자연스러운 일이다. 예술편은 신비한 일(怪力亂神)들을 모아놓은 편으로, 天文과 地理의 運數에 통달한 사람들의 이야기이다.

7) 慧遠은 당시 僧伽提婆가 번역한 『阿毗曇心論』과 『三法度論』이 보여 주는 小乘思想의 영향 때문에, 鳩摩羅什이 東晉 隆安 5년(401) 長安에 입성한 이후, 그의 大乘思想과 대립되어 많은 서신토론을 교환한 것으로 알려져 있다. 중요한 것은 法性의 문제였다. 소승과 대승의 비교는 매우 자파중심적이기 때문에 용어상의 객관성이 문제가 있을지라도, 불변하는 自性(神, 識: 『形盡神不滅論』)을 강조한 혜원의 주장은 구마라집의 '공조차 없어야 한다'(空空)는 '畢竟空'과는 거리가 있다. 싯다르타의 번뇌라는 기준에서 볼 때, 나는 구마라집의 의견이 비교적 옳다고 생각한다.

8) 慧遠의 경우, 道安의 門下 가운데 上首로 불경을 연구했지만, 젊어서는 '더욱이 노장을

『장자』, 『역경』 그리고 『논어』의 구절이 툭툭 튀어나오기도 한다. 하다 못해 「소요유」에 대한 해석도 곽상의 입장과는 매우 다르다.[9] 물론 그렇다고 하여 그들이 '중국의 불교화'가 아닌 '불교의 중국화'에만 기여한 것은 아니다. 그들이 그런 용어를 쓴다 하여 반야의 지혜를 포기한 것은 결코 아니기 때문에, 격의로만 밀고 나가는 데에도 일정한 문제가 있을 수 있다. 그러나 그들은 인도불교의 번역과정에서 중국고전의 역할을 심도 있게 고민했고, 그 결과로 '격의불교'라는 사상사적 의의를 우리들에게 가져다주었다. 이러한 그들을 통틀어 나는 격의파라고 부르는 것이다.

우리의 주제는 죽림파에 있다. 그러나 명교파와 격의파와 같은 주변 상황을 생각하지 못한다면, 죽림파에 대한 정확한 이해도 불가능하다.

죽림파란 명교파에 대항하여, 다시 말해 제도옹호론에 대한 반명제로 그들의 사상을 전개해 나갔으며, 명교파는 제도권 속의 사상가들이었고 죽림파는 반체제적인 사고를 지니고 있었다. 죽림파는 명교에 대한 철저한 부정으로 일관하지만, 명교파는 죽림파에 대한 새로운 논리개발을 꾀한다. 이를테면 제도는 인간의 본성이 만들어 낸 것이고 인간은 본성적으로 제도를 만들 수밖에 없다는 식의 '제도와 본성의 동일성' 같은 것이다.

반면, 격의파들은 죽림파에 대해 두 가지 유비적 의미를 갖는다. 첫째는 그들이 인도의 불교와 중국의 사상을 만나게 해 준 것처럼 명교파

잘했다'(『고승전』, 권6, 「혜원전」, "少爲諸生, 博綜六經, 尤善莊老")라고 알려져 있다.
9) 이를테면, 붕새는 붕새대로 참새는 참새대로의 즐거움을 인정하는 郭象의 입장에서는 불교적 수양론이 개입될 여지가 없기 때문에, 支道林(遁)은 이런 견해를 반대하는 것이다.

가 아닌 죽림파일지라도 나름대로 유가와 도가의 만남을 어쩔 수 없이 일정 부분 받아들이고 있다는 것이고, 둘째는 죽림파들의 개인 중시의 태도는 자아해탈을 목적으로 하는 불교의 수양론이 용납될 수 있는 문화적 토양을 간접적으로 간척干拓했다는 점이다.

위진시대 이러한 3파는 나름대로의 특징 속에서 자신을 전개해 나간다. 명교파들에게 인간의 제도로부터의 탈리는 곧 사람임을 내던지는 일이 되고 만다. 그러나 죽림파들에게 제도는 사람이 벗어 버려야 할 것만이 아니라 오히려 인간의 본성을 타락시키는 것이다. 그리고 격의파들에게 중국 전통 경전은, 자세히 말해, 노자와 장자의 철학은 번역을 위해 매우 유효했고, 때로는 유가의 사상도 의미의 전달을 위해 선택되었다.

3. 인물들

죽림칠현이란 아래의 일곱 인물을 가리킨다.

(1) 초국譙國의 혜강嵇康
(2) 진류陳留의 완적阮籍
(3) 하내河內의 산도山濤
(4) 하내河內의 향수向秀
(5) 패국沛國의 유령劉伶

(6) 완적의 조카(兄子)인 완함阮咸

(7) 낭사琅邪의 왕융王戎

이러한 일곱 사람이 죽림칠현이라 불리는 것은 이들을 여러모로 대
표할 수 있는 혜강의 전기인 『진서晉書』「혜강열전嵇康列傳」에서이다. 혜
강이 위의 이러한 사람들과 '정신적 교분'(神交)을 맺어 대나무 밭에서
노닐었기에 세상 사람들이 '죽림칠현'이라고 불렀다는 것이다. 왕융은
혜강과 산양山陽에서 머물렀던 20년보다 더 즐거웠던 때는 없었다고 고
백하기도 했다.10) 그런 점에서 죽림을 불교적 정원인 죽원竹園으로 보는
것은 명확한 증거가 없다. 아마도 죽림은 혜강의 집이나 가까운 곳의
대나무 밭을 가리키지 않았을까 싶다. 그의 집에는 매우 무성한 버드나
무가 있고 거센 냇물이 에워싸고 있었으며 그 아래에서 여름이면 대장
일을 하기도 했다11)는 것으로 보아, 그의 집 언저리에 대나무 밭이 있
었음을 추정하는 것은 무리가 아니다.12) 그들의 행적에 관한 이야기는
『세설신어世說新語』와 『태평어람太平御覽』에도 산발적으로 실려 있지만,
가장 기본적인 『진서』의 열전을 중심으로 인물별로 개략적으로 정리해
보자.

---

10) 『晉書』,「嵇康列傳」.

11) 『晉書』,「嵇康列傳」, "宅中有一柳樹甚茂, 乃激水圜之. 每夏月, 居其下以鍛."

12) 『水經』「淸水注」에서는 郭緣生의『述征記』(『隋書』「經籍志」에『述征記』2권이 있음)를
   인용하여 "白鹿山東南二十五里, 有嵇公故居, 以居時有遺竹焉"이라 하고, 또한 "長泉又逕
   七賢祠東, 向子期所謂山陽舊居也, 後人立廟於其處. 左右筠篁列植, 冬夏不變貞萋"(향자기는
   향수, 균황은 대나무 숲)라 했으며, 『太平寰宇記』「懷州河內縣」에서는 "嵇康, 晉之七賢
   也, 今有竹林尙存"이라 하고 있어, 嵇康 故宅에 대나무 숲이 있었음을 알 수 있다. 王曉
   毅, 『嵇康評傳』(南寧: 廣西敎育, 1994), 60쪽 주에서 재인용.

(1) 혜강

혜강嵇康(魏 文帝 黃初 4~魏 元帝 景元 3, 223~262)의 자字는 숙야叔夜이고, 초
국의 질銍 사람이다. 선대의 성은 해奚씨로 회계會稽 상우上虞 사람이었으
나 원한을 피해 이사를 했다. 질에 혜산이 있고 집이 그 옆이라 혜씨로
바꿨다. 형인 희喜는 뛰어난 사람이어서 태복太僕과 종정宗正 벼슬을 했다.

혜강은 일찍이 고아가 되었으나 재주가 있었다. 키는 7척 8촌으로
풍모가 좋았다. 스승이 없었으나 넓게 공부했고, 특히 노자와 장자를
잘했다.(學不師受, 博覽無不該通, 長好老莊) 위 종실과 결혼했다.

늘 양생술을 닦았으며, 거문고를 뜯고 시를 읊는 것으로 만족해했
다.(常修養性服食之事, 彈琴詠詩, 自足於懷) 양생은 지식이 쌓여 얻을 수 있는 것
이 아니고 수행으로 얻는 것이라는 『양생론養生論』이라는 글을 썼다. 또
군자는 '내가 없다'(無私)고 여겨, "낮추거나 높이려 하는 것이 마음에 없
으니 명교를 넘어 자연에 맡길 수 있고 감정도 욕망에 얽매이지 않는
다"[13]고 주장했다.

혜강은 약을 얻기 위해 산과 못을 다녔다. 때론 돌아오길 잊어버리

---

13) "矜尚不存乎心, 故能越名教而任自然; 情不繫於所欲." 이 문장이 이른바 '越名教而任自然'
　　의 구절이 처음 나오는 곳이다. 그러나 문제는 많다. 淸 嚴可均의 『全三國文』 卷50의
　　『釋私論』에는 위에서 인용한 그 문장이 빠져 있기 때문이다. 그 문장은 『晉書』 「列傳」
　　第19卷 '혜강전'에서 나온다. 『전삼국문』의 『석사론』에는 그 문장이 빠져 있는 채로
　　다음에 "故能審貴賤而通物情. 物情順通, 故大道無違, 越名任心, 故是非無措也"라고 되어
　　있을 뿐이다. 또한 『진서』는 혜강이 "『養生論』을 지었다"(乃著養生論)라고 하면서 바
　　로 이어 "또한 군자는 내가 없다고 여겨, 그 글에서/그것을 논하여 말하길"(又以爲君
　　子無私, 其論曰)이라 하여, 그 글 또는 그것이 마치 君子無私論 곧 『석사론』이 아닌
　　『양생론』으로 오해될 소지도 없지 않다. 흔히들 말하는 '명교'와 '자연'의 대립구는
　　따라서 『전삼국문』의 완전한 형태의 『석사론』이 아닌 『진서』의 「열전」에 인용된 『석
　　사론』(정확히는 『군자무사』이며, 『양생론』의 일정 부분일지도 모르는)임을 알아야
　　한다.

기도 했는데, 나물 캐러 온 사람들(樵蘇者)이 맞닥트리면 신선인 줄 알기도 했다.

산도가 관리로 뽑혀 가면서 같이 가자고 했을 때, 절교를 선언하면서 지은 글이 남아 있다. 그 가운데 "노자와 장주는 나의 스승으로 스스로 천한 직책에 머물렀으며, 유하혜柳下惠와 동방삭東方朔은 달인達人으로 낮은 지위에서 편안해했는데(安乎卑位), 내 어찌 짧음(短)을 취하겠는가"라고 말하면서 산도를 꾸짖었다.

혜강은 「유분시幽憤詩」에서 "장자와 노자에 기대길 좋아해서, 외물을 천하게 여기고 자신을 귀하게 여겼으며, 박실함을 지키려고 했고, 소박함을 기르고 참됨을 온전케 하려 했다"(託好老莊, 賤物貴身, 志在守樸, 養素全眞)라고 하면서 자신의 뜻이 정신과 육체를 기르는 데(頤神養壽) 있음을 분명히 했다.

혜강은 가난하여 향수와 더불어 집안의 큰 나무 아래에서 대장일로 먹고산 적이 있었는데, 귀공자인 종회鍾會가 찾아왔지만 예를 갖추지 않고 대장질을 멈추지 않았다. 그가 돌아가려 하자 혜강은 "무엇을 들으러 왔다 무엇을 보고 가는가?"(何所聞而來, 何所見而去) 하였다. 종회는 "듣던 바를 들으러 왔다 본 대로 보고 간다"(聞所聞而來, 見所見而去)라고 대꾸하였다. 이로부터 종회는 혜강에 서운함(憾)을 갖게 되고, 문제文帝에게 "혜강과 여안呂安 등이 함부로 지껄이고 전장제도를 비방하니 제왕이 용납해서는 안 된다"(康安等言論放蕩, 非毀典謨, 帝王者所不宜容)라고 하면서 "마땅히 허물에 따라 없애 버려 풍속을 교화해야 한다"(宜因釁除之, 以淳風俗)라고 무고(誣)하였다.

동쪽 저자에서 혜강이 처형되려고 할 때, 태학생 3천 명이 스승으로 모시고자 했으나 허락하지 않았다. 그는 그림자를 바라보며 거문고를 뜯으면서 어떤 이름도 모르는 사람(古人)에게 배운 명곡인 광릉산廣陵散이 이제 끊어짐을 안타까워했다. 향년 40세였다.

혜강은 「태사잠太師箴」을 지어 제왕의 도를 밝혔으며, 『성무애락론聲無哀樂論』은 매우 조리가 있는 글이다. 아들은 소紹이다.

(2) 완적[14]

완적阮籍(漢 獻帝 建安 15～魏 元帝 景元 4, 210～263)의 자는 사종嗣宗, 진류陳留의 위씨尉氏 사람이다. 아버지 우瑀는 위나라의 승상으로 이름난 자이다. 완적의 용모는 빼어났으며 즐거움과 화남이 얼굴에 드러나지 않았다. 문 닫고 책을 보면 몇 달이고 나오지 않았으며, 산수를 즐기러 나가면 날이 다 가도록 돌아오지 않았다. 여러 전적을 넓게 보았고 더욱이 장자와 노장을 좋아했다.(博覽群籍, 尤好莊老) 술을 즐겼으며 휘파람을 잘 불렀고, 거문고를 잘 탔다.(嗜酒能嘯, 善彈琴) 뭔가에 빠지면 몸뚱이를 잊어버려(當其得意, 忽忘形骸) 사람들이 미쳤다(癡)고 했지만 집안의 형인 문업文業만이 그것을 탄복하여 자신보다 낫다고 하니, 모두 그의 남다름을 칭찬했다. 이후 많은 벼슬을 했다.

완적은 본디 세상을 구제하는 데 뜻이 있었으나 위나라가 진나라로 바뀌는 과정에서 많은 일들이 발생하면서 지식인들이 남아나지 못하게

---

14) 『晉書』에는 「완적열전」이 「혜강열전」보다 먼저 나온다. 완적, 완함(완적의 조카라서 완적 편에 딸려 나옴), 혜강, 향수, 유령이 모두 함께 권49 「열전」 제19로 함께 나오고, 「완적열전」 한참 앞에 산도와 왕융의 열전이 권43 「열전」 제13으로 나온다. 참고로 裴頠는 裴秀의 아들로 권35 「열전」 제5에, 郭象은 권50 「열전」 제20에 나온다.

되자 세상일을 그만두고 술로 지새웠다. 문제文帝가 무제武帝(炎)를 위해 완적에게 구혼을 하자, 그는 60일 동안 취해 말을 하지 않았다. 종회가 자주 이 일을 물어 가부에 따라 치죄를 하려 했지만 모두 만취酩醉해 있어 피할 수 있었다. 문제가 정치를 할 때, 완적이 문제에게 동평東平의 풍토가 좋다고 하자, 문제는 기뻐하여 그를 동평의 재상으로 벼슬을 내린다(拜東平相). 그는 발령 받자마자 담벼락을 허물고 법령을 깨끗하고 간단하게 만들어 열흘 만에 돌아온다. 그러자 임금은 또 다른 벼슬을 내리기도 한다. 그때 아들이 어머니를 죽인 일이 벌어지는데, 완적이 "어, 아버지를 죽이는 것은 괜찮지만, 어머니까지 죽이다니!"(嘻! 殺父乃可, 至殺母乎!)라고 하자 사람들이 그의 실언을 괴이하게 여겼다. 임금이 "아버지를 죽이는 것은 천하의 극악무도한 일인데 죽여도 괜찮다니 그 까닭이 무엇인가"를 물었다. 완적이 "짐승은 에미를 알아도 애비를 모르니 애비를 죽이는 것은 짐승이라는 것인데, 에미를 죽이는 것은 짐승도 하지 않는 것"이라고 대답하자 사람들이 즐거이 받아들였다.

완적은 예교에 구애받지 않았으며, 매우 효성스러워 어머니가 돌아가셨을 때, 술 두 말을 먹고 피 몇 되를 토하는 일이 연거푸 있어, 말라 비틀어져 죽을 듯했다. 배해裴楷가 조문을 왔을 때, 완적은 산발을 하고 취해서 멀거니 쳐다보기만 했다. 사람들이 배해에게 "손님은 예를 다하는데 주인이 곡을 하지 않고 손님이 어찌 곡을 하는가"라고 묻자, 그는 "완적은 이미 초탈한 사람으로 예법을 숭상하지 않았지만, 나는 속세의 사람이니 의식을 따랐다"(阮籍既方外之士, 故不崇禮典; 我俗中之士, 故以軌儀自居)라고 대답한다. 완적은 눈을 하얗게 뒤집을 줄 알았는데(靑眼白眼) 예의만을 지키려는 속세의 사람들이 오면 하얀 눈으로 응대(以白眼對之)했다.[15) 혜강의 형인 희가 왔을 때도 그랬다는 이야기를 듣고, 혜강이 술을 들고 가야금을 끼고 오자 그때서야 크게 기뻐하며 눈을 바로 했다.(乃齎酒狹琴造焉, 籍大悅, 乃見青眼) 이러니 예법을 지키는 사람들이 그를 원수처럼 여겼지만 임금이 매번 보호해 주었다.

완적은 형수가 친정에 갈 때 서로 보고 헤어졌는데 사람들이 이를 두고 나무라자, 완적은 '예가 어찌 나를 위해 만들어졌겠는가'(禮豊爲我設邪!)라고 탄식하기도 했다. 이웃집 예쁜 부인이 하는 술집에서 취해 그 옆에 자도 그 남편이 의심하지 않았다. 재색이 뛰어난 아가씨가 결혼도 못하고 죽자 그 부모형제도 모르면서 곡을 하다 지치면 돌아오기도 했다. 밖으로는 넓디넓고 안으로는 맑고 맑은 사람이 이런 사람이다.(其外坦蕩而內淳至, 皆此類也) 때론 갑자기 홀로 말을 몰고 나가 제멋대로 달리다가 수레바퀴 자국이 없는 곳에 이르러 맘껏 울고 오기도 했다. 광무廣武에 올라서 초한楚漢의 전쟁터를 보고는 "영웅이 없는 때로다. 내시內侍가 이름을 날리게 하는구나!"(時無英雄, 使豎子成名)라고 탄식하기도 했다. 「호걸시豪傑詩」를 짓기도 했다. 경원 4년 겨울에 죽었다. 향년 54세였다.

완적의 「영회시詠懷詩」 80여 편은 세상 사람들이 귀하게 여기는 것이고, 『달장론達莊論』은 무위의 귀중함을 서술했다. 그는 소문산蘇門山에서 손등孫登을 만나 호흡술(栖神導氣之術)에 대해 이야기하고자 했으나 이루어지지 않자 긴 휘파람을 불며 물러났는데, 반쯤 내려왔을 때 봉황의 소리 같은 손등의 휘파람 소리를 듣게 되었다. 이에 내려와서 지은 것이 『대인선생전大人先生傳』이다.

---

15) 이 이야기에서 우리가 쓰는 '白眼視'라는 말이 나온다.

아들은 혼渾, 자는 장성長成, 아버지의 기풍을 지녔다.

⑶ 산도

산도山壽(漢 獻帝 建安 10~晉 武帝 太康 4, 205~283)는 자가 거원巨源이고, 하내河內의 회懷 사람이다. 어려서 일찍이 고아가 되었으며, 가난했다. 장자와 노자를 기질적으로 좋아했고, 언제나 자신을 숨기고 어리석은 척했다.(性好莊老, 每隱身自晦) 혜강과 여안과 잘 지냈고 나중에 완적을 만나, 죽림에서 교우하였다. 혜강이 죽을 때도 아들인 소에게 "거원이 있으니, 너는 외롭지 않다"고 말했다.

산도는 조상曹爽이 사마의에 의해 당할 것임을 2년 전에 예측했다. 늦어서는 종회와 『숭유론崇有論』을 쓴 배위裴頠의 아버지 배수裴秀와도 친하게 지냈다.(款昵) 그들이 권력 다툼을 할 때도, 산도는 평상심으로 중용을 지키며 있어야 할 자리에 있어 모두 원한이 없었다(壽平心處中, 各得其所, 而俱無恨焉). 이후 대장군종사중랑大將軍從事中郎에 천거된다. 이후 산도는 늘 정치를 떠나려 했지만 받아들여지지 않아 만년까지 높은 관직을 영위한다. 군대를 길러 반란을 억압할 것을 제안하기도 했지만 실행되지 않아 결국 천하가 어지럽게 되기도 한다.(永懷年間) 태강太康 4년에 죽는다. 향년 79세로, 시호는 강康이다.

산도는 높은 자리에 있으면서도 곧게 삼가면서 검약했으며, 작위가 천승의 지위와 같았지만 아내의 몸종조차 없었다.(及居榮貴, 貞愼儉約, 雖爵同千乘, 而無媵媵) 시류와 다를 수 없어 뇌물을 받아 놓은 적이 있었으나 나중에 일이 터져 조사해 보니, 먼지가 쌓인 채로 묶어 놓은 것이 처음과 같았다.

산도는 여덟 말을 마셔야 비로소 취했는데, 임금이 시험코자 여덟 말을 먹이면서 몰래 더 담아 놓았으나, 그는 그 양만큼만 마시고 더 이상 마시지 않았다. 아들은 해該, 순淳, 윤允, 모謨, 간簡이 있다.

(4) 향수16)

향수向秀(魏 明帝 初~晉 武帝 咸寧 末, 227?~280?)의 자는 자기子期로, 하내河內의 회懷 사람이다.17) 여려서 산도가 알아보았고, 노장의 학문을 아끼고 좋아했다.(少爲山濤所知, 雅好老莊之學) 장주가 내외 수십 편을 지었는데, 세대를 거치면서 재사才士들이 보긴 해도 그 뜻을 알맞게 논하지 못했는데, 향수가 숨은 뜻을 찾아내어 뛰어나게 밝혀 놓아 현풍玄風을 진작시켰다. 혜제惠帝의 시대에 곽상이 또한 해설하니 유묵의 업적이 비루해지고 도가의 말이 성행했다.18) 처음 향수가 주를 달고자 하자, 혜강은 "그 책이 어찌 다시 주를 달아야 할까. 약을 만드는 데 방해가 될 뿐이다"라고 하였다.

향수는 혜강이 대장질을 할 때 도와주었는데, 둘이 서로 잘 맞아서 옆에 사람이 없는 듯했다. 여안과도 같이 산양에서 지내기도 했다. 향수는 혜강의 처형을 슬퍼하여 「사구부思舊賦」를 지어, "혜강의 뜻은 멀고도 성글며, 여안의 마음은 밝으면서도 내친다"(嵆意遠而疏, 呂心曠而放)라고

---

16) 蕩一介, 「郭象與向秀」, 『郭象與魏晉玄學』(臺北: 谷風 影印本, 序1982), 128쪽.
17) 향수는 산도와 同鄕이다.
18) 그러나 내가 보기에 그것은 史家의 주관적인 평가이다. 왜냐하면 곽상이 『장자』를 주한 것은 사실이나, 과연 장자의 학풍을 發揚廣大했다고 보기는 어렵기 때문이다.

읊었다.

나중에 여러 관직에 올랐으나, 조정에서 임직하지 않는 명예일 뿐이었다.(在朝不任職, 容迹而已) 순純과 제悌 두 아들이 있다.

(5) 유령

유령劉伶(生卒不詳, 완적과 비슷)의 자는 백륜伯倫으로 패국沛國 사람이다. 키는 6척이었고 용모는 못생겼다. 자유분방했고, 늘 우주를 조그마하게 보고 만물을 평등하게 보는 마음을 지녔다.(放情肆志, 常以細宇宙齊萬物爲心) 말이 적고 함부로 교유하지 않았는데, 완적과 혜강을 만나 반가워서 손을 잡고 산속으로 들어갔다. 그는 술병을 들고 오게 하면서 삽도 들고 따라오게 했는데, '죽으면 묻으라'(死便埋我)는 것이었다. 목이 말라 처에게 술을 사 오라고 하자, 처는 술을 버리고 잔을 부수면서 울면서 말하기를 "당신은 술이 너무 지나쳐 건강에 좋지 않으니 반드시 끊어야 한다"(君酒太過, 非攝生之道, 必宜斷之)라고 했다. 그러자 유령은 "좋다. 나는 혼자서 끊을 수 없으니 귀신에게 제사를 지내 스스로 약속해야만 한다. 바로 술과 고기를 준비하라" 하여, 술을 사 오게 한다. 그러고는 "하늘이 유령을 낳을 때, 술로 이름을 삼으라 했다. 한 번 마시면 열 말이요, 닷 말을 마셔야 해장이 된다. 아녀자의 말은 들어서는 안 된다"(天生劉伶, 以酒爲名. 一飮一斛, 五斗解酲, 婦兒之言, 愼不可聽)라며 마시기 시작하여 다시 취하고 만다. 술에 취해 얻어맞게 되자, "내 닭갈비는 존귀한 주먹에 어울리지 않는다"(鷄肋不足以安尊拳)라면서 웃음을 자아내기도 한다.

유령의 글로는 오로지 「주덕송酒德頌」 한 편이 있다. 대인선생大人先生

이 있어 천지일월과 더불어 잘 살았는데, 귀공자와 진신처사搢紳處士(儒家)
가 나타나서 예법을 진설하여 시비가 벌떼처럼 일어나게 되었으므로(陳
說禮法, 是非蜂起), 술을 만들어 춥고 더움이나 이익과 욕심을 못 느끼게 해
주었다는 요지이다. 남들과 달리, 무용하게 하는 일이 없어 장수했다.

(6) 완함

완함阮咸(완적의 조캐兄 子)은 자가 중용仲容이다. 아버지는 희熙로, 무도
武都 태수였다. 완함은 구애받는 것이 없어 숙부인 완적과 죽림에서 노
닐었는데, 당시의 예법주의자들은 그 행위를 비난했다. 완함과 완적은
길 남쪽에 살았고 다른 완씨들은 길 북쪽에 살았는데, 북쪽 완씨는 잘
살고 남쪽 완씨는 못 살았다. 칠석날 북쪽 사람들이 호화스럽게 비단옷
을 자랑하듯 말리자, 완함은 마당에서 대나무에 거죽을 걸어 놓고 엉뚱
한 짓을 하며 그들을 조롱했다.

산도는 완함이 '바탕이 곧고 욕심이 적으며 맑고 흐림을 잘 구별한
다'(阮咸貞素寡欲, 深識淸濁)고 추천했으나 술을 좋아한다 하여 등용되지 못했
다. 떠나가는 여종을 손님의 말을 빌려 좇아가 함께 타고 돌아와 구설
수에 오르기도 했다.

완함은 음률에 밝았으며 비파를 잘 탔다. 비록 세상과는 교류하지
않았으나, 친지들과 더불어 노래와 술을 즐겼다. 완씨들은 술을 잘 먹어
잔을 쓰지 않고 큰 그릇에 술을 떠 놓고 둘러앉아 마셨다. 천수를 누렸
고, 아들은 첨瞻과 부孚가 있다.

(7) 왕융

왕융王戎(魏 明帝 青龍 2~晉 惠帝 永興 2, 234~305)의 자는 준충濬沖, 낭사琅邪의 임기臨沂 사람이다. 할아버지는 웅雄으로 유주幽州의 자사刺史였고, 아버지는 혼渾으로 양주涼州의 자사였다. 왕융은 어려서부터 총명하고 생각이 빼어났다.(戎幼而穎悟, 神彩秀徹) 그는 해를 봐도 아찔하지 않았는데, 배해[19]는 그의 눈이 빛났기 때문이라고 생각했다. 예닐곱 살 때 선무장宣武場에서 울안의 맹수가 으르렁거리자 사람들이 모두 도망갔지만 그만 태연자약해서, 위 명제가 위에서 보며 기이하게 여겼다. 또 아이들과 길옆에서 놀다 오얏나무에 열매가 많이 달린 것을 보고는 모두 달려갔지만, 왕융만은 가지 않았다. 그 까닭을 물으니 '길옆에 나무가 있고 열매가 많은데, 반드시 쓴 오얏일 것'(樹在道邊而多子, 必苦李也)이라고 말했다.

완적은 그의 아버지 혼과 친구였다. 왕융이 15살 때 아버지를 따라 관사에 머물렀는데, 그가 비록 완적보다 20살이나 어렸지만 완적은 그와 교류했다. 완적이 혼을 만나러 갈 때마다 갑자기 생각이나 문뜩 들려 왕융을 보고 잠깐 동안 있다 나오곤 했다.(籍每適渾, 俄頃輒去, 過視戎, 良久然後出) 그리고는 혼에게 "준충(융)은 맑아서 벼슬아치 무리가 아니다. 벼슬아치랑 말하는 것은 융과 이야기하느니만 못하다"(濬沖淸賞, 非卿倫也. 共卿言, 不如共阿戎談)라고 했다. 혼이 죽었을 때 많은 부의가 들어왔지만 받지 않아 이름이 났다.

왕융이 완적과 술을 마실 때 연주兗州의 자사인 유창劉昶(字 公營)과 자리를 함께했는데, 술이 모자라 완적이 유창에게 주지 않았지만 그도 나

---

19) 앞의 (2) 완적 편을 보라.

쁜 기색이 아니었다. 왕융이 이상하게 여겨 다른 날 완적에게 묻자, "공영보다 나아도 술을 주지 않을 수 없고(不可不與飮), 공영보다 못해도 술을 안 줄 수 없지만(不敢不共飮), 공영만은 술을 주지 않을 수 있다(可不與飮)"[20]고 답한다. 왕융이 완적과 죽림에서 노닐 때 왕융이 늦은 적이 있었는데, 완적이 "속물이 와서 남의 분위기(人意)를 망(敗)치는구나"라고 하자, 왕융은 웃으면서 "나으리들의 분위기는 쉽게도 망치는구려"라고 대꾸하기도 했다.

종회가 촉을 치러 갔을 때, 왕융은 "노자에는 '하면서도 자랑하지 않는다'는 말이 있는데, 공을 이루기는 어렵지 않지만 지키기가 어렵다"(道家有言, 爲而不恃[21], 非成功難, 保之難也)라며 예측했는데 그대로 되었다.

여러 벼슬을 하였고, 혁혁한 무공을 세우기도 했다. 그러나 수뢰사건으로 명예가 손상되기도 했다.

어머니가 돌아가셨을 때, 성격이 효성스러웠지만 예제에 구속되지 않았다.(性至孝, 不拘禮制) 배위가 문상을 왔을 때 보니, 술을 마시고 죽을 듯했다. 때마침 아버지 상을 당한 화교和嶠는 쌀을 세서 아주 조금만 먹었는데, 이를 보고 임금이 묻자, 유의劉毅는 "화교는 살고자 하는 효(生孝)요, 왕융은 죽고자 하는 효(死孝)이니, 폐하는 왕융을 먼저 걱정해야 한다"라고 답한다. 왕융은 구역질(吐疾)이 있었는데, 상을 치르면서 더욱 심

---

20) 완적은 '勝減'으로 나음과 모자람을 표현하는데, 이때 그것이 가리키는 것은 관직의 고하를 말할 수도 있고, 단순히 주량을 말하는 것일 수도 있지만, 전체적인 인격 수준을 가리키는 것으로 보아야 할 것이다.

21) 『老子』, 제2장, "生而不有, 爲而不恃, 功成而弗居."
『老子』, 제10장, "生而不有, 爲而不恃, 長而不宰, 是謂玄德."
『老子』, 제77장, "是以聖人爲而不恃, 孔成而不處."

해졌다. 임금은 의사를 보내고 약을 내렸고 손님맞이를 못하도록 했다.

배위는 왕융의 사위이다. 딸이 배위에게 시집갈 때, 수만금을 꾸어 주었는데 오래되어도 갚지 않았다. 딸이 와도 좋아하지 않았는데, 그 돈을 갚아 버리자 좋아했다. 조카가 결혼할 때 왕융은 옷 한 벌을 물려 주었는데, 결혼이 끝나자 다시 달라고 하기도 한다. 집에 좋은 오얏나무가 있어 늘 내다 팔았는데 사람들이 씨앗을 얻을까 봐 씨에 구멍을 뚫어 놓아 사람들의 비난을 샀다. 영흥 2년에 겹현郟縣에서 죽었다. 향년 72세로, 시호는 원元이다.

황공黃公 술집을 지나다 이런 말을 한 적이 있다. "내 옛날 혜강과 완적과 더불어 이곳에서 연회를 벌이며 화락했는데, 죽림에서 노는 것도 끝이 보였다. 혜강과 완적이 죽음에 이르고 나서 나는 시대에 굴레와 고삐가 끼워졌노라. 오늘 이곳을 가까이 보는데도 산하처럼 아득히 멀게 보이는구나."22)

아들은 만萬인데 어려서부터 살이 쪄, 왕융이 겨䵃를 먹이도록 했지만 그래도 살이 쪘고, 19살에 죽었다. 사촌동생으로 왕연王衍이 있다. 왕연은 하안과 왕필의 학설을 좋아했지만, 배위는 반대했다.

---

22) 吾昔與嵇叔夜, 阮嗣宗酣暢於此, 竹林之遊亦預其末. 自嵇阮云亡, 吾便爲時之所羈紲. 今日視之雖近, 邈若山河!

4. 내부 분열

왕융의 말처럼, 죽림에서 노니는 것은 끝이 보이는 일이었다. 혜강은 죽임을 당하고, 완적은 원수가 많았다. 그들의 자유분방한, 다시 말해, 굴레도 없고 고삐가 풀린 듯한 태도와 행동은 많은 사람들의 구설수에 오를 수밖에 없는 일이었다. 혜강은 이를 "명교를 뛰어넘어, 자연에 맡긴다"(越名教而任自然) 또는 "이름을 넘어 마음에 맡긴다"(越名任心)고 했는데,[23] 그는 뛰어넘어서는 안 될 것을 뛰어넘고 말아 목숨을 잃었다. 완적도 당시 명사들을 백안시하는 등 갖은 수단과 방법으로 불만을 표시하고 자신은 제멋대로 살았지만, 임금의 비호로 탈이 없었을 뿐이다.

그러나 진정 그 끝은 오히려 내부 분열을 시작으로 구체화된다. 산도의 경우는 조상과 사마의가 싸우자 변란을 피해 죽림에서 노닐었으나, 사마씨의 승리가 확정되자 출사出仕를 마다하지 않았다. 비록 산도의 정치생활은 검소하고 겸손하여 남의 칭송을 받을 만한 것이기는 했지만, 우리가 알고 있는 죽림칠현의 탈정치적인 행동과는 거리가 멀다.

왕융은 어려서부터 총명하여 완적이 스무 살 어린 그와 교유하기도 했지만, 말년의 행동은 구두쇠 영감의 모습에 지나지 않는다. 젊은 시절 혜강과 완적과 노닐던 것이 말년에 하나의 회한으로 남은 듯하지만, 그의 일생은 도가류의 사고와는 거리가 있다. 특히 그의 사위인 배위가 바로 『숭유론崇有論』으로 무無를 중심으로 하는 일련의 사고에 쐐기를 박는 사람임을 기억하자. 종제從弟인 왕연王衍이 하안과 왕필의 무론을

---

23) 주13)을 보라.

좋아했다고는 하나,24) 그의 행적 역시 비루하기 짝이 없다.25)

그런 점에서 혜강의 열전에 나오는 죽림칠현 가운데 빠져야 할 인물은 너무 많다. 혜강은 산도가 정치권으로 뛰어들자 절교를 선언한다. 그 선언서가 바로 「산거원과 절교하는 글」(與山巨源絶交書)이다. 산도가 혜강에게 같이 일할 것을 권유했으나, 더 이상 벗 삼을 수 없다고 대답하고 마는 것이다. 물론 혜강도 죽음에 임박해서는 아들 소에게 "너는 거원이 있으니 외롭지 않겠구나" 하고 오랜 정분을 드러내기도 한다. 산도와 혜강은 아주 밀접한 공통점이 있었다. 그들은 모두 어려서 고아가 된 처지였다. 그때, 혜강이 아들에게 너는 산도가 보살펴 줄 것이라고 말하는 것은 자연스러운 일일 것이다. 그러나 서로의 길은 분명 달랐다. 혜강은 아버지 우瑀가 위나라의 승상丞相을 지냈을 정도이고, 그의 처조차 위의 종실宗室인 장락정공주長樂亭公主였다. 그런 점에서 그는 사마씨의 무리에 협조할 수 없었을 것이다. 산도는 그런 점에서는 자유로웠으며 더욱이 정치적 배경이 없었다. 40살에 이르러서야 정치의 문을 두드린 셈이다. 게다가 자기를 드러내지 않고 알아도 모르는 듯 지내는 성격이니 격동기에 적합한 인물이었던 것이다. 산도는 혜강보다 20살 못 미치게 나이가 많았다. 그는 완적보다도 5살이나 많았다. 왕융과 따져

---

24) 『晉書』, 「王戎列傳」, 王衍 條. 왕연은 하안, 왕필 등이 노장을 스승으로 삼아 말하는 것(祖述)을 중시했으나, 배위는 반대했다고 전한다.

25) 東海王 越이 軍中에서 병사하자 장교들은 명성이 높은 왕연을 추대하였는데, 이후 왕연이 石勒에게 잡혔을 때 그는 자신에게 책임이 없다면서 오히려 석륵을 천자로 즉위토록 도와주겠다고 한다. 이에 석륵은 어이가 없어 명사인 그를 처형할 수도 없어 밤에 벽을 무너뜨려 깔려 죽게 한다. 왕연은 사촌 형인 왕융보다 이름이 높았다고 전한다. 宮崎市定 지음, 조병한 옮김, 『중국사』(서울: 역민, 1983 · 1985), 177쪽. 저자는, 淸談은 한대의 비판적 정치 여론인 淸議와도 다르며 逸民사상이 귀족화한 것으로 보지만, 왕연은 위선자로 여긴다.

본다면 25살의 차이를 보인다. 아무래도 산도는 현실과 타협하기에도 좋을 정도로도 나이가 많았던 듯싶다. 결국, 산도는 혼란기에 잠시 죽림에서 노닌 것뿐이라고 보아도 큰 무리는 없다.

산도가 빠진 다음, 이야기할 수 있는 것이 왕융이다. 왕융은 완적이 친구의 아들로 허교許交하는 바람에 죽림칠현에 낀 인물이다. 어떻게 보면 젊은 초빙 인물인 셈이다. 그런데 그에 관한 이야기는 어렸을 때의 총기와 관련된 이야기를 빼놓고는 특별한 것이 없다. 정치를 하거나 군사를 몰아 공을 세운 것을 제외하곤, 비교적 부정적인 그의 성격에 관한 이야기이다. 아버지가 돌아가셨을 때는 부의금도 물리치던 사람이었는데, 뒤의 기록에 따르면 돈과 관련된 불미스러운 일이 지속적으로 발생한다. 같은 칠현 가운데 하나인 유령에 따르면 '춥고 더움이 육체에 못 미치고, 이해와 욕심이 감정에 못 이르도록'(不覺寒暑之切肌, 利欲之感情) 술을 마셔야 죽림에서 노닐 만한 것인데, 왕융에게 그런 기개나 호방은 찾아볼 수 없다. 좋은 오얏의 씨가 퍼질까 봐 씨에 구멍을 뚫고 오얏을 팔았다는 장면에 이르러서는 말문이 막힐 정도이다. 왕융은 산도보다는 일곱 살 덜 살아 72살에 죽는다. 역사서 속의 인물 평가로는 아무래도 산도가 왕융보다 나은 것으로 묘사된다. 그런 점에서 산도도 그랬지만 왕융은 정말로 죽림의 손님 가운데 손님이었다. 그가 말년에 혜강과 완적과 더불어 술을 마신 것을 회상하는 장면은 감동적이긴 하지만 그는 죽림의 교유가 붕괴될 것을 예측하고 있었다.

이렇게 보면 죽림칠현 가운데 둘은 확실히 제외된다. 따라서 '죽림칠현'보다는 '죽림오현'이 오히려 죽림의 의미에 적합하게 보인다. 그런데 이 오현에 대한 자료도 너무 부족하여 그들의 사상을 확정짓기는 어렵다. 순서대로 향수, 유령, 완함을 보자.

향수는 혜강과 절친했다. 여름이면 혜강네 집의 버드나무 아래에서 대장질을 함께하면 남이 있는 줄도 모를 정도였다. 사이좋은 장면이 아닐 수 없다. 그러나 학문적 태도는 달랐다. 향수가 『장자』를 주해한다고 하자, 혜강은 문자를 갖고 노는 것이 양생술에는 전혀 영향을 끼치지 않는다고 반대한다. 혜강의 관심은 성명性命을 기르는 데 있었다.[26] 그런 점에서 향수는 이론적인 데 반해 혜강은 실천적이었다. 그런데 혜강이 처형되고 향수는 문제文帝(司馬昭)를 만나러 간다. 말로는 고향에 관직을 얻으러 간다는 것이었지만, 실제로는 면죄를 받으려 했던 것 같다. 결국 임금은 그의 말에 기뻐한다. 아무리 임직에는 관심이 없었다 하지만 어쩔 수 없이 일정 부분 타협한 것은 사실인 셈이다.[27]

유령은 정말로 죽림파의 강한 정신을 보여 준다. 혜강이 7척 8촌으로 잘생기고 유령은 6척에 못생겼지만, 완적과 더불어 셋이 만나면 손을 잡고 죽림으로 들어갈 정도로 친했다. 삽을 들고 따라오게 하면서 '술 마시다 죽으면 묻어라'라고 할 정도로 비장한 각오로 통음했다. 집에 재산이 있고 없고는 문제 삼지 않았다. 건위참군建威參軍에 오른 적이 있었으나 당시 높은 자제들과 잘 어울리지도 않았다는 것뿐이다. 그것은 그의 성격이 워낙 말이 없고 함부로 사람과 사귀지 않는 습성이 있었다는 기록과도 맞아떨어진다. 그런데 아쉽게도 그가 남긴 것은 '술 노래'[28] 한 편으로, 남아 있는 글이 없어 단순히 칠현 가운데 하나로만

---

26) 稽康, 『養生論』, "故神農曰: 上藥養命, 中藥養性者, 誠知性命之理, 因輔養以通也."

27) 확정은 할 수 없지만, 고향 선배이자 죽림에서 같이 놀았던 정치권 내의 산도도 향수의 일생에 일정 부분 도움이 되지 않았을까 추측된다. 산도는 어린 향수를 일찍이 알아보았다고 역사는 기록하고 있다. 『晉書』, 「向秀列傳」, "少爲山濤所知."

생각될 뿐 구체적 논증이 불가능하다.

완함은 작은아버지 덕에 혜강 등과 함께 어울리게 되었다. 작은아버지와 조카가 함께 술 마시고 논다는 것이 문제되기도 한다. 그는 산도에 의해 관직에 추천되었으나, 그의 술 소문 때문에 발탁되지 않는다. 완함의 특징은 다름 아닌 음악이다. 그는 비파를 잘 탔다. 이 점이 혜강의 거문고와 견주어진다. 음악의 달인으로서 혜강과 완함은 죽림칠현의 예술성을 대표한다. 그러나 그 밖에는 술을 큰 그릇에 부어 놓고 퍼마셨다는 기록 외에는, 특별한 내용이 없다.

그런 점에서 죽림오현만이 진정하게 대나무 밭에서 노닐었음을 알수 있다. 그 가운데에서도 삼현에 대한 기록은 많지 않아 우리는 『진서』의 「열전」에 많은 부분을 기댈 수밖에 없다. 그러나 나는 그들이 죽림파였음을 회의하지 않는다. 왜냐하면 향수는 『장자』를 주했다는 점에서, 유령은 기개가 호방했다는 점에서, 완함은 비파를 잘 탔다는 점에서 그들이 죽림파에서 멀어지지 않음을 추정할 수 있기 때문이다.

5. 혜강의 반유가론

혜강은 진정 죽림칠현의 두 기둥 가운데 하나이다. 그의 사상은 철저하게 문장제도文章制度를 부정하는 쪽으로 나갔다. 그의 많은 저작들이 한결같이 그러한 태도를 견지하고 있다. 다만 그의 「태사잠太師箴」과

---

28) 劉伶, 『酒德頌』.

같은 글을 보면 정치의 원리를 밝히고 있어, 그가 아예 정치에 관심이 없었던 것은 아니었던 듯싶기도 하다. 혜강은 말한다. "형벌이란 본래 나쁜 것을 응징하기 위한 것인데 오늘날은 현자를 위협하고, 옛날에는 천하를 위하였는데 오늘날은 한 사람을 위한다. 아랫사람은 윗사람을 질투하고 임금은 신하를 의심하니, 죽음과 어지러움이 너무 많아 나라가 무너지고 뒤집혀진다."[29] 혜강은 나라가 이 모양인 까닭은 바로 형벌이 폭악한 이들을 다스리는 데 쓰이는 것이 아니라, 오히려 지식인들을 공갈하는 데 쓰이기 때문이라고 주장하고 있다. 이상한 법률을 만들어 지식인들을 범죄자로 엮어 넣으려 한다는 것이다. 따라서 '임금의 도는 자연스럽고, 반드시 현자에게 의탁하는'(君道自然, 必託賢明) 것이야말로 혜강이 생각하는 이상정치이다. 이와 같은 주장은 군주에게는 적지 않게 부담이 되었을 것이다.

혜강은 양생을 무엇보다도 강조했다. 그가 향수에게 『장자』 주를 달아서 무엇 하느냐고 물었던 까닭도 양생의 몸소 실천이 『장자』의 이론 공부보다 낫다고 생각했기 때문이다. 그리고 진정한 양생은 결국은 마음의 평화를 좇는 것이라고 주장한다. "맑으면서도 비우고 고요하면서도 넉넉하다. 나를 없애고 욕심을 줄인다."[30] 중요한 것은 명예가 품덕을 상하게 함을 아는 것(知名位之傷德)이고, 진한 맛은 본성을 해침을 아는 것(識厚味之害性)이다. 그럼으로써 참다운 양생의 길을 얻게 된다. "밝아서 우환도 없고, 조용히 사려도 없이, 하나를 지키는 것이다. 화합으로 기

---

29) 嵇康,「太師箴」, "刑本懲暴, 今以脅賢, 昔爲天下, 今爲一身, 下疾其上, 君猜其臣, 喪亂弘多, 國乃隕顚."
30) 嵇康, 『養生論』, "淸虛靜泰. 少私寡欲." 그와 비슷한 구절은 『老子』, 제19장, "見素抱樸, 少私寡欲."

르고, 화합한 이치가 날마다 이루어지니, 큰 따름과 함께 된다."[31] 이것이 혜강의 양생론의 궁극적 목표이다. 양생의 목적은 별다른 것이 아니라, 평온한 마음을 얻는 것이 무엇보다도 중요하다는 말이다. 그런데 여기서도 혜강이 노자를 따르고 있음을 엿볼 수 있다. 알다시피 '하나'를 강조하는 것은 『노자』의 "성인은 하나를 잡아 천하의 규범이 된다"[32]의 구절과 상통하고, '큰 따름'이란 자연과 동화된다는 것으로 『노자』에 "큰 따름에 이른다"[33]는 구절로 직접적으로 나온다. 그만큼 혜강은 도가의 정신을 본받고 있는 것이다.

그런데 혜강이 정말로 유가, 아니 공자의 말에 정면으로 도전하는 것은 『난자연호학론難自然好學論』이다. '호학好學'은 바로 공자의 정신이다. 물론 공자가 호학을 말하는 것은 인간의 본성이 배우기를 좋아한다는 것이 아니라 자신이 그러했다는 것이고, 따라서 혜강과는 일정한 거리가 있는 발언이긴 하다. 그러나 인간의 본성을 배우기 좋아하는 것이 아니라 놀기 좋아한다고 정의하는 것은 유가의 기본적인 예의 습득을 송두리째 부정하는 것이라서 문제가 크다. "무릇 사람의 본성이란 편한 것을 좋아하고 위험한 것을 싫어하며, 편한 것을 좋아하고 힘든 것을 싫어한다. 따라서 건들지 않으면 원하는 대로 하고, 시키지 않으면 그 뜻에 따라간다."[34] 과연 사람이 그러할까? 혜강의 뒷이야기를 들어 보자. "옛날 다듬어지지 않은 시대에는 큰 통나무가 잘라지지 않아, 임금은 위에서 꾸미지 않고, 사람들은 아래에서 겨루지 않고, 만물이 모두

---

31) 曠然無憂患, 寂然無思慮; 又守之以一, 養之以和, 和理日濟, 同乎大順.
32) 『老子』, 제22장, "聖人抱一爲天下式."
33) 『老子』, 제65장, "至大順."
34) 嵇康, 『難自然好學論』, "夫民之性, 好安而惡危, 安逸而惡勞, 故不擾則其願得, 不逼則其志從."

이치에 맞아 스스로 얻지 못하는 것이 없었다."35) 이렇듯 혜강의 의중
에는 결국 내버려 두면 잘된다는 노자의 "하지 않아도 하지 않는 것이
없다"36)는 의중이 깊게 박혀 있는 것이지, 그냥 놀고먹자는 이야기가
결코 아님을 알 수 있다. 혜강은 바로 이상국의 모습을 지향하고 있다.
이를테면 배부르면 편안히 자고(飽則安寢), 배고프면 먹을 것을 찾고(饑則求
食), 기쁘게 배를 두드리는(怡然鼓腹) 상황이야말로 가장 행복한 것 아니냐
고 말하고 있는 것이다. 이른바 '큰 통나무'(大樸)라는 것도 태초의 온전
함을 가리키는 것으로 노자의 박樸(통나무)37) 사상에 좀 더 시원적인 의
미를 부여한 것이다. 나아가, 배불리 먹고 배를 두드린다(含哺鼓腹)는 것
은 요순시대를 가리키기도 하지만 장자의 사상에도 똑같이 나오는 것
이다.38) 따라서 노장과 마찬가지로 그에게 인의仁義는 거짓이지 참을 기
르는 바탕(養眞之要術)이 아니다. 또 염치와 겸양이라는 것도 싸우고 빼앗
는 데서 나온 것이지 자연에서 나온 것이 아니다.39)

혜강은 이와 같이 철저한 도가적 정신을 유지한다. 반호학의 정신은
그의 유가에 대한 정면 도전을 의미하며, 목숨과도 같은 육경六經에 대
한 전면적인 부정을 의미한다. 그의 사고 속에는 노장이 제시하고 있는
관점들이 꽉 차 있다. '하나'(一), '큰 따름'(大順), '통나무'(樸) 등이 모두 노
자의 용어이다. 그의 나머지 저작인『성무애락론聲無哀樂論』도 음악 자체
에는 어떤 슬픔이나 기쁨이 담겨져 있는 것이 아니라, 오히려 내 마음속

---

35) 嵇康,『難自然好學論』, "昔洪荒之世, 大樸未虧, 君無文於上, 民無競於下, 物全理順, 莫不自得."
36) 『老子』, 제37장, "無爲而無不爲."
37) 『老子』, 제28장, "復歸於樸. 樸散則爲器."
38) 『莊子』,「馬蹄」, "赫胥氏之時. 民居不知所爲, 行不知所之, 含哺而熙, 鼓腹而遊."
39) 嵇康,『難自然好學論』, "廉讓生於爭奪, 非自然之所出也."

에 그것이 있다는 주장으로 유가가 주창하는 악의 효용성을 부정적으로 인식하는 것이었다. 비록 죽음으로 신념을 마쳤지만, 이렇듯 혜강은 철두철미한 반제도론의 선도자로 죽림파를 대표한다.

6. 완적의 노장론

완적은 기본적으로 유문儒門 출신으로 『주역』에도 관심이 많아 『통역론通易論』과 같은 글을 짓기도 한다. 『통역론』은 『주역』의 해석에 충실한 것으로 거의 유가식의 저작으로 보아도 무리가 없다. 그럼에도 『주역』은 곧 '검은 참'(玄眞: 幽玄眞情)[40]이 드러난 것이라고 글머리에 선언함으로써 현학의 세계를 전제한다.

완적은 노장을 좋아했다. 혜강의 용어도 노장의 저작에서 주요 개념이 속출하는 것처럼, 완적도 노장을 이상적 인물로 설정한다.

노자의 정신을 서술하는 『통로론通老論』은 매우 짧은 글로 남아 있다. 이런 맥락 속에서 『통로론』은 내용상 비교적 유도합일론적인 논리 전개를 지닌다. 이를테면, 성인이 천인(天人之理), 자연(自然之分), 정치(治化之體) 그리고 윤리(大愼之訓)의 원리를 밝혀 놓았다는 것으로, 이때 도는 자연을 본받아 화육시키는 것으로, 후왕이 도를 지키면 만물이 스스로 화육된다.[41] 이것을 『역』에서는 '태극太極'이라 하고, 『춘추春秋』에서는 '원

---

40) 阮籍, 『通易論』, "阮子曰: 易者何也. 乃昔之玄眞, 往古之變經也."
41) 阮籍, 『通老論』, "道法自然而爲化, 侯王能守之, 萬物將自化." 원래는 『老子』, 제37장. 제32장에도 비슷하게 나온다. "侯王能守之, 萬物將自賓."

元'이라 하고, 『노자』에서는 '도道'라 한다는 것이다. 나아가 삼황三皇은 도를, 오제五帝는 덕德을, 삼왕三王은 인仁을, 오패五霸는 의義를, 강국强國은 지智를 현실화했다는 것이다. 이렇게 완적은 많은 현학자들이 그러하듯 유도의 역할을 별 부담 없이 왕래하고 있다. 단지, '도', '덕', '인', '의', '지'를 하나의 우열의 관계에서 설명하고 있다는 점은 노자의 지위를 상대적으로 높게 설정하는 것으로 보인다.

『장자』를 해석하는 『달장론達莊論』에서 완적은 장자를 최고의 인격으로 설정한다. 그러한 해석을 위해, 『장자』의 여러 편뿐만 아니라 『주역』까지도 동원한다. 이를테면 장자의 기론氣論적 세계관의 통기론通氣論을 보증하기 위해, 『주역』의 남녀男女와 산택山澤의 설을 인용(男女同位42), 山澤通氣43))하고 문언文言으로 방증한다(天地合其德, 日月順其光44)). 완적은 말한다. "자연은 한 몸이 되니, 만물이 그 항상성을 지닌다. 들어가는 것을 그윽하다 하고, 나오는 것을 밝다고 한다. 한 기가 많아졌다 줄어들었다 하니, 변화가 이지러지지 않는다."45) 이렇게 되니, '하늘과 땅, 해와 달이 다른 것이 아니다'(天地日月非殊物)라는 결론에 이르게 된다. 다르게 보면 간과 쓸개도 초나라와 월나라처럼 먼 것이요, 같게 보면 만물은 한 몸뚱이가 되는 것이다. 완적이 이렇게 세상을 일기의 성쇠로 설명하는 것은 장자의 기본 사유인 기화론氣化論을 적극 수용하는 것이 아닐 수 없다.46) 그런 점에서 우리의 몸조차 천지의 한 부분으로 설명될 수 있

---

42) 『周易』, 「家人」, "象曰: 家人: 女正位乎內, 南正位乎外, 男女正. 天地之大義也."

43) 『周易』, 「說卦」, "故水火相逮, 雷風不相悖, 山澤通氣."

44) 『周易』, 「乾卦」, "文言: 夫大人者, 與天地合其德, 與日月合其明, 與四時合其序. 與鬼神合其吉凶."

45) 阮籍, 『達莊論』, "自然一體, 則萬物經其常. 入謂之幽, 出謂之章. 一氣盛衰, 變化而不傷."

다. "신체는 음양의 빼어난 기이고, 본성은 오행의 바른 성질이고, 감정은 떠도는 혼이 욕망으로 변한 것이고, 정신이란 천지가 (말을 몰 듯) 부리는 바이다."[47] 따라서 이러한 사고를 바탕으로 하면, 삶과 죽음 그리고 크고 작음의 문제에서 자유로워질 수 있다. 완적은 말한다. "삶과 죽음이 하나로 꿰뚫리고, 옳고 그름이 한 가지이다."[48]

완적은 위와 같이 노장을 일정 부분 유학의 사고와 더불어 이상적으로 여기고 있다. 노자에서는 도와 덕의 시원성을 강조하고, 장자에서는 기론적 세계관을 현실에 적용시킨다. 이른바 그에게 유학의 사고 가운데 가장 중요한 것은 다름 아닌 『주역』으로 보인다. 『통로론』에서 『노자』의 '도'를 무엇보다도 먼저 『주역』의 '태극'으로 해석한 것이나, 『달장론』에서 '통기通氣'의 설을 『주역』의 「문언」, 「단사」, 「설괘」로 설명한 것이 바로 그러하다. 이렇게 본다면 완적은 말 그대로 현학의 '삼현경三玄經'(『周易』, 『老子』, 『莊子』)을 완상한 인물인 셈이다. 내용상으로는 혜강보다는 좀 더 유도합일론적인 성격을 띠지만 그래도 위에서 말한 것처럼 노장의 요지를 잘 표현했다는 점에서 죽림파로 분류되는 것이다.

---

46) 鄭世根, 『莊子氣化論』(臺北: 學生, 1993) 참조.
47) 阮籍, 『達莊論』, "身者, 陰陽之精氣也. 性者, 五行之正性也. 情者, 遊魂之變欲也. 神者, 天地之所以馭者也."
48) 阮籍, 『達莊論』, "故以生死爲一貫, 是非爲一條也."

7. 향수와 곽상

향수와 곽상의 사상을 비교한다는 것은 기본적으로 불가능하다. 왜 나하면 향수의 저작이라 할 만한 것이 남아 있지 않고 인물에 대한 역 사의 편단만이 산발적으로 존재하기 때문이다. 그러나 문제가 되는 것 은 현행본『장자』를 이른바 '향곽주向郭注'라고 통칭해도 좋으냐 하는 데 있다.

『세설신어世說新語』가 그 근거를 제시하고 있다. "처음『장자』를 주 한 사람은 수십 가가 되나 그 요지를 찾아내지 못했다. 향수가 옛날의 주를 넘어서 뜻을 해석하니 기묘하게 풀리게 되어 현풍이 크게 일어났 다. 「추수」와 「지락」 2편만을 마치지 못하고 향수는 죽었다. 향수의 아 들이 어려 아버지의 뜻을 잃어버리고 말았으나, 원고(別本)는 가지고 있 었다. 곽상은 사람이 천박하였지만 뛰어난 재주가 있었다. 향수의 뜻이 세상에 전하지 않는 것을 보고, 그것을 훔쳐 자기 것으로 했다.…… 나 중에 향수의 뜻이 담긴 원고가 나오니 오늘날 향수와 곽상의 두『장자』 가 있는 것인데, 그 뜻은 하나이다."[49]

이 이야기는 네 가지로 요약된다. 첫째는 곽상이 향수의 주해를 표 절했다는 것이고, 둘째는 그러나 향수의 원본(別本)이 있다는 것이며, 셋 째는 다행히 아들의 소장본이 있어 현재『장자』의 주해는 향수와 곽상 의 것 두 가지가 있다는 것이며, 넷째는 그럼에도 두 주해는 내용상 같 다는 것이다. 그런데 이 주장은 문제가 있다. 곧 첫째, 둘째, 셋째를 다

---

49) 『世說新語』, 「文學」.

모으더라도, 넷째가 반드시 보장되지 못한다는 데 있다. 사가의 주장은, 판본은 곽상표절판과 향수아들판(向純 또는 悌)으로 둘이 분명히 있다고 해 놓고 그러나 내용은 같다는 것인데, 그렇다면 뭔가 달라도 다르지 않았을까 하는 회의가 들게 한다. 다시 말해, 사가가 판단해 버린 두 판본의 내용 일치의 사실 확인이 어떻게도 보장되지 않는다는 것이다. 따라서 위의 이야기만으로 향수와 곽상의 판본이 같다는 결론을 이끌어 내는 데는 상당한 무리가 따른다. 사가는 같다고 보았지만, 다른 사람은 얼마든지 다르다고 볼 수도 있는 것이다.

이렇게 향수와 곽상을 따로 보자는 데에는 다른 까닭도 있다. 먼저, 당나라 때의 육원랑은 『장자』의 석문을 달면서 서문에 "향수는 20권 26편을 주해했다" 하며 "때로 27편, 28편이라고도 하며 잡편이 없다"라고 분명히 적어 놓고 있기 때문이다.[50] 그렇다면 당 시기에 벌써 향수의 정통 판본은 사라졌음을 알 수 있다. 왜냐하면 편수를 확정하지 못하기 때문이다. 그러나 한편으로는 당대만 하더라도 향수와 곽상이 다르게 비추어짐을 알 수 있다. 육원랑은 "오로지 곽상의 해석만이 특히 장자의 뜻을 잘 밝혀 세상에서 인정받았다"(唯子玄所注, 特會莊生之旨, 故爲世所貴)라고 하면서, 서막徐邈과 이홍범李弘範도 곽본에 따랐고, 자신도 그러리라는 생각을 내비치고 있는데, 이는 그에게 곽상과 향수가 다르게 비추어졌음을 말해 주고 있다. 따라서 향수와 곽상은 다를 수 있는 것이다.

다음으로는 향수와 곽상의 사상이 다르다는 것으로 가장 중요한 논거이다. 제대로 된 죽림파의 하나인 향수와, 정권 내부에서 전권을 휘두

---

50) 『經典釋文序錄』. 郭慶藩, 『莊子集釋』(臺北: 漢京, 1983), 5쪽.

른 곽상이 같은 생각을 지닐 수는 도저히 없을 것이라는 관점에서 출발한다.[51] 나의 분류에 따르면, 곽상은 명교파에 속하는 제도옹호론자인데, 그러한 그가 반제도론의 기치를 올린 혜강과 막역한 사이였던 향수와 같을 수 있겠느냐는 것이다. 향수가 혜강과 절친했다는 기록은 도처에 나온다. 물론 혜강이 처형되고 향수는 살 길을 모색하지만, 향수가 『장자』를 주해한 것을 혜강에게 보여 주었다는 기록이 있는 것으로 보아, 사상적 변절이 있었다 할지라도 그 이전에 『장자』를 주석했음은 쉽게 추정될 수 있다. 그러므로 향수와 곽상의 사상이 같다는 것은 여러 문제점을 야기할 수밖에 없다.

위의 세 가지 까닭 때문에 나는 향수와 곽상을 같이 보는 것을 반대한다. 물론, 이러한 판단은 향수가 죽림파이며, 곽상은 명교파라는 구별이 되어 있기 때문에 가능한 것이다. 아울러 나의 의견은, 당의 성현영成玄英이 일찍이 지적했듯,[52] 『장자』와 곽상의 『장자주』는 너무도 다르다는 평가에도 기초하고 있다.

8. 시대와 정치

죽림칠현은 사실상의 의미로는 죽림오현이 옳다. 청담淸談의 범위는 너무 넓지만 적어도 정치권과는 무관한 유유자적을 보여 주었다는 의

---

51) 『晉書』, 「荀晞傳」, "操弄天權, 刑賞由己."
52) 成玄英은 곳곳에서 "郭注, 誤"(「齊物論」 등)라고 적고 있다.

미에서의 죽림칠현이라면, 적어도 두 인물은 죽림칠현에서 제외된다.

아쉽다면, 혜강과 향수와 벗을 했던 인물인 여안呂安의 기록이 상세하지 않다는 점이다. 오히려 그야말로 산도와 왕융과는 달리 죽림파로서의 자격이 충분하기 때문이다. 종회가 혜강을 제거하자면서 더불어 일컫는 현자가 바로 여안이었다. 그러나 혜강의 전기에서 말하는 '대나무 밭에서의 노닒'에 여안이 빠져 있어, 그가 '죽림팔현竹林八賢'으로 꼽히진 못한다. 얄궂게도 절친한 벗(여안)은 빠지고, 절교한 벗(산도)은 들어가 있는 셈이다.

시대란 무엇인가? 죽림칠현은 정권의 교체기에 바로 그곳에 머물러 있었다. 그러나 새로운 정권이 안정을 되찾자 몇몇은 정권으로 복귀했다. 그런 점에서 죽림칠현은 일시적인 집단, 한시적인 공동체였던 것이다.

정치란 무엇인가? 나중에 목숨조차 버리게 되는 인물이 죽림파를 대표하지만, 그들도 조씨 정권의 내부 인물이었다. 이른바 아무것도 없었던 자유 또는 방임주의자는 아니었던 것이다. 권력투쟁에서 밀려난 사람들이었다.

그러나 죽림칠현, 정확히는 죽림오현이 오늘날까지도 인구에 회자되는 까닭은 정치권에서 끊임없는 회유책을 쓰더라도 타협하지 않았던 그 정신 때문일 것이다. 그 정신은 한편으로는 지식인이 정권에 대해 가져야 할 일정한 견제적인 태도를 보여 주는 것이었고, 다른 한편으로는 풍류와 자적만이 지식인의 생명을 순전純全하게 지탱해 줄 수 있음을 보여 주는 것이었다. 술이 철학사에 오른 처음이자 마지막 역사였다.

제6장 유와 무

—위진현학에서의 유무논쟁

1. 유무의 문제

'유有'와 '무無'는 우리말로 하면 사전적으로는 '있다'와 '없다'를 뜻한다. 흔히 말하는 있음과 없음의 관계에서 없음은 무엇인가 있다가 없어진 것을 말한다. 다시 말해 없음은 있음에 종속되거나 적어도 부수적인 상태이다. 이를테면 내 눈앞에 개구리가 있다가 없어졌다고 치자. 그렇다면 없음은 어떤 있음의 없음, 곧 개구리라는 있음이 없음을 뜻한다. 따라서 일반적인 용법에서 있음은 없음에 우선하며 더 나아가 우월하다. 이는 마치 서양의 중세철학에서 신 존재의 증명이라는 대전제 밑에서 있음은 없음보다 우위(superiority)를 갖는 것과 같다. 신의 현존성(existence)은 신의 완전성 가운데 하나였다.[1]

그러나 우리가 여기에서 말하고자 하는 유무와 일반적으로 말하는 있음과 없음과는 상당한 차이가 있다. 오히려 무가 유에 선행되고 유가

---

1) 존재론적 증명(ontologisch Beweis)을 참조할 것. "신은 완전하다. 완전한 것은 현존한다. 따라서 신은 현존한다"는 Anselmus의 증명 방식으로, 후에 Kant는 전제가 증명되지 않은 논법이라고 이를 비난한다.

무에 부차적이라는 주장에서부터 우리의 논쟁은 시작된다. 결국은 위에서 말한 것과 같은 없어짐(遣)의 논리에서 끝나지만 그 사이의 주장은 철학사적으로 매우 특기할 만하다. 그리고 그 과정은 순수한 도가에서 유가와 도가가 뒤섞이는 과정을 거쳐 도가적인 철학이 유가화되는 순서를 밟는다. 반체제적인 도가가 체제 지향적인 유가로 변형되어 나아가는데, 바로 이 유무의 문제가 그들의 형이상학적인 배경을 이루고 있는 것이다. 단적으로 말해, 유론을 강력히 고집하는 입장은 유가적 질서에 매우 찬동하는 것이었고, 무론에 자신의 철학적 바탕을 둔 경우는 적어도 도가철학을 동정적으로 이해하는 것이었다.

우리가 유무의 문제를 있음과 없음으로 번역하지 않고 유무라고 쓰는 까닭은 말의 편리성도 그러하지만 문제의 맥락을 분명히 드러내려 함이다. 한문제는 그 철학사적인 맥락에서 가치를 갖는다. 유무의 문제는 선진先秦 도가에서 위진현학魏晉玄學을 거쳐 송명宋明시대까지 이르지만, 극명하게 쟁점화된 시점은 바로 현학시기이다. 따라서 '유무有無'라는 문제는 곧 현학과 관련된다. 그것을 철학사적으로는 '귀무貴無'와 '숭유崇有'로 일반적으로 분류해 왔다. 나는 이 글에서 첫째, 유무론과 유도儒道의 상관관계, 둘째, 무의 여러 가지 함의의 분석, 셋째, 귀무라는 평가의 타당성에 대해 중점을 둘 것이다.

2. 유도의 유무관

왜 유가와 도가는 유무 문제에 대해 다른 생각을 갖고 있었을까? 유는 다름 아닌 다양한 존재물이다. 그리고 유가철학은 그 현실적인 존재에 궁극적인 가치를 부여한다. 살아 있는 것과 살아 있게 하는 것들의 세계가 유가적 기본 전제이다. 『주역』에서 말하는 '생명의 연속성'(生生不息)[2]이란 끊임없이 생명이 이어지는 우주만물에 대한 파악을 전제로 하는 것이기에 유가들은 이를 하나의 세계관으로 받아들였다. 그 생명이 연속되는 세계는 우리 앞에 보이는 '바로 이것'으로 존재한다. 따라서 유로 대표되는 현존의 세계야말로 유가가 사랑하고(仁愛) 걱정하고(憂患) 도와주어야(扶助[3]) 하는 진정한 대상이다. 유가 없다면 사랑도 걱정도 도움도 필요 없게 되고 종국에는 유가의 존재이유조차 무너지게 된다.

그러나 도가는 달랐다. 그들은 기본적으로 현실적인 수많은 가치와 고정된 이념을 부정했다. 정치적으로는 체제를 부정했고, 윤리적으로는 선악善惡을 넘어서려 했다. 체제를 부정하고 남는 것은 정부의 없음(無政府)이고, 선악을 넘어서 얻을 수 있는 것은 시비의 없음(無是非)이다. '무정부'[4]와 '무시비'[5]의 철학은 이와 같이 탄생한다. 그들이 부정과 초극의

---

2) 『周易』, 「繫辭上」, "生生之謂易."; 「繫辭下」, "天地絪縕, 萬物化醇; 男女構精, 萬物化生."

3) 이를테면 助長이란 말이 『孟子』 「公孫丑上」, "心勿忘, 勿助長也"라고 부정적으로 나오지만, 기본적으로 그것은 心에 대한 견해로서 잘 자라라고 풀을 뽑아 놓는 어리석은 宋人의 비유를 들어 억지로 해서는 안 됨을 말하는 것이지, 결코 인간과 만물의 相扶相助를 부정하는 것이 아니다.

4) 孟子에 의해 비판된 楊朱는 無君 곧 무정부주의자였다. 그리고 양주는 도가의 큰 선배 격이다. 그의 爲我說은 도가의 養生術과 직접적인 연관이 된다. 『孟子』, 「滕文公下」, "楊氏爲我, 無君也; 墨氏兼愛, 無父也."

5) 莊子가 말하는 因是因非, 因非因是의 無彼是의 주장을 볼 것. 『莊子』, 「齊物論」, "物無非

결과로 얻은 것은 있음이라기보다는 없음이었다. 원초적인 의미에서의 무의 철학은 여기에서 시작된다. 무는 온갖 유가 갖고 있는 대립상과 모순율을 뛰어넘어 이 세계의 근원으로 성립된다. 도가철학이 무를 강조하는 까닭이 바로 여기에 있다. 이때 유는 무의 하위 개념으로 전락한다. 무의 철학은 어떤 것을 특별히 어여삐 여기지도 않고(不仁) 모든 걱정을 넘어서며(至樂) 무엇을 억지로 이루고자 하지 않는다(無爲). 무는 도가철학의 기본 전제이다.

유가가 말하는 유에는 체제 및 질서, 그리고 윤리와 도덕이 모두 포함된 이 사회의 모든 제도를 상징한다. 그리고 도가가 일컫는 무는 그 모두를 비판하고 더 나아가서 때로는 부정하는 입장을 대변한다. 선진시대만 해도 그 유와 무는 표면적으로는 그렇게 대립적인 양상을 띠지 않았다. 단지 도가가 유가의 모든 제도를 부정하면서 무라는 보이지 않는 기치旗幟를 들고 나선 것이 특기할 만했을 뿐이다. 그러나 그것이 위진시대에 이르면서 '제도'(名敎)와 '본성'(自然)이라는 주제로 선명하게 드러난다. 유가는 제도옹호론적이고 도가는 그것을 반대한다. 바로 그때 유와 무라는 용어가 극명하게 대비된다. 제도와 본성의 논의가 주로 '제도의 자연성'에 대한 토론이었다면 유무의 논쟁은 유가와 도가의 형이상학적인 배경을 문제 삼는다.

이처럼 유무의 문제는 존재(Being)와 비존재(Non-being)를 따지는 단순한 존재론적인 물음이 아니라, 같지 않은 두 철학체계의 논리적이고 사변적인 근원과 관련된 복잡한 질문을 상정한다. 흔히 유무의 문제라 하

此, 物無非是."

여 그것을 서양식의 존재론과 빗대어 본다던가, 나아가 실존주의자들의 무(Nothingness)와 견주어 보면서 우리가 쉽게 빠뜨리는 점이 바로 이것이다. 유무의 문제가 현실의 긍정이나 부정과 직결된다는 인식 없이 위진현학을 대하다가는 그들의 '문제현실'이 어디에 있는지 찾을 수 없게 되는 것이다.

그러므로 아래에서 말하는 무가 상식적으로 생각하는 것과는 다른 미묘한 물음에 대한 정교한 대답으로 제시되었음을 잊어서는 안 된다. 실질적으로 아래에서 이야기하는 무는 매우 다른 각기의 층차를 갖고 있다. 발음과 형태상의 동일함이 의미와 가치상의 동일함을 결코 보장해 주지는 못한다. 솔직히 말해, 나는 각 철학자마다 파악하고 있는 무 개념의 엄청난 이질성에 매우 놀라곤 한다. 더욱이 그 무가 배경으로 되어 있는 형이상학적인 논리는 나름대로 추구하고 있었던 유가 또는 도가의 이상과 결부되어 실제적인 목적성을 띠고 있기도 하다. 이는 마치 무를 주장하면 반정부주의자가 되고 유를 옹호하면 정권옹호적인 인물이 되는 경향이 있는 것과 같다.

거칠게 말해, 정통 도가 계열의 학자들은 무론자들이고 유가 또는 유가적 입장에서 유도합일론적인 학자들은 유론자들이다. 그리고 대다수의 현학자들이 유가적인 입장에서 도가를 포용한 사람들이라는 점을 알면 현학자들은 무보다는 유에 관심을 기울였음을 알 수 있다. 비록 그들이 무를 내세웠다고 할지라도 그 무는 이미 도가 원리주의자들이 말하는 무는 아니었다. 따라서 귀무론이라는 평가는 그 실질적인 내용으로 규정되어야 하는 것이지 그저 언어의 다발성多發性으로 이름 지워질 수 있는 것이 아니다.

3. 노자의 절대무

노자는 철학사에 무라는 개념을 최초로 던져 준 인물이다. 그 이전에 무라는 개념은 단순히 없음의 뜻에 가까웠을 뿐 모든 존재의 형이상학적인 근원으로서 성립되진 못했다. 유가는 현실의 정치와 민중의 구제에 바빴고 유무의 문제가 그들의 관심사가 되지는 못했다. 공자가 곧 그러했다. 그 후에 맹자로 대표되는 유가나 장자로 이어지는 도가 계열에 이르러서도 마찬가지였다. 나아가 유도가 함께 비난하는 묵가墨家 계열의 사상도 나름대로 '묵변墨辯'을 통해 논리적 사유를 보여 주지만 그들 역시 가치를 부여할 만한 것은 유가적인 허례허식도 아니고 도가적인 낭만주의도 아니었으며 오로지 공리功利에 대한 추구였다. 묵자는 운명을 부정(非命)하면서도 상벌을 내리는 귀신을 끌어당긴(明鬼) 철저한 공리주의자였다. 이런 마당에 무와 관련된 사변적인 논의는 유묵儒墨 모두의 현실적인 주의를 끌지 못했다.

그러나 노자는 바로 그러한 유묵과 같은 현실 긍정적인 태도를 무시했다.[6] 유가에 의해 이루어진 윤리는 오히려 사람에게 꾀만 늘게 할 뿐 참다운 본성을 잃게 하고, 묵가의 막대한 희생과 봉사의 정신은 사람에게 거추장스러운 자기절제와 노동의 의무감만을 남겨 줄 뿐 현실적으로 실현 불가능하기 때문이다. 그때 노자는 무라는 개념으로 유에 집

---

6) 老子가 墨子를 알았으리라는 전제는 여기에서 반드시 필요하지 않다. 적어도 고대사회를 주름잡았던 儒, 道, 墨의 사상적 萌芽는 어디에서도 찾을 수 있을 것이며 더 나아가 그와 같이 道와 儒墨, 儒와 道(楊)墨, 墨과 儒道는 철학적으로 분명한 別派였다. 『老子』에서는 儒와 墨이란 말이 나오지 않지만 『莊子』에서는 儒墨 兼稱이 殆半(9번)이다.

착하는 태도를 비판한다.

먼저 노자는 특정한 개념을 부정함으로써 무의 용법을 폭넓게 사용한다. '없애라'는 주장을 무의 동사적 용법으로 이끌어 낸다. 이를 통해 현실적으로 긍정되고 있는 개념이 무에 의해 부정됨을 효과적으로 보여 준다. 이른바 '무화無化'시킨다고 할 수 있는 작업이다. 모든 유적인 것을 부정함으로써 특정 개념을 무에 의해 새롭게 단장한다. 이를테면 노자는 나의 몸뚱이가 없으면 환란도 없다[7]는 식으로 모든 있음을 부정한다. 육체뿐만이 아니다. 육체와 관련된 모든 것이 없어야 한다. 행위도 없어야 하고(無爲)[8], 개인도 없어야 하고(無私)[9], 지식도 없어야 하고(無知)[10], 이름도 없어야 하고(無名)[11], 욕심도 없어야 하고(無欲)[12], 일도 없어야 하고(無事)[13], 고정된 마음도 없어야 하고(無常心)[14], 집착도 없어야 한다(無執)[15]. 이때 무의 용법은 분명히 독립적이지 않고 오히려 어떤 의미에 대한 단순한 부정으로 비추어질지도 모른다. 그러나 그것은 『노자』의 전체적인 의미맥락을 잘 파악하지 못해 발생하는 오해일 뿐이다. 노자는 무라는 부정어를 통해 유를 넘어선 다른 세계를 지속적으로 보여 주는 것이다. 그리고 그 다른 세계란 다름 아닌 무의 세계이다. 재미있게도 위와 같이 무 자와 함께 이루어진 개념이 『노자』에서는 하나의

---

7) 『老子』, 제13장, "吾所以有大患者, 爲吾有身, 及吾無身, 吾有何患."
8) 『老子』, 제10장.
9) 『老子』, 제7장.
10) 『老子』, 제10장; 제70장.
11) 『老子』, 제34장; 제37장.
12) 『老子』, 제34장; 제57장.
13) 『老子』, 제48장; 제57장.
14) 『老子』, 제49장.
15) 『老子』, 제64장.

분명한 개념으로 성립되지만 『논어』에서는 찾아보기 힘들다는 사실16)
은 그만큼 노자의 무 자의 용법이 그저 단순한 부정의 역할만을 하고
있지 않음을 명쾌하게 보여 준다. 『논어』의 낱말 가운데 무 자가 앞에
붙으면 단순한 부정으로 끝나고 말지만, 『노자』에서는 그 부정어가 일
정한 맥락 내에서 적극적인 의미를 다시 갖는다.

이러한 과정을 거쳐, 노자는 무의 여러 가지 용법 가운데 가장 굵직
한 세 가지를 우리들에게 보여 주었다. 그의 무의 용법은 후대의 도가
나 도가를 논리적인 배경으로 하는 현학자들을 위시한 여러 학파들에
게 나름대로의 이론적 배경을 제공해 준다. 단, 우리가 잊어서는 안 될
것은 그들이 노자의 무론에 깊은 영향을 받지만 자신들의 입론立論을
위해 어떤 용법은 강조하고 어떤 용법은 무시한다는 사실이다.

첫째, 모든 존재의 근원으로서의 무이다. 유는 그저 유가 될 수 없
다. 유는 유를 있게 해 주는 무엇이 있어야 한다. 노자는 그것을 무로
삼았다. 논리적 순서에 의해 사변적으로 전제되는 절대적인 무이다. 따
라서 노자는 말한다. "무는 천지의 처음을 일컫고 유는 만물의 어머니
를 일컫는다. 따라서 늘 무에서 그 오묘함을 보려 하고 늘 유에서 그
드러남을 보려 한다."17) 무와 유는 이와 같이 '처음'(始)이라는 추상적인
논리 시원始原과 '어머니'(母)라는 구체적인 생산 근원根源을 각자 담당한

---

16) 5천 자의 『老子』와 그를 몇 배 뛰어넘는 『論語』의 글자 수의 비교만으로도 『論語』의
無의 용법이 다양할 것 같지만 결코 그렇지 못하다. 특히 『論語』의 무는 擧皆가 부정
적인 의미를 벗어나지 못한다. 예를 들면 復禮는 긍정적이고 無禮는 부정적일 뿐이
다. 『論語』 「顏淵」과 「太伯」.

17) 『老子』, 제1장, "無, 名天地之始; 有, 名萬物之妙. 故常無, 欲以觀其妙; 常有, 欲以觀其徼."
여기서는 有無의 대비를 위해 無名과 有名이 아닌 無와 有로 끊어 읽기로 한다.

다. 더 나아가 무는 오묘한 본체를 보여 주고 유는 그것이 둘레나 밖으로 드러난 현상을 보여 준다. '감추어짐'(妙)이나 '드러남'(徼)은 본체와 현상에 대한 상징적 표현으로 그것들은 결국 무와 유의 가장 특징적인 모습을 그리고 있다. 그러한 무를 가장 대표하는 『노자』의 구절은 바로 '천하만물은 유에서 태어나고, 유는 무에서 태어난다'[18]는 주장이다. 이곳에서 유와 무는 완전히 추상화된 개념으로 천하만물의 존재 배경을 이루고 있다. 유가 없이는 만물이 있을 수 없고, 무가 없이는 유가 있을 수 없다는 그 주장은 노자의 철학이 바로 이러한 형이상학적인 절대무에 근원을 두고 있음을 명백하게 보여 준다. 거꾸로 이러한 절대무를 철학사에서 의미 있는 개념으로 제시한 사람이 바로 노자이다. 그가 '물 상성이 없음'(無物)[19]과 '끝이 없음'(無極)[20]으로 복귀復歸하자고 할 때, 우리가 돌아가야 할 곳은 다름 아닌 무이다. 그것들은 무의 다른 의미형태일 뿐, 절대무의 범주에서 벗어나는 것은 아니다. 우리는 절대의 무에서 나왔으므로(生) 결국에는 그 무에로 되돌아가야 한다(復歸)는 것이 노자의 기본적인 주장이다. '천하만물은 유에서 태어나고, 유는 무에서 태어난다'는 주장은 결국 천하만물은 무에서 태어난다는 것이며, '무물'과 '무극'으로 복귀해야 한다는 입장은 천하만물은 무로 돌아간다는 것이므로, 이는 한마디로 '유는 무로 돌아가야 한다'(有復歸於無)는 말로 정리될 수 있을 것이다. 바로 그때의 무가 절대무이다.

둘째, 유무상대有無相對의 무이다. 노자는 절대무의 지위를 확고히 했

---

18) 『老子』, 제40장, "天下萬物生於有, 有生於無."
19) 『老子』, 제14장.
20) 『老子』, 제28장.

지만 그와 더불어 유와 상대되는 무도 정확히 인식하고 있었다. 많은 곳에서 유와 상대되는 개념으로 쓰이는 무가 바로 그것이다. 이때의 유와 무는 '어렵고 쉬움'(難易), '길고 짧음'(長短), '높고 낮음'(高下), '앞과 뒤'(前後)처럼 어떤 기준에 따라 평가가 달라지므로 상대적이다. 마치 쉬운 것에 비하면 어렵지만 그보다 어려운 것보다는 쉬워지는 것과 같다. 위의 길고 짧음, 높고 낮음, 앞과 뒤가 모두 그러하다. 길고 짧음, 높고 낮음 모두 앞선 것에 비하면 뒤고 뒤에 것에 비하면 앞서는 것과 같다. 노자는 심지어 '노래와 소리'(音聲)가 어울리는 것도 그와 같이 본다. 이때 맨 처음 제시되는 것이 바로 "유무가 서로를 낳는다"는 명제이다.[21] 이때의 무는 위의 절대무와는 달리 유와 대등하고 비교되는 무이다. 더 나아가 유무는 노자가 그의 철학체계 내에서 줄곧 강조하는 상대적 세계에 대한 상징이기도 하다. 이를테면 '세고 약함'(强弱)[22], '나아가고 물러섬'(進退)[23], '착하고 악함'(善惡)[24], '아름답고 미움'(美惡)[25], '귀하고 천함'(貴賤)[26] 등등의 개념은 이 세계 내에서 상대적일 수밖에 없음을 노자는 강조하는데, 이와 같은 상대성을 대표하는 것이 유무이다. 유는 무가 아닌 것이고, 무는 유가 아닌 것이다. 유와 무는 고정된 물상物象이라기보다는 부단히 변화하는 가운데 있는 것으로 유와 무는 상대적이다. 있다가도 없고 없다가도 있는 것이다. 이때 유무는 상대적이다.

---

21) 『老子』, 제2장, "有無相生."
22) 『老子』, 제3장; 제36장; 제78장.
23) 『老子』, 제41장; 제69장.
24) 『老子』, 제20장.
25) 『老子』, 제2장.
26) 『老子』, 제39장.

셋째, 쓰임(用)으로서의 무이다. 여기서 쓰임은 무의 효용성을 직접적으로 드러내는 것이기도 하다. 사람들이 무라 하니 무는 없는 것으로 '쓸데없다'고 생각하지만, 노자는 무야말로 '쓸데 있다'고 주장한다. 무는 본체적인 만큼 현상에서도 본질적이다. 무가 없이는 현실의 사물이 제대로 쓰이지 못한다. 우리가 '무용無用'이라 할 때 일반적으로 '쓸데없음'에 치중하여 쓰임(用)이 없음(無)으로 해석하지만, 노자가 말하는 그것은 오히려 '없음의 쓸데 있음'에 주안점이 있어 바로 무의 쓰임을 강조하는 것이다. 실질적으로도 노자는 무용을 말하지는 않았다. 그가 말한 것은 '무의 쓰임'(無之以爲用)[27]일 뿐이다. 노자는 말한다. "서른 개의 바큇살이 하나의 바퀴통에 꽂혀 있는데 (바퀴 중앙의) 그 무에 바로 수레의 쓰임이 있다. 흙을 빚어 그릇을 만드는데 (그릇의) 그 무에 그릇의 쓰임이 있다. 문과 창을 뚫어 방을 만드는데 (방의) 그 무에 방의 쓰임이 있다. 따라서 유有의 이로움은 무의 쓰임에 있다."[28] 바로 이것이 무의 쓰임이다. 바퀴가 돌아가도록 하는 그 축은 무이다. 그리고 그 무가 있기 때문에 바퀴는 돌아갈 수 있다. 기원적 3천여 년 전부터 쓰던 바퀴나 오늘날 자동차의 바퀴나 할 것 없이 똑같이 바큇살을 꽂는 무가 있기 때문에 돌아간다. 그릇은 질그릇에서 합성수지로 바뀌었더라도 그릇의 용도는 무 때문에 비로소 가능하다. 달라진 것이 있다면 그 무를 담는 재질이 바뀌었을 뿐이다. 아무리 고층건물을 짓더라도 필요한 것은 움막과 마찬가지로 무이다. 무가 없는 집이라면 황금으로 이루어졌다 할지라도 들어갈 곳은 없다. 편명篇名으로 말할 때, 때로 「무용장無用章」으

---

27) 『老子』, 제11장.
28) 『老子』, 제11장.

로 되어 있는 이 글은 실제적인 내용이 바로 무의 용이다. 마치 '허용虛用'29)이나 더 나아가 '교용巧用'30)으로 해석될 수도 있는 '무의 용'설이다.

이와 같이 노자는 무의 세 가지 의미를 정립鼎立시켰다. 철학사 속에서 그가 무의 철학자로 이해되는 것은 결코 우연한 것이 아니다. 물론, 문제가 완전히 없는 것은 아니다. 노자는 무를 마치 허공과 같은 공간적 의미로 사용할 때도 있기 때문이다. 그러나 중요한 것은 그가 그러한 비유를 통해 얻으려 했던 무에 대한 깊은 통찰임을 잊어서는 안 된다. 이를테면 바퀴와 그릇과 집의 비유에서처럼 일반 사람들이 보는 것은 그것들과 같은 유형의 기물器物이지만 노자가 본 것은 그러한 유를 있게 하는 무였다.

4. 장자와 무용지용의 무

장자를 이해할 때 노자를 통하는 것은 일반적이기도 하며 옳은 방법이기도 하다. 『장자』에는 『노자』의 말이 옛날부터 내려오는 '말씀'으로 적혀 있을 정도로 그들은 유사성이 있고 사상적인 선후에서 일맥상통한다. 그러나 우리에게 더욱 중요한 것은 그들 사상의 다른 점이다. 왜냐하면 같다 치면 그냥 '노장老莊'이라 함께 보기만 하면 될 뿐 특별히 노자와 장자를 따로 나눌 필요도 없을 뿐만 아니라 장자는 노자의 사상

---

29) 『老子』, 제5장.
30) 『老子』, 제27장.

적 복제에 불과해지기 때문이다. 그러나 그 둘은 같지 않다. 그들이 추구했던 이상을 논외로 하더라도, 적어도 그들의 주장과 그것을 뒷받침해 주고 있는 많은 개념은 몹시 다르다. 무에 대한 파악도 예외는 아니다. 그중에서도 '무용지용無用之用'의 설이 바로 그러하다.

무용지용이란 한마디로 말해 '쓸데없음의 쓸데 있음'을 이야기하는 것이다. 쓸모없는 것처럼 보이지만 그것이야말로 쓸모 있는 것이라는 주장으로, 노자에게 '하지 않으나 하지 않음이 없음'(無爲而無不爲)[31]의 무위의 주장과 맥락을 같이한다. 노자는 위의 입장을 바탕으로 '하지 않음의 이익됨'(無爲之益)[32]이나 '하지 않으니 스스로 됨'(我無爲而民自化)[33] 그리고 심지어는 '하지 않음을 함'(行無行)[34]과 같은 주장을 내세우기도 하는데, 장자는 한 걸음 더 나아가 아예 무용지용을 내세운다. 노자에게 이러한 관념이 직접적으로 나타나는 것은 아니다. 노자는 무의 용을 이야기하고, 무위의 이익됨을 말하고는 있어도 무용의 용됨을 밝히고 있진 않다. 장자는 바로 그 점을 파악하여 무용의 용을 자기 철학의 전면에 내세운다. 노자가 무위의 이익됨(無爲之益)[35]을 말한 것처럼 장자는 무용의 이용됨(無用之用)[36]을 말하는 것이다.

장자가 마주한 문제는 도가라는 작자들이 다들 터무니없이 황홀恍惚[37]하고 마치 있는 듯한(似或存)[38] 것에 대한 이야기만 하고 있는데 이

---

31) 『老子』, 제48장.
32) 『老子』, 제37장; 제43장.
33) 『老子』, 제57장.
34) 『老子』, 제69장.
35) 『老子』, 제43장.
36) 『莊子』, 「人間世」.
37) 『老子』, 제14장; 제21장.

모두 쓸데없는 이야기 아니냐는 물음이 있었을 것이다. 장자는 이에 대해 정면으로 맞선 셈이다. 다시 말해 무용이면 어떠냐, 쓸모없는 것이야말로 정말로 쓸모 있는 것 아니냐, 쓸데없어야 참으로 타고난 대로 살수 있는 것 아니냐고 그는 응수한다. 천생의 불구는 모두 지니고 있고 때로는 사람에 의해서 발이 잘린 병신들이 모두 『장자』에서 이상인격으로 나오는 것은 이와 같은 이유에서이다.[39] 아마도 최고 인격인 성인 聖人의 많은 수가 괴물처럼 묘사되는 것은 『장자』가 유일무이하지 않을까 한다. 그럴 수 있는 까닭이 바로 무용지용의 입장에서 비롯된다.

단적인 예가 지리소支離疏와 같은 흉물 이야기다. 그의 생김새의 추악함이나 괴이함은 이루 말할 데 없지만 다림질이나 빨래로 먹고살기에 충분했을 뿐만 아니라 곡식 정리라도 도와주면 열 명을 먹일 만했다. 아울러 전쟁이 나도 징용되지 않았으며 큰일이 있어도 사역하지 않고, 도리어 쌀과 땔감을 배급받았다. 남들이 보기에는 그가 가장 쓸모없는 듯해도 그는 자기의 몸을 잘 길렀고(養其身) 자기의 천수를 누렸다(終其天年). 그것이 바로 인간세人間世에서 무용지용의 표본이다.[40]

그 외에도 무지막지하게 자라고 있는 쓸모없는 나무의 비유는 무용지용의 위대함을 주장한다. 배를 만들면 가라앉고, 관을 만들면 바로 섞고, 그릇을 만들면 쉬 망가지고, 문이나 창을 만들면 진이 흐르고, 기둥을 만들면 좀먹을 나무야말로 아무짝에도 쓸데가 없어 천하의 명목수인 장석匠石이라 할지라도 쓸모를 찾지 못했다. 그러나 꿈속에서 그

---

38) 『老子』, 제4장.
39) 『莊子』, 「大宗師」. 다리가 잘린 聖人인 王駘, 申徒嘉, 叔山無趾나, 추악하나 여인이 들끓는 哀駘它나, 절름발이, 꼽추, 언청이 등이 한 몸에 있는 闉跂支離無脣과 甕㼜大癭 등.
40) 『莊子』, 「人間世」.

나무는 그에게 이른다. "나는 쓸모없기를 바란 지 오래되었다. 죽을 뻔하다가도 오늘까지 살아 있으니 나에게는 크게 쓸모 있는 것이다. 나를 쓸모 있게 하였다면 이처럼 클 수 있었겠는가?"41) 그 나무는 쓸모없음(無所可用)이 곧 큰 쓸모 있음(大用)이라고 주장한다. 유용有用은 나를 망치게 하는 길이라고 생각한다. 쓸모 있는 것들은 모두 천수天壽를 누리지 못하고 요절夭折한다.42)

우리들의 문제는 무용의 위대함을 모르는 것이다. 엄청나게 큰 박이 쓸데없다고 투정하는 혜자惠子(惠施)에게 장자는 왜 그것으로 배를 만들어 강호江湖에 띄울 생각을 하지 않느냐고 타이른다. 혜자는 그에 설복되지 않고 장자의 말도 너무 커서 쓸데가 없다(大而無用)고 한다. 마치 위에서 말한 그런 나무처럼 아무짝에도 쓸모가 없는 것과 같다. 이에 장자는 왜 쓸데없이 살지 못하느냐고 반문한다. "왜 그 나무를 어디 있다고 할 수 없는 마을의 광막한 뜰에다 심어 놓고 그 옆에서 하는 일 없이 맴돌거나 그 밑에 누워서 노닐지 않느냐?"43) 장자는 쓸모없음에서 온갖 괴로움으로부터 벗어나는 방법을 얻었다.44)

그러나 그것이 무용지용론의 전부는 아니다. 왜냐하면 장자는 쓸모없음과 쓸모없음의 가운데에 있겠다고 하기 때문이다. 위와 같이 산에 있던 큰 나무는 쓸모없어 살아남았지만, 집에 있던 닭45)은 울지 못하는

---

41) 『莊子』, 「人間世」, "此予求無所可用久矣, 幾死, 乃今得之, 爲予大用. 使予也而有用, 且得有此大也邪."
42) 『莊子』, 「人間世」, "故不終其天年而中道夭."
43) 『莊子』, 「逍遙遊」, "何不樹之於無何有之鄕, 廣莫之野; 彷徨乎無爲其側, 逍遙乎寢臥其下."
44) 『莊子』, 「逍遙遊」, "無所可用, 安所困苦哉?"
45) 원래는 雁이나 그것은 鵝와 같은 것이다. 그러나 울고 울지 못하는 이야기에는 '닭'이 좀 더 확실히 의미를 전달해 준다. 『莊子』, 「山木」.

놈이 죽는다. 제자가 장자에게 쓸모 있음(才)과 쓸모없음(不才) 가운데 어디에 머물겠는가 하고 묻자 그는 그 사이에 있겠다고 한다. 그러나 장자는 이에 멈추지 않는다. 그 사이라는 것은 '사이비'(似之而非)와 같아서 결국에는 화를 멈추지 못한다고 한다. 따라서 고정되어 있지 않고 언제나 변화變化해야 한다고 말한다. "명예도 없고 모욕도 없으며, 용이 되기도 하고 뱀이 되기도 하며, 때에 맞추어 변화하여 고정되는 것을 받아들이지 않는다."46) 이와 같은 이야기는 장자의 무용지용의 주장이 뜻하고 있는 몇 가지 면목을 보여 준다. 첫째, 원칙적으로 결국 장자가 말하고 있는 것은 무용이기는 하나 그렇다고 해서 무용 일면에만 치우쳐서 가장 중요한 소요逍遙와 양생養生의 길을 어그러뜨리면 안 된다는 점이다. 둘째, 이를테면 닭은 이미 인위의 유용의 범위에 들어온 놈이기 때문에 그 안에서는 무용지용설이 끼어들 여지가 없다. 인간세人間世에 들어와 있는 이상 무용의 대용大用은 이미 가치를 상실한다. 셋째, 좀 더 논리적으로 생각한다면 닭이 고기와 울음조차 무용했어야 한다는 것이다.

그런데 우리가 잊지 말아야 할 것은 장자가 노자가 말하는 여러 가지 무의 용법과는 달리 무용지용의 설을 제시함으로써 좀 더 적극적으로 무의 가치를 강조하고 있다는 점이다. 달리 말해, 한편으로는 장자의 무용지용의 설은 유무의 문제와 관련해서 '무의 유로서의 가치', 즉 무가 유로 전환될 수 있는 일종의 논리적 매개를 던져 주고 있는 것이다. 장자가 발견한 쓸데'없음'의 쓸데 '있음', 무용의 유용성 또는 대용성은 무가 유가 될 수 있는 매우 좋은 이론적 바탕이 되는 것이다. 이는 노자

---

46) 『莊子』, 「山木」, "無譽無訾, 一龍一蛇, 與時俱化, 而無肯專爲."

가 말한 '아무것도 하지 않으나 하지 않는 것이 없다'라는 주장의 맥락처럼, '쓸모없음의 쓰임'을 말함으로써 무는 유와의 관계에서 고정적이지 않음을 보여 준다. 쓸모 있음과 쓸모없음의 가운데(材與不材之間)도 궁극적이지 않다는 것과 같이 장자는 무와 유도 아닌 어떤 것에 자신의 철학적 초점이 있음을 보여 준다. 그것은 노자가 말하는 '도道'의 추상성이나 '일一'의 유일성이나 '현玄'의 소극성에서 벗어나 구체화되고 현현되고 명료화된 '기氣'를 제시하는 것처럼,[47] 노자가 말하는 무의 철학적 위상을 자신의 기론으로 대체하는 노력과 무관하지 않다.

장자의 기론은 한마디로 노자철학의 여러 방면에서의 발전이다. 노자가 말하고 있는 많은 논점의 근거와 미비점을 장자는 기로써 해석해 낸다. 무는 분명히 노자가 철학사에 제시한 독특한 개념이다. 노자 이전이나 이후의 모든 무에 관한 논의는 어쩔 수 없이 노자에게 적지 않은 사상적 빛을 지고 있는 것이 사실이다. 노자가 무의 철학자로 불리는 까닭이 바로 여기에 있다. 그와 마찬가지로 장자는 노자의 여러 개념을 기론으로 해석해 낸 기의 철학자이다.

그런데 그때 장자의 기는 무인가, 아니면 유인가? 재미있게도 장자는 그 기를 '빔'(虛)이라고 말함으로써 유무의 이야기를 빗겨 가고 있다. "기는 빈 것으로 외물을 기다리는 것이다."[48] 이 구절은 '심재心齋'를 설명하는 것이기 때문에 나름대로의 맥락이 있다. 이를테면 사람의 감각기관과 관련된 의미로서의 기론이다. 그럼에도 불구하고 이 구절이 말하고 있는 '빔'은 그것이 과연 무인지 유인지 분명하지 않다. 그 까닭은

---

47) 鄭世根, 『莊子氣化論』(臺北: 學生, 1993), 46~54쪽.
48) 『莊子』, 「人間世」, "氣也者虛而待物者也."

기가 기능적인 성격으로서 '천기天氣', '지기地氣', '인기人氣' 그리고 '신기
神氣' 등과 같이 어떠한 기라는 기능성이 부각되는 한편, '평기平氣', '양기
養氣' 그리고 '일기一氣' 등과 같은 실체성이 여전히 강조되기 때문이다.
이를테면 '지기志氣'[49]의 기는 마음(心)에서 욕망의 기능을 설명하는 것이
고, '순기純氣'[50]의 기는 기라는 맑고 깨끗한 어떤 실체를 지시한다. 만일
기능성만이 강조된다면 기는 무에 가까워지나 반대로 실체성이 강조된
다면 기는 유에 속한다. 이러한 사실들이 우리로 하여금 기에 대한 이
해를 어렵게 만들기도 한다.

　중요한 것은 이와 같은 입장이 장자 자신의 철학 가운데 무가 차지
하는 비중을 가볍게 하고 오히려 기의 무게를 가중시킨다는 점이다. 그
런데 무용지용설이 갖고 있는 '무의 유로서의 가치'와 마찬가지로, 장자
는 유무를 총괄하는 하나의 실체성과 여러 가지의 기능성을 갖고 있는
기라는 개념적 도구를 마련했다. 무는 이제 더 이상 무로만 남아있는
것이 아니다. 무는 가치 있다. 무는 무용하기 때문에 유용하다. 그것이
야말로 큰 가치이다. 그리고 그 가치를 실현해 주는 것이 다름 아닌 기
이다. 기는 도처럼 추상적이지 않고 구체적이기 때문이다.

　장자는 이와 같이 무가 유로 변환될 수 있는 논리적 매개를 우리들
에게 가르쳐 주고 있다. 무는 더 이상 무만이 아니다. 무용은 유용하기
때문이다. 이는 마치 무 속에 들어있는 유를 강조하는 것과 같다. 나아
가 기는 무를 유로 드러내는 가장 근본적인 동력이다.

---

49) 『莊子』, 「盜跖」.
50) 『莊子』, 「達生」.

5. 왕필의 무의 쓰임 이론

왕필의 무의 이론은 노자와 장자와는 또 달리 독특한 것이다. 특징적인 것만 말한다면, 노자는 절대무라는 것을 상정하고 있고 장자는 무용의 용을 말하고 있는 데 반해 왕필은 무의 쓰임을 주장하고 있기 때문이다. 왕필의 것은 장자의 '무용의 용'과는 다른 '무의 용'에 대한 이론이다.

장자는 무용의 유용함이나 대용함을 내세우긴 했지만 무 그 자체의 본래적인 유용성을 강조하진 않았다. 이 점은 오히려 노자에서 발견되는 쓰임으로서의 무이다. 노자의 세 번째 의미로서의 무이다. 무 그 자체가 유를 위해서 쓰인다는 말이다. 유가 유로서의 작용을 훌륭히 수행해 나가는 데 무엇보다도 무가 쓰이지 않을 수 없다는 주장이다.

여기에서 우리는 조금 더 위로 올라가지 않으면 안 된다. 우리는 유도의 차이에 따라 유무의 관점이 몹시 달라진다는 점을 앞서 이야기했다. 그리고 이 유무의 문제는 각기 자신들의 형이상학적인 배경으로 성립됐다. 무를 주장하면 그는 회의할 여지없이 도가이고 유를 옹호하면 현실의 가치를 긍정하는 유가라는 판단은 철학사에서 그리 무리한 일은 아니었다. 더욱이 그것이 송명시대 유가의 부흥기에 와서는 더욱 격심해져서 무를 내세우는 것은 바로 반유가의 기치를 거는 것과 동가적으로 생각된다. 유가의 입장에서 노자와 불가를 반대하고 비판하는 가장 큰 이유가 그들이 현실이라는 유를 부정하고 무나 공空이라는 황당한 말(荒唐之說)을 내세우기 때문이었음은 상식적인 이야기이다.

왕필의 시대만 하더라도 당송시대보다는 훨씬 사상적인 교류가 가능했던 시절이다. 이를테면 '원유原儒'나 '도통道統'의 주장이 없었던 시기이다. 유가의 정통성을 내세워 학문적 교섭성이나 상보성을 무시하지 않던 위진이 바로 왕필이 살았던 때이다. 정치적으로는 조조曹操가 패권을 이룩하고 조씨의 정권이 이어질 때였으며, 문화적으로는 한漢대 이후 지식인들에게 '삼현경三玄經'이라는 『역易』, 『노자』, 『장자』가 필독서로 읽히던 때였으며, 종교적으로는 불교의 유입에 따른 불경의 번역이 바야흐로 시작되던 때였다. 따라서 그 당시 지식인들에게 유도의 구별이 특별한 심리적 부담을 주었다고는 보이지 않는다.

그런데 문제는 왕필이 조조의 양아들이자 사위인 하안에게 발탁된 정권 내부의 지식인이었다는 점에 있다. 하안은 양아버지이자 장인인 조조에 의해 이루어진 조씨의 권력을 어떤 의미로도 부정하진 않았다. 그 덕분에 사마司馬씨에 의해 정권이 탈취되면서 해를 입는다. 역사서에 따르면 그는 조씨 정권에 대해 반정부적인 의도를 보이지 않았다. 어머니 윤尹씨를 맞아들인 조조 때문이었는지, 아내 금향金鄕공주와 결부된 부마駙馬라는 직위 때문이었는지는 알 수 없지만, 그는 오히려 조상曹爽과 더불어 사마의司馬懿에게 죽임을 당한다. 그러한 하안과 활동을 같이한 왕필이었다. 왕필은 위에서 말한 하안 및 그의 수호자와 더불어 살고 하안의 죽음과 더불어 왕필도 사라지고 있음을 주목할 필요가 있다.

왕필은 정권 옹호적인 발언을 서슴지 않는다. 흔히 이야기되는 그의 소년少年적인 천재성天才性은 자기를 발탁하고 관직에 오르게 한 정권에 대한 체제수호의 입장을 표명하기 위해서도 발휘된다. 언뜻 보아 그것은 소년적인 천재성이 갖고 있는 익지 않음(未熟)이기도 하지만, 다시 보아 그것은 매우 기밀한 논리적 구성을 보여 준다. 왕필의 체제옹호적인 발언은 도처에서 발견된다. 그중에서도 흥미롭고 후대의 주석가들에게도 문제가 되었던 두 구절을 뽑아 보자.

"최상의 것은 그것이 있는지 모른다. 그다음은 그것을 가까이하고 좋아한다. 그다음은 그것을 무서워한다. 그다음은 그것을 업신여긴다."[51] 과연 여기서 말하는 '최상의 것'은 무엇인지는 확실하지 않다. 그러나 최상의 것은 전통적으로 최고의 권력이나 통치로 해석되어왔다. 왕필도 예외는 아니어서 '대인大人'으로 그 '최상의 것'을 설명하고 있다. 그것은 결국 절대권력자를 말하는 것이기도 하다. 그런데 왕필은 '부不'를 '하下'로 적고 있다. 이것은 무엇을 말하고 있는 것일까? '하'는 여기에서 아래에 있는 피지배계층을 말한다. 통치 받는 백성은 최상의 것이 있는 줄을 알기만 하면 된다는 말이다. 다시 말해 민중은 절대권력의 존재만을 알면 될 뿐, 그것에 대해 '옳다, 그르다'(曰可曰否)할 까닭이 없다. 왕필은 노자의 그 말이 바로 '위를 따름을 말한다'(言從上)고 주注에서 적고 있다. 이러한 해석이 노자적인가? 아니다. 노자가 '태상'이라는 최고의 권력을 받아들일 리 없다. 왕권은 있는지도 없는지도 모르면 제일이다. 그러나 왕필은 그러한 통수권統帥權을 인정한다.

"그러므로 도도 크고 하늘도 크고 땅도 크고 사람도 크다."[52] 그런데 왕필은 '인人'을 '왕王'으로 적어 놓고 있다. 과연 어떤 것이 분명한 노자의 말인지 확인할 수는 없어도 우리는 상식적으로도 노자가 '왕'을 긍정하려고 그런 말을 하고 있지는 않음을 알 수 있다. 노자에게 왕은

---

51) 『老子』, 제17장, "太上, 不知有之; 其次, 親而譽之; 其次, 畏之; 其次, 侮之."
52) 『老子』, 제25장, "故道大, 天大, 地大, 人亦大."

그저 이름(有名)일 뿐 아무런 가치도 없는 것이다. 왕은 남 앞에 나서기 좋아하는 사람일 뿐 노자가 말하는 몸을 뒤로하는 성인53)과는 거리가 멀다. 그런데 왕필은 나아가 왕은 사람의 주인임(王是人之主也)을 밝히고 있다. 알다시피 이런 해석이 혹 후대의 황로학黃老學과 결부된 것일 수는 있어도 원래 노자의 모습일 수는 없는 것이다.

이런 식의 해석은『노자』의 그 유명한 물에 대한 비유에서도 곧바로 나타난다. 노자는 물로 상징된 도의 이야기를 하고 있는데, 왕필은 사람의 통치됨을 말하고 있다. 왕필은 그 장의 끝에 주를 달기를, "모든 사람은 통치되어야 함을 말한다"54)라고 하고 있다. 도대체 물의 이야기와 사람이 마땅히 다스려져야 한다는 것이 무슨 상관이 있단 말인가? 그의 견해에 따르면 물이 아래로 내려가듯 통수권도 위에서 아래로 골고루 퍼져야 한다는 것인데, 과연 그것이 노자가 말한 물과 도의 관계인가? 때로는 왕필이 그렇게 해석할 리는 없다는 가정 아래, '인人'을 '수水'로, '치治'를 '차此'로 바꾸어 놓기도 한다.

우리는 이러한 점에 유의하여 왕필의 사상을 보지 않으면 안 된다. 무도 마찬가지여서, 그 가운데 탄생되는 것이 바로 이제 말하고자 하는 무의 쓰임 이론이다. 그는 무를 유와의 관련 하에 그것의 '쓸데'(用途)를 정의한다. 우리는 왕필이『노자』가운데 가장 중요하다고 할 수 있는 두 장에서 모두 무의 쓰임을 주장하고 있음을 발견한다. 그 두 장은 곧 「도경道經」과 「덕경德經」을 나누는 제1장과 제38장의 주이다. 왕필은 바로 이러한 주요 관절關節에서 무의 쓰임을 말한다. 그의 무용설無用說은

---

53)『老子』, 제7장, "聖人後其身."
54) 王弼,『老子注』, 제7장, "言, 人皆應於治道."

장자의 '무용지용설無用之用說'이 아닌 '무지용無之用' 또는 '무지위용설無之
爲用說'임을 다시 한 번 환기하자.

"무릇 유가 이로운 것은 반드시 무를 쓰임으로 삼는다."[55] 왕필은
제1장을 무와 유로 풀지 않고 무욕과 유욕으로 이야기한다. 무욕으로
공허하니 만물이 시작하는 처음을 볼 수 있고, 유욕으로는 만물이 종말
하는 끝을 볼 수 있다는 것이다. 그런데 그 전제는 다름 아닌 무의 쓰임
에 있었다. 유가 유로서 그 가치를 발휘를 하기 위해서는 반드시 무를
쓰임으로 삼아야 된다는 조건이 따르는 것이다. 유는 무에서 나온다는
존재론적인 평가도 아니고, 유와 무가 상대된다는 인식론적인 평가도
아닌, 유가 제 역할을 하기 위해서는 무를 활용하지 않으면 안 된다는
실용론적인 평가이다.

「도경」에서 「덕경」으로 넘어가는 곳에서도 이와 같은 생각은 분명
히 드러난다. "덕은 득得이다. 늘 얻으니 잃음이 없고, 늘 이로우니 해가
없다. 따라서 덕으로 이름을 삼는다. 어떻게 덕을 얻는가? 도로부터이
다. 어떻게 덕을 다하는가? 무를 쓰임으로 삼는다. 무를 쓰임으로 삼으
니 싣지 않는 것이 없다."[56] 덕은 도로부터 얻는다. 그러나 덕이 그 기
능을 다하기 위해서는 무를 쓰임으로 삼지 않으면 안 된다. 무로써 덕
이 현실적으로 효과를 얻을 수 있다는 것이다. 결국, 이때의 무는 효용
으로서의 무이다.

노자도 이러한 쓰임으로서의 무를 이야기한 바 있다. 왕필이 말하는

---

55) 王弼, 『老子注』, 제1장, "凡有之爲利, 必以無爲用."
56) 王弼, 『老子注』, 제38장, "德者, 得也. 常得而無喪, 利而無害, 故以德爲名焉. 何以得德? 由
　　乎道也. 何以盡德? 以無爲用. 以無爲用, 則莫不載也."

무가 바로 노자의 이러한 무를 닮아 있는 것이다. 노자의 절대무도 상대무도 아닌, 쓰임으로서의 무가 왕필에게는 가장 호소력이 있었다. 왕필에게 절실한 것은 노자가 주장하는 것과 같이 무의 존재론적인 지위가 아니었다. 그에게 무는 유를 위해 어떤 역할을 해 주어야 한다는 점이 더욱 중요했던 것이다. 이러한 사고는 왕필과 노자가 걷고자 하는 길이 같지 않다는 것을 단적으로 보여 주는 좋은 예이다.

한 걸음 더 나아가, 왕필은 아예 직접적으로 '도용설道用說'을 주장하기도 한다. "따라서 덕이 높은 사람에게 도란 오로지 쓰임이다."[57] 왕필에게는 도조차 쓰임의 영역에서 거론되는 것은 사실상 매우 단순한 이유에서 비롯된다. 그에게 진리란, 유가의 많은 주장과도 같이, 이 세상에서 쓸모 있는 것이어야 하는 것이기 때문이다. 이는 왕필이 유와 무의 관계에서 무를 내세우더라도 그 연유는 무가 유를 위해서 필요하기 때문인 것과 같다. "(만물이) 비록 귀할지라도 무로써 쓰임을 삼는데, 무를 버리고 체가 될 수는 없다."[58] 만물이 자신의 몸을 갖기 위해서는 무를 쓰임으로 삼지 않으면 안 된다. 이는 곧 유가 유의 체를 지니기 위해서는 무의 용을 바탕으로 해야 한다는 것이다. 마치 만물이 놀 허공과 같은 무가 있어야 만물이 제자리를 얻을 수 있다는 말과 같다.[59]

---

57) 王弼, 『老子注』, 제38장, "是以上德之人, 唯道是用."
58) 王弼, 『老子注』, 제38장, "(萬物)雖貴, 以無爲用, 不能捨無以爲體也." ( )는 『道藏』, 道德眞經集註本.
59) 여기에서 體는 여타의 母, 本, 一과 같은 개념과는 자못 다르다. 母子, 本末, 一多와 같이 體用으로 성립되는 것이 아니라 體는 오히려 현실의 존재물이고 用이야말로 그것을 있게 해 주는 조건이 되는 것이다. 母의 體에서 子가 나온다는 것이 아니라, 母의 用은 子를 얻음에 있다는 것이다. 이때 母는 子의 用이고, 本은 末의 用이고, 一은 多의 用이 된다. 어떤 객체에서 體用이 반드시 고정적이지 않음을 기억하자. 어머니에게 자신은 體이고 나는 用이지만, 나에게 자신은 體이고 어머니는 用인 것과

이러한 주장의 근거에는 만물은 각기 자신의 쓰임이 있을 수밖에 없다는 '적용설適用說'이 밑받침되어 있다.[60] 왕필은 말한다. "천지는 짐승을 위해 풀을 낳지는 않았지만 짐승은 풀을 먹고, 사람을 위해 개를 낳지는 않았지만 사람은 개를 먹는다. 만물에 해 주는 것이 없으나 만물은 각자 그 쓰이는 바에 따라 나아가니, 주지 않는 것이 없다."[61] 천지가 어떤 목적을 갖고 만물을 낳은 것은 아니지만 만물은 천지 속에서 각자의 쓸모를 지니고 있다는 이러한 주장은, 유의 세계 속의 개체는 모두 쓰임의 사슬에 의해 이루어지고 있다는 것이다. 바로 이러한 유의 세계가 이루어지기 위한 전제 조건이 바로 무인 셈이다. 그런 점에서 무조차 쓰임으로 남는 것이다.

무의 쓰임이 강조되는 까닭은 무엇일까? 그것은 왕필이 옹호하고자 한 현실세계와 밀접한 관계를 맺는다. 체제 속의 인간이었던 왕필은 유가의 유를 도가의 무에 의해 빼앗기는 것을 용납할 수 없었다. 한대 이후 줄곧 된 '삼현경'의 유행 속에서 그는 『노자』를 자신의 세계관으로 입적시킨다. 그리하여 무는 유를 위해 쓸모 있는 무로 변신하게 되는 것이다.

"높음은 낮음을 바탕으로 하고, 귀함은 천함을 본디로 삼고, 유는 무를 쓰임으로 삼는다."[62] 이제 왕필에게 무는 유를 위해 봉사한다. 왕필의 이러한 주장은 『노자』의 "무가 쓰임이 된다"[63]는 주장에 근원을

같다.

60) 이러한 適用說은 郭象에게서 가장 두드러지게 강조된다.
61) 王弼, 『老子注』, 제5장, "天地不爲獸生芻, 而獸食芻; 不爲人生狗, 而人食狗. 無爲於萬物而萬物各適其所用, 則莫不瞻矣."
62) 王弼, 『老子注』, 제40장, "高以下爲基, 貴以賤爲本, 有以無爲用." '反者道之動'의 注.

두고 있지만, 이미 노자의 입장에서 한 걸음 나아간 것이 아닐 수 없다. 이는 한 개념의 희석과 그 전환을 뜻한다. 무의 절대적 의미가 희석되고 실용적 의미로 전환되는 것이다. 왕필은 이를 통해 현실, 좀 더 구체적으로는 현실을 지탱하고 있는 정치적 제도를 옹호하려는 것이다. 그가 『노자』의 첫 장을 '유'와 '무'라는 추상적 개념으로 보지 않고 '무명無名'과 '유명有名' 또는 '무욕無欲'과 '유욕有欲'이라는 구체적인 개념으로 파악하는 데에는 나름대로의 까닭이 있었다.

비록 의미는 다르지만, 장자에 의해 '무용의 용'이 강조됨으로써 왕필은 '무의 용'을 주장하기 위한 논리적 매개체를 얻은 듯하다. 그리하여 왕필에게 무는 유를 위한 무로 대체되는 것이다. 노자에게 무는 유의 임금이었다. 그러나 왕필로부터 유는 무라는 신하를 얻게 된다.

6. 배위의 숭유론

위진현학의 논의에서 자주 언급되는 것이 '귀무貴無'와 '숭유崇有'라는 개념이다. 그런데 이러한 두 대비되는 관점이 등장하는 것은 바로 배위裴頠의 「숭유론崇有論」이다. 그는 이 논문에서 유를 숭상함을 분명히 하고, 무를 귀히 여기는 것을 철저히 논박한다. 이후, '귀무'와 '숭유'는 위진시대의 철학을 논하는 데 필수불가결한 개념으로 성립하는 것이다.

배위는 만물의 생성과 변화에는 하나의 '리理'가 있음을 전제한다.

---

63) 『老子』, 제11장, "無之以爲用."

그런데 바로 이 리는 없는 것이 아니라 있는 것, 즉 무가 아니라 유라는 것이 그의 주장이다. "리는 체가 되는 바가 유이다."[64] 다시 말해, 리가 현실 속에서 체현되는 것을 일러 유라고 한다는 것이다. 결국, 만물에는 리가 있고 리가 드러난 것이 유이므로 유를 무시할 수는 없다는 것이다.

배위는 무를 높이고 유를 우습게 여기는 태도의 폐해를 심각하게 지적한다. "드디어 무를 귀하게 여기는 논의를 천명하고 유를 천하게 여기는 논의를 건립한다. 유를 천하게 여기니 반드시 형상을 벗어나게 되고, 형상을 벗어나니 반드시 제도를 버리게 되고, 제도를 버리니 반드시 지킬 바를 잃게 되고, 지킬 바를 잃으니 반드시 예를 잊어버린다."[65] 그에게 귀무론 또는 천유론은 자신의 실존적 존재와 사회적 제도 그리고 인간이 지켜야 할 윤리규범을 벗어나게 하는 것에 지나지 않는다. 반사회적이고 비윤리적인 무에 대한 논의는 해악뿐이다. 심지어 그는 귀무론 또는 천유론의 결과는 무정부상태에 빠지는 것이라고 곧이어 지적한다. "예라는 제도가 있지 않으니 정치라고 할 것이 없다."[66] 배위는 "대중들이 위를 따르는 것은 물이 그릇에 담기는 것과 같다"[67]라고 주장한다. 이때의 '위'는 기존의 제도, 크게 보아 무가 아닌 유이다.

배위는 노자를 '허무虛無'를 빙자하면서도 말로는 '현묘玄妙'를 떠드는 철학자로 비난한다. 그에 따르면, 『노자』 5천여 자는 '허虛를 위주로 하여 한쪽의 말에만 쏠려 서 있는 것'[68]으로 '유는 무에서 나온다'(有生於無)

---

64) 裴頠, 「崇有論」, "理之所體, 所謂有也."
65) 裴頠, 「崇有論」, "遂闡貴無之議, 而建賤有之論. 賤有則必外形, 外形則必有制, 有制則必忽防, 忽防則必忘禮."
66) 裴頠, 「崇有論」, "禮制弗存, 則無以爲政矣."
67) 裴頠, 「崇有論」, "衆之從上, 猶水之居器也."

는 것을 주장하여 유의 가치를 망각한 것이다. 그래서 배위는 『노자』의 말을 '일방의 말'(一方之言)이라고 단언한다. 배위는 자신의 이러한 입장이 독단적인 것이 아니라, 역사 속의 선현들이 이미 지적한 바라고 말한다. 반고班固, 손경孫卿(荀卿), 양웅揚雄 등과 같은 학자들이 이미 노장의 주장은 배울 점보다는 배워서는 안 될 점이 많다고 여겼다고 주장한다.

배위에게 '허무'는 결국 단순한 '없어짐'(遺)에 불과한 것으로 이해된다. "삶은 유로써 스스로의 몫을 삼으니, 허무는 유의 이른바 없어짐인 것이다."[69] 그에게 무는 독립적인 존재론적 지위를 갖지 못한다. 무는 유의 없어짐에 불과한 것이다. 유가 사라지면 무일 뿐인 것이다.

배위의 이러한 주장은 유가의 입장을 대변한다. 그의 필치에서 송대 유학자들의 노불老佛에 대한 비장한 각오와 같은 것이 느껴지는 것은 그만큼 그가 '숭유'의 제목 아래 유가철학을 옹호하고 있기 때문이다. 그는 자신의 글 속에서 철학사적으로 매우 중요한 개념을 제시했는데, 그것이 바로 '귀무'와 '숭유'라는 두 대립되는 개념이다. 때로 '천유賤有'와 같은 개념이 등장하기도 하지만 기본적으로 귀무와 마찬가지의 입장이며, 각기 다른 방면에서 설명하는 것일 뿐이므로 그 둘은 동류의 개념이다.

배위는 귀무론을 힐난하고 숭유론를 제시하면서, 참다운 이 사회를 이해하고 건설하기 위해서는 귀무론은 방해가 될 뿐이므로 숭유론이야말로 진정한 세계관의 자격을 갖는다고 주장한다. 그리하여 그의 '숭유론'은 당시 유행하는 '귀무론'을 논박하기 위한 선언과도 같은 의미를

---

68) 裴頠, 「崇有論」, "以虛爲主, 偏立一家之辭."
69) 裴頠, 「崇有論」, "生以有爲己分, 則虛無是有之所謂遺者也."

지닌다.

그런데 과연 배위가 가리키는 귀무론자는 누구인가? 일반적으로 철학사가들은 귀무론자는 하안을 포함한 왕필로, 그리고 숭유론자는 곽상으로 특정화시켰다. 그리하여 왕필은 무를, 곽상은 유를 높인 철학자로 단정적으로 설명하기도 했다. 그런데 그러한 의견은 지나친 단순화의 오류에서 빠지기 쉽다.

왕필이 곽상보다 무를 강조한 것은 사실일지도 모른다. 그러나 만일 우리의 판단기준이 유무에만 머무르지 않고 제도옹호론자와 그것의 반대자라는 또 다른 기준에서 본다면, 왕필과 곽상은 기본적으로 똑같이 제도옹호론의 입장에 설 수밖에 없을 것이다. 그렇다면 배위가 비난한 '제도 유기' 즉 '유제遺制'에는 그 둘이 모두 관련이 없게 된다. 다시 말해, 배위의 논리는 천유의 사상은 반드시 유제의 결과를 낳는다는 것이므로, 유제에 동의하지 않은 왕필과 곽상은 모두 천유론 즉 귀무론에 속할 수 없다는 것이다. 결국, 배위가 말하는 귀무론의 주창자가 반드시 왕필일 이유는 없어지며, 따라서 왕필의 철학이 곧 귀무론으로 이해되는 것은 많은 검토가 요구되지 않을 수 없는 것이다.

7. 유무론의 발전과 그 한계

위진현학은 유무의 문제를 철학적으로 발전시키고 승화시키는 데 큰 역할을 했다. 유무가 곧 유도의 갈림길이라는 점에서 매우 민감한 주제였지만, 사려 깊은 철학자들은 유와 무 가운데 하나만을 얻거나 버리지 않으면서도 자신의 주장을 펴 나갔다. 한대 이후에 널리 퍼져 있던 노장에 대한 관심을 그들도 모른 체할 수는 없었다. 그렇지만 그들은 노장을 통해 공자의 위대함을 말하는 데 성공했다. 한대 왕충王充과 같은 인물에 의해 혹독하게 비판받았던 공자, 그리고 그를 기초로 하는 유학은, 위진을 겪으면서 더 이상 노장보다 철학적으로 사변력이 뒤떨어지지 않을 수 있었다. 왕필은 그 역할 가운데 중책을 맡았던 것이다.

그러나 본디 형이상학적이지 못한 유학은 위진시대의 좋은 환경을 맘껏 활용하지는 못한 듯하다. 왜냐하면 왕필과 같은 철학자들의 작업이 유학자들에게 존숭되지 못했기 때문이다. 이후의 유학자들이 분명히 얻은 것은 『주역』의 중요성이었을 뿐, 『노자』와 『장자』는 여전히 적대적으로 평가되지 않으면 안 되었다. 이때, 배위의 「숭유론」은 '귀무'에 대한 비판을 담은 유가적 선언이었다. 이 선언은 후대 철학사가들에게 반드시 좋은 영향만을 주는 것은 아니었다. 왜냐하면 배위가 논단한 귀무론의 희생양이 필요했기 때문이었다.

왕필은 요절로 그 희생의 역할을 다한다. 그는 더 이상 변명하거나 부연할 기회가 없었기 때문이다. 그리하여 귀무의 짐을 모두 지고 철학사의 저편에 안치된다. 그러나 과연 왕필이 말한 무가 노장의 무와 같았을까? 내가 보기에는 결코 그렇지 않다. 적어도 왕필의 무는, 노자의 절대 또는 상대의 무도 아니고 장자의 무용지용도 아닌 무의 용이었기 때문이다. 왕필은 그런 점에서 위진현학의 유학에서의 역할을 대변한다.

그럼에도 불구하고, 유무의 형이상학은 더 이상 큰 걸음을 떼지 못한다. 수당시대의 불학은 위진의 현학보다 더욱 내용적으로 복잡하고 어휘적으로 현란하게 중국철학에 자신의 형이상학을 등장시키기 때문이다. 그것은 위진현학 자체의 논리적 빈약성에 기인하기도 한다. 유무 개념에 대한 논쟁이 유도 사이에서 '유란 무엇인가' 또는 '무란 무엇인가'를 따지는 존재론적 질문에서 벌어지는 것이 아니라, 오히려 제도의 옹호와 그 반대를 위해서 토론이 마무리된 듯하기 때문이다.

제7장 말과 뜻
—장자·왕필·구양건의 언의지변

1. 말은 뜻을 다하는가

철학에서 말과 뜻은 여러 방면으로 주제화되었다. 그러나 그 가운데 빠뜨릴 수 없는 문제는 말과 뜻의 관계를 어떻게 설정하는가 하는 것이다. 그것은 아래와 같이 한마디로 요약된다. 과연 말이 뜻을 다할 수 있는가 아니면 그렇지 아니한가? 이러한 문제가 바로 '말은 뜻을 다한다'(言盡意) 또는 '말은 뜻을 다하지 못한다'(言不盡意)는 주장으로 여러 철학자들에게 서로 달리 나타나는 것이다. 때로는 몇 가지의 개념이 첨부되거나 가미되어 그것과 더불어 비교적 논리적이고 분석적인 논쟁이 이루어진다.

동양에서 언어의 완전성은 회의된다는 것이 일반적으로 받아들여지는 견해이다. 그러나 그런 의견의 옳고 그름을 떠나 더욱 중요한 문제는 왜 언어의 완전성을 회의했는지 또한 언어의 완전성을 회의하는 것이 곧 의미전달 가능성의 부정으로 나아가는지를 따져 보는 일이다. 이 글의 초점은 장자와 왕필王弼 그리고 구양건歐陽建이라는 세 인물을 통해 철학사 속의 철학자들이 무슨 근거와 어떤 논리로 자신의 의견을 펼쳤는지 간략하게 요점적으로 살펴보는 데 있다. 한 걸음 더 나아가, 언어의 완전성에 대한 회의가 반드시 의미의 전달 가능성에 대한 회의는 아니라는 점을 명확히 하고자 한다.

2. 장자의 비유

말과 뜻의 관계를 비유를 들어 재미있게 주장한 대표적인 철학자로 장자를 꼽을 수 있다. 그는 철학자들에 의해 매우 자주 인용되는 하나의 비유를 내놓았다. 그것이 바로 '그물과 통발'의 비유이다. 『장자』에는 아래와 같이 적혀 있다.

> 그물은 고기를 잡으려 하는 것이니 고기를 얻었으면 그물을 잊는다.
> 덫은 토끼를 잡으려 하는 것이니 토끼를 얻었으면 덫을 잊는다. 말은
> 뜻을 잡으려 하는 것이니 뜻을 얻었으면 말을 잊는다.[1]

이 '그물'(筌: 통발)과 '덫'(蹄: 토끼 올무)의 비유는 이후 여러 철학자들이 자신의 논지를 펴 나가거나 결론을 내릴 때 무척이나 많은 관심 속에서 즐겨 애용됐다. 이러한 사실은 이 비유가 철학사 속에서 차지하는 비중은 어떤 순수한 이론적 문장이나 명확한 논리적 체계보다도 매우 가치

---

1) 『莊子』, 「外物」, "筌者所以在魚, 得魚而忘筌. 蹄者所以在兎, 得兎而忘蹄. 言者所以在意, 得意而忘筌."

있는 것임을 보여 주는 것이기도 하다. 마치 송宋, 원元, 명明과 조선을 풍미한 리기론理氣論의 설명에서 항상 빠지지 않고 나온 '달은 모든 내에 비추어진다'(月影萬川; 月印千江)의 비유만큼이나 자주 쓰이던 것이었다.[2]

이러한 장자의 언어에 대한 인식은 하나의 관념을 내포하고 있다. 그것은 바로 '말은 뜻보다 본래적이지 못하다'는 것이다. 다시 말해, 우열 관계에서 말은 뜻보다 중요한 것이 못된다. 뜻이 목적이라면 말은 수단에 불과하다. 그물과 덫이 자체적인 목적성을 갖고 있는 것이 아니라 수단으로서만이 가치가 있다는 주장이다. 이는 선가禪家에서 자주 인용되는 '손가락만 보고, 달을 보지 못한다'는 비유와도 일맥상통한다. 손가락은 말이나 글과 같은 언어적 도구이고 달은 뜻을 담고 있는 내용이나 진리이다.

이렇게 비슷한 점 때문에 불교가 처음 중국으로 들어왔을 때 그들은 부처를 '얼굴이 노란 노자'(黃面老子)로 이해하기도 했다. 역사적으로 보면, 인도불교가 처음 중국으로 들어왔을 때 그들은 노장과 『주역』과 『논어』 등에 기초해 경전을 번역했고, 후대(唐)에는 『노자』와 『장자』의 유명한 주석가로 감산憨山과 같은 대사가 나타나기도 했는데 이는 매우 자연스러운 일이었다. 위에서 말한 것처럼 중국적인 사상에 기초해 인도불교를 번역하는 행위를 전통적으로 '격의格義'라 불러 왔다. 이는 원전으로 원전을 해석해 내는 '승의勝義'와 대비되어 쓰이는 말로서, 위진남북조시대의 철학적 특성으로 이해되기도 한다. 그때 지둔支遁과 같은 이는 위

---

2) 이 비유는 재미있게도 佛家에서 빌려 온 것이다. 물론 위 비유에서 달은 理이고, 많은 내는 유가의 입장에서는 氣이고 불가의 입장에서는 事이다. 吉藏(546~623)의 『法華玄經』 참조. 그리고 「月印千江之曲」을 생각할 것.

에서 말한 감산처럼 「소요유逍遙遊」에 대해 불교의 심학心學적 태도로 나름대로 해석해 내기도 한다.[3] 이후 감산의 주해도 불가적인 마음(心)의 철학에 기초하고 있음은 두말할 나위가 없다.[4] 『장자소莊子疎』로 유명한 서화법사西華法師 성현영成玄英도 같은 시대 불교계의 큰 인물로, 그의 사유체계에도 불교는 기초로 깔려 있다.

그런데 우리에게 문제가 되는 것은 장자의 이 비유가 바로 언어의 소통 가능성을 부인하고 침묵을 강조하는 것이냐 하는 데 있다. 선가에서는 분명히 침묵의 중요성을 부인하고 있지 않다. 하다못해 말이나 글로 된 언어를 전혀 신뢰하지 않는다. 이른바 '불립문자不立文字'의 원칙이다. 그러나 그들은 그 이전에 하나의 분명한 원칙이 있다. 그것은 '말하지 않아도 알아들음'이나 '말 같지 않은 말을 거쳐 참을 깨우침'과 같은 것이다. 앞의 것은 유명한 '이심전심以心傳心'의 이론이나 실례가 뒷받침해 주고 있고, 뒤의 것은 '공안公案'이나 '화두話頭'에 의해 실제적으로 이루어지고 있다.

만일 이 두 사상이 유사한 점이 있어 서로가 잦은 교섭을 가졌음을 인식한다면, 우리는 장자도 불가와 마찬가지로 언어의 완벽성은 신뢰하지 않으나 의사소통의 가능성은 보장하고 있다고 잠정적인 결론을 내릴 수 있을 것이다. 위에서 인용한 『장자』의 문장 다음에는 바로 이어 아래와 같은 구절이 적혀 있다.

나는 어떻게 말을 잊은 사람을 만나 그와 함께 말할까.[5]

---

3) 支遁, 『逍遙遊論』, "夫逍遙者, 明至人之心也."
4) 憨山, 『老子道德經解』와 『莊子內篇註』 참조.

이와 같이 장자도 제대로 된 말을 할 수 없을지라도 뜻은 통할 수 있음을 보여 준다. 중요한 것은 '말을 잊은 사람과 말하는 것'이라는 역설적인 표현이다. 여기서 장자는 의미전달의 가능성을 부정하기보다는 오히려 언어적 표현의 한계를 지적하고 있다.

3. 왕필의 상론

왕필은 위진시대에 『노자』와 『주역』에 관한 가장 뛰어난 해설을 남긴 것으로 철학사에서 평가받고 있다. 그의 시대는 한漢 말의 분위기와 마찬가지로 『역』, 『노자』, 『장자』라는 '삼현경三玄經'에 대부분의 지식인들이 심취해 있던 시절이었다. 그도 당시의 많은 지식인들처럼 삼현경에 많은 관심을 가졌다. 현재 통용되고 있는 『노자』의 대표적인 주석서가 바로 그의 것임을 상기하자.

왕필은 『주역』을 해석하면서 장자의 그 비유를 끄집어내 쓴다. 그런데 바로 이와 같은 이유에서 그는 '말은 뜻을 다할 수 없다'는 입장에 있다고 평가되었다. 그리하여 순찬荀粲과 함께 위진시대의 '언부진의론'의 대표적인 주장자로 알려져 있다. 왕필은 분명히 "천지의 마음은 말 없음에서 나타난다"[6]라고 말하고 있다. 그러나 거의 모든 철학사에서 동일하게 인용되는 『주역약례周易略例』의 「명상明象」에 나오는 그의 주장

---

5) 『莊子』, 「外物」, "吾安得夫忘言之人而與之言哉."
6) 王弼, 『論語釋疑』, "天地之心見於不言."

은 다시 한 번 생각해 볼 여지를 남겨 준다. 다시 말해, 왕필의 언부진의론의 가장 중요한 뿌리가 되는 그 논문은 반드시 '말은 뜻을 다할 수 없다'고 해석되지 않는다는 것이다.

"상象이란 뜻을 나타내는 것이다"(夫象者, 出意者也)라고 시작하는 그 글은 '상'이라는 비교적 이해하기 어려운 개념의 분석에서부터 논의를 전개한다. 여기에서 상이란 다름 아닌 『주역』의 효爻나 괘卦로 이루어진 상징적인 부호를 뜻한다. 서양적 개념으로 설명한다면 이미지(image)라는 의미도 있지만 더욱 자세히는 사인(sign)과도 비슷하다. 그러한 점에서 상은 오늘날의 기호론(semiotics)에서 말하는 그것으로 번역될 수 있다. 간단히 말해 '--'(陰)과 '—'(陽)이라는 기호이다. 왕필은 그 글에서 장자와 똑같은 비유를 들어 상이란 개념을 설명한다.

> 마치 그물은 고기를 잡으려 하는 것이니 고기를 얻었으면 그물을 잊고, 덫은 토끼를 잡으려 하는 것이니 토끼를 얻었으면 덫을 잊는 것과 같다. 그러므로 말이란 상을 잡기 위한 덫이고, 상이란 뜻을 잡기 위한 그물이다. 따라서 말에 집착하면 상을 얻을 수 없고, 상에 집착하면 뜻을 얻을 수 없다.[7]

이는 말과 뜻 사이에 그것을 이어주는 상을 덧붙인 셈이다. 상은 여기에서 하나의 매개 개념이지만 그 중요성은 말과 뜻이 소통할 수 있도록 중간자적인 역할을 하는 데 있다. 따라서 뜻을 얻었으면 상은

---

7) 王弼, 『周易略例』, 「明象」, "猶蹄者所以在兎, 得兎而忘蹄; 筌者所以在魚, 得魚而忘筌也. 然則, 言者象之蹄也, 象者意之筌也. 存言者非得象者也, 存象者非得意者也."

잊어야 하고, 상을 얻었으면 말을 잊어야 한다. 뜻을 얻었는데도 상에 매여 있거나 상을 얻었는데도 말에 매여 있으면 그것은 상이나 말이 진정한 역할을 다한 것이 아니다. 상을 잊는 것(忘象)이야말로 뜻을 얻는 것(得意)이고 말을 잊는 것(忘言)이야말로 상을 얻는 것이다. 더 나아가 장자의 비유에 상 개념 하나를 덧붙인다. 이것이 바로 '상을 잊음에서 뜻이 얻어지고, 말을 잊음에서 상이 얻어진다'(得意在忘象, 得象在忘言)는 원칙이다.

왕필은 이와 같은 원리에서 상론象論을 주장한다.

> 그러므로 상을 세워 뜻을 다하면 상은 잊어버릴 수 있다. 효나 괘가
> 진정眞情을 다 이루었으면 효나 괘는 잊어버릴 수 있다.[8]

우리는 여기에서 왕필의 진중을 꿰뚫어 보지 않으면 안 된다. 그는 상이 뜻을 다할 수 없다고 이야기한 것은 결코 아니다. 오히려 상이 있기 때문에 우리는 언어와 의미 사이의 중간자적 매개체를 얻어 '뜻을 다할 수 있는 것'이다. 왕필의 비판은 뜻을 얻었음에도 상에 집착하고 상을 얻었음에도 말에 집착하는 데 집중되고 있다. 그는 실제적으로 한대漢代의 경방京房에 의해 이루어진 효를 옮겨 괘를 변화시키고(卦變) 오행설로 괘를 설명하는(推致五行) 것을 몹시 비난하고 있다. 왕필은 근본적인 의미를 상실하고 기호에만 매달리는 한대의 역학자들을 비판적인 시각에서 바라보지 않을 수 없었다. 그는 「명상」의 첫머리에 아래와 같이 말하고 있다.

---

8) 王弼, 『周易略例』, 「明象」, "故立象以盡意, 而象可忘也; 重畵以眞情, 而畵可忘也."

상이란 뜻을 표현하는 것이고, 말이란 상을 밝히는 것이다. 뜻을 다하
는 데 상만한 것이 없고, 상을 다하는 데 말만한 것이 없다. 말은 상에
서 나오니 말을 찾으면 상을 볼 수가 있으며, 상은 뜻에서 나오니 상을
찾으면 뜻을 볼 수 있다. 뜻은 상으로써 다하고, 상은 말로써 드러난
다.[9]

이는 분명히 왕필의 주장은 '말은 뜻을 다할 수 없다'는 의견이 아님
을 보여 주는 글이다. 뜻은 상을 통해 드러나고 상은 말을 통해 드러난
다는 입장은, 말로만은 뜻을 다할 수는 없지만 상을 거침으로써 뜻을
다함을 인정한다. 결과적으로 말은 상을 통해 뜻을 드러낼 수 있는 것
이다.

4. 구양건의 언진의론

여러 논의에도 불구하고 아예 '말은 뜻을 다할 수 있다'고 과감하게
나선 학자가 있다. 그가 바로 구양건이다. 그는 당시에 유행하고 있는
'말은 뜻을 다할 수 없다'는 생각에 반대하여 '말은 뜻을 다한다'는 입장
에서 『언진의론言盡意論』을 쓴다. 문헌적으로 볼 때 최초의 '말은 뜻을
다할 수 없다'는 관념은 『역전易傳』[10]에서 나타난다.

---

9) 王弼, 『周易略例』, 「明象」, "夫象者, 出意者也; 言者, 明象者也. 盡意莫若象, 盡象莫若言.
   言生於象, 故可尋言以觀象; 象生於意, 故可尋象以觀意. 意以象盡, 象以言著."
10) 『周易』은 『易經』과 『易傳』으로 나누어진다. 『易經』은 본래적인 모습으로서 卜筮의 내
   용이 강하고 『易傳』은 『易經』에 대한 후대 주석가들의 해설서이다. 『易傳』은 열 가지
   의 해설서를 갖고 있기 때문에 十翼이라는 別名이 붙어 있다.

공자가 말했다. "글은 말을 다하지 못하고, 말은 뜻을 다하지 못한다." 그러므로 성인의 뜻은 드러날 수 없겠는가? 공자가 말했다. "성인은 상을 세워 뜻을 다한다."[11]

여기로부터 '언부진의'의 이론은 시작되며 이를 놓고 전통적인 해석가들은 모두 그 문장이 언부진의론의 효시인 것처럼 여겼다. 그러나 위에서 말한 바와 같이 이 문장도 상이라는 언어와 의미의 매개 개념이 있음으로 해서 의미의 구현을 이룰 수 있다는 것이지 의미의 소통에 대한 완전한 포기를 보여 주는 것은 아니다. 분명히 공자의 말은 '글은 말을 다하지 못하고, 말은 뜻을 다하지 못한다'(書不盡言, 言不盡意)는 의견에서 '성인은 상을 세워 뜻을 다한다'(聖人立象以盡意)는 주장으로 한 걸음 더 나아가고 있기 때문이다.

구양건은 이 점을 명확하게 드러내고 있지는 못하다. 그러나 그의 논문은 '뇌동군자雷同君子'가 '위중선생違衆先生'에게 묻는 형식을 취하고 있는데, 여기에서 뇌동군자는 부화뇌동附和雷同하며 군자연君子然하는 사람을 가리키고, 위중선생은 다름 아닌 공자를 뜻한다는 것을 알아차린다면,[12] 그 역시도 '말은 뜻을 다할 수 있다'는 주장은 공자와 같은 성인이어야만 할 수 있는 것이라고 보고 있다고 추측할 수 있다. '위중'이란 일반 견해와 어긋나는 것이고, '종중從衆'이란 그것을 따르는 것이다. 그런데 바로 이 위중선생이 언진의론을 논리적으로 펴 나가고 있다. 그의 주장은 하나의 전제와 하나의 논지가 두 번 거듭되는 형식으로 이루어

---

11) 『易傳』, 「繫辭上傳」.
12) 『論語』, 「子罕」, "雖違衆, 吾從下."

져 있다. 그의 논지를 정리해 보면 아래와 같다.

처음의 전제는 유가와 도가를 합친 형태이다. (1) 하늘은 아무 말이 없지만 봄, 여름, 가을, 겨울이 때에 맞추어 움직인다.[13] (2) 성인은 말이 없지만 만물은 줄곧 살펴진다.[14] (1)은 유가적 세계관으로 『논어』의 한 문장을 빌려 왔으며,[15] (2)는 도가적 세계관으로 『노자』의 한 구절에서 따왔다.[16]

이와 같이 구양건은 유도儒道 양가의 전제를 아무런 부담 없이 받아들임을 보여 주는데, 이는 위진魏晉시대의 현학玄學자들에게 공통적으로 나타나는 학문적 경향으로 위에서 말한 왕필도 예외는 아니다. 그러나 그 전제는 왜 예나 오늘이나 할 것 없이 이름을 바로잡으려(正名) 힘쓰고 성현聖賢은 말을 버릴(去言) 수 없었는가를 묻는다. 그는 말과 이름의 필요를 다음과 같이 말한다. "이치를 마음에서 얻었을 때 말이 아니면 펼수 없고, 사물이 그곳에서 자리를 잡았을 때 이름이 아니면 이야기할 수 없다."[17] 이는 한마디로 말과 이름이 없으면 의사의 소통과 사물의 변별이 불가능하다는 것이다. 결국, 변별이 있어야 이름이나 지위를 다르게 할 수 있고, '말'과 '불림'(稱)이 만나야 참다운 뜻이 펼쳐질 수 있다는 것이 그의 주장이다.

다음의 전제는 가장 근원으로 돌아가면 이름이나 불림(호칭)이 자연적인 것이 아니며 반드시 정해져 있는 것이 아니라는 데 있다. 따라서

---

13) 歐陽健, 『言盡意論』, "夫天不言, 以四時行焉."
14) 歐陽健, 『言盡意論』, "聖人不言, 鑒識存焉."
15) 『論語』, 「陽貨」, "子曰: 天何言哉! 四時行焉, 百物生焉, 天何言哉!"
16) 『老子』, 제2장, "聖人處無爲之事, 行不言之敎."
17) 歐陽健, 『言盡意論』, "誠以理得於心, 非言不暢; 物定於彼, 非名不辯."

본질을 알려면 그 이름이 달라져야 하고, 뜻을 옳게 하려면 그 불림부터 바로 세워야 한다. "이름은 사물에 따라 옮겨지고, 말은 이치 때문에 변한다."(名遂物而遷, 言因理而變) 이는 마치 소리를 내면 메아리가 울리는 것과 같고, 몸에 그림자가 붙어 다니는 것과 같다. 그러므로 이름과 사물이나 말과 이치는 둘이 아니다. 둘이 아니므로 말이 다하지 않음이 없다.[18]

이것이 구양건의 논지이다. 그의 주장은 말과 이름 없이는 진리의 전달과 세계의 인식이 불가능하다는 것과 이름과 말은 대상과 원리에 따라 변할 수 있다는 것이다. 앞의 것은 쉽게 이해될 수 있는 상식적인 주장이나, 뒤의 것은 말과 이름의 단점으로 지적되던 그것의 천이성遷移性과 변화성變化性이 진리 또는 세계와 통일될 수 있는 장점임을 내세우고 있다. 고정되어 있지 않기에 진리와 세계를 드러낼 수 있다는 주장이다. 역설적인 듯해도, 언어의 변천을 긍정함으로써 오히려 세계와 진리와의 합일을 긍정하는 것이다. 이는 왕필이 의미를 잊어버린 채 기호에만 매달리는 한대의 역학자들을 비판하는 것과 다르지 않은 맥락이다. 구양건에 따르면, 이와 같이 말은 자신의 역할을 다할 수 있다.

5. 말과 말 없음을 넘어서

뜻을 진실로 얻기는 정말 힘들다. 그리고 위에서 말한 바와 같이

---

18) 歐陽健, 『言盡意論』, "此猶聲發響應, 形存影附, 不得相與爲二矣."

얻고자 하는 것이 뜻인데도 우리는 줄곧 뜻이 아닌 말과 이름에 얽매여서 헤매고 있다. 말의 잘못으로 서로를 미워하고 이름의 실수로 원한을 산다. 따라서 우리는 말과 이름을 제대로 써야 하는 것이다. 이를 유가의 입장에서 보면 '이름을 바로 하는 것'(正名)으로 공자 이래 유가철학의 매우 중요한 부분을 차지한다.

그와는 반대로 속마음은 그렇지 않은데 말과 이름을 잘못 써서 애를 먹는 경우도 있다. 이는 오히려 말을 듣고 이름이 불린 쪽에서 그 진정을 알고 말과 이름에서 자유로울 수 있어야 함에도 불구하고 말을 뱉고 이름을 부른 사람과 서로 이해되기는 너무 어렵다. 그래서 '입 열면 잘못'(開口則錯)이고 '남은 늘 오해'(離我則誤)이다. 그런 입장에서 도가는 차라리 '이름 없음'(無名)을 노자 이래 주장하는 것이다.

한 걸음 더 나아간다면, 이름(名)은 곧 자신의 명예와 사회의 신분 등과 같은 귀천(貴賤)과 경중(輕重) 그리고 고하(高下)를 말하는 것이다. 유가는 이와 같은 질서지움(序)과 자리매김(位)에 중요성을 두었고 도가는 이에 반대하여 그런 것의 비본연성과 불필요함을 이름 없음(無名)으로 논하는 것이다. 이름에 대한 유도 양가의 차이는 바로 이와 같다.

그런데 말과 뜻의 논쟁에서 특기해야 할 것은 전통적으로 『주역』의 「계사」나 왕필이 '말은 뜻을 다할 수 없다'는 인식론적 불가지론의 입장에 있었다는 해석인데, 이는 지나친 단순화의 오류에 빠져 있는 것이 아닐 수 없다. 왜냐하면 「계사」의 입장도, 글과 말 그리고 말과 뜻의 문제였지만 결국 상(象)이란 기호가 만들어지면서 뜻을 다할 수 있게 되었다는 주장이었고, 왕필은 좀 더 적극적으로 상은 말과 뜻의 연결 고리로서 '뜻은 상으로써 다하고, 상은 말로써 드러난다'(意以象盡, 象以言著)는 것을 분명히 천명하고 있기 때문이다. 「계사」의 내용이나 왕필의 주장이나 할 것 없이 모두 『주역』의 효와 괘로 이루어진 부호 의미의 중요성을 강조하는 것이다.

구양건 당시에도 '말은 뜻을 다하지 못한다'는 주장이 많았던 모양이다. 그의 글이 '부하뇌동하는 군자'(雷同君子)에 반대하여 '남과 다른 선생'(違衆先生)이 주장하는 형식으로 이루어져 있기 때문이다. 여러 종류의 불가지론자가 있었을 것이다. 이를테면, 당시 『맹자』 「이루상離婁上」에서 말하는 '눈동자(眸子)는 그 사람을 대표한다'는 주장이라든지, 종회鍾會의 재능(才性) 평가의 방법 등은 당시의 많은 사람들에게 '말은 뜻을 못다한다'는 의견을 좇게 했다.[19]

그러나 실질적으로 철학사의 많은 논문은 오히려 그것을 극복하려는 노력을 보여 준다. 『장자』의 그물과 덫에 관한 비유는 마치 '말은 뜻을 다하지 못한다'는 견해로 많이 해석되지만 실상의 내용이 반드시그런 것만은 아니다. 『장자』에는 「우언寓言」이라는 편명이 있는데, 그 속에서는 '빗대어 하는 말'(寓言)이 열의 여덟아홉이라 하고, '옛 말씀을빌린 말'(重言)이 열의 일곱이고, '사람에 맞추어 하는 말'(巵言)이 날마다나온다고 한다. 우리가 잘 아는 '나비의 꿈'(胡蝶夢)[20]이나 '우물 안의 개구리'(陷井之鼃)[21], 그리고 '큰 그릇은 늦게 이루어진다'(大器晩成)[22]는 이야기도 하나의 표현임에는 틀림없다. 이와 같은 말은 모두 무엇인가를 이야기하려는 것이다. 다시 말해 '참말'을 하려는 것이다. 이는 노자나 장

---

19) 歐陽健, 『言盡意論』.
20) 『莊子』, 「齊物論」.
21) 『莊子』, 「秋水」.
22) 『老子』, 제41장.

자가 마찬가지이며 그들이 말하는 '말할 수 없음'(不可道[23]) 또는 不可說)의 견해가 곧 불가지론(不可知論은 아니다.[24]

장자는 실제적으로 언어도 침묵도 아님(非言非黙)[25]을 주장한다. 이는 마치 인도인 스승 구마라집 밑에서 불교의 원어를 통달한 승조(僧肇가 용수(龍樹(Nagarjuna)의 『중론(中論』을 중국적인 언어로 펼치면서, 줄곧 '이것도, 저것도 아니다'를 주장하는 경우와 같다.[26] 이는 모두 현상과 본질을 뛰어넘어 진리의 세계로 향하고자 하는 노력에 다름 아니다.

중요한 것은 뜻이다. 이를테면 장자의 비유도 그 뜻을 옮겨 주는 그물이고 덫이다. 그러나 역설적으로 말에 대한 뜻의 우위를 강조하는 그것도 말의 그물과 덫에서 벗어날 수는 없었다. 우리는 왕필이 주장한 것과 같이 기호나 상징과 같은 매체를 통해 언어와 의미의 소통 가능성을 발견한다. 따라서 뜻을 전달하기 위한 말, 다시 말해 뜻보다 열등한 말이라 하여 쉽게 부정되진 못한다. 뜻이 중요한 만큼 뜻을 전달하는 말도 중요하지 않을 수 없는 것이다. 여기서 우리는 구양건처럼 언어의 변천성을 적극적으로 긍정·파악함으로써 언어가 쉽게 빠지는 시공의 국한성을 탈피하여 그것이 우리들에게 진리와 세계를 향한 인식의 길을 열어 놓길 또한 기대하지 않을 수 없는 것이다.

---

23) 『老子』, 제1장, "道可道, 非常道."
24) 정세근, 「老莊哲學에서 道의 不可說과 不可知」, 『東洋哲學』 제1집(서울: 한국동양철학회, 1990) 또는 『노장철학과 현대사상』(서울: 예문서원, 2018), 제2부, 제1장 참조.
25) 『莊子』, 「則陽」.
26) 실제로 僧肇는 『不眞空論』에서는 장자를 '園林'이라 가리키면서 '一氣(『莊子』, 「大宗師」) 개념을, 『物不遷論』에서는 장자를 '莊生'이라 부르면서 '藏山(『莊子』, 「大宗師」) 개념을 인용하고 있음을 상기하자.

제8장 노장과 그 주석가들의 자연 개념의 형성과 변천

1. 자연 개념의 다양함

우리는 자연이라는 말을 자주 한다. 그때 자연은 주로 객관적이고 외재적인 대상을 가리키는 경우가 많다. 그러나 동양적 사고에서 자연이라는 개념을 외재화하는 경우는 상당히 드물다. 다시 말해, 돌이 굴러다니고 풀이 자라고 물이 흐르는 세계로서의 자연은 동양적 의미에서 '자연'이라고 불리기보다는 구체적으로 '산천초목', 추상적으로 '천지'라고 불리던 것이다. 그런데 서구적 개념으로 '자연'(nature)이 근대화 과정에서 영입되면서 동양적 의미에서의 자연은 혼란스러워지기 시작했다.

중국인은 아직도 '자연'과 '대자연大自然'을 구별해서 쓰기를 좋아한다. 그것은 자연과 외재세계로서의 자연과 본디의 자연을 차별화시키려는 언어적 방편이다. 중국인의 '자연'은 '자연이연自然而然', 다시 말해 형용사적 의미가 매우 짙은 '스스로 그래 그렇게'라는 뜻이 함축되어 있다.

서양철학자들은 동양철학자들에게 과연 자연이 무엇이냐고 종종 묻는다. 왜냐하면 동양의 사유 속에서 '자연'은 매우 중요한 것이며 그것이 서양적 개념으로 완전히 번역되기 어렵기 때문이다. 한편으로는 서양철학자들에게 '자연'은 과학혁명 이후의 객관세계로서의 물질적 자연의 개념으로 쉽게 이해되는 경향이 있다. 그것은 그들만이 아니라 서양식 교육을 받은 근대적 동양인이라면 모두 마찬가지일 것이다. 따라서 동양철학의 '자연'은 쉽사리 서양철학자들 앞에서 옷을 벗지 않는다. 그러나 동양적 자연 개념의 역사가 반드시 서양의 그것보다 우월하리라는 법도 없다. 오히려 동양의 '자연'이 열등했기 때문에 서양의 '자연'에 지배, 종속되는 경우를 낳았을지도 모른다.

그러나 분명한 것은 서양의 '자연'이 그렇듯,[1] 동양의 '자연'도 시대와 철학에 따라 너무나도 다른 층차를 보인다는 사실이다. '도대체 동양의 자연이 무엇인가'를 묻는 질문은 '도대체 철학이 무엇이냐'를 묻는 것과 크게 다르지 않을 정도이다. 따라서 우리는 자연 개념의 역사에 넓은 관찰과 깊은 주의를 기울이지 않으면 안 된다.

서양의 중국학자인 조지프 니덤(Joseph Needham)은 중국과학과의 관련에서, 인간사회에만 집중하여 자연에 관심이 없었던 유가보다 비록 정치적이고 종교적인 요소가 있었을지라도 도가가 과학의 발전에 긍정적인 역할을 했다고 한다.[2] 그러나 과연 도가의 자연이 자아의 본성과 분리된 객관적 세계를 가리키고 있었을까? 유가가 인간의 필요와 효용

---

1) 19세기 서구문학에서의 '자연주의'(Naturalisme, Naturalismus)는 E. Zola에서처럼 인간의 유전적인 병폐를 드러내는 것이고, 20세기 영미윤리학에서의 '자연주의의 오류'(naturalistic fallacy)는 G. E. Moore에서처럼 사실과 당위를 구별하지 못하는 것이다. 그것들은 18세기의 J. J. Rousseau의 '자연으로 돌아가자'는 자연주의와는 달리, 상당히 부정적 의미를 지니고 있는 예이다.

2) Joseph Needham, *Science and Civilization in China*, 이석호 · 이철주 · 임정대 역, 『중국의 과학과 문명』(서울: 을유, 1984), 44 · 229쪽.

을 위해 훨씬 더 타자화시켜 자연을 이해했던 것은 아닐까? 도교의 양생술로서 연단練丹이나 방중房中 그리고 방사方士의 제 이론들이, 서양의 연금술鍊金術이 과학에 미쳤던 영향처럼, 중국과학에 영향을 끼쳤으리라는 것을 부인하는 것은 아니지만, 세계에 대한 이해방식이 유가보다 오히려 더욱 자연의 질서에 순응적이고 인간의 역할에 부정적인 도가가 중국과학의 발전에서 어떠한 의미가 있을까? 단순한 도사道士의 결과물을 과학적이라고 부르는 것은 아닌가? 진정 니덤의 '자연'이 곧 도가가 말하는 '자연'을 가리키고 있을까? 그런 점에서라도 초기 도가의 자연 개념에 대한 문헌학적인 접근은 반드시 필요하다 하겠다.

　　나는 이 글에서 자연 개념의 비조격인 노자, 그리고 그에 대한 해석자로서의 왕필, 노자철학을 재평가한 장자, 그리고 그에 대한 해석자로서의 곽상을 중심으로, 자연 개념의 형성과 변천을 개괄적으로 그려 보려 한다. 그들의 자연 개념을 정리한다는 것은 도가철학사를 쓰듯 매우 방대한 논의와 세심한 주의를 필요로 하지만, 여기서는 그에 앞선 거친 줄거리 잡기에 그친다. 서술은 역사적 흐름에 맞추어, 노자, 장자, 왕필, 곽상의 순으로 하며, 자연 개념의 동질성보다는 이질성에 관심을 두고 차이를 강조해 보고자 한다. 이 글에서 '노자'와 '장자'는 주로 문헌으로서의 『노자』와 『장자』를 가리킨다.

2. 노자의 자연과 자발성

노자의 사유가 이전 또는 동시대와 다른 것이 있다. 그가 극렬하게 반대한 유가들에게는 찾아보기 어려운 '자발성自發性'의 문제이다. 이 자발의 개념은 서양의 고대철학이나 현대철학에서 문제되는 경험으로 주어진 것이 아닌 이성이 스스로 찾아간다는 뜻에서의 인식론적인 '자발성'(spontaneity)[3]과는 다르다. 그러나 오늘날 가장 많이 쓰는 표현이 '자발'이기 때문에 우리가 뜻하는 그것을 자발성이라고 부르기로 한다. 서양철학의 번역어로서 유명하지만 서양의 그것과는 구별이 필요하다. 본래의 뜻을 살리기 위해서는 『노자』에 나오는 '자정自定'[4]의 개념이 비교적 적합하다.

노자의 자발성 개념은 전 동양철학사를 통해 독보적인 것이었으며 후대에 미치는 영향도 막대했다. 오늘날 쉽게 이해되는 자발성의 개념이 이처럼 보편화되기에는 기나긴 철학적 여정을 필요로 한다. 그 여행의 출발점에 바로 노자의 '스스로'(自)의 철학이 자리하고 있는 것이다.

공자에게 세상의 모든 존재물은 서로 관련지어져 있으며 영향을 미치고 있다고 파악된다. 임금은 신하와의 관계에서, 아버지는 아들과의 관계에서, 남자는 여자와의 관계에서 자기의 이름을 얻는다. 임금 없는 신하 없고, 신하 없는 임금 없다. 아버지 없는 아들 없고, 아들 없는

---

3) 우리가 말하는 자발성은 Kant적인 'spontaneity'보다는 오히려 희랍철학에서의 'automatos'($αυτοματος$) 개념과 거리를 좁힌다. A. C. Graham은 "Taoist Spontaneity and the Dichotomy of 'is' and 'ought'"(1983)란 논문을 발표한 적이 있는데, 이때의 'spontaneity'의 개념에 주목할 것.

4) 『老子』, 제37장, "天下將自定."

아버지 없다. 남녀도 마찬가지여서, 이 세상에 한 성性만 있다면 남녀의 구별도 무의미할 수밖에 없다. 그래서 그 이름을 제대로 갖고 살자는 것이 그의 유명한 정명론正名論이다. 그러나 노자는 이러한 정명을 정면에서 반박하여 무명론無名論을 내세운다. 관계란 변화하는 것일 뿐만 아니라, 무엇보다도 진정한 '나'를 표현하지 않고 관계 속에서 정의된 '나'는 본질적이지 않다고 파악되기 때문이다. 자연인이 아닌 사회인으로서의 '나'는 노자에게 비본래적이다.

결과적으로 공자철학에서 '나'는 전체 속의 부분이요, 집단 속의 개인이요, 제도 속의 인간으로 정의되지만, 노자철학에서 '나'는 전체와 대등한 부분이요, 집단 위의 개인이요, 제도를 반대하는 인간이다. 공자는 이러한 관계 속에서 사람을 파악하기 때문에 자기 철학의 곳곳에서 제도의 완비를 추구한다. 공자가 말하는 예禮란 구체적으로는 주나라의 제도 곧 주례周禮로 그가 가장 이상으로 여겼던 사회체제인 것이다. 따라서 극기복례克己復禮란 단순히 개인의 도덕성 회복을 부르짖는 것이 아니라, 철저히 사회적 윤리망 구축을 내세우는 것이다. 노자는 이러한 것을 반대한다. 그래서 노자는 곳곳에서 개체의 중요성을 강조한다. 나는 나일 뿐, 남과의 관련에서 형성되는 것이 아니다. 그리고 그 나는 '스스로' 나를 이루어 나간다. 남이 도와준다고 되는 것도 아니고, 남이 도와주지 않는다고 안 되는 것도 아니다. 모든 것은 '스스로' 된다.

노자의 이러한 '스스로'의 철학은 '나'(我)라는 주체성을 강조하고, 아울러 그 주체는 '홀로'(獨) 있음을 부각한다. 스스로 되는 것에서 중요한 것은 남이 아니라 '나'라는 주장이며, 나라는 주체는 둘이 아니라 '홀로'일 수밖에 없다는 입장이다. 노자는 그런 '나 홀로'(我獨)를 내세우면서 나는 남과 다름을 이야기하기도 한다.[5] 노자에게 '홀로 서서 움직이지 않는 것'(獨立不改)[6]은 가장 이상적인 주체의 모습으로 그려진다.[7]

노자가 이러한 주장을 일관되게 펼치는 것은 '스스로'에 내재되어 있는 개체성을 '나'의 주체성과 연결시켜 인식시키고자 함이다. 결국 '스스로'는 완전하며 따라서 '나'는 '홀로' 이 세계 속에서 자기를 실현시켜 나가고 있음을 보여 준다. 그러니 그러한 '나'를 인간의 관계망 속으로 집어넣는 것은 나의 완전함을 매우 손상시키는 것이기도 하다. 왜냐하면 독립되어 있음으로 해서 완전한 것을 연계시킴으로써 불완전하게 만들 수 있기 때문이다. 이 공연한 짓을 버리자는 것이 곧 노자의 무위설無爲說이다.

무위하면 어떻게 되는가? 노자에 따르면 모든 것이 다 잘된다. "'내'가 무위하면 사람들이 '스스로 되고'(自化), '내'가 조용(好靜)하니 사람들이 '스스로 바로 되고'(自正), '내'가 일삼음이 없으니(無事) 사람들이 '스스로 부유해지고', 내가 욕심이 없으니(無欲) 사람들이 '스스로 소박해진다'."[8] 내가 하지 않아도 스스로 모두 잘 되는 것이다. 그것이 이른바 노자의 "하지 않으나 하지 않는 것이 없다"[9]의 원리이다. 그것은 바로 존재물의 자발성 또는 자정성에 기초한 주장이다.

노자의 '자연自然'도 그러한 자발성 또는 자정성과 동등한 의미에서

---

5) 『老子』제20장에 "사람들은 ……하지만, 나 홀로 ……하다"는 문장으로, '나 홀로'(我獨)라는 표현이 여섯 번이 나온다. "我獨泊兮其未兆, 如嬰兒之未孩" 등.
6) 『老子』, 제25장, "寂兮寥兮, 獨立不改, 周行而不殆, 可以爲天下母."
7) 『노자』 전편에 흐르는 외로운 맛은 이러한 '스스로'의 철학에서 파생되고 있는 것이다.
8) 『老子』, 제57장.
9) 『老子』, 제48장, "無爲而無不爲."

이해된다. 『노자』에 5차례 등장하는 자연의 개념이 '스스로'의 뜻에서 벗어나 있는 것이 아니다. 단지 위에서 말한 개념과 다른 점이 있다면, '스스로 ……하다'고 함으로써 의미규정을 하고 있지만, '자연' 개념은 그 자체가 '스스로 그러하다'는 것으로 의미규정을 하고 있지 않을 뿐이다. 따라서 '자연'은 나머지 '자……'(自X)를 대변하게 되어, 오늘날 '무위자연無爲自然'과 같이 연용하여 쓰고 있는 것이다. 재미있게도, 노자는 이러한 자발성 또는 자정성의 개념을 벗어나 아집我執의 의미에서 '스스로'(自)라는 말을 자주 쓰기도 한다.10) '자연'의 다섯 용례를 보자.

첫째, "공이 이루어지고 일이 끝나도, 사람들은 '나는 스스로 그러하다'(我自然)고 말한다."11) 이때 '자연'은 나는 '그저 그럴 뿐이다'라고 한다는 뜻이다. 아무리 훌륭하고 어려운 일을 마쳤다손 치더라도 사람들이 내가 했다고 그러지 않고, 나는 '그저 그렇게 했을 뿐'이라고 한다는 것이다.

둘째, "말없이 스스로 그러하다."12) 무엇이 그렇다는 이야기는 『노자』에 나오지 않는다. 그러나 추측해 볼 때, 그것은 세상의 모든 생물과 무생물을 가리키고 있다. 코끼리가 코가 긴 것, 흔들바위가 동그란 것, 연어가 태어난 민물을 찾아 먼 바다로부터 돌아오는 것, 나무가 하늘을 보며 올라가는 것이 모두 말없이 스스로 그러한 것이다.

셋째, "사람은 땅을 본받고, 땅은 하늘을 본받고, 하늘은 도를 본받

---

10) 『老子』, 제22장, "不自見, 故明; 不自是, 故彰; 不自伐, 故有功; 不自矜, 故長." 아래의 구절도 앞의 구절(見, 是, 伐, 矜)을 달리(見, 是, 伐, 誇) 표현했을 뿐이다. 『老子』, 제24장, "自見者不明; 自是者不彰; 自伐者無功; 自誇者不長."

11) 『老子』, 제17장, "功成事遂, 百姓皆謂: 我自然."

12) 『老子』, 제23장, "希言自然."

고, 도는 스스로 그러함을 본받는다(道法自然)."13) 사람은 땅에서 삶을 이루고, 땅은 하늘의 영향을 받아 변하고, 하늘은 그것의 원리에 따라 움직이고, 그 원리는 특별히 다른 이유가 있는 것이 아니라 그저 그럴 뿐이다. 여기서 도는 '자연'이라는 구체적인 대상을 본받는다는 뜻이 아니라 '자연'과 등렬되어 있다. 다시 말해, '도는 스스로 그렇다'는 말을 앞 구절에 맞추어 표현한 것이다.

넷째, "도가 존중되고 덕이 귀중함은 시켜서 되는 것이 아니라 늘 스스로 그러하다(常自然)."14) 도와 덕은 존귀하다. 그러나 그것은 누구의 시킴(命)으로 되는 것이 아니라 언제나 그 자체로 그러했다. 도의 존귀함은 늘 스스로 그러했고, 그러하고, 그러할 것이다.

다섯째, "만물의 스스로 그러함(萬物之自然)을 채워 주나 감히 (어떻게) 하려 않는다."15) 만물은 스스로 그렇게 완전하다. 따라서 스스로 그러함을 스스로 그러하도록 해 주고, 혹여 조금 모자란 것이 있으면 채워 넣을(輔) 뿐, 감히 어떻게 하려 들지 않는다. 앞으로 가고 있는데 왼쪽으로 가라, 오른쪽으로 가라고 결코 하지 않는다. 단지 가고 있는 것에 맞추어 도와줄 수 있을 뿐이다.

이러한 다섯 용례는 노자 자연 개념의 원의를 단적으로 보여 주고 있다. 노자에게 외재적인 대상으로서의 자연의 개념은 출현하지 않았다. 단지 '스스로 그러함'의 자발성 또는 자정성이 매우 강조되어, 그런 의미가 총체적으로 개념화된 것이 '자연'이다. 이러한 자발성 또는 자정

---

13) 『老子』, 제25장, "人法之, 地法天, 天法道, 道法自然."
14) 『老子』, 제51장, "道之尊, 德之貴, 夫莫之命而常自然."
15) 『老子』, 제64장, "以補萬物之自然而不敢爲."

성의 개념을 외부세계의 자연과 혼동하면 매우 심각한 오해가 일어나게 되는 것이다.

한마디로 비유하면, 노자의 '자연'은 형용사적 용법에 가깝다. 중국어에서, 특히 고대 한어漢語에서 품사는 곳과 때에 따라 자유자재하게 변화하기 때문에 '형용사적'이라는 문구는 문법상 별 실효가 없는 표현이지만, 이해의 차원에서 볼 때 노자의 자연 개념이 대상적 의미가 아닌 형용적 의미에서 사용되고 있음을 말하는 것이다. 오늘날의 뜻으로 무기물과 유기물이 어우러져 있는 '그 세계'가 아니라 '그렇고 그러함'을 가리킨다. 비록 위의 셋째(道法自然)와 다섯째(萬物之自然)의 예에서 명사적인 용법을 보이나, 그렇다고 해서 그 '자연'이 물질적 세계를 가리키는 것은 결코 아니다. 그 '자연' 역시 '스스로 그러함'일 뿐이다.16)

그러나 이러한 노자의 자발성 또는 자정성이 곧 운동성을 뜻하는 것은 아니다. 자발성 또는 자정성은 개체로서의 완전성을 강조하고 있을 뿐, 개체가 어떻게 완전해지는가를 설명하지는 못하기 때문이다. 다시 말해, 자발성 또는 자정성은 정지적 상태에서 공시적共時的(synchronic)으로 설명되고 있는 개념일 뿐, 그것이 시간적 과정 속에서 어떻게 이루어지는가를 통시적通時的(diachronic)으로 이해하고 있지는 못하다. 그 해결은 장자에게 미루어지고 있다.

---

16) 오히려 문제가 된다면 '만물의 스스로 그러함'을 '채워/도와준다'(輔)는 표현이다. 앞에서 만물은 '스스로'(自), '홀로'(獨) 완전하므로, 그것의 '自然'을 輔佐/輔弼/輔(補)助/補充/補完한다는 것이 논리적 위험을 자초하기 때문이다. 물론 '도와/채워준다'는 것이 곧 '함'(爲)을 가리키는 것이 아니라 '하지 않음'(無爲)을 뜻하고 있기 때문에, '채워/도와준다'는 의미가 매우 소극적이며 미약함은 부정될 수 없다.

3. 장자의 자화와 운동성

노자와 장자의 철학이 같지만은 않다. 이른바 '노장'으로 함께 불린 것도 『회남자淮南子』 이후로, 노자와 장자는 친화력은 지니고 있었지만 그렇다고 해서 동일하지는 않았다. 『장자』에서 노자는 최고의 인물로 그려지고 있지만, 그렇다고 해서 노자를 곧 스승으로 삼는 것은 아니다. 장자의 입장에서 볼 때, 노자 정도면 진리를 깨달은 사람이라고 하여 존숭해 주고 있을 따름이다. 그런 점에서 노장의 사유를 동일한 것으로 보는 것은 큰 오해를 낳는다. 오히려 철학사에서 강조되어야 할 점은 두 사유의 동일성이라기보다는 차별성에 있다. 노장의 차별성에 주목해 보자.

노자가 '늘 그러함'(常)을 좇는 철학자라면, 장자는 '바뀌지 않을 수 없음'(變)을 좇는 철학자이다. 그런 점에서 노자와 장자는 상당히 다른 철학적 체계를 갖고 있다. 노자의 세계는 정태적靜態的(static)이지만 장자의 세계는 동태적動態的(dynamic)이다. 노자는 시간의 정지停止 상태에서 사유하고 있지만, 장자는 시간의 유행流行 상태에서 사유한다.

이러한 사유를 특징적으로 개념화할 수 있는 것이 바로 노자의 '도道'와 장자의 '기氣'로서, 한마디로 노자가 도의 철학자라면 장자는 기의 철학자이다. 노자는 도를 통해 세계의 영원불변한 면목을 보려 했고, 장자는 기를 통해 세계의 변화무쌍한 모습을 보려 했다. 노자도 기를 말하지 않은 것은 아니다. 비록 세 차례에 그치지만, 그 내용은 사람의 생명성17)과 만물의 음양성18) 그리고 사람과 만물에서 기의 역할19)을 골고루 표현하고 있다. 그렇지만 질과 양적인 면에서 『장자』와 비교해 볼 때, 결코 우위에 서지 못한다.

그러나 아쉽게도 오늘날 공산 또는 자유의 중국을 막론하고, 장자의 기론은 중시되지 않았다. 중국은 유물적인 이데올로기로 말미암아, 대만은 오히려 기공氣功의 유행과 결부되어 철학사적인 사실을 찾는 데 실패했다. 중국에서는 기를 물질로 장자는 유심주의자唯心主義者로 단정 지었기 때문에 개념적으로 모순되는 물질과 유심주의를 연결시킬 수 없었고, 대만에서는 기를 주로 신체상의 어떤 현상으로 파악하였기 때문에 기론이 담고 있는 다양한 의미와 역할을 볼 수 없었다. 나는 그런 점에서 장자의 기론은 강조되지 않으면 안 된다고 생각하고 있다. 철학 사에서 분명하게 우리에게 보여 주는 것은, 『장자』를 주해한 철학자는 모두 기론자가 된다는 엄연한 사실이다.[20] 한 걸음 더 나아가, 장자는 이러한 기론적 사유를 '물화物化'[21]의 관념과 더불어 이야기함으로써 이른바 '기화氣化'의 의미를 철학사에 제시한다.[22]

『장자』에서 기화가 강조되는 것은 다름 아닌 운동 또는 변화의 개념

---

17) 『老子』, 제10장, "專氣致柔, 能嬰兒乎?"
18) 『老子』, 제42장, "萬物負陰而抱陽, 沖氣以爲和."
19) 『老子』, 제55장, "心使氣曰强."
20) 정세근, 「기는 물질적인가?」, 『동양철학』 제7집(1996.12.) 또는 『노장철학과 현대사 상』(서울: 예문서원, 2018), 제2부, 제2장. 나는 그 글에서 기론의 입장을 받아들인 유가의 주석서를 예로 들었다. 吳澄의 『莊子南華眞經點校』, 方以智의 『藥地炮莊』, 王夫 之의 『莊子解』와 『莊子通』 등이 대표적이다. 그 밖에 『莊周論』을 쓴 王安石과 『莊子詊』 을 쓴 湛若水도 기일원론적 입장에 벗어나지 않는다. 나아가 『莊口口義』의 林希逸과 『莊子翼』의 焦竑의 사상적 체계도 이 같은 맥락에서 시비가 판별될 수 있으리라.
21) 이때 '物化'는 Marx적인 의미에서의 '異化'(疎外: alienantion)가 아니라 만물과 함께한 다는 '同化'(與物化)이다.
22) 鄭世根, 『莊子氣化論』(臺北: 學生, 1993) 참조. 그러나 『莊子』에 직접적으로 '氣化' 개념 이 등장하지는 않는다.

이 등장하기 때문이다. 그 대표적인 관념이 바로 '자화自化'이다. 『노자』에도 '자화'라는 표현은 나온다.[23] 그러나 그때의 자화는 병렬되는 다른 개념처럼 '스스로'(自)의 철학을 강조할 뿐이지 '됨'(化)의 의미를 부각시킨 것은 아니다. 한마디로 그때의 '됨'은 결과로서의 됨이지 과정으로서의 됨이 아니다.

이러한 '됨'의 철학은 장자 사유의 운동성 또는 변화성을 대변한다. 노자의 '스스로'의 철학과 달라지는 곳이다.[24] 멈추어 있는 '스스로'가 '됨'과 만나면서 살아 움직인다. 『장자』에서 자화 개념의 등장을 보자.

장자는 시공의 변이變移를 말한다. "만물의 삶이란 모이고 흩어지는 것과 같아, 움직여 변하지 않는 것이 없으며, 시간이 흘러 옮겨지지 않는 것이 없다. 무엇이 되고, 무엇이 되지 않는가? 무릇 참으로 스스로 되고 있는 것이다."[25] 여기에서 장자는 만물을 모였다가 흩어지는 것으로 파악한다. 이것은 기의 모임이 삶이고, 기의 흩어짐이 죽음이라는 그의 기화론적인 사유와 밀접하게 연결되어 있는 부분이기도 하다. 그런데 장자는 모든 존재물이 공간 속에서 변화하지 않는 것도 없고, 시간과 함께 천이하지 않는 것도 없음을 분명히 하고 있다. '움직여 변하지 않는 것이 없음'은 공간 속에서의 피할 수 없는 변화를 가리키고, '시간이 흘러 옮겨지지 않는 것이 없음'은 시간의 흐름을 거역할 수 없음을

---

23) 『老子』, 제57장. 주6) 참조.

24) 『莊子』에도 '스스로'(自)의 철학이 곳곳에 보인다. 양으로 따지면 『老子』보다도 매우 많다. 그러나 그것의 뿌리는 기본적으로 노자에 있기 때문에 장자의 것이라 부르기 어렵다.

25) 『莊子』, 「秋水」, "物之生也, 若聚若馳, 無動而不變, 無時而不移. 何爲乎, 何不爲乎? 夫固將自化."

가리킨다. 무엇이 이렇게 하거나 하지 않는 것일까? 장자의 대답은 매우 간단하다. 그것이 바로 '스스로 됨'(自化)이다. 이러한 사유는 노자가 보여 주는 정지된 시공관과는 상당히 다른 면모를 보여 준다. 장자에게서는 어떤 무엇이든지 변이 속에서 파악하지 않으면 안 되는 것이다. 그리고 그 공간 속에서의 움직임과 시간과의 흐름은 스스로의 운동성 또는 변화성에 따르는 것일 뿐이다. 이제 '나'는 그렇고 그렇지만은 않다. 한 걸음 더 나아가 '나'는 그렇게 움직이고 그렇게 흐른다. 장자의 철학은 만물의 '스스로 그러함'을 넘어서, '스스로 됨'을 이야기하고 있는 것이다.

존재물 전체가 아닌 개개물에서도 마찬가지이며, 과거나 미래에서도 꾸준하다. "닭이 울고 개가 짖는 것은 사람이 아는 바이다. 비록 큰 앎이 있다고 하더라도, 말로써 그 스스로 되는 바를 읽어 낼 수 없으며, 뜻으로써 그 스스로 나아갈 바를 헤아릴 수 없다."26) 닭이 울고 개가 짖는 것을 사람이 알지라도, 왜 그렇게 되었는지 또는 앞으로 어떻게 될 것인지를 말이나 뜻으로 읽어 내거나 헤아릴 수 없다. 모든 개체도 스스로 된 것이다. 과거에서 현재까지도 스스로 되어 왔고, 현재에서 미래로도 그렇게 될 것이다. 그런데 그것을 말이나 뜻으로 '된다'(或之使)거나 '안 된다'(莫之爲)는 것은 마침내 잘못하게 된다. 여기에서 주안점은 '스스로 됨'은 언설이나 의식으로 파악할 수 없음을 말하는 데 있다. 그러한 과정에서 '스스로 됨'의 운동성 또는 변화성이 인간의 지성과 감성을 넘어선 세계 속에서 엄밀하게 실행되고 엄연하게 계획되고 있음을

---

26) 『莊子』, 「則陽」, "鷄鳴狗吠, 是人之所知. 雖有大知, 不能以言讀其所自化, 尤不能以意測其所將爲."

가리킨다.

과연 노자에게서 이러한 과거와 미래를 통틀어 이야기되는 운동과 변화의 항시성이 보장되고 있는가? 노자는 장자에 비해 이러한 문제를 철학화시키지는 못했다. 결국, 그 과제는 『장자』에로 전가되고 있는 것이다. 특히 장자의 기론이 그 작업에서 중대한 역할을 이루어 낸다. 많은 구절이 노자의 것과 비슷하게 해석되기도 하지만, 결코 잊지 말아야 할 것은 그들의 철학적 구조가 몹시 다르다는 점에 있다. 『장자』에도 수많은 '스스로'의 개념이 등장하지만, 노자와 비교하여 그것은 운동과 변화의 의미를 잃지 않는다.[27] 물론, 그것의 배후에 장자의 기화론이 있음은 두말할 나위가 없다.

장자도 '나'를 강조하고 '홀로'를 부각시키는 것은 노자와 마찬가지이다.[28] 그런 점에서 장자는 노자에게 큰 빚을 지고 있다. 나아가 『장자』에서의 '자연'은 여전히 노자와 마찬가지로 '스스로 그러함'이지 외재 대상은 아니다. 그런 까닭에 철학사에서 장자는 노자와 늘 함께하고 있는 것이다. 그러나 노자와 달라진 점을 세밀하게 찾아보면, 자연의 용법이 매우 명사적으로 되고 있음을 알 수 있다. '나는 스스로 그러하다'에서 '나의 스스로 그러함'으로 용례가 바뀌고 있음이 자주 눈에 띈다. 이러한 명사화의 추세는 자연 개념이 점차 추상화되고 있음을 단적으로 보

---

27) 鴻蒙의 말에서 '만물이 스스로 살아감'(物固自生)을 지적하지만, 아울러 '만물이 스스로 됨'(物自化)을 함께 일컫고 있다.(『莊子』, 「在宥」) 이때의 표현은 『老子』 제57장의 예와 많이 닮아 있지만 철학적 체계에서 다른 길을 걷는 것이다.

28) 『莊子』에서 개념적으로는 '見獨'(「大宗師」)이, 문장으로는 "出入六合, 遊乎九州, 獨往獨來, 是謂獨有"(「在宥」) 또는 (孔子가 老聃을 가리키며) "向者先生形體掘若槁木, 似遺物離人, 而入無獨也"(田子方) 등이 좋은 예이다.

여 주는 것이다.[29]

4. 왕필의 자본과 유용성

왕필王弼의 사유형태를 놓고 우리는 많은 시비를 벌이지 않으면 안
된다. 나는 그의 사유가 단순히 도가적 사유의 연장인 양 취급되는 것
을 끊임없이 비판해 왔다. 적어도 왕필은 '무無를 말한 노장보다는 말하
지 않은 성인을 더욱 높게 평가했다[30]'는 사실만으로도 그의 사상적 배
경은 쉽게 이해될 수 있는 것임에도 불구하고, 당시는 숭유崇有론자들
때문에,[31] 근자에는 여러 현학에 대한 이해 부족 때문에,[32] 오해가 깊어
졌다. 거칠게 말해, 왕필의 철학은 신도가라기보다는 도가유학이며,[33]
무無를 용用으로 삼는 데에 가장 큰 주안점이 있었다.

도가의 무 개념은 많은 층차를 갖고 있다. 노자의 무도 절대무, 상대
무, 쓰임으로서의 무 등으로 나누어지고, 장자의 것은 오히려 무용의
용을 강조한다. 이때, 왕필은 노자의 제3의 무인 쓰임으로서의 무를 특
별히 강조한다.[34] 왕필은 왜 쓰임으로서의 무를 내세웠을까?

---

29) 『莊子』, 「德充符」, "常因自然而不益生也."; 「天運」, "應之以自然; 調之以自然之命."; 「秋水」,
　　"知堯桀之自然而相非."; 「漁父」, "自然不可易也." 위의 다섯 '자연'이 모두 명사적인 용
　　례이다. 그러나 형용사적인 용례도 있다. 「應帝王」, "順物自然."; 「外物」, "莫之爲而常
　　自然."
30) 『世說新語』, 「文學」, "弼曰: 聖人體無, 無不可以訓, 故言必及有." 여기서 體無者는 孔子이
　　고, 及有者는 老子이리라.
31) 裴頠, 『崇有論』의 예.
32) 馮友蘭, 『新原道』의 예.
33) 鄭世根, 「王弼與道家儒學」(제10차 국제 중국철학회 대회보, 1997.7.) 참조.

사실상 왕필이 당시의 죽림칠현竹林七賢처럼 제도를 부정한 것처럼 이해되는 것은 매우 잘못된 이해이다. 오히려 그는 제도 긍정의 입장에 더 가까웠다.[35] 골수 죽림파들의 노선은 왕필과 그를 발탁한 하안何晏과는 분명 달랐다. 하안의 철학적 입장은 『주역』의 음양론陰陽論에 기초하고 있고,[36] 이는 아마도 왕필에게 직접적인 영향을 주었을 것이다.

이와 같은 맥락에서 왕필이 설명된다면, 그의 무가 당연히 도가적인 세계관을 떨쳐 버리고 유가의 세계로 나가려 하고 있음을 발견할 수 있다. 이른바 유를 위해서 봉사하는 무를 왕필은 꿈꾸고 있었던 것이다. 쓰임으로서의 무는 바로 이러한 맥락에서 노자의 철학에서 선택된다. 무의 가치를 최고로 인정하는 절대무나 유무의 가치를 대등하게 보는 상대무를 왕필은 용납하고 싶지 않았다. 유 곧 이 현실세계를 위해 필요한 무 곧 형이상학적 배경을 얻고 싶었던 것이다.

왕필의 철학에서 '스스로'의 철학은 결국 이론적 근저 설정에 집중되고 있다. 그런 점에서 그의 철학이 사변적이고 추론적인 성격을 강하게 띠게 되는 것이다. 그가 한대 역학易學의 상수학적인 해석을 거부하고 의리학적인 입장을 내세운 것도 이러한 맥락과 궤를 같이하고 있다. 그에게 도가의 무 이론은 유가의 구조 속에서 용해되지 않으면 안 되었기 때문에, 순이론적인 논변에 집착을 하지 않을 수 없었다. 나는 그것을 '스스로 바탕 삼기'(自本)라 부른다. 왕필 자신이 '자본'이라는 개념을

34) 정세근, 「유와 무」, 『인문학지』 제16집(충북대, 1998.5.) 또는 이 책 제2부 제6장 참조.
35) 정세근, 「제도와 본성」, 『사회발전과 철학의 과제』(제6회 한국 철학자 연합 대회보, 대구: 이문, 1993) 또는 이 책 제2부 제3장.
36) 정세근, 「하안의 역학적 해석론」, 『동양철학』 제9집(1998.7.) 또는 이 책 제2부 제4장 참조.

특정화하지는 않았지만, '바탕'(本)에 대한 강조는 도처에서 발견된다.

"무릇 만물의 바탕을 정리하려면 비록 가깝더라도 반드시 먼 곳으로부터 그 처음을 증명해야 한다. 무릇 만물의 까닭 되는 바를 밝히려면, 비록 드러나 있더라도 반드시 그윽한 곳으로부터 그 바탕을 서술해야 한다."[37] 왕필은 늘 만물의 '바탕'과 '까닭'(由)을 알고자 한다. 그것을 드러내기 위해서도 '처음'(始)과 '바탕'으로부터 출발하지 않으면 안 된다. 그래야만 증명(證)과 서술(敍)이 가능하다. 왕필의 이러한 추리 중시의 사고 곧 순이론적인 사변이 후대에 칭송을 받게 되고 나아가 젊은(少年) 천재라는 명예를 얻게 되는 것이다. 그에게 중요한 것은 잎이 아닌 가지였고, 가지가 아닌 뿌리였다. 우리는 이를 '바탕을 높이고 끝을 쉬게 하는'(崇本息末) 철학이라고 불러 왔다.

그런데 이러한 '바탕 높임'의 철학은 왕필이 노자의 철학을 정의하면서 나온 말이다. "노자의 책, 그것을 한마디로 말할 수 있을 것이다. 아, 바탕을 높이고 끝을 쉬게 할 따름이로다."[38] 중요한 것은 '말미암는 바'(所由)이고 '돌아갈 곳'(所歸)이다. 그래야만 말과 일이 '종(宗)'과 '주(主)'에서 떨어지지 않는다.[39] 여기에서 우리는 왕필 사유의 핵인 '바탕들'을 만난다. 그것이 바로 위의 '종'과 '주'를 포함한 '일(一)', '리(理)', '원(元)' 등이다.[40]

왕필은 왜 이러한 바탕들을 강조했을까? 그것은 무의 사유를 이러

---

37) 王弼, 『老子指略』, "夫欲定物之本者, 則雖近而必自遠以證其始. 夫欲明物之所由者, 則雖顯而必自幽以敍其本."
38) 王弼, 『老子指略』, "老子之書, 其幾乎可一言而蔽之. 噫! 崇本息末而已矣."
39) 王弼, 『老子指略』, "觀其所由, 尋其所歸, 言不遠宗, 事不失主."
40) 王弼의 『周易略例』 「明象」에서 가장 단적으로 드러난다.

한 유의 의미체로 대체하는 데 가장 큰 목적이 있었다. 위의 '주', '일', '리', '종', '원'은 모두 유의 것이지 무의 것이 아니다. 왕필에 따르면, "많은 것으로 많은 것을 다스릴 수는 없기에, 많은 것을 다스리는 것은 매우 적은 것이다."[41] 그 바탕들은 적지만 분명히 많은 것을 다스리고, 나아가 적은 것은 하나로 모이는 것이며, 비록 하나는 매우 적은 것이긴 하지만 분명히 없는 것이 아니라 있는 것이다. 결국, 왕필의 의도 속에서 바탕들은 무가 아닌 유에 속하며, 바탕들은 무로 표상되는 도가적 세계를 유로 대변해 주고 있는 것이다.

이러한 왕필의 사유는 전후의 구조에서 '본말本末'과 '일다一多'로 표현된다. 적은 것은 바탕의 것이고, 많은 것은 끝이다. 그러나 문제는 '모자母子' 관계에 이르러서 발생한다. 위의 구조에서 보면, '어머니는 적고 아이들은 많다. 따라서 어머니가 바탕이 되고 아이가 끝이 된다'고 추론하는 것이 옳은 것처럼 보인다. 그렇지만 왕필은 여기에서 오히려 거꾸로 된 이해를 요구한다. 그것은 바로 '비록 어머니가 아이를 낳았지만 중요한 것은 아이이지 어머니가 아니기 때문에, 아이가 바탕이 되고 어머니가 끝이 된다'는 해석이다. 한마디로 '아이가 없으면 어머니가 될 수 없다'는 것이다. 이는 맞는 말이다. 아이가 없으면 여자일 수는 있어도 결코 어머니가 될 수는 없다. 어머니를 높이는 것은 바로 아이가 있기 때문이다. 모든 생명체가 어머니로부터 나왔기 때문에 그 근원인 어머니를 높이는 것이다. 그러나 아이가 없으면 어머니도 없다. 따라서 어머니는 아이의 '쓰임'(用)이 되는 것이다.

---

41) 王弼, 『周易略例』, 「明象」, "夫衆不能治衆, 治衆者至寡者也."

이러한 모자 관계를 근저로 해석된 것이 왕필의 이른바 '용체론用體論'이다. 후대 철학사적인 입장에서의 '체용론體用論'이 아니라, 그 이전의 것이다. 위에서 말한 바와 같이, 무가 유를 위해 봉사하면 무는 용이고 유는 체이다.[42] 마치 어머니가 용이고 아이가 체인 것과 같다. "(만물이) 비록 귀할지라도 무로써 용을 삼는데, 무를 버리고 체가 될 수는 없다."[43] 여기서 무는 용이며, 체로 나아가기 위해 필수적인 무이다. 무가 결코 바탕이 아닌 것이다. 나아가, 왕필은 무를 용으로 삼는 것은 어머니를 아이의 용으로 삼는 것과 같다고 말한다. "무로써 용을 삼음은 어머니를 얻는 것이므로, 스스로 애쓰지 않는데도 만물이 이치대로

---

42) 정세근, 「제도 옹호론과 그 반대자들」, 『공자사상의 계승 1』(서울: 열린책들, 1995) 또는 이 책 제2부 제1장. 이 글에서 나는 왕필이 '무의 용'(無之用)의 철학자라 주장하면서 그는 '貴無論'이 아니라 無用論/道用論이라 밝힌 바 있다. 305~309쪽. (4. 왕필의 무용론. 이 글은 본디 1993년 6월 11일 공자학회에서 발표된 것이다.) 왕필에 대한 체용론적인 접근에 대한 비판과 그에 대한 답변(제10차 한국도교문화학회 추계 발표회, 1996.11.)은 아래의 논문과 그에 대한 논평을 보라. 조민환, 「박세당의 『노자』이해 1」, 『도가문화연구』 제11집(한국도교문화학회, 1997.7., 이 글에서 지은이는 '왕필의 체용론에 관한 것은 논평자의 질의에 답한 것'이라 한다. 논문 제목 주 참조) 및 그에 대한 논·서평으로 정세근, 「조민환의 '박세당'의 노장 이해」, 『도가문화연구』 제11집 참조. 나와 같은 문제의식으로는 임채우, 「왕필 체용개념에 대한 오해와 변정」, 『동양철학』 제7집(1996.12.)을 볼 것. 이러한 주장은 중국학자들의 입장과 다른 것으로 중국철학의 한국화를 위해서 반드시 요구되는 작업이다. 나는 「王弼論'理'與'心'」이라는 제목으로 1996년 8월 北京大가 주최한 '道家文化國際學術硏討會'에서 왕필에 대한 無의 비허무적인 이해를 바탕으로 그가 名敎派에 속한다는 주장을 발표한 적이 있는데, 그에 대한 반응은 중국학자들이 상당히 생소하게 여겼고 오히려 사회를 보던 왕필 전공학자인 독일 Heidelberg대의 R. G. Wagner는 매우 당연한 것처럼 여겼다. 1997년 7월 동국대에서 개최된 국제중국철학회에서 발표된 「王弼與道家儒家」에 대해서는 武漢大의 郭齊勇이 공석에서, 캐나다 Calgary대의 Lloyd Sciban이 사석에서 긍정적인 입장을 보여 주었다. 이러한 입장은 제18차 중국학회 (1998.8.)에서 江建俊의 「玄學中的反玄」에 대한 논평문인 「玄學主流與非主流」에서도 이루어졌고, 대만 文化大와 國家圖書館이 주관하는 魏晉南北朝學術國際硏討會(1998.12.)에서는 그간의 연구성과를 정리해 「王弼用體論」으로 발표하였다.

43) 王弼, 『老子注』, 제38장, "(萬物)雖貴, 以無爲用, 不能捨無以爲體也."

안 되는 것이 없다. 이를 놓고 나가면 쓰임의 어머니를 잃고 만다."[44] '어머니를 얻는다'(德其母)라는 것은 어머니의 '덕德'을 '득得'하여, 다시 말해 어머니의 효용성을 획득한다는 뜻이다. 그렇지 않으면 어머니의 쓰임을 잃게 된다는 것이다.

왕필이 과연 후대 체용론과 같은 구조 속에서 '용과 체'(용체론)를 생각했을까? 그에 대한 대답은 회의적이다. 그가 비록 본말과 일다, 나아가 모자의 관계 속에서 자신의 이론을 펴 나가고 있을지라도,[45] '체體'의 의미가 너무도 단순하여 어떤 철학적 체계를 갖추고 있다고 보긴 어렵기 때문이다.[46] 그러나 분명히 왕필에게 중요한 것은 쓰임의 세계 곧 유용성 또는 효과성에 있었다는 점이다. 이러한 '쓰임'의 철학은 '스스로 바탕 삼기'에서 더욱 명확하게 드러난다. 바탕들은 무가 아닌 유의 세계의 것이며, 이른바 무는 바로 이 세상의 유용성 또는 효과성을 위해서 쓸모 있는 것일 뿐, 더 이상 독자적인 존재론적 지위를 확보하지 못한다. '스스로 바탕 삼기'에서 무조차 그 쓸모를 다 하지 않으면 안 되는 것이다.

왕필의 '바탕 높임'의 철학에서 중요한 것은 유용성 또는 효과성이었다. 노장과는 다른 문제의식이 엿보는 곳이다. 세계가 아무리 자발적

---

44) 以無爲用, 德其母, 故能己不勞焉而物無不理. 下此已往, 則失用之母.
45) 王弼, 『老子指略』, "崇本而息末, 守母而存子." 비록 여기에서도 '아이를 위한 어머니'의 뜻이 없진 않지만, 문장 맥락상 왕필은 本末과 母子의 관계를 동일선상에 놓는다. 더욱 확정적인 예는 아래에서 볼 수 있다. 『老子注』, 제38장, "守母以存其子. 崇本以舉其末, 則形名俱有而邪不生, 大美配天而華不作. 故母不可遠, 本不可失." 母子와 本末은 그릇과 그릇을 만드는 사람의 관계와 같아, 그릇은 장인이 만드는 것이지 그것이 바로 장인이 될 수 없다.(『老子注』, 제38장, "形器, 匠之所成, 非可以爲匠也.")
46) 王弼, 『周易略例』, "夫象者何也? 統論一卦之體, 明其所由之主者也."

으로 운동하고 있다 할지라도, 세상의 표준은 역시 유용성 또는 효과성에 있다. 노장이 이 세계를 비가치적인 것으로 파악하고 있는 반면, 왕필은 쓸모 있음이라는 인간적인 당위를 그 세계에 개입시키고 있는 것이다.

왕필에게도 자연 개념은 자주 등장한다. 『장자』에서 보였던 바와 같이, 이제 자연은 확실히 추상명사화되고 있다. 더 이상 행위를 묘사하거나 결과를 기술하는 자연이 아니다. 오늘날의 표현으로는 '자연성', 나아가 '본성本性'의 의미에 치중되고 있다.[47]

5. 곽상의 자득과 전체성

우리는 원전과 주석 사이의 일치성을 강조하는 데 매우 익숙하다. 많은 경우 주석은 원전에 대한 참고서 정도의 역할에 그치는 것도 사실이다. 그러나 주석은 전통적인 저술 방법일 뿐, 반드시 원전의 의미를 충실히 따르고 있는 것은 결코 아니다. 『노자』와 왕필의 『노자주』도 그렇고, 나아가 『장자』와 곽상郭象의 『장자주』도 그러하다. 왕필과 곽상의 주해를 노자와 장자에 곧이곧대로 맞추어 해설하는 것만큼 그들의 뜻에 모자라는 짓도 없는 것이다.

대표적인 예로 '대붕大鵬'[48]과 '우물 안의 개구리'(坎井之蛙)[49] 이야기를

---

47) 王弼, 『老子注』, 제25장, "自然者, 無稱之言, 窮極之辭也."; 제29장, "萬物以自然爲性, 故可因而不可爲也, 可通而不可執也."; 제60장, "神不害自然也. 物守自然, 則神無所加; 神無所加, 則不知神之爲神也."

들 수 있겠다. 이 둘은 많은 사람들에게 이해되고 있는 것과 같이, 대붕 이야기는 '대붕의 큰 뜻을 어찌 참새가 알겠는가!'를 말하면서 대붕의 높고 큰 뜻을 참새(蜩與學鳩)50)의 모자란 앎과 비교하는 것이며, 우물 안 개구리 이야기는 동해의 자라(東海之鱉)와의 만남을 통해 새로운 세계를 깨닫게 되어 놀라 자빠진다는 것이다. 이 같은 장자의 뜻이 곽상에서는 완전히 딴판으로 흐른다. 대붕 이야기 가운데 참새가 대붕을 보고 비웃 는다는 말이 나오는데, 본뜻은 참새는 대붕의 뜻을 생각하지도 못한다 는 것이다. 우물 안의 개구리 이야기 가운데 동해의 자라가 우물 안으 로 들어가려다 왼발이 채 들어가기도 전에 오른발 무릎이 걸리고 만다 는 말이 나오는데, 본뜻은 그만큼 우물이 작아 큰 자라의 한 발이 들어 가지도 못할 정도라는 것이다. 그런데 곽상은 이를 거꾸로 해석해서, 참새나 개구리도 모두 즐겁긴 마찬가지라고 변호한다. 나아가, 대붕이 멀리 가는 것은 날개가 커서 그럴 뿐 참새와 다른 것은 없다고 하며, 큰 자라가 작은 우물에 들어가려 하니 걸리지 않을 수 없다고 한다. 이 는 모두 참새와 개구리의 세계를 대붕과 자라의 세계와 동일시 보는 관점으로, 장자의 높고 큰 경지와 낮고 작은 경지를 구별하려는 사고와 는 매우 다르다.51)

이러한 곽상의 입장은 『장자』 주 첫머리에서부터 분명하다. 본문에

---

48) 『莊子』, 「逍遙遊」.

49) 『莊子』, 「秋水」.

50) 본래는 매미나 비둘기와 같이 작은 벌레나 새를 가리키나, 참새로 단순화시켰다.

51) 자세한 내용은 이 책 제2부 제3장(5. 제도는 곧 본성이다)을 보라. 주35) 참조. 또 대붕과 참새의 氣一元論적 입장에서의 동일성은, 鄭世根, 『莊子氣化論』(臺北: 學生, 1983), 제10장 제4절 '郭象與莊子'를 보라.

들어가기도 전에 그는 자신의 철학은 '분수에 맞게 살면 된다'는 것임을 천명한다. "무릇 작고 큼이 비록 다르나 스스로 얻은 마당에 놓이면 만물은 그 본성에 맡겨지고 사업은 그 능력에 맞추어지고 각자 제 몫을 다하니, 노니는 것은 마찬가지이다. 어찌 그 사이에 이기고 짐이 끼어들 겠는가!"[52] 붕새는 크고, 참새는 작다. 그러나 크고 작음은 그렇게 스스로 얻은 것일 뿐이다. 따라서 어떤 것이나 어떤 일이든 그 본성과 능력에 맞추어 해 나가면 될 뿐이다. 그것이 각자의 몫을 다하는 것이다. 그런 점에서 붕새만이 잘 노닐고, 참새는 노닐지 못한다고 볼 수는 없다. 붕새와 참새 사이에 어떤 우열優劣이나 포폄褒貶이 있을 수 없다. 붕새는 큰 날개로 남극으로 날아가면 될 뿐이고, 참새는 동네 어귀에서 놀면 될 뿐이다. 이와 같은 사고는 곽상의 해석 전편에 면면히 흐른다. 그는 우물 안의 개구리의 이야기를 하면서도 참새의 비유를 든다. "이는 작은 새가 쑥 대공에서 스스로 족한 것과 같다."[53]

곽상은 여기에서 이른바 '적성설適性說[54]'을 내놓는다. 붕새는 그의 적성에 맞추어 오동나무가 아니면 앉지 않는 것이고, 참새는 그의 적성에 따라 쑥 대공 위에 앉는 것이다. 그들은 적성이 달라 앉는 곳이 다르고 노는 물이 다를 뿐이다. 따라서 그들 사이에 어떤 가치적 차등이 있는 것은 아니다. 이를 개념화시킨 것이 '몫'(分)의 이론이다. 나는 나의 몫이 있고, 너는 너의 몫이 있고, 그는 그의 몫이 있다. 그 몫은 타고난 것이지 어떻게 할 수 있는 것이 아니다.

---

52) 郭象, 『莊子注』, 「逍遙遊」, "夫小大雖殊, 而放於自得之場, 則物任其性, 事稱其能, 各當其分, 逍遙一也, 其容勝負於其間哉!"
53) 郭象, 『莊子注』, 「秋水」, "此猶小鳥之自足於蓬蒿."
54) 자세한 내용은 이 책 제2부 제1장(5. 곽상의 적성설)을 보라. 주42) 참조.

이러한 주장의 배후에는 곽상의 '스스로 얻음'(自得)의 철학이 밑받침되고 있다. 개체에게는 고유하게 '자기가 되는 바'가 있다는 것으로, 그것이 바로 '스스로 얻은 마당'(自得之場)이다. 작은 존재물은 작은 마당에서, 큰 존재물은 큰 마당에서 놀면 그뿐이다. 여기서 '스스로'의 뜻은 상당히 개체 속에서 구체화된다. "만물은 모두 스스로 얻을 뿐이다."[55]

『장자』에서도 곽상과 같은 사유의 단초는 발견된다. 이른바 '한단의 걸음걸이'(邯鄲之步)[56]의 이야기 속에서, 수능壽陵 사람이 한단의 걸음걸이를 배우려다 배우지도 못하고 기어 돌아왔음은 자기 생긴 대로 살아야 함을 보여 준다. 우리 식 표현으로는, '송충이는 솔잎을 먹고살아야 된다'는 말과 똑같다. 촌놈이 서울 양반 흉내 내다 잘 살아오던 삶과 집을 망치는 것과 마찬가지이다. 곽상은 이 이야기를 '몫'의 이론으로 설명한다. '만물은 각자 몫이 있어 억지로 서로 닮으려고 하면 안 된다.'[57]

결과적으로 곽상은 철저하게 '방임放任'을 외친다. 방임 개념의 철학화가 바로 그로부터 시작되는 것이다.('放於自得之場, 則物任其性) '스스로 가도록 맡겨 둔다'(任其自行)거나 '스스로 하도록 맡겨 둔다'(任其自爲)[58], 그리고 '하늘의 참에 맡긴다'(任天眞)[59]는 표현은 도처에서 발견된다. 때로 부정적이긴 하지만 '스스로 맡김'(自任)[60]이라는 용례가 나오기도 한다.

---

55) 郭象, 『莊子注』, 「齊物論」, "物皆自得之耳."
56) 『莊子』, 「秋水」, "且子獨不聞夫壽陵餘子之學行於邯鄲與? 未得國能, 又失其故行矣, 直匍匐而歸耳." 이때 '故'의 뜻이 곽상의 '自得' 곧 '分'과 닮았다.
57) 郭象, 『莊子注』, 「秋水」, "物各有分, 不可强相希效."
58) 郭象, 『莊子注』, 「知北遊」.
59) 郭象, 『莊子注』, 「齊物論」, "其體中獨任天眞而已."
60) 郭象, 『莊子注』, 「逍遙遊」, "夫自任者對物, 而順物者與物無對, 故堯無對於天下, 而許由與稷契爲匹矣." 「田子方」, "任諸大夫而不自任, 事盡之也." 스스로 하려 들지 않으면 일이 다 된다는 것으로 이때 '自任'은 '放任'과는 달리 '委任'이다. 아래는 긍정적으로 연결되

그렇다면 '스스로 얻음'의 철학에서는 모든 것을 내버려 두자는 말인가? 기본적으로 그렇다. 그런 점에서 상당히 개체의 자유를 중시한 것처럼 보이기도 한다. 그러나 문제는 나의 몫이 상당히 불리하거나 억압될 때도 내버려 두어야 하느냐는 데 있다. 곽상은 그럴 수밖에 없다고 잘라 말한다. 그는 그것을 '천명天命'이라 하는 것이다.

장자에게 마소가 사람에게 부림을 받는 것은 당연히 인위적(人)인 것이지 천연적(天)인 것이 아니다. 따라서 장자는 재갈과 고삐는 그것의 자연성을 해친다는 주장에 서 있다. 그러나 곽상은 마소는 사람에게 부림을 받도록 태어났다고 주장한다. 마소가 재갈과 고삐를 물리치지 않는 것은 그들의 천명이 곧 그러하기 때문이라는 것이다.[61]

그렇다면 곽상은 분명히 인위의 세계에서 발생할 수 있는 부자유와 불평등이 사회적 체제 속에서 인정될 수 있다는 입장을 보이는 것이다. 이렇게 그는 노장과는 다른 길을 걷고 있다. 한마디로 자연의 전체성을 외치고 있다. 이때 전체성이란 전체주의(totalitarianism)적 맥락에서 이해된다. 이를테면, 신하와 첩도 사회적 관계 속에서 그렇게 될 수밖에 없다는 신분질서에 대한 긍정적인 입장이다.

그런데 여기에서 곽상의 논리적 모순이 엿보인다. 자득은 개체성을, 천명은 전체성을 철저하게 인정하는 것이기 때문이다. 이를 위해 곽상은 '검은 그윽함 속에서 홀로 된다'(獨化於玄冥之境)는 주장으로 양자를 통일시킨다.[62] 이는 개체가 스스로 되긴 하나, 전체 속에서 자기를 이룬다

어 있는 표현이다. 「齊物論」, "任之而自爾, 則非僞也."

61) 郭象, 『莊子注』, 「秋水」, "牛馬不辭穿落者, 天命之固當也."

62) 郭象, 『莊子注』, 「大宗師」, "況乎卓爾獨化, 至於玄冥之境."

는 말이다. 이른바, '전체는 하나를 위하여, 하나는 전체를 위하여'라는 구호가 전체주의를 대변하듯이, 곽상은 '독화獨化'라는 개체성과 '현명玄冥'이라는 전체성을 함께 일컫고 있다. 그래서 나는 곽상의 자연을 전체성 또는 개체성이라는 모순되는 표현으로 정리하는 것이다. 이때 곽상의 '홀로 됨'(獨化)은 노자의 '홀로'(獨)나 장자의 '됨'(化)과 매우 다르다. 그의 '스스로 얻음'의 철학이란 한마디로 제자리 찾기나, 그 자리의 선택권은 '나'에게 있지 않기 때문이다.

'스스로 얻음'의 철학에서 자연은 이미 개물에 내재화된다. 그런데 개물이 완전하다면 그것끼리의 마찰에 대한 설명이 뒤처리로 남고, 여기서 곽상은 '현명'의 개념으로 자연끼리의 모순을 해결하려 했다. 결과적으로는 임금이 백성을 다스리는 것과 같은 통치 행위가 정당화되고 있는 것이다. 이렇게 곽상은 홀로 되어 가는 과정에서 벌어지는 개체들 간의 긴장 관계를 전체 속에 용해시킨다.

곽상이 보여 주는 전체성 또는 개체성은 그의 세계관의 표현이다. 이때 자연은 '스스로 얻음'의 모습을 갖는다. 말의 빠름이 그것이고, 소의 힘셈이 그것이다. 그런 점에서 '스스로 얻음'의 철학은 자연 개념을 상당히 구체화시키고 있다. 이른바 만물의 적성이 바로 자연인 것이다. 곽상에게서 물리세계로서의 자연은 오히려 '천지天地'(天)로 표현되고 있다.[63]

---

63) 郭象, 『莊子注』, 「逍遙遊」, "天地, 萬物之總名也. 天地以萬物爲體, 而萬物必以自然爲正, 自然者, 不爲而自然者也."; 「齊物論」, "故天者, 萬物之總名也."

6. 새로운 자연의 탄생

우리는 여러 자연을 만났다. 그것들은 자발 또는 자정의 자연, 운동 또는 변화의 자연, 유용 또는 효과의 자연, 그리고 전체 또는 분수의 자연이다. 그것은 '스스로 그러한'(自然) 자연, '스스로 되는'(自化) 자연, '스스로 바탕 삼는'(自本) 자연, 그리고 '스스로 얻는'(自得) 자연으로 불리기도 한다. 형용사적인 용법에서 점차 명사화되고, 명사는 추상화되거나 구체화되는 과정을 겪는다. 노자는 단순한 형용적 의미에서, 장자는 개념화의 시작에서, 왕필은 개념의 추상화에서, 곽상은 개념의 구체화에서 자기의 역할을 한다.

물론, 그들의 발전과정이 이렇게 도식화될 수 있는 것만은 아닐 것이다. 그러나 적어도 자연 개념의 차별성은 있었다. 더욱 정확히 오늘날의 어휘로 말하면, 그것은 '자연'이라기보다는 '본성'과 결부된 토론들이다. 무엇이 본성이며, 본성은 어떻게 나가며, 본성은 왜 있으며, 본성끼리는 어떤 사이인가를 묻는 과정이었다. 그러나 이러한 연속선상에서 노장과 그 주석가의 시대는 하나의 큰 차이를 갖는다. 노장은 본성의 긍정에 앞장을 섰다면, 주석가들은 그것의 이론적인 기초와 사회적 기능을 묻기에 바빴다. 노자에게 본성은 자연상태에서 본디 있는 것이지만 왕필에게 그것은 사회적으로 유용한 것으로 해석되었고, 장자에게 본성은 운동하고 변화하여 세계의 동력을 이루는 것이지만 곽상에게 그것은 서로 대립되면서도 완충하여 사회의 질서를 받쳐 주고 있는 것으로 이해되었다. 그런 점에서 노장은 '자연'(天)에 가깝고, 왕곽은 '사회'(人)에 가깝다. 이는 노장은 원본 도가이고, 왕곽은 유가적 경향을 벗어버릴 수 없었던 까닭에 말미암는다. 다시 말해, 노장은 독자적인 인간의 본성 개념을 확립시켰다면, 왕곽은 그 본성의 효용성과 본성 사이의 관계를 사회 속에서 추론하고 있는 것이다.

그럼에도 나는 그들의 자연이 완벽하다고 생각하지 않는다. 자연 개념은 당시에도 변천되어 왔고, 오늘날도 계발되고 있는 것이기 때문이다. 오늘의 자연 개념이 물리적인 자연계만을 지칭하여 그 속에서 사람의 역할이 생략되어 있는 것을 안타깝게 생각한다면, 적어도 동양적 사유에서 자연 개념의 새로운 의미를 찾아내지 않으면 안 된다.

먼저 역사적으로 보면, 서화법사 성현영과 같은 불교적 해석가에게서 자연은 객관 세계를 가리키기도 한다. "무릇 하늘이란 것은 만물의 총명이고 자연의 별칭이다."[64] 그에 이르러서야 자연은 외재 대상물의 다른 이름일 수 있는 것이다. 그의 시대인 당唐은 이미 오늘날의 의미로서 자연 개념의 단초가 엿보인다. 그럼에도 불구하고 그는 자연 속에서 그 운행과 조화의 원리로서의 '리理'를 발견해 낸다. 복잡한 현상세계인 '사事'를 제어하는 초월적인 리이다. 그런 점에서 그 리는 송명리학宋明理學을 닮았고, 곽상보다는 왕필에 가깝다.[65] 위에 말한 바와 같이 자연 개념이 왕필에서 추상화되고 있고 곽상에서 구체화되었다는 점에서, 성현영의 불가적 이론에서의 의미가 곽상보다는 왕필의 철학에서 발견될

---

64) 成玄英, 『莊子疎』, 「齊物論」, "夫天者, 萬物之總名, 自然之別稱."
65) 成玄英에 대해서는 최진석, 「성현영의 자연관」(도교문화학회 춘계대회 발표문, 1998.5.)을 볼 것. 왕필의 '理學'은 정세근, 「王弼與道家儒學」(6. 理)을 보라. 주33) 참조. 나는 그 글(중국어)에서 "왕필의 해석에서 理學의 단초를 발견할 수 있고, 그것을 '王弼理學'이라고 부르고 싶다"(600쪽)라고 밝힌 바 있다.

수 있는 가능성이 많은 것으로 보인다. 특히, 성현영은 곳곳에서 "곽상의 주가 잘못되었다"는 태도를 보인다.[66]

다음 현대적으로 보면, 환경론에 걸맞은 새로운 자연관의 발전 가능성이다. 현재 우리에게 필요한 것은 전통 서구적 자연 개념이 아닌 생태론적인 자연 개념이다. 이를테면 도가의 저작에서 종종 출현하는 '스스로 족함'(自足)의 철학은 우리가 다시 보지 않으면 안 되는 것이다. 자족성을 무시하여 발생하는 '넘침'들이 우리 환경의 원흉이 되고 있다. 자족의 세계관은 노자의 '검약'(儉)[67]을 기초로 욕망의 충족에서 그것의 절제가 지상 과제임을 보여 주고 있다. 이것은 율곡과 같은 거유巨儒도 노자에게서 받아들이지 않으면 안 된다고 생각했던 '줄임'(嗇)의 철학이다.[68] 따라서 서론에서 이야기한 니덤의 근대적 자연관에 기초한 명제가 우리에게 반드시 중요한 것은 아니다. 그것은 과학시대의 가치 기준에 따른 영예일 뿐이다. 오히려 새로운 자연 개념은 생태론적인 입장에서 창신되지 않으면 안 될 것이다. 나는 새로운 생명으로서 그 자연의 탄생을 바라고 있다.

---

66) 成玄英, 『莊子疎』, 「齊物論」 등, "郭注, 誤."
67) 『老子』, 제67장. '儉'은 그의 三寶 가운데 두 번째이다.
68) 『老子』, 제59장, "治人事天莫若嗇" 및 그에 대한 해석으로 李珥, 『醇言』, 제7장, "言自治治人皆當以嗇爲道, 嗇是愛惜收斂之意. 以自治言, 則防嗜慾, 養精神, 愼言語, 節飮食, 居敬行簡之類, 是嗇也. 以治人言, 則謹法度, 簡號令, 省繁科, 去浮費, 敬事愛人之類, 是嗇也." 참조. 그 밖에도 『老子』 제43장의 해석인 『淳言』 제32장을 보라.(夫以無爲治人亦嗇之義也.) 율곡은 『醇言』의 제6 · 7장이 '損'과 '嗇'으로 나와 남을 다스리는 요지를 삼은 것이고, 제8장에서 제12장은 그 뜻을 넓히는 것이며, 제13장은 '嗇'의 철학으로부터 三寶之說이 나오게 되었음을 밝힌 것이라고 설명하고 있다.

『도가철학과 위진현학』 원 서지사항

서장 노장철학의 해석사—악의 형이상학을 넘어서
　원제: 「위진현학이란 무엇인가」, 『제도와 본성』, 2001 및 새 글.

제1부 노자와 장자의 해석들
　제1장 노자와 노자들—곽점초간본 『노자』와 『태일생수』의 철학과 그 분파
　　원제: 「곽점 초간본 『노자』와 『태일생수』의 철학과 그 분파」, 『철학연구』 58, 철학
　　　연구회, 2002.
　제2장 노자와 발굴본—출토문헌과 철학사의 철학
　　원제: 「출토문헌과 철학사의 철학」, 『동서철학연구』 72, 한국동서철학회, 2014.
　제3장 노자와 하상공—노자 『하상장구주』에서의 국가와 신체
　　원제: 「노자 하상장구주에서의 국가와 신체」, 『동서철학연구』 30, 한국동서철학회,
　　　2003.
　제4장 노자와 한비자—한비자의 노자 이해
　　원제: 「한비자의 노자 이해」, 『동서철학연구』 56, 한국동서철학회, 2010.
　제5장 노자와 박세당—박세당의 『도덕경』과 체용론
　　원제: 「박세당의 『도덕경』과 체용론」, 『공자학』 23, 한국공자학회, 2012.
　제6장 장자와 곽상—장자 소요유에 대한 곽상과 지둔의 논변
　　원제: 「곽상과 지둔의 소요유 논변」, 『중국학보』 52, 한국중국학회, 2005.
　제7장 장자와 영미학자—장자 편집에 대한 영미학자들의 견해
　　원제: 「『장자』 편집에 대한 영미학자들의 견해」, 『동서철학연구』 50, 한국동서철학
　　　회, 2004.

제2부 노장의 주석가들과 현학
　제1장 제도옹호론과 그 반대자들—위진현학에 대한 정의 문제
　　원제: 「제도옹호론과 그 반대자들: 현학에 대한 정의」, 『공자사상의 계승 1』, 열린책
　　　들, 1995.
　제2장 명교파와 죽림파 그리고 격의파—위진현학의 3대 학파
　　원제: 「명교파와 죽림파 그리고 격의파: 현학의 3대 학파」, 『종교연구』 13, 한국종교
　　　학회, 1997.
　제3장 제도와 본성—위진현학에서 제도의 자연성 논변
　　원제: 「제도와 본성: 현학에서 제도의 자연성 문제」, 『사회발전과 철학의 과제』, 이
　　　문출판사, 1993.

제4장 하안의 역학적 해석론

원제:「하안의 역학적 해석론」,『동양철학』 9, 한국동양철학회, 1998.

제5장 죽림칠현의 정체와 그 비판

원제:「죽림칠현의 정체와 그 비판」,『동서철학연구』 21, 한국동서철학회, 2001.

제6장 유와 무—위진현학에서의 유무논쟁

원제:「유와 무: 위진현학에서의 유무논쟁」,『인문학지』 15, 충북대, 1998.

제7장 말과 뜻—장자·왕필·구양건의 언의지변

원제:「말과 뜻: 장자·왕필·구양건의 언의지변」,『인문학지』 17, 충북대, 1997.

제8장 노장과 그 주석가들의 자연 개념의 형성과 변천

원제:「노장과 그 주석가들의 자연 개념의 형성과 변천」,『도교문화연구』 13, 한국
도교문화학회, 1999.

찾아보기

458

정세근鄭世根

충북대 철학과 교수. 국립대만대 박사. 대만 삼군대, 미국 워싱턴
주립대에서 강의했고, 국공립대학교수회연합회 사무총장, 교무처
장(부총장)을 지냈다. 대동철학회 회장을 세 차례 연임했고, 한국철
학상담학회 지회장, 한국공자학회 부회장, 한국서예학회 이사, 율
곡학회 이사, 그리고 5대 철학회 편집위원을 맡은 바 있다.

저서로는 『장자기화론』(莊子氣化論: 중국어), 『제도와 본성』(학술원
우수학술도서), 『노장철학』(문화부 우수학술도서), 『윤회와 반윤회』,
『노자 도덕경』이 있고, 편서로는 『위진현학』(문화부 우수학술도서)
이 있다. 서예와 관련해서는 해제와 도판이 달린 『광예주쌍집』(상,
하권)을 번역했다.

현재까지 공저를 포함하면 약 30권, 논문은 100편을 출간했다. 국
내외에서 60여 회 학술발표를 했으며, 학술상은 2회 수상했다. 등
단한 미술평론가이기도 하며, '인문학으로 세상 읽기'를 수년째 지
상연재하고, 팟캐스트에서는 '한국인의 눈으로 읽는 중국철학사'를
강의하고 있다.

예문서원의 책들

역학총서

주역철학사 (周易研究史) 廖名春·康學偉·梁韋弦 지음, 심경호 옮김, 944쪽, 45,000원
송재국 교수의 주역 풀이 송재국 지음, 380쪽, 10,000원
송재국 교수의 역학담론 ─ 하늘의 빛 正易, 땅의 소리 周易 송재국 지음, 536쪽, 32,000원
소강절의 선천역학 高懷民 지음, 곽신환 옮김, 368쪽, 23,000원
다산 정약용의 『주역사전』, 기호학으로 읽다 방인 지음, 704쪽, 50,000원

한국철학총서

조선 유학의 학파들 한국사상사연구회 편저, 688쪽, 24,000원
퇴계의 생애와 학문 이상은 지음, 248쪽, 7,800원
조선유학의 개념들 한국사상사연구회 지음, 648쪽, 26,000원
유교개혁사상과 이병헌 금장태 지음, 336쪽, 17,000원
남명학파와 영남우도의 사림 박병련 외 지음, 464쪽, 23,000원
쉽게 읽는 퇴계의 성학십도 최재목 지음, 152쪽, 7,000원
홍대용의 실학과 18세기 북학사상 김문용 지음, 288쪽, 12,000원
남명 조식의 학문과 선비정신 김충열 지음, 512쪽, 26,000원
명재 윤증의 학문연원과 가학 충남대학교 유학연구소 편, 320쪽, 17,000원
조선유학의 주역사상 금장태 지음, 320쪽, 16,000원
한국유학의 악론 금장태 지음, 240쪽, 13,000원
심경부주와 조선유학 홍원식 외 지음, 328쪽, 20,000원
퇴계가 우리에게 이윤희 지음, 368쪽, 18,000원
조선의 유학자들, 켄타우로스를 상상하며 理와 氣를 논하다 이향준 지음, 400쪽, 25,000원
퇴계 이황의 철학 윤사순 지음, 320쪽, 24,000원
조선유학과 소강절 철학 곽신환 지음, 416쪽, 32,000원
되짚어 본 한국사상사 최영성 지음, 632쪽, 47,000원
한국 성리학 속의 심학 김세정 지음, 400쪽, 32,000원
동도관의 변화로 본 한국 근대철학 홍원식 지음, 320쪽, 27,000원
선비, 인을 품고 의를 걷다 한국국학진흥원 연구부 엮음, 352쪽, 27,000원
실학은 實學인가 서영이 지음, 264쪽, 25,000원

성리총서

송명성리학 (宋明理學) 陳來 지음, 안재호 옮김, 590쪽, 17,000원
주희의 철학 (朱熹哲學研究) 陳來 지음, 이종란 외 옮김, 544쪽, 22,000원
양명 철학 (有無之境─王陽明哲學的精神) 陳來 지음, 전병욱 옮김, 752쪽, 30,000원
정명도의 철학 (程明道思想研究) 張德麟 지음, 박상리·이경남·정성희 옮김, 272쪽, 15,000원
송명유학사상사 (宋明時代儒學思想の研究) 구스모토 마사쓰구(楠本正繼) 지음, 김병화·이혜경 옮김, 602쪽, 30,000원
북송도학사 (道學の形成) 쓰치다 겐지로(土田健次郎) 지음, 성현창 옮김, 640쪽, 32,000원
성리학의 개념들 (理學範疇系統) 蒙培元 지음, 홍원식·황지원·이기훈·이상호 옮김, 880쪽, 45,000원
역사 속의 성리학 (Neo-Confucianism in History) Peter K. Bol 지음, 김영민 옮김, 488쪽, 28,000원
주자어류선집 (朱子語類抄) 미우라 구니오(三浦國雄) 지음, 이승연 옮김, 504쪽, 30,000원

불교(카르마)총서

학파로 보는 인도 사상 S. C. Chatterjee·D. M. Datta 지음, 김형준 옮김, 424쪽, 13,000원
유식무경, 유식 불교에서의 인식과 존재 한자경 지음, 208쪽, 7,000원
박성배 교수의 불교철학강의 : 깨침과 깨달음 박성배 지음, 윤원철 옮김, 313쪽, 9,800원
불교 철학의 전개, 인도에서 한국까지 한자경 지음, 252쪽, 9,000원
인물로 보는 한국의 불교사상 한국불교원전연구회 지음, 388쪽, 20,000원
은정희 교수의 대승기신론 강의 은정희 지음, 184쪽, 10,000원
비구니와 한국 문학 이향순 지음, 320쪽, 16,000원
불교철학과 현대윤리의 만남 한자경 지음, 304쪽, 18,000원
유식삼십송과 유식불교 김명우 지음, 280쪽, 17,000원
유식불교, 『유식이십론』을 읽다 효도 가즈오 지음, 김명우·이상우 옮김, 288쪽, 18,000원
불교인식론 S. R. Bhatt & Anu Mehrotra 지음, 권서용·원철·유리 옮김, 288쪽, 22,000원
불교에서의 죽음 이후, 중음세계와 육도윤회 허암 지음, 232쪽, 17,000원
선사상 강의 오가와 다카시(小川隆) 지음, 이승연 옮김, 232쪽 20,000원